Jacqueline Boysen

Das »weiße Haus« in Ost-Berlin

Die Ständige Vertretung der Bundesrepublik bei der DDR

Ch. Links Verlag, Berlin

Diese Arbeit wurde der Philosophischen Fakultät der Universität Rostock als Dissertation vorgelegt, von Herrn Prof. Dr. Wolf D. Gruner (Historisches Institut der Universität Rostock), Herrn Prof. Dr. Nikolaus Werz (Institut für Politik- und Verwaltungswissenschaften der Universität Rostock) und Herrn Prof. Dr. Michael Gehler (Institut für Geschichte der Stiftung Universität Hildesheim) begutachtet und am 27. November 2009 in Rostock verteidigt. Am 2. Dezember 2009 hat der Promotionsausschuss der Philosophischen Fakultät der Universität Rostock die Dissertation angenommen.

Die Bundesstiftung zur Aufarbeitung der SED-Diktatur hat die Forschung zu dieser Arbeit gefördert.

Die Deutsche Nationalbibliothek verzeichnet diese Publikation
in der Deutschen Nationalbibliografie;
detaillierte bibliografische Daten sind im Internet über
http://dnb.d-nb.de abrufbar.

2., durchgesehene Auflage, Mai 2010
© Christoph Links Verlag GmbH, 2010
Schönhauser Allee 36, 10435 Berlin, Tel.: (030) 44 02 32-0
www.christoph-links-verlag.de; mail@christoph-links-verlag.de
Umschlaggestaltung: KahaneDesign, Berlin,
unter Verwendung eines Fotos vom Gebäude
der Ständigen Vertretung der Bundesrepublik in Ost-Berlin
aus dem Jahr 1974 (Bundesarchiv Bild 183-N0625-347, Hubert Link)
Lektorat: Jana Fröbel, Berlin
Satz: Daniela Rust-Kirsch, Berlin
Druck und Bindung: Bosch Druck, Landshut

ISBN 978-3-86153-556-0

Inhalt

Der »Leuchtturm des Westens in der DDR«[1]

>»Bisher hatten wir keine Beziehungen zueinander,
jetzt werden wir schlechte Beziehungen haben.«
Egon Bahr über den Wandel durch Annäherung

>»Ich wollte, daß wir ohne Krieg zueinander kommen,
notfalls ohne staatliche Einheit.«
Günter Gaus

>»Gutnachbarliche Beziehungen hat es nie gegeben und konnte es auch nicht geben.«
Hans Otto Bräutigam

>»Kurz vor dem Ende der DDR hatten wir Beziehungen in großer Breite und Dichte.
Die Vertretung war fast überall dabei. Sie verlor erst ihre Bedeutung, als im März 1990
der Vereinigungsprozeß weit fortgeschritten war. [...] Erst im Nachhinein wurde
offenbar, daß es besser gewesen wäre, auch hier die Vertretung noch zu beteiligen.
Manche Fehleinschätzung hätte vermieden werden können, wenn man den Sachverstand der Vertretung auch in dieser Phase noch genutzt hätte.«
Franz Bertele

Einleitung

Im Jahr 2004 starb mit Günter Gaus einer der Protagonisten der Deutschlandpolitik der Bundesrepublik, ein Zeitzeuge und Meinungsführer. Als erster Leiter der Ständigen Vertretung der Bundesrepublik bei der DDR war der Journalist Gaus Akteur der Zeitgeschichte, er prägte dieses ungewöhnliche Amt
durch seine Persönlichkeit und war zugleich gebunden an die politische Linie
der Bundesregierung. Als Politiker wie als Publizist personifizierte er eine
Denkrichtung, die deutsch-deutsche Annäherungen in den siebziger Jahren
auf einem neuen Terrain, auf quasi-diplomatischem Parkett erst ermöglichte.
Seine nach außen offene Haltung gegenüber der DDR war in Verhandlungen
oft härter, als seine Kritiker in der Bundesrepublik glaubten. Zugleich öffnete
sich Gaus mit großer Neugier und persönlichem Engagement Menschen in
der DDR, Schriftstellern, Wissenschaftlern und Dissidenten, und entdeckte in
der DDR für sich etwas wie ein »besseres Deutschland«.
    Die Ständige Vertretung in der Hannoverschen Straße in Berlin-Mitte wur-
de ab 1974 zum einen politische Relaisstation zwischen West und Ost und zum
anderen administrativer Arm der Bundesregierung in Ost-Berlin: Sie bot westdeutsche Zeitungen zur Lektüre an, sie lud zu vielbesuchten Empfängen mit

---

1 Claus Jürgen Duisberg: Das deutsche Jahr. Einblicke in die Wiedervereinigung, Berlin 2005,
  S. 304

Ausstellungen westdeutscher Künstler, sie pflegte Dialog und Diskussion in einer Umgebung, in der dies offiziell nicht gewünscht war. Sie nahm Verzweifelte und Hilfesuchende auf. Im Zentrum deutsch-deutschen Interesses und der westdeutschen Medienberichterstattung stand die StäV, als sie zeitweise für den Besucherverkehr geschlossen werden musste, weil sie deutlich mehr Übersiedlungswillige provisorisch beherbergte, als sie angemessen versorgen konnte.

Weniger spektakulär war der Alltag der Mitarbeiter der StäV – dennoch gilt vielen von ihnen die Zeit in der DDR als prägendster Teil ihrer Laufbahn. Zum einen erfüllte die Einrichtung die Aufgabe, nach den Zeiten des Schweigens und der Kontaktsperre die politische Annäherung zwischen beiden deutschen Staaten zu ermöglichen. Gaus handelte 17 deutsch-deutsche Abkommen aus. Wie seine Nachfolger auch bereitete er den Boden für die heiklen offiziellen Besuche der Kanzler bzw. des Staatsratsvorsitzenden im jeweils anderen deutschen Staat. Die aus Bonn entsandten Mitarbeiter der Ständigen Vertretung regelten darüber hinaus unzählige persönliche Angelegenheiten zugunsten der Bürger beiderseits der Grenze, sie verfassten für das Kanzleramt in Bonn regelmäßig Berichte über die einzelnen Sektoren des Lebens in der DDR, erfüllten konsularische Aufgaben, betreuten westdeutsche Gefangene in ostdeutschen Haftanstalten und informierten offizielle Reisegruppen aus dem Westen über das Gastgeberland. Nicht übersehen werden sollte, dass die etwa achtzig turnusmäßig wechselnden Mitarbeiter all dies unter strenger Beobachtung taten: Die Ständige Vertretung, ihr Umfeld, all ihre Beschäftigten und Beamten sowie deren Familien waren vorrangige Zielobjekte im Visier des paranoiden Ministeriums für Staatssicherheit.

Fragestellung

Die zentralen Fragen meines Forschungsvorhabens lauten: Inwieweit hat die Ständige Vertretung die DDR stabilisiert, inwieweit hat sie den Deutschen beiderseits der Mauer menschliche Erleichterungen oder humanitäre Hilfe bringen können, und welche Rolle konnte sie im Prozess der Einigung spielen?

Um diese Fragen zu beantworten, untersucht die Arbeit einzelne Komplexe der Geschichte der StäV: Zum Verständnis ist zunächst die Vorgeschichte der Errichtung der beiden Ständigen Vertretungen an Rhein und Spree zu betrachten. Die Verhandlungen zwischen Egon Bahr und Michael Kohl sowie zwischen Günter Gaus und dem stellvertretenden Außenminister der DDR Kurt Nier spiegeln die Skepsis und den Widerwillen, den beide Seiten hegten – auch in einer Zeit, da das Diktum »Wandel durch Annäherung« den Willen zum Aufbruch der konfrontativen Linie beiderseits des Eisernen Vorhangs deutlich signalisierte. Es waren harte Verhandlungen, und für beide Regierungen hing viel vom Gelingen der dem Grundlagenvertrag entsprungenen Vereinbarung über den Austausch »Ständiger Vertreter« ab. Die Deutsche Demokratische Republik wollte so weit wie möglich zwischenstaatliche Normalität suggerieren und staatliche Anerkennung erheischen. Die Bundesrepublik Deutschland dagegen beharrte auf dem Grundsatz der Einheit der Nation, wie es dem Grundgesetz entsprach: Jedem DDR-Bürger stand nach westdeutscher Lesart die Staatsbürgerschaft der Bundesrepublik zu. Die Partei- und Staatsführung der DDR versuchte nach Kräften, die Ständigen Vertretungen in die Reihe der Botschaften einzugliedern; die Bundesrepublik dagegen bestand auf dem besonderen Rechtsstatus der StäV, die zwar »analog« zu Botschaften organisiert war, aber eben nicht identisch mit herkömmlichen diplomatischen Vertretungen behandelt wurde. So war sie direkt dem Bundeskanzleramt unterstellt und nicht, wie die Vertretung der DDR, dem Außenministerium.

Der vielfältige Arbeitsalltag der StäV lässt sich anhand einzelner Tätigkeitsfelder erfassen: Ihre verschiedenen konsularischen Aufgaben oder die Häftlingsbetreuung, auch gesellschaftliche Ereignisse wie Empfänge, Vorträge oder Ausstellungen westdeutscher Künstler im Gartenhaus der Ständigen Vertretung sagen viel aus über die Art und Weise, wie sich die Bundesrepublik »im anderen Teil Deutschlands« präsentierte.

Die Zufluchtsfälle in den achtziger Jahren prägten das Bild, das in der Öffentlichkeit von der Vertretung in Ost-Berlin entstand. Zugleich belegen sie auf tragische Weise die Machtlosigkeit der Einrichtung: Wer aus der Staatsbürgerschaft der DDR in den Westen entlassen wurde, entschied einzig und allein die DDR-Führung. Die oftmals überaus verzweifelten Zufluchtsuchenden mussten überzeugt werden, dass sie die StäV zu verlassen hatten und den offiziell vorgegebenen Antragsweg über die »Abteilung Inneres« bei ihrem jeweils zuständigen Rat des Kreises beschreiten mussten. Wohl taten sie dies mit dem Versprechen von Unterhändler Rechtsanwalt Wolfgang Vogel, dass ihre Ausreise gesichert sei und ihnen keine Verhaftung drohe. Das Misstrauen aber gegen einen Bevollmächtigten der Staatsmacht war unter den Ausreisewilligen ebenso groß wie ihre Enttäuschung über die StäV, die Flüchtlinge eben nicht im Fond der Diplomatenwagen sofort in den Westteil der Stadt bringen konnte, wie viele Ausreisewillige erwarteten. Fragen des Freikaufs fielen grundsätzlich nicht in die Zuständigkeit der Ständigen Vertretung, sondern oblagen dem Bundesministerium für innerdeutsche Beziehungen.

Eine weitere aufschlussreiche Facette des Alltags der StäV liefert die Rekonstruktion der Arbeit der westdeutschen Korrespondenten, die in Ost-Berlin akkreditiert waren und von denen viele über Jahre hinweg engen Kontakt zur Ständigen Vertretung unterhielten. In ungewöhnlich offener Form pflegten die Ständigen Vertreter einen regelmäßigen Austausch von Informationen

BStU-Kopie

Die Stasi fotografierte sich selbst. Bewacher vor dem Eingang zur Ständigen Vertretung in der Hannoverschen Straße

und luden die akkreditierten Korrespondenten zu regelmäßigen Unterrichtungen in den abhörsicheren Raum der Vertretung, die »Laube«. Die Korrespondenten hielten in aller Regel Informationen zum Beispiel über heikle Zufluchten zurück, wenn diese Berichte die betroffenen DDR-Bürger zusätzlich gefährdet hätten.

Korrespondenten wie auch die Mitarbeiter der StäV standen unter ständiger Beobachtung durch das allgegenwärtige Ministerium für Staatssicherheit – auch dessen umfangreiche Überlieferungen bilden die StäV bis heute in charakteristischer Weise ab und zeugen von der Gereiztheit, die in den siebziger und achtziger Jahren trotz der Entspannungspolitik zwischen beiden deutschen Staaten herrschte. Die westdeutsche Vertretung stand unter Verdacht, ihrerseits Stützpunkt für Geheimdienste gewesen zu sein – ein Verdacht, der sich aus der Zeit heraus erklärt und nicht, weil es Beweise für Spionageaktivitäten gegeben hätte.

Abschließend muss die Marginalisierung der Ständigen Vertretung in der Agonie der DDR und dem Prozess der deutschen Wiedervereinigung betrachtet werden. Im Prozess der Vereinigung spielte die StäV eine untergeordnete Rolle.

Die Ständige Vertretung war von der Persönlichkeit ihrer langjährigen Leiter Gaus und Bräutigam geprägt. Allen vier Ständigen Vertretern sind in diesem Buch eigene Kapitel gewidmet. Es ergibt sich eine Periodisierung: Die Phasen der Deutschlandpolitik waren nicht zuletzt von Personen bestimmt, und in deren Haltung und Handeln wiederum spiegeln sich Chancen und Grenzen des schwierigen deutsch-deutschen Verhältnisses wider.

Forschungsstand und Quellenlage

Im Bundesarchiv (BA), im Politischen Archiv des Auswärtigen Amts (PA AA), in der Behörde der Bundesbeauftragten für die Unterlagen des ehemaligen Staatssicherheitsdienstes der DDR (BStU) sowie in der Historischen Sammlung der Gedenkstätte Bautzen habe ich ergiebige Akten unterschiedlicher Art einsehen können. Mir war im Bundesarchiv nicht paginiertes (o. P.) Material zugänglich, das nach dem Bundesarchivgesetz der Sperrfrist von dreißig Jahren unterliegt. Diese wurde auf mein Ersuchen hin vom Bundesinnenministerium und dem Kanzleramt vorfristig aufgehoben. Ein Teil der von mir eingesehenen Akten ist inzwischen in den Dokumenten zur Deutschlandpolitik veröffentlicht. Ich halte mich der Einheitlichkeit halber in der Zitierweise an die Archivsignaturen, die mir bei meiner Recherche im Jahr 2005 begegneten. Ich benutze in der Arbeit die Abkürzung StäV für die Ständige Vertretung der Bundesrepublik bei der DDR, auch wenn in einzelnen Dokumenten andere Kürzel (Staev, StV) Verwendung finden. Die Schreibweise in den zitierten Telexen passe ich der Normalschreibung an.

Auch die von mir eingesehenen Verhandlungsprotokolle der DDR aus dem Bestand des Auswärtigen Amts sind teilweise veröffentlicht, umfangreiches Material aus den Jahren 1972 bis 1975 wurde mir im Politischen Archiv des Auswärtigen Amts auch im Original vorgelegt.

Insbesondere in den Beständen der Bundesbeauftragten für die Unterlagen des Staatssicherheitsdienstes der DDR findet sich schier endlos viel Material, galt doch die Vertretung der Bundesrepublik in der Hauptstadt der DDR als Repräsentanz des Klassenfeinds im eigenen Land. Die Mitarbeiter der Behörde haben mehr als 700 Signaturen zur StäV in den Archiven gefunden und mir eine Vielzahl von ausgewählten Quellen unkompliziert zugänglich gemacht. Frau Karin Kopka und Frau Jenny Gohr haben meine Recherchen nicht nur unterstützt, sondern meine Neugier geteilt und sie mit immer neuen Aktenfunden aus den Beständen des Ministeriums für Staatssicherheit (MfS) stets neu geweckt. Unterschiedlichste Dokumente kamen zum Vorschein: von »Operativen Personenkontrollen« über Fotos, Berichte Inoffizieller Mitarbeiter bis zu gezielten »Maßnahmeplänen« oder Tonmitschnitten von Verhören.

Im Bundesarchiv in Koblenz lagern die Aktenbestände aus dem Kanzleramt, dem die StäV direkt zugeordnet war. Auch die Überlieferungen des Bundesministeriums für innerdeutsche Beziehungen sind in Koblenz archiviert. Ich hatte Gelegenheit, die Dokumente, die der Sperrfrist von dreißig Jahren unterliegen, bei meiner Recherche im Jahr 2005 vorfristig sichten zu können. Es handelt sich um Material der Bestände B 136, B 137 und B 288. Aus den geschilderten Tätigkeitsfeldern und Aufgabengebieten der StäV ist vielfach nur grob klassifiziertes Material vorhanden. Nach Aussage einer langjährigen Mitarbeiterin der StäV sind im Jahr 1990 Akten aus der Vertretung in Ost-Berlin verloren gegangen.

Die vorhandene Literatur zum Thema ist umfangreich. In den vergangenen Jahren sind bemerkenswerte Neuerscheinungen zur Deutschlandpolitik und zur Geschichte der Jahre 1989/90 hinzugekommen. Der Ständigen Vertretung widmen sich nur wenige Einzeluntersuchungen. Es sind nicht allein ausdrücklich wissenschaftliche Studien, die über die Schnitt- oder Nahtstelle zwischen Ost und West aufklären. Zur verwendeten neueren Literatur zählen unter anderem die Festgabe zum 80. Geburtstag von Rechtsanwalt Wolfgang Vogel oder eine sensible autobiographische Betrachtung von Susanne Schädlich. Zudem liegen eine romanhaft erzählte Geschichte eines ehemaligen Mitarbeiters der StäV vor, eine Diplomarbeit aus dem Jahr 1983 über die Ständigen Vertretungen sowie ein apologetischer Band aus der Feder eines einstigen MfS-Offiziers. Günter Gaus konnte seine Memoiren nicht mehr vollenden, interessant bleibt indes »Wo Deutschland liegt«, seine »Ortsbestimmung« aus dem Jahr 1983. Aus dieser Zeit stammt auch der Band, den Klaus Bölling unmittelbar nach seiner kurzen Zeit in Ost-Berlin verfasste. Besonders zu erwähnen sind die jüngst erschienenen umfangreichen Memoiren von Hans Otto Bräutigam.

Neben den Ergebnissen des Quellen- und Literaturstudiums stehen die Interviews mit Zeitzeugen, die sich als überaus informativ und ertragreich erwiesen haben. Mehr als fünfzig Gespräche konnte ich führen. Meine Gesprächspartner tauchten bereitwillig in ihre Erinnerungen ein und komplettierten auf ganz unterschiedliche Weise mein Bild von der StäV. Sehr dankbar bin ich Frau Erika Gaus, der Witwe des ersten Ständigen Vertreters der Bundesrepublik, sowie der Tochter Bettina Gaus. Beide waren kaum ein Jahr nach dem Tod von Günter Gaus bereit, meine Fragen auf sehr persönliche Weise und offen zu beantworten. Diese eindrucksvollen Begegnungen waren besonders wichtig für mich, um mir ein Bild von der Person des Verstorbenen, dem ich selbst nie persönlich begegnet bin, machen zu können.

Alle drei auf Gaus folgenden Leiter der StäV – Klaus Bölling, Hans Otto Bräutigam und Franz Bertele – haben sich Zeit für intensive Gespräche mit mir genommen. Sehr abgewogen und detailreich waren die langen Interviews, die ich mit Hans Otto Bräutigam führen konnte und die mir einen Schlüssel zum Verständnis des Selbstbilds der Ständigen Vertretung an die Hand gaben. Politiker, Fahrer, Sekretärinnen, Sicherheitsbeauftragte, Wirtschaftsfachleute oder Kulturbeauftragte – sie alle haben eine lebendige Erinnerung an ihre Arbeit in Ost-Berlin, eine Zeit, die zumeist ihr Leben mehr prägte als andere »Verwendungen« im öffentlichen Dienst. Ich habe respektiert, dass einige Gesprächspartner nicht namentlich genannt oder wörtlich zitiert werden wollten. Leider sind offizielle Vertreter der DDR nicht auskunftsfreudig. Einer der für mein Thema wichtigsten einstigen Mitarbeiter des Ministeriums für Auswärtige Angelegenheiten der DDR, Karl Seidel, hat zwei sehr inhaltsreiche und erhellende Erinnerungsbände verfasst.

Obschon die Ständige Vertretung mit deutsch-deutschen Freikaufaktivitäten nicht befasst war, so waren doch die Auskünfte von Rechtsanwalt Wolfgang Vogel auch über diesen Themenkomplex, vor allem aber zu den Botschaftsbesetzungen, sehr hilfreich für meine Recherchen. Um die Spielwiese abzustecken, auf der sich die Ständige Vertretung bewegen durfte, um die ausgeklügelten Spielregeln der sensiblen innerdeutschen Diplomatie zu verstehen, war das ausführliche Gespräch mit dem inzwischen verstorbenen Rechtsanwalt Vogel am Schliersee sehr aufschlussreich für mich.

Vorgeschichte

Die neue Ostpolitik

Am Morgen des 26. April 1972 empfing Erich Honecker um 9 Uhr einen wichtigen Gast: Mit stechendem Blick begrüßte Honecker den Staatssekretär aus dem Bundeskanzleramt, Egon Bahr, den wichtigsten westdeutschen Verhandlungspartner der DDR, und versicherte ihn seiner Wertschätzung.[1] Zum ersten Mal schüttelte der seit fast einem Jahr amtierende Erste Sekretär des Zentralkomitees der SED Bahr die Hand. Die Lage in diesen Tagen war angespannt: In der vorangegangenen Frühlingsnacht hatten Egon Bahr und sein ostdeutsches Gegenüber Michael Kohl sich in Ost-Berlin nach 42 zähen Verhandlungsrunden über das erste deutsch-deutsche Abkommen verständigt – im Verkehrsvertrag versprach die DDR endlich auch »Erleichterungen im Reiseverkehr«.

Von den Erfolgen der heiklen innerdeutschen Diplomatie hing nicht zuletzt das politische Schicksal von Bundeskanzler Willy Brandt ab: Bahr und Honecker trafen am Vortag des konstruktiven Misstrauensvotums gegen den sozialdemokratischen Initiator der neuen Ostpolitik zusammen, zwei Tage zuvor waren ein SPD-Abgeordneter und drei Parlamentarier der FDP aus ihren Fraktionen ausgetreten – die Koalition hatte ihre Mehrheit verloren. Brandts politisches Überleben in Bonn war an das Gelingen der deutsch-deutschen Annäherung in Berlin geknüpft – Egon Bahr hatte in der Nacht nur zwei Stunden geschlafen, und der mit sicherem Instinkt ausgestattete Erich Honecker war sich seiner Macht in diesem Moment durchaus bewusst. »Ich gehe davon aus, daß die BRD-Regierung gewinnen wird«, ließ Honecker unbescheiden den Gast aus Bonn wissen, »nicht zuletzt mit unserer Unterstützung und dank unserer Maßnahmen. Im Sinne der friedlichen Koexistenz ist ein Miteinander denkbar.«[2] Honecker bot seinem Gast nun an, das Transitabkommen sofort wirksam werden zu lassen – Bahr lehnte dies ab. Eine abschließende Anregung des Gastgebers aber nahm der Vertraute Willy Brandts an: »Dieses Gespräch hat nie stattgefunden.«

1 Egon Bahr: Zu meiner Zeit, München 1998 (TB), S. 389
2 nach Karl Seidel: Berlin-Bonner Balance, Berlin 2002, S. 132 f., und Arnulf Baring: Machtwechsel. Die Ära Brandt-Scheel, Stuttgart 1982, S. 419 und 461

Dem Angebot des selbstbewussten Parteichefs vorangegangen waren ein Regierungswechsel in der Bundesrepublik und das zentimeterweise Aufeinanderzugehen der beiden deutschen Staaten, die mehr als zwanzig Jahre nach der »doppelten Staatsgründung« (Christoph Kleßmann) und schließlich real geteilt durch die Mauer eine Annäherung auszuhandeln versuchten. Es begann ein Prozess, der die Eröffnung einer westdeutschen Vertretung in Ost-Berlin und einer Repräsentanz des zweiten deutschen Staats am Rhein erst möglich machte.

»Bundesrepublik wie DDR litten unter ihrer außenpolitischen Einseitigkeit«, befindet Peter Bender.[3] Der einstige Mitschüler von Egon Bahr und engagierte publizistische Begleiter und Wegbereiter der neuen Ostpolitik von Willy Brandt beschreibt die ambivalente Situation, in die sich die beiden deutschen Staaten in den sechziger Jahren manövriert hatten, die sie lähmte und auch in den Verhandlungen immer wieder Rückschläge brachte. Zum einen hatten sich beide deutsche Staaten wirtschaftlich in ihren jeweiligen Wirtschaftsräumen nach Kräften entwickelt, woraus sich ein neues Selbstbewusstsein speiste. Außenpolitisch fanden sie unter ihresgleichen immerhin wieder Beachtung, standen zugleich aber in Konkurrenz zueinander und wurden zum Austragungsort des Kalten Krieges.

Nach ihrer von Konrad Adenauer erfolgreich betriebenen Integration in die westeuropäischen Bündnisse war der jungen Bundesrepublik offiziell Souveränität zuerkannt worden. Und nun begannen die Protagonisten der SPD-FDP-Regierung, auch am »Faktor der zunehmenden deutschen Selbständigkeit« Gefallen zu finden:

> »Er fiel uns zum ersten Mal auf, als wir anfingen, in Berlin nach dem Bau der Mauer über Passierscheine zu verhandeln. Das waren deutsch-deutsche Verhandlungen, bei denen die Siegermächte auch praktisch nur noch mit dem Kopf nicken mußten, und das war ein Stück Emanzipation deutscher Politik«,

erinnert sich Egon Bahr in den neunziger Jahren vor der Enquete-Kommission des Deutschen Bundestages.[4]

Die DDR trat auf der anderen Seite des Eisernen Vorhangs als der vielzitierte »Musterschüler« unter den Staaten des Warschauer Pakts auf. Wie selbständig

3 Peter Bender: Deutschlands Wiederkehr. Eine ungeteilte Nachkriegsgeschichte 1945–1990, Stuttgart 2007, S. 134
4 Deutscher Bundestag (Hg.): Enquete-Kommission »Aufarbeitung von Geschichte und Folgen der SED-Diktatur in Deutschland« (12. Wahlperiode), Bd. V/1, Deutschlandpolitik, innerdeutsche Beziehungen und internationale Rahmenbedingungen, Baden-Baden, Frankfurt am Main 1995, S. 488

Ulbricht trotz der engen Anbindung an »den großen Bruder« agieren konnte, und wie viel Einfluss die Siegermacht tatsächlich auch indirekt auf die Bundesrepublik nehmen konnte, welche Interessen Stalin leiteten und wie real das Festhalten an der Einheit im Kalten Krieg gewesen sein mag, ist in vielen Facetten beschrieben worden.[5] Auch wenn die Veränderungen bei den einstigen Alliierten selbst eine Öffnung überhaupt erst denkbar erscheinen ließen, können sie hier nicht Thema sein, um den Umfang der Arbeit nicht zu sprengen.

Beide deutsche Staaten hatten sich in den sechziger Jahren außenpolitisch festgefahren: Die Ulbricht-Doktrin, nach der kein Staat des Warschauer Pakts seine Beziehungen zur Bundesrepublik normalisieren sollte, blockierte die DDR, und die aus dem Alleinvertretungsanspruch der Bundesrepublik erwachsene Hallstein-Doktrin hemmte die außenpolitische Entwicklung des westlichen Deutschlands. Die Zweistaatlichkeit schien aus Sicht der europäischen Nachbarn die Nachkriegsordnung in Europa zu stabilisieren und den Frieden zu garantieren – die persönlichen Schicksale von Flüchtlingen oder die Tragödien zerrissener Familien mögen Illustrierten gelegentlich spektakulären Stoff geliefert haben, das geteilte Volk aber hatte sich mehrheitlich in einer neuen Normalität eingerichtet. Seit den fünfziger Jahren waren Reisen aus der DDR in den Westen nicht mehr uneingeschränkt möglich, ab 1960 mussten sich Westdeutsche ihre Besuche in Ost-Berlin von der DDR genehmigen lassen. Bei den Olympischen Spielen in Tokio traten 1968 zum ersten Mal zwei getrennte deutsche Mannschaften gegeneinander an. Auf internationalem Parkett bewegten sich die parallel existierenden deutschen Staaten zu dieser Zeit nicht nebeneinander – nur in Moskau unterhielten sie nach dem Besuch von Bundeskanzler Konrad Adenauer im Jahr 1955 je eigene Botschaften. Ansonsten musste dort, wo die Flagge des einen Staates gehisst wurde, die des anderen eingeholt werden.

Wie die DDR die Teilung der Nation entlang der alten Demarkationslinie betrieb, hatten die unionsgeführten Bundesregierungen ihrerseits versucht, die DDR außenpolitisch zu isolieren. So brach der westdeutsche Staat 1957 getreu der nach dem christdemokratischen Außenpolitiker Walter Hallstein benannten Doktrin die Beziehungen zu Jugoslawien, später auch zu Ägypten und anderen arabischen Staaten ab, nachdem diese die DDR staatlich anerkannt hatten. 1969 erwies auch der kambodschanische Prinz Sihanouk der DDR die Ehre der Anerkennung, woraufhin die Bundesregierung nach kontroversen Diskussionen im Kabinett das »Kambodschieren« einführte: Die Beziehungen zu Kambodscha wurden nicht abgebrochen, wohl aber eingefroren.

---

5 vgl. auch Wilfried Loth: Stalins ungeliebtes Kind. Warum Moskau die DDR nicht wollte, Berlin 1994

Die Bundesrepublik verstand sich als einziger demokratisch legitimierter deutscher Kernstaat, als Rechtsnachfolger des Deutschen Reiches und als alleinige und provisorische Vertreterin nationaler Belange bis zu einem Friedensvertrag. Unmissverständlich legt die Präambel des Grundgesetzes fest: »Das gesamte Deutsche Volk bleibt aufgefordert, in freier Selbstbestimmung die Einheit und Freiheit Deutschlands zu vollenden.«

Lähmend indes war die Tatsache, dass zwanzig Jahre nach Gründung der beiden deutschen Teilstaaten diese keine »oder fast keine« (Peter Bender) geregelten Beziehungen zueinander pflegten. Es mangelte an elementaren Vereinbarungen über Alltägliches, wie sie unter Nachbarstaaten üblich und praktisch notwendig sind. Insbesondere die Bürger der geteilten Stadt litten darunter, dass die DDR Kontakte über die Mauer hinweg nicht zuließ, den Ostteil wie selbstverständlich zu ihrer Hauptstadt stilisierte und West-Berlin als unabhängige politische Einheit zu isolieren versuchte. Die Telefonverbindungen innerhalb Berlins waren gekappt, erst zwei Jahre nach dem Mauerbau, im Dezember 1963, eröffnete ein erstes Passierscheinabkommen West-Berlinern wieder die Möglichkeit, Verwandte im Ostteil der Stadt zu besuchen. Dieses Abkommen hatte der Berliner Senat mit der DDR ausgehandelt, die sehr wohl wusste, wie stark sie über den reglementierten Zugang zu ihrer Hauptstadt Druck auf den Westen ausüben konnte: Mehr als eine Million Besucher hatten in der Weihnachtszeit 1963/64 die Grenze passiert. Drei weitere Passierscheinabkommen folgten, bevor eine Verlängerung der Bestimmungen scheiterte. Die DDR beharrte grundsätzlich auf einer Vereinbarung »auf der Grundlage normaler staatlicher Beziehungen«. Senat und Bundesregierung aber konnten dieser Formulierung, die eine De-facto-Anerkennung der DDR als Staat bedeutet hätte, nicht zustimmen.[6]

Die Regierung der DDR hatte seit den fünfziger Jahren verschiedene Konföderationspläne vorgelegt, die nicht fruchteten und deren Ernsthaftigkeit in Frage stand. Zu Beginn der sechziger Jahre hatte sich der christdemokratische Bundesaußenminister Gerhard Schröder zögerlich bemüht, die Außenpolitik zu dynamisieren – nicht zuletzt mit dem Ziel, über eine »Politik der kleinen Schritte« die sowjetische Vorherrschaft in Osteuropa zu unterminieren, was wiederum Auswirkungen auf das Verhältnis zur DDR hätte haben können. Schröder versuchte vorsichtig über Handelsabkommen, die Hallstein-Doktrin zu unterlaufen – tatsächlich ging es in kleinen Schritten vor und zurück, bis sich Bundeskanzler Kurt Georg Kiesinger in seiner Regierungserklärung offen zeigte für Beziehungen, »die auf Verständigung, auf gegenseitiges Vertrauen

6 vgl. Christoph Kleßmann: Zwei Staaten, eine Nation. Deutsche Geschichte 1955–1970, Schriftenreihe der Bundeszentrale für politische Bildung, Bd. 265, Bonn 1988, S. 456 f.

und auf den Willen der Zusammenarbeit gegründet sind« – sein Außenminister Brandt habe hier die Feder geführt, vermutet Gregor Schöllgen.[7] Grundsätzliche Fragen nach Annäherung der de facto existierenden, aber nicht anerkannten beiden deutschen Staaten, nach einer eventuellen Konföderation oder anderen Strategien für eine deutsch-deutsche Zusammenarbeit waren freilich noch utopisch. Und folglich blieben dringend notwendige Regelungen von Familienangelegenheiten, Vormundschaftsfragen oder Erbschaften, die insbesondere die Bürger des geteilten Berlins schmerzlich vermissten, aus. Nicht nur der Regierende Bürgermeister von Berlin Heinrich Albertz appellierte inständig an die Verantwortlichen, die »heiligen Kühe der Deutschlandpolitik [zu] pensionieren«, wie das Ministerium für Auswärtige Angelegenheiten der DDR im Dezember 1966 registrierte.[8]

Versuche, wie die »Friedensnote« des christdemokratischen Außenministers vom Jahr 1966 oder der im Mai 1967 begonnene Briefwechsel zwischen dem Vorsitzenden des Ministerrats der DDR Willi Stoph und Bundeskanzler Kurt Georg Kiesinger, brachten keine Verständigung oder gar reale Verbesserungen. Die Reaktion der Großen Koalition auf die ostdeutschen Vorschläge nährte in der DDR zunächst allerdings Hoffnung: Der Christdemokrat Kurt Georg Kiesinger und sein sozialdemokratischer Außenminister Willy Brandt schienen erkannt zu haben, dass eine Entspannung im Verhältnis zur DDR, gekoppelt an Vorschläge zur Abrüstung auf beiden Seiten, nur von Vorteil sein konnte. Die Protagonisten der Koalition wussten indes auch um die vehementen innenpolitischen Widerstände gegen eine Kontaktaufnahme mit dem Regime im Osten.

Im antikommunistisch geprägten Teil der westdeutschen Öffentlichkeit wuchs das Misstrauen: Schleichend würde eine staatliche Anerkennung der DDR betrieben werden, würden Einheit und Friedensvertrag als Verfassungsziele aufgegeben und die einst deutschen Gebiete jenseits von Oder und Neiße offiziell für verloren erklärt. Kiesinger, dessen Partei Menschenrechtsverletzungen und Schießbefehl geißelte und für die Freizügigkeit aller Deutschen eintrat, beging dennoch einen Tabubruch: Der Kanzler bot zunächst nicht nur den Staaten aus der Sphäre der Sowjetunion die Aufnahme diplomatischer Beziehungen an, der Bundeskanzler plädierte zudem in einer ersten Antwort an Willi Stoph dafür, künftig praktische Fragen des Zusammenlebens der Deutschen gemeinsam zu erörtern: »Polemik führt nicht weiter«, schrieb Kiesinger am 28. September 1967 an die DDR und versicherte: »Die Bundesregierung ist bereit, im Interesse aller Deutschen, aber auch im Dienste der Entspannung und des Friedens in Verhandlungen über ein derartiges

---

7 vgl. Gregor Schöllgen: Willy Brandt. Die Biographie. Berlin, München 2001, S. 149
8 PA AA Bestände MfAA GA 169, o. P.

Programm einzutreten.« Dieses »Programm« lautete, »die Not der Spaltung zu mildern und die Beziehungen der Deutschen in ihrem geteilten Vaterland zu erleichtern«.[9]

Willi Stoph lehnte im Oktober 1967 ab. Der Ministerratsvorsitzende konfrontierte die »Kiesinger-Strauß-Regierung« (ebenda) sofort mit seinen Maximalforderungen, die sein westdeutsches Gegenüber wiederum nicht erfüllen konnte: »Anerkennung ist Verrat«, erklärte Kiesinger im Deutschen Fernsehen[10] – denn der Bundeskanzler war nicht bereit, über das hingehaltene Stöckchen zu springen. Blieben sie auch zunächst folgenlos, so sind die Korrespondenzen zwischen Stoph und Kiesinger insofern von Belang, als sie Kiesingers auch in der SPD diskutierten Vorschlag enthalten, »Bevollmächtigte« auszutauschen, die über »praktische Fragen des Zusammenlebens der Deutschen« verhandeln sollten.[11] Helmut Schmidt als Vorsitzender der SPD-Fraktion im Deutschen Bundestag lehnte die völkerrechtliche Anerkennung der DDR unmissverständlich ab, befürwortete gleichwohl das Vorhaben, »Generalbevollmächtigte« zu entsenden, was wiederum den Staatsratsvorsitzenden Walter Ulbricht bewog, im August 1968 zu Protokoll zu geben, auch ein Austausch von Missionen »könnte erörtert werden«.

Sie bedeutete einen Tabubruch und lag zugleich im Interesse beider Seiten, im geteilten Deutschland eine neue Form von Normalität zu entwickeln und ein Zusammenleben zu organisieren, das nicht länger auf Isolation, Konkurrenz und ideologischem Widerstreit basierte: die Idee der Entspannungspolitik. Ihre Protagonisten im Westen blieben beißender Kritik ausgesetzt, und doch entsprachen sie offenbar dem Empfinden eines Teils der sich wandelnden westdeutschen Gesellschaft. Trotz eines relativ guten Ergebnisses für Kurt Georg Kiesinger ermöglichten die Wähler 1969 den »Machtwechsel« von der Großen Koalition zur bewegten und kurzen Ära Brandt und Scheel. Letzterer hatte im Wahlkampf ausdrücklich dafür gefochten, dass vor allem aus deutschland- und außenpolitischen Erwägungen ein neues Regierungsbündnis geschlossen werden müsse. Die Unionsparteien hatten in der Großen Koalition die Rolle des »deutschlandpolitischen Bremsers« (Hans-Peter Schwarz) gespielt. Aus den Reihen der damals noch oppositionellen FDP stammte der Entwurf für einen »Vertrag zur vorläufigen Ordnung der Beziehungen zwischen der Bundesrepublik Deutschland und der DDR« vom Januar 1969. Diesen Generalvertrag debattierte der Bundestag auf Antrag der FDP im April zwar, schmetterte ihn aber erwartungsgemäß ab. Die Freien

---

9 PA AA Bestände MfAA GA 152, S. 29 ff.

10 zit. nach Bender: Deutschlands Wiederkehr, S. 139

11 Texte zur Deutschlandpolitik, hg. vom Bundesministerium für gesamtdeutsche Fragen (innerdeutsche Beziehungen), Bd. 1, vom 13. Dezember 1966 bis zum 5. Oktober 1967, S. 70

Demokraten hatten sich immer wieder bemüht, inoffizielle, persönliche Kontakte »nach drüben« aufzubauen, und ihr Bundesvorsitzender Walter Scheel hatte bereits ein Jahr zuvor dem Parlament die gewagte Frage gestellt, ob das Fehlen einer demokratischen Legitimation der DDR-Regierung eigentlich ein Grund sein könne, keine diplomatischen Beziehungen zu ihr zu unterhalten.[12]

Nicht nur Arnulf Baring vertritt die These, dass Willy Brandts Bekenntnis zu einer grundsätzlich neuen Ostpolitik – ein Wort, das Brandt selbst nicht mochte – die Wahlen zum 6. Deutschen Bundestag erheblich beeinflusst hat. »Die Ostpolitik, das war das einigende Band«, meint auch Otto Graf Lambsdorff, damals FDP-Bundestagsabgeordneter und später Wirtschaftsminister im Kabinett Schmidt, rückblickend.[13] Die Neuorientierung in der Ostpolitik eröffnete SPD und FDP die Perspektive für eine neue Koalition. Ausgerechnet Günter Gaus in seiner gerade angetretenen Rolle als Chefredakteur des *Spiegel* wurde bei einem privaten Abendessen im Hause des späteren Bundesfinanzministers Alex Möller Zeuge einer ersten tastenden Kontaktaufnahme zwischen beiden Parteien: Der Sozialdemokrat Möller hatte als zweiten Gast Walter Scheel geladen und sondierte im Auftrag seiner Partei nun unverbindlich, aber wohlweislich im Beisein eines aufmerksamen Beobachters, die Möglichkeit einer Annäherung beider Parteien[14] – mit einem für beide positiven Ergebnis. Der Wille, ein zeitgemäßes Verhältnis zu den osteuropäischen Staaten einschließlich der DDR aufzubauen, begründete die nun folgende Kooperation zwischen den ungleichen Partnern SPD und FDP. Dieser Wille sei schließlich der Kitt und die »einzige wirkliche Basis des sozial-liberalen Bündnisses an seinem Beginn« gewesen.[15]

Die heftigen innerparteilichen Debatten in Union und SPD[16] über die Suche nach einer grenzüberschreitenden Verständigung mit der DDR waren zunächst folgenlos geblieben – bis zum 28. September 1969, dem Tag der Bundestagswahl, an dem die Partner der Großen Koalition sich als politische Gegner den Wählern stellen mussten. Wähnte sich die Union nach den ersten Hochrechnungen als Wahlsieger, so stand gegen Mitternacht schließlich fest, dass künftig ein sozial-liberales Bündnis im Bundestag über eine Mehrheit von zwölf Sitzen verfügen würde. Willy Brandt und Walter Scheel mussten zur Aufnahme von Koalitionsgesprächen nicht gedrängt werden, und doch rief

---

12 vgl. Arnulf Baring: Machtwechsel. Die Ära Brandt-Scheel, Stuttgart 1982, S. 228
13 Otto Graf Lambsdorff am 25. Oktober 2007 im DLF
14 Günter Gaus: Widersprüche. Erinnerungen eines linken Konservativen, München 2004, S. 295
15 Baring: Machtwechsel, S. 199
16 vgl. Andreas Grau für die CDU und Arnulf Baring für die SPD

am Morgen nach der Wahl der als Person und von Amts wegen üblicherweise zurückhaltende Bundespräsident Gustav Heinemann dem Spitzenkandidaten der SPD zu:»Willy, ran, mach's!«[17]

»Der Machtwechsel von 1969 war das Gebot der Stunde«, schreibt Willy Brandt in seinen Erinnerungen:»Das Gros der Union hielt die gebotene Frontbegradigung in der Außen- und Deutschlandpolitik entweder für entbehrlich, ja schädlich oder meinte, sich ihr trotz besserer Einsicht entziehen zu können.«[18] »So konnte es nicht weitergehen«, charakterisiert Peter Bender die Lage im Rückblick.[19] »Tatsächlich war es allgemeine Überzeugung in Bonn, also auch bei der Union, daß ostpolitisch etwas Entscheidendes getan werden müsse.«[20] Rainer Barzel hatte als Fraktionschef der Unionsparteien festgestellt: »Unsere rechtlichen, moralischen und historischen Positionen bleiben unverändert. Unsere Methoden können und müssen wechseln.«[21] Doch für seine Partei lagen die Dinge nicht so einfach – insbesondere als sie sich in ihrer neuen Rolle als Oppositionspartei einzurichten versuchte. Die Union rang in den folgenden Jahren um ihre durchaus nicht einheitlich ablehnende Position zur deutsch-deutschen Verständigung – eine Frage, die für sie nach dem Verlust der Regierungsmacht existentielle Bedeutung bekam. Der um Einigung bemühte Rainer Barzel hatte erkannt, dass es für die CDU/CSU um ihre eigene, klare Positionsbestimmung in der Opposition ging: Hier durfte sich die Union nicht nur in Verweigerung üben, die Partei musste sich zugleich auch als verantwortungsbewusster politischer Akteur präsentieren, wollte sie bei den kommenden Wahlen wieder stärkste Fraktion werden. Wollte sie glaubhaft bleiben, musste sie auch moderaten Stimmen wie der von Richard von Weizsäcker oder dem Pragmatismus und der Geschäftstüchtigkeit eines Walther Leisler Kiep Gehör verschaffen. Zugleich erwies sich bereits in den ersten Monaten, dass die Union in großen Debatten wie auch im Kleinen als Mahnerin und Korrektiv für die SPD-FDP-Regierung fungierte. Scharf kommentierte sie das Verschwinden des Begriffs »gesamtdeutsch« im Namen des entsprechenden Bundesministeriums, das nunmehr mit dem Etikett »innerdeutsch« versehen war[22] – und dem aus Sicht der DDR dennoch der Geruch provozierenden westdeutschen Hegemonialstrebens anhaftete: »Mit dem ›innerdeutschen‹ Ministerium könne und werde es seitens der DDR nicht den Bruchteil

---

17 Baring: Machtwechsel, S. 176
18 Willy Brandt: Erinnerungen, Neuauflage (ergänzt um die »Notizen zum Fall G«), München 2003, S. 264
19 Bender: Deutschlands Wiederkehr, S. 134
20 Baring: Machtwechsel, S. 236
21 Bender: Deutschlands Wiederkehr, S. 138
22 vgl. zur Gesamtproblematik Andreas Grau: Gegen den Strom. Die Reaktion der CDU/CSU-Opposition auf die Ost- und Deutschlandpolitik der sozial-liberalen Koalition 1969–1973, Düsseldorf 2005, S. 46 f.

eines Kontakts geben«, stellte deren Verhandlungsführer immer wieder angewidert klar:»Wir hätten im übrigen längst erwartet, daß das Ministerium aufgelöst werde.«[23] In der Bundestagsdebatte um die Ostverträge schließlich signalisierte Rainer Barzel denn auch zum Entsetzen von Teilen der eigenen Partei Kompromissbereitschaft. Sein berühmter Ausruf:»So nicht!« bedeutete nicht, dass er sich grundsätzlich den Ostverträgen verweigerte. Um eine endgültige Spaltung Deutschlands zu vermeiden, betonte er die Frage der Staatsangehörigkeit und lehnte eine Anerkennung der DDR kategorisch ab. Dann aber forderte er Klarstellungen in den Verträgen, die der Bundestag als gemeinsame Entschließung formulierte. Weder fand sich Barzel mit der»Realität der Teilung« ab, noch wollte er die neue Ostpolitik am Widerstand der Union scheitern sehen.

Willy Brandt legte bereits zu Beginn seiner Kanzlerschaft das Leitmotiv seiner künftigen Ostpolitik offen dar. Am 28. Oktober 1969 gab er»die anspruchsvollste und hochfliegendste Regierungserklärung in der Geschichte der Bundesrepublik«[24] ab. Die neue Regierung in Bonn versuchte ihrer Gegenseite in Ost-Berlin glaubhaft zu machen, dass sie die Teilung akzeptieren würde, den Alleinvertretungsanspruch der Bundesrepublik aufgebe oder doch hintanstelle und der DDR damit staatsrechtliche Anerkennung gewähre – freilich ohne den zweiten deutschen Staat völkerrechtlich anerkennen zu wollen.»Manche hatten damit gerechnet, viele waren überrascht«, schreibt Brandt selbst mit Blick auf den»notwendigen Abschied von überholten Vorstellungen« in der Deutschlandpolitik.[25]

Nächtelang hatte Brandt mit seinen Mitstreitern und Ratgebern, mit den neuen Beamten des Kanzleramts und dem Bundespresseamt an seiner Regierungserklärung gefeilt. Ruhig und gelassen, so der Diplomat Ulrich Sahm, damals mit Brandt und Bahr aus dem Auswärtigen Amt ins Palais Schaumburg gewechselt, habe der Kanzler seine Bemerkungen zu den Entwürfen gemacht und um eigene Überlegungen ergänzt. Neben anderen wurde auch Günter Gaus zu Beratungen über Substanz und Formulierungen hinzugezogen. Nicht im endgültigen Entwurf fand sich der Schlüsselsatz, den Brandt mit Scheel im letzten Augenblick abgestimmt hatte, der Richtschnur ihrer Politik bilden sollte und der enorme Aufregung, wie Brandt selbst schrieb, sowie wilden Protest aus den Reihen der Opposition auslöste:»Auch wenn zwei Staaten in Deutsch-

23 PA AA Bestände MfAA GA 140, S. 20
24 Wolfgang Jäger in: Karl Dietrich Bracher, Wolfgang Jäger, Werner Link: Republik im Wandel 1969–1974. Die Ära Brandt, Bd. 5/1 der Geschichte der Bundesrepublik Deutschland, hg. von Karl Dietrich Bracher, Theodor Eschenburg, Joachim Fest, Eberhard Jäckel, Stuttgart 1986, S. 24
25 Brandt: Erinnerungen, S. 225

land existieren, sind sie doch füreinander nicht Ausland. Ihre Beziehungen zueinander können nur von besonderer Art sein.«[26]

»Wir sollten es so machen, wenn der Kanzler es will.« – Walter Scheel trug Brandts neuen Kurs gegenüber der nunmehr staatsrechtlichen Anerkennung der DDR mit, Kanzleramtsminister Horst Ehmke hatte den Regierungschef in verfassungsrechtlicher Hinsicht beruhigt, aber Egon Bahr ging das vorab geleistete Zugeständnis an die DDR, die nun als Rechtssubjekt anerkannt war, zunächst zu weit, wenngleich er seine Bedenken nicht öffentlich werden ließ, wie Brandt anerkennend feststellte. Bahr vertrat die Ansicht, dass die Anerkennung der DDR unvermeidlich Ergebnis von Verhandlungen hätte sein müssen, nicht aber ein »Gratisgeschenk vorher«[27] oder nach dem Willen der SED deren Conditio sine qua non. Willy Brandt aber hatte schon zu Beginn der Regierungszeit der Gegenseite Offenheit zu demonstrieren versucht[28] – im Einvernehmen mit seinem Koalitionspartner Walter Scheel, wie Bahr sich erinnert: »Scheel entschied: Der Bundeskanzler hatte gesagt, manchmal ist es gut, sein Herz am Anfang über den Zaun zu werfen. [...] Es resultierte daraus, dass die DDR gar nicht anders konnte, als mit uns zu reden.«[29]

Ganz so einfach war es freilich nicht. Vorerst brauchte der Kanzler dringend verlässliche Mitstreiter in seinem neuen Stab, die diese »besonderen Beziehungen« entwerfen, anbahnen, verteidigen und entwickeln konnten – ein innen- und außenpolitisch versiertes Team, glaubhaft in Moskau und Warschau sowie durchsetzungsstark in Washington, London und Paris, schlagfertig vor der Bundespressekonferenz wie auch feinfühlig im Vieraugengespräch in Ost-Berlin. Willy Brandt wusste, wie sehr seine eigene politische Karriere vom Erfolg seiner neuen Politik abhing; der erste sozialdemokratische Kanzler war zwingend darauf angewiesen, dass die eigene Bevölkerung, aber auch die Westmächte, die DDR und vor allem die Sowjetunion sich auf seine Politik einließen.

»Egon Bahr war nicht der einzige, aber der konzeptionell fähigste meiner Mitarbeiter«,[30] befand Willy Brandt, der seinen Vertrauten beim Wechsel nach Bonn ins Außenministerium der Großen Koalition zum Chef des Planungsstabs gemacht hatte. Obgleich Bahrs berüchtigte »Einhandsegelei« (Ralf Dahrendorf) wahrlich nicht immer gut ankam[31] – Willy Brandt konnte sich auf die Kompetenz und die Wendigkeit seines nun zum Staatssekretär im Kanzleramt erhobenen Vertrauten aus Berliner Tagen verlassen. »Er war W. B. zugetan und

26 Ulrich Sahm: »Diplomaten taugen nichts«. Aus dem Leben eines Staatsdieners, Düsseldorf 1994, S. 242, und Brandt: Erinnerungen, S. 225
27 Bahr: Zu meiner Zeit, S. 277
28 Baring: Machtwechsel, S. 248, und Brandt: Erinnerungen, S. 225
29 Egon Bahr auf dem Festakt 30 Jahre nach Eröffnung der StäV am 19. Juni 2004 im Bundesministerium für Bildung und Forschung, Mitschrift der Autorin
30 Brandt: Erinnerungen, S. 73
31 vgl. Baring: Machtwechsel, S. 278

während der zweijährigen operativen Arbeit der ideale Gehilfe, gerade weil er eigenes Gewicht besaß«, gesteht selbst Brigitte Seebacher, dritte Ehefrau und Biographin Willy Brandts. In der eigenwilligen Interpretation des Einheitsgedankens ihres verstorbenen Mannes lässt Frau Seebacher Egon Bahr als Freund des Kanzlers gelten, auch als Ratgeber, und doch relativiert sie Bahrs Rolle: »Einen Architekten seiner Politik sah er [Willy Brandt] nicht in ihm. Er suchte den Rat, oft und gern. Ob und wann und in welcher Form er ihn befolgte, stand auf einem anderen Blatt.«[32] Anders die zeitgenössische Wahrnehmung der ostdeutschen Gegenseite, sie zollte dem Vertrauten Brandts hohen Respekt. Karl Seidel, der bei offiziellen Essen aus protokollarischen Gründen stets rechts neben Bahr Platz fand, war nicht nur von dessen Verstand und Kenntnisreichtum beeindruckt. Vor allem attestierte Seidel ihm Gespür für das politisch Machbare und hatte doch selbst oft genug zähneknirschend erfahren, wie der »Hauptarchitekt der Bonner Ost-Politik«[33] seine Karten bis zum Letzten ausreizte. »Er war sachkundig, geschickt und beherrschte in hohem Maße taktische Raffinessen. Selbst in angespannten Verhandlungssituationen, die es oft genug gab, verlor er nie seinen Humor.«[34] Damit setzte Bahr in den deutsch-deutschen Verhandlungen Maßstäbe, er gab ein Bild vor, an dem sich auch Günter Gaus als sein Nachfolger in den Verhandlungen orientieren und messen konnte, auch wenn dieser anders als Bahr keine Drähte zu Gromyko oder Falin in Moskau unterhielt.[35] Die in den Verhandlungen offen zur Schau gestellte Souveränität der Westseite provozierte nicht selten die persönlich zurückgenommenen, in Prinzipien verhafteten und ihren Direktiven verpflichteten ostdeutschen Gesprächspartner – ob sie nun Kohl, Seidel oder Nier hießen. »Neurotisch« sei ihre Verhandlungsführung gewesen, urteilt Hans Otto Bräutigam, der selbst an den Verhandlungen beteiligt war.[36] Eine Ausnahme bildete der Rechtsanwalt Wolfgang Vogel, den Persönlichkeit, Lebensweise und Auftreten erheblich vom Typus des Apparatschiks unterschieden, der jedoch seinem Staat stets loyal diente und gerade deshalb so maßgeblich in den deutsch-deutschen Belangen vermitteln konnte.

Wie sehr die deutsch-deutsche Annäherung einer gefährlichen Gratwanderung glich, sollten die Protagonisten des neuen Kurses in der Ostpolitik schon erfahren, bevor sie überhaupt mit der SED Tuchfühlung aufnehmen konnten. »Der Weg nach Ost-Berlin führte über Moskau« – Bahrs Kerngedanke entsprach in der Bundesrepublik keinesfalls dem Common Sense. Dessen ungeachtet pflegte der Sonderbotschafter mit dem sowjetischen Außenminister

32 Brigitte Seebacher: Willy Brandt, München 2004, S. 217
33 Seidel: Berlin-Bonner Balance, S. 109
34 ebenda, S. 110
35 Gespräch mit Hans Otto Bräutigam am 1. März 2005 in Berlin
36 ebenda

Auf der Suche nach dem Weg in den Westen. Im Arbeitszimmer des Leiters der Ständigen Vertretung: Hans Otto Bräutigam (ganz links), Rechtsanwalt Wolfgang Vogel (links), Franz Jürgen Staab, Staatssekretär Ludwig Rehlinger (von hinten) und eine um Ausreise ersuchende DDR-Bürgerin

Andrej Gromyko zwischen Januar und Mai 1970 einen Meinungsaustausch, an dessen Ende das sogenannte Bahr-Papier stand. Es enthielt bereits die Maximen des Abkommens, das beiden deutschen Staaten Gleichberechtigung, Nichtdiskriminierung, Achtung der Unabhängigkeit und der Selbständigkeit des anderen bezüglich seiner »inneren Kompetenz«, also seiner eigenen innerstaatlichen Angelegenheiten zugestehen sollte.[37]

»Die deutsche Außenpolitik muß die Eierschalen der ersten Nachkriegsjahre abstreifen«,[38] so der Regierende Bürgermeister von Berlin. Willy Brandt und sein damaliger Leiter des Presse- und Informationsamts Egon Bahr stimmten spätestens nach dem legendären Besuch des amerikanischen Präsidenten John F. Kennedy in der geteilten Stadt überein, dass den Status quo der Teilung und die Grenzen anerkennen müsse, wer im deutsch-deutschen Verhältnis eine Verbesserung erreichen wolle. In der Evangelischen Akademie Tutzing hatten sie am 15. Juli 1963 unter dem Veranstaltungstitel »Denk ich an Deutschland« ihrer außenpolitischen Phantasie zum ersten Mal öffentlich freien Lauf

37 vgl. Tono Eitel alias Benno Zündorf: Die Ostverträge. Die Verträge von Moskau, Warschau, Prag, das Berlin-Abkommen und die Verträge mit der DDR, München 1979, S. 43
38 Willy Brandt zitiert bei Bahr: Zu meiner Zeit, S. 152

gelassen. »Ohne Zweifel wurde das Ringen um Selbstbestimmung für das ganze Volk der Sicherung des freien Teils nachgeordnet«, nun aber gebe es

> »keine andere Aussicht auf die friedliche Wiedervereinigung unseres Volkes [...], als den nicht erlahmenden Versuch, die Erstarrung der Fronten zwischen Ost und West aufzubrechen. Gerade weil das Deutschlandproblem so sehr in das Verhältnis zwischen Ost und West eingebettet ist, gibt es für uns keine Hoffnung, wenn es keinen Wandel gibt.«[39]

Bahrs Diktum vom »Wandel durch Annäherung« – von seinem Stellvertreter Rudolf Kettlein, der ursprünglich Brandts Ausführungen nur ergänzen sollte, dann aber noch vor dem Regierenden Bürgermeister selbst sprach, als Überschrift über Bahrs Redebeitrag gesetzt – löste heftige Reaktionen aus, und der Initiator der neuen Ostpolitik musste erkennen, »wie weit das eigene Denken schon dem öffentlichen Bewußtsein enteilt war«.[40]

Anerkennung hieß Gewaltverzicht gegenüber der Sowjetunion und bedeutete notwendigerweise auch den Verzicht auf ehemals deutsche Gebiete östlich von Oder und Neiße. So präjudizierte Brandts Ostpolitik die Anerkennung der in den Friedenskonferenzen von den Alliierten willkürlich gezogenen Grenze. Die Einsicht in die Notwendigkeit von Verhandlungen über Mauer und Eisernen Vorhang hinweg entsprach zum Ende der sechziger Jahre keineswegs dem allgemeinen bundesdeutschen Empfinden. Es war der Öffentlichkeit schwer zu vermitteln, dass Verhandlungen nicht zwangsläufig ein Einknicken gegenüber der kommunistischen Seite, nicht Verrat der Prämissen des Grundgesetzes oder gar die Aufgabe der Einheit der Nation bedeuten mussten. Brandt, Bahr und Scheel waren heftiger Kritik ausgesetzt, doch blieben sie konsequent in ihrer Suche nach einem neuen Pragmatismus, um die Starre entlang der innerdeutschen Grenze aufzuweichen.

Dass die Bundesrepublik dennoch Bekenntnisse zu Schlesien, Danzig oder Pommern abgab, passte wiederum der SED nicht: Für die Oder-Neiße-Grenze erklärte sich Walter Ulbricht verantwortlich, davon war die Bundesregierung nach seinem Staatsverständnis nicht berührt. Und doch hatte die ausbleibende Anerkennung der Oder-Neiße-Grenze der DDR-Propaganda stets als Beleg für den chronischen Revanchismus der imperialistischen Bundesrepublik gedient. Der Partei- und Staatsführung der DDR konnten die Verhandlungen, die das kapitalistische Deutschland in Moskau führte, nicht gleichgültig sein – Ulbricht sträubte sich gegen eine Verständigung, die zwangsläufig an ihm vorbeilaufen musste.

39 Bahr: Zu meiner Zeit, S. 153 f.
40 ebenda, S. 155

Als Bundeskanzler konnte Willy Brandt der DDR schließlich Verhandlungen anbieten, ohne bei den Adressaten dieser Offerte zunächst Euphorie zu wecken: »Die DDR-Führung reagierte gekünstelt«, musste er feststellen.[41] Den Klimawandel nach der Bildung der sozial-liberalen Bundesregierung allerdings nahm die Partei- und Staatsführung der DDR nicht nur wahr, sondern versuchte ihn auch für ihre Zwecke zu nutzen. Die Regierungserklärung habe »sofort beträchtliche Aktivität« ausgelöst, wie der DDR-Diplomat Karl Seidel, damals stellvertretender Leiter der Abteilung Westdeutschland im Außenministerium, sich erinnert.[42] Nach den Versuchen Willi Stophs, in einem Briefwechsel mit dem christdemokratischen Kanzler der Großen Koalition eine Kontaktaufnahme einzuleiten,[43] versuchte nun der Staatsratsvorsitzende Walter Ulbricht im Dezember 1969 zu testen, wie ernst es der sozialdemokratische Nachfolger meinte. Walter Ulbricht überraschte den seit März 1969 amtierenden Bundespräsidenten Gustav Heinemann mit einem nächsten Vorschlag. Wohl lehnte die DDR weiterhin Brandts Ansatz von den »Beziehungen besonderer Art« vehement ab, sie betonte ihre Souveränität und verfolgte den Aufbau »normaler zwischenstaatlicher Beziehungen«. Doch wollte Ulbricht die Gunst der Stunde nutzen – in einer Note vom 17. Dezember 1969 schlug er der westdeutschen Seite die »Aufnahme normaler gleichberechtigter Beziehungen« vor. In Artikel V seines Entwurfs für eine vertragliche Verständigung forderte er den Austausch regulärer diplomatischer Vertretungen in Berlin und Bonn – worauf sich die Bundesregierung aus prinzipiellen Erwägungen und verfassungsrechtlichen Gründen eben gerade nicht einlassen konnte. Stoph und Ulbricht waren sich dessen wohl bewusst, und doch legten sie zunächst kompromisslos ihre Maximalforderungen dar: Sie verlangten die völkerrechtliche Anerkennung und gleichberechtigte Beziehungen getreu ihrer Theorie von den zwei Staatsvölkern,[44] ohne auf die von Bonn angestrebten »menschlichen Erleichterungen« einzugehen.

»Es scheint mir an der Zeit«, schrieb Willy Brandt am 19. Februar in einem Fernschreiben nach Ost-Berlin, »den Versuch zu unternehmen, das Trennende zurückzustellen und das Verbindende zu suchen.«[45] Es erschiene ihm nicht nützlich, den Austausch von Briefen fortzusetzen, die sich auf die wiederholte Darlegung der eigenen Positionen beschränken. Wohl wenig erfreut musste der ostdeutsche Adressat dieser Zeilen zur Kenntnis nehmen, dass Brandt ihm kabelte: »Vorbedingungen kann ich nicht akzeptieren.« Allmächtig oder gar

41 Brandt: Erinnerungen, S. 225
42 Seidel: Berlin-Bonner Balance, S. 61 f.
43 vgl. Dokumente zur Deutschlandpolitik V, Bd. 1, S. 1669 ff.
44 vgl. Staatsbürgerschaftsgesetz der DDR vom 20. Februar 1967, Gesetzblatt der DDR 1967, I, S. 3 ff.
45 PA AA Bestände MfAA GA 92, Bd. 1 o. P.

unabhängig in ihren Entscheidungen waren Ulbricht und Stoph freilich nicht. Die Sowjetunion, mit der die Bundesregierung gleichfalls eine Einigung anstrebte, befürwortete offen die sich anbahnenden Verhandlungen zwischen den deutschen Staaten um Gewaltverzicht und Annäherung, und sie machte deutlich, dass sie Brandts Signal – keine Vorbedingungen – durchaus verstanden hatte.

Das Bemühen um deutsch-deutsche Annäherung sollte nun möglichst publikumswirksam zur Schau gestellt werden und geriet doch zu einem Fiasko für die Partei- und Staatsführung: Der Bundeskanzler erhielt eine offizielle Einladung vom Ministerratsvorsitzenden Willi Stoph – zunächst nach Berlin, in die Hauptstadt, die dadurch aus Sicht der SED-Strategen eine Aufwertung erführe. Die Anreise per Bahn durch die DDR und vor allem die Einreise über West-Berlin wurde dem Regierungschef als »unfreundlicher Akt« jedoch zunächst verwehrt. Man einigte sich schließlich auf eine erste Begegnung in Erfurt, wohin der Bundeskanzler am 19. März 1970 mit einem Sonderzug von Bonn aus reisen durfte. Die DDR inszenierte einen veritablen Staatsbesuch, der Vorsitzende des Ministerrats überreichte seinem Gast eine »großartige Faust-Ausgabe«,[46] als Person beeindruckte er Brandt indes »nicht sonderlich«, war er doch von »einheitssozialistischer Unfehlbarkeit durchdrungen«.[47] Überwältigt dagegen war der Besucher aus dem Westen vom spontanen, überschwenglichen Empfang, den die Bürger der DDR ihm zum Entsetzen der fortan traumatisierten Partei- und Staatsführung bereiteten. Protokoll und Sicherheit waren im Trubel zwischen Bahnhof und Hotel komplett durcheinandergeraten. Und es war offenkundig, wem die begeisterten »Willy!«-Rufe der eingesperrten und gegängelten Bevölkerung galten. Willi Stoph, blamiert vom spontanen Jubel der Bürger des Arbeiter-und-Bauern-Staats und konfrontiert mit einem durchaus wachen Bewusstsein für die Unteilbarkeit der Nation, hielt sich an einer 30-seitigen Erklärung fest, mahnte ein Bekenntnis zum Gewaltverzicht an, in erster Linie aber beharrte er im Vieraugengespräch wie in großer Runde auf seiner Forderung nach völkerrechtlicher Anerkennung der DDR. Wenig diplomatische Geschmeidigkeit war ihm eigen: »Warum nicht gleich eine Verständigung darüber, daß wir Botschafter austauschen wollten?« Sein sozialdemokratischer Gast trat dem SED-Mann unerschrocken entgegen: »Wir wollen hier nichts verniedlichen.«[48] Wohl nicht nur unter dem Eindruck der überraschenden nationalen Aufwallung der Bürger vor dem Erfurter Hof bekannte sich der Kanzler unmissverständlich zur fortdauernden und lebendigen Wirklichkeit einer deutschen Nation.

46 PA AA Bestände MfAA GA 96, Bd. 1 o. P.
47 Brandt: Erinnerungen, S. 226 f.
48 PA AA Bestände MfAA GA 155, S. 16 ff.

Die DDR monierte auch in ihren folgenden nach Bonn gehenden Briefen: »Nach wie vor besteht in der BRD ein ganzes System von Gesetzen und anderen Normativakten, die die DDR diskriminieren und deren Bürger völkerrechtswidrig der westdeutschen Hoheitsgewalt zu unterwerfen suchen«, und sie erhob den Vorwurf der »juristischen Aggression«.[49] Die Juristen und Diplomaten der SED hatten in der bundesdeutschen Rechtsordnung eine ganze Liste jener Gesetze ausgemacht, die nach Ansicht ihrer Vordenker und Strategen abgeschafft werden müssten – von der Präambel des Grundgesetzes über das Passgesetz, das Staatsangehörigkeitsrecht bis hin zum Bundeswahlgesetz. Die Furcht der SED vor einer Bevormundung des vermeintlichen besseren Deutschlands durch den kapitalistischen Staat im Westen blieb über Jahre eine Konstante im fragilen Verhältnis zwischen beiden deutschen Staaten.[50] Willy Brandt antwortete am 6. Mai 1970 zunächst einmal begütigend auf den Brief von Stoph: Es gebe »in beiden deutschen Staaten Gesetze, die von der anderen Seite als diskriminierend empfunden werden«.[51]

Daran konnte auch der Gegenbesuch von Willi Stoph am 21. Mai 1970 in Kassel nichts ändern, dem zwar ein hoher symbolischer Wert zukam, der inhaltlich jedoch mager blieb und die atmosphärischen Verkrampfungen zwischen beiden Seiten nicht lösen konnte. Bereits bei der Vorbereitung des Treffens war das Protokoll der DDR darauf erpicht, nichts dem Zufall zu überlassen. Schließlich würde die Visite des blassen Vertreters der DDR in der Bundesrepublik kaum Anlass zu spontanen Freudenkundgebungen bieten. Im Gegenteil: Wie sich zeigen sollte, wurde die Limousine, in der Stoph und Brandt vom Bahnhof zum Hotel gefahren wurden, tätlich angegriffen. Sowohl Neonazis als auch »solche, die sich gebärdeten, als seien sie welche«[52] demonstrierten schließlich in Kassel gegen Unfreiheit und Willkür in der DDR – sowie gegen die offiziellen Kontakte zwischen Ost und West. Penibel war das Treffen von Beamten beider Seiten vorbereitet worden: Als Austragungsort für den Gegenbesuch hatte die Westseite ursprünglich die Stadt Braunschweig vorgesehen, wegen der aus ihrer Sicht gefährlichen Nähe zur Grenze präferierte die DDR aber Kassel. Der DDR-Protokollant registrierte mit Verwunderung, dass man auf der Seite der Gastgeber freimütig zugab, »daß Kassel nicht gerade zu den

---

49 vgl. PA AA Bestände MfAA GA 210, dreiseitige Liste von 20 Punkten »der durch die BRD vordringlich aufzuhebenden oder zu verändernden Gesetze und andere Rechtsvorschriften« PA AA Bestände MfAA GA 92, Bd. 1 o. P.
50 Auch nach Abschluss des Grundlagenvertrags verlangte das Ministerium für Auswärtige Angelegenheiten der DDR als Grundvoraussetzung für die Kooperation die Abschaffung der fraglichen Gesetze und Bestimmungen, vgl. »Konzept für die weitere Gestaltung der Beziehungen der DDR zur BRD« von Michael Kohl, 26. November 1973, PA AA Bestände MfAA GA 210, S. 8 ff.
51 PA AA Bestände MfAA GA 92, Bd. 1 o. P.
52 Brandt: Erinnerungen, S. 228

attraktivsten Städten« gehörte. »Man müsse es in den nächsten Monaten etwas aufmöbeln.«[53] Bei seinem Besuch in der DDR war der Bundeskanzler quasi gezwungen worden, eine Formation der Nationalen Volksarmee abzuschreiten: Auf Anregung seines Mitarbeiters Günter Guillaume stand auf Brandts Programm auch ein Besuch in der KZ-Gedenkstätte Buchenwald. In Begleitung von DDR-Außenminister Otto Winzer und des für die »BRD« zuständigen Diplomaten Michael Kohl besuchte der Bundeskanzler die monumentale Gedenkstätte auf dem Ettersberg,[54] die weniger ein Ort der Besinnung und Scham war, denn vielmehr zur offiziellen Weihestätte eines kämpferischen, die Parteiführung legitimierenden Antifaschismus stilisiert wurde. Dort war eine Ehrenkompanie aufmarschiert, so dass der Gast und sein triumphierender Gastgeber nicht umhinkonnten, an den Soldaten vorbeizuschreiten. Nun wollte die DDR auch beim Empfang in Kassel eine militärische Ehrbezeugung für den Gast erzwingen. Dass nicht einmal kleine Banner mit den Hoheitszeichen der beiden deutschen Staaten den Konferenztisch schmücken sollten, erregte den Unmut der mit der Vorbereitung Betrauten ebenso wie der von den Gastgebern geübte strenge Verzicht auf uniformierte Ehrenwachen und militärisches Zeremoniell.[55]

Immerhin begrüßten schließlich ein paar eigens zum Jubeln angereiste westdeutsche Kommunisten den ostdeutschen Sozialisten. Zugleich musste der im nagelneuen Sonderzug seiner Regierung angereiste Willi Stoph allerdings erleben, wie Rechtsradikale gegen seinen Besuch demonstrierten und drei Jugendliche das ungeschützte schwarz-rot-goldene Tuch mit dem Hammer-und-Zirkel-Emblem – die »Spalter-Flagge« – vor dem Schlosshotel Wilhelmshöhe vom Mast holten, bevor die Polizei einschreiten konnte. Der Gast aus der DDR war entsetzt. Ohnehin fühlte er sich provoziert durch angebliche Strafanzeigen, die der rechtsradikale Verleger Gerhard Frey gegen Stoph »wegen Mordes und anderer Kapitalverbrechen« erstattet hätte. Brandt musste sich bei seinem Justizminister in Bonn rückversichern, um den erbosten DDR-Ministerpräsidenten zu beruhigen: Es laufe kein Strafverfahren gegen ihn.[56] Diese Begebenheit sagt weniger über den sensiblen Charakter oder die oftmals zermürbende Verhandlungtaktik des Repräsentanten der Diktatur aus als vielmehr über die mannigfachen innenpolitischen Fallstricke, die Willy Brandt mit seiner Öffnung gen Osten zu gewärtigen hatte.

Der Bundeskanzler trug seinem Gast in Kassel zwanzig Punkte vor, die seine Vorstellungen von der »Regelung gleichberechtigter Beziehungen« zwi-

---

53 PA AA Bestände MfAA GA 155, S. 78
54 vgl. Seidel: Berlin-Bonner Balance, S. 73
55 PA AA Bestände MfAA GA 157, S. 6 und GA 156, S. 137
56 vgl. Baring: Machtwechsel, S. 289 f.

schen der Bundesrepublik und der DDR im Detail beschrieben. Noch einmal sollte ihm nicht passieren, was in Erfurt geschehen war: Brandts Bemühungen um »menschliche Erleichterungen« waren von der Gegenseite konsequent ignoriert worden, diese bestand auch weiterhin stur auf völkerrechtlicher Anerkennung.[57] Stoph unterbrach Brandt und trat »noch intransigenter« auf als in Erfurt, »also unversöhnlicher und zu keinen Kompromissen bereit«.[58] Wiederum ging es um die künftigen Konstanten der Deutschlandpolitik: Die DDR unterhielt gern profitable Handelsbeziehungen zum kapitalistischen Ausland und war sorgsam darauf bedacht, dass diese nicht Schaden nähmen.[59] Dennoch war es mühsam, ihr Zugeständnisse abzuringen, um den Menschen beiderseits der Grenze zu helfen und ein Minimum an Kontakt zu ermöglichen. Brandt ließ sich auf die Anerkennung des Status quo ein – entgegen den Vorwürfen der Opposition doch im Bemühen, sich der DDR nicht anzubiedern, das Bewusstsein für die Nation als Ganzes wachzuhalten und die – freilich in den siebziger Jahren utopisch scheinende – Wiederherstellung der Einheit nicht zu verhindern. Die zwanzig Punkte seiner Erklärung hatte er »angereichert« mit zwei Vorschlägen besonderer Art. Zum einen beabsichtigte er, die östliche Seite mit der Mitgliedschaft beider deutscher Staaten in den Vereinten Nationen zu ködern, zum anderen schlug der Kanzler unter Punkt 19 den Austausch »Ständiger Vertreter« vor.[60] Willy Brandt empfahl, entsprechende Dienststellen am Sitz der jeweiligen Regierung zu eröffnen und die Vertreter mit Vergünstigungen, also einer Form von Immunität, auszustatten. Und er war dabei darauf bedacht, sprachliche Analogien zum herkömmlichen diplomatischen Dienst zu vermeiden – ein Muster, das die folgenden Verhandlungen prägen sollte.

In Aufzeichnungen über die in Kassel vertraulich geführten Gespräche zwischen den beiden vermerkte Brandt, dass sein ostdeutscher Gast die Frage nach dem Beitritt zur UNO interessiert aufgenommen habe und er ihn bremsen musste: »Ich wies darauf hin, daß eine solche Vereinbarung jedenfalls jetzt nicht möglich sei.«[61] Der ausgelegte Köder wurde angebissen, aber Stoph musste auf all dies zunächst verhalten reagieren: »Vielleicht ist eine Denkpause ganz gut!«

Die DDR wusste besser noch als ihr westdeutscher Gesprächspartner, dass die Bundesregierung zunächst den Moskauer Vertrag mit der Sowjetunion un-

---

57 Seidel: Berlin-Bonner Balance, S. 76 f.
58 Ulrich Sahm, Mitglied der westlichen Delegation, zit. bei Seidel: Berlin-Bonner Balance, S. 95
59 vgl. Baring: Machtwechsel, S. 292
60 vgl. Brandt: Erinnerungen, S. 228, und Bundesministerium für innerdeutsche Beziehungen (Hg.): Texte zur Deutschlandpolitik, Bd. 5, S. 102
61 Baring: Machtwechsel, zitiert die vertrauliche Aufzeichnung auf S. 290 f.

ter Dach und Fach zu bringen hatte und der wiederum an eine Regelung für den komplizierten Viermächtestatus von Berlin gekoppelt war. Solange Bundesaußenminister Walter Scheel und sein sowjetischer Amtskollege Andrej Gromyko verhandelten, konnte sich Ulbricht noch abfällig über Brandts Absichten äußern: »Es fehlt vor allem die Substanz einer echten Friedenspolitik«, analysierte er am 22. Juni 1970 die Lage in der Außenpolitischen Korrespondenz.[62] Ulbricht und sein Außenminister, der Genosse Otto Winzer, nutzten die in Kassel angeregte »Denkpause« für grundsätzliche Überlegungen: »Je weniger wir formulieren, um so besser«, protokollierte Winzers Stellvertreter und späterer Nachfolger Oskar Fischer am 11. August 1970 in Dierhagen an der Ostsee, wohin sich die drei zurückgezogen hatten. Die Genossen sahen sich in Legitimationsnot, der westliche Nachbar und dessen plötzliche Aktivität waren ihnen sichtlich suspekt – trotz all ihrer zur Schau gestellten Souveränität. Selbst ein Vertrag über Gewaltverzicht könne »kein[en] Schlußstrich unter die Revanchepolitik der BRD« bedeuten, »höchstens ein Komma«.[63] Willy Brandt hatte erklärt, dass es darauf ankäme, was man aus den Verträgen machte. »Das hängt aber davon ab, in welcher Weise man es versteht, der westdeutschen Bevölkerung klarzumachen, daß die Kräfte des Rechtskartells überhaupt keine Alternative aufzeigen können«,[64] befanden ihrerseits die SED-Politiker.

Einer der Ersten, der im Sinne Brandts und Bahrs öffentlich für die Anerkennung der Zweistaatlichkeit plädierte und von der westdeutschen Öffentlichkeit dafür gescholten wurde, war der Journalist Peter Bender. Bereits 1968 hatte er einen Band veröffentlicht, in dem er zehn Thesen darlegte, warum es ihm geboten schien, die DDR anzuerkennen. Der Schritt vergrößere den außenpolitischen Spielraum der Bundesregierung.[65] Mit Argumenten wie diesen sorgte Bender immer wieder für eine gedankliche Unterfütterung der Öffnung gen Osten.

»Die beweglichere Ostpolitik der Großen Koalition und vor allem die realistische und flexible Deutschlandpolitik der nachfolgenden sozial-liberalen Koalition brachte die SED […] in Schwierigkeiten«,[66] befand der Historiker Hermann Weber. Für die DDR barg die deutsch-deutsche Annäherung durchaus Risiken, gegen die sich die orthodoxen Genossen zu wappnen suchten: Es war bei allen freundlichen Signalen der neuen Regierung aus Bonn doch unüberhörbar, dass die Bundesregierung stets »menschliche Erleichterungen«

62 PA AA Bestände MfAA GA 96, Bd. 2
63 PA AA Bestände MfAA GA 457, S. 10
64 ebenda
65 Peter Bender: Zehn Gründe zur Anerkennung der DDR, Frankfurt am Main 1968, S. 5 ff.
66 Hermann Weber: DDR. Grundriß der Geschichte 1945–1990. Vollst. überarb. und ergänzte Neuauflage, Hannover 1991, S. 126

forderte, also konkrete Lösungen für Probleme der Bürger beiderseits der Grenze anstrebte, und die DDR-Führung nicht recht wusste, wie sie diese ausgestalten sollte, ohne zugleich ihr innenpolitisches Machtgefüge zu gefährden. »Wandel durch Anerkennung« verhieß schlicht Einmischung in die stereotyp »innere Angelegenheiten« genannten Belange ihrer Bürger: Die staatlich betriebene Verletzung der Menschenrechte durfte weder von innen noch von außen thematisiert werden, Kritik hätte die DDR-Führung delegitimiert. Der offiziellen DDR konnte weniger am Wandel als vielmehr an Anerkennung gelegen sein. Und so versicherte sich denn auch der ostdeutsche Außenminister sowjetischer Rückendeckung, dass »die innere Ordnung der DDR kein Verhandlungsgegenstand mit der westdeutschen Regierung sein kann, daß kein Abkommen mit der Regierung der BRD auch nur einen Deut innerdeutsche Beziehungen enthalten darf«,[67] wie Valentin Falin als Leiter der 3. Europäischen Abteilung des Sowjetischen Außenministeriums Otto Winzer bereits in einem Gespräch am 27. Oktober 1970 zugestanden hatte. Auch der versierte Diplomat Valentin Falin wusste selbstverständlich um die innenpolitische Bedeutung der Abkommen. Seiner Analyse nach wäre es »für die Position Brandts äußerst ungünstig, sich in eine solche Sackgasse zu verrennen«. Im Übrigen erhielt Winzer von der Schutzmacht auch klare Anweisungen zum taktischen Vorgehen. So sollte die DDR-Verhandlungsführung darauf bedacht sein, Klaus Schütz – als Regierender Bürgermeister von Berlin Realpolitiker genug, um den Verdacht der Gegenseite zu erregen – nach Möglichkeit aus den Gesprächen herauszuhalten, »da er sofort die USA einweihen würde«. Das sei von Brandt natürlich auch zu erwarten, »aber erst etwas später«.

Im November 1970 begann schließlich ein regelmäßiger »Meinungsaustausch« zwischen den Diplomaten Michael Kohl, Karl Seidel sowie einem weiteren ihrer Kollegen aus dem Ministerium für Auswärtige Angelegenheiten der DDR und der westdeutschen Delegation von Egon Bahr, der zunächst von Tono Eitel und Jürgen Weichert begleitet wurde. Bahr, der sich begeistert und voller Neugierde auf Menschen einlassen konnte, war nicht angetan von seinem Gesprächspartner: »Michael Kohl war mir gänzlich unsympathisch: grob, stur, eng, linkisch, komplexbeladen und humorlos. So sah also ein Spitzenprodukt der DDR-Erziehung aus.«[68] Langsam nur kamen sich die ungleichen Partner im Verlaufe der deutsch-deutschen Treffen in den kommenden Jahren näher. Nicht allein ihr Auftrag machte sie zu Kontrahenten, sie unterschieden sich in Charakter und Selbstverständnis, Auftritt und Überzeugung. Der Journalist Bahr war sieben Jahre älter als Kohl, doch weitaus wendiger, wagemutiger und

---

67 PA AA Bestände MfAA GA 457, S. 16
68 Bahr: Zu meiner Zeit, S. 373

frecher als der promovierte ostdeutsche Jurist. Kamen sie in Verhandlungen nicht weiter, pflegte sich Kohl – auch physiognomisch steif – hinter den offiziellen Positionen des Politbüros zu verschanzen. Stolz sollte es klingen und dem SPD-Mann Ehrfurcht einflößen: »Ich bin Honecker direkt unterstellt.« Das war Bahrs Sprache und Haltung nicht. Seine Versuche, die unterkühlte Gesprächsatmosphäre aufzuwärmen, auch persönliche Momente in die Debatte einfließen zu lassen, ließ der SED-Funktionär indes ebenso ins Leere laufen wie Bahrs Ironie. Seine Bemerkungen darüber, dass ihm der DDR abgetrotzte Zugeständnisse im Westen viel Ärger einbringen würden, perlten an Kohl ab, obgleich Bahrs rhetorischer Versuch, »die draußen« in Stellung zu bringen gegen »uns beide«, psychologisch die Möglichkeit zum Aufeinanderzugehen geboten hätte. Dennoch, Bahr und Kohl gewöhnten sich im Laufe der Verhandlungen an die Umgangsformen und Rhetorik des anderen. Bahr wurde erst Jahre später bewusst, dass sie doch persönlich Vertrauen gewonnen hatten.

Kohls Experte Karl Seidel hatte Weisung, die westdeutschen Gäste zu den Gesprächen nicht etwa vor der Tür des Ministerratsgebäudes zu empfangen, sie sollten sich vielmehr dem Gebäude zunächst allein nähern, die Tür würde sich ihnen dann wie von Geisterhand öffnen, und erst auf der Treppe sollten sie begrüßt werden. Die realsozialistische Machtinszenierung ließ sich offenbar nicht durchhalten. Egon Bahr seinerseits hatte sich schon für die erste Einreise am 27. November 1970 eine kleine Provokation ausgedacht: So begehrte der Vertraute Willy Brandts zum Ärger der DDR-Grenzposten nicht nur mit einem West-Berliner Personalausweis an dem nur für Bundesbürger, nicht aber für Bewohner der westlichen Sektoren zulässigen Grenzübergang Heinrich-Heine-Straße Einlass, überdies riet er dem Uniformierten, der ihn zu kontrollieren hatte, nicht die Vorschriften zu zitieren, sondern Staatssekretär Kohl anzurufen: »Wenn ich hier nicht durchkomme, fahre ich nach Bonn zurück. Ein Termin kann dann neu vereinbart werden.«[69] Bahr erhielt schon beim nächsten Treffen einen dauerhaft gültigen Ausweis für die Einreise in die DDR. Problematisch gestaltete sich für die ostdeutsche Delegation die erste Reise zum Gegenbesuch in Bonn: Fliegen verbot sich zunächst wegen der Restriktionen, die der Status Berlins mit sich brachte. Man entschied sich für die Reise im Auto. Nicht nur, dass beide DDR-Limousinen die Fahrt über Land nicht ohne Panne überstanden, bei Nacht und winterlicher Witterung ging auch noch der offizielle Stander mit dem Hammer-und-Zirkel-Emblem der DDR verloren – Kohl hatte Ersatz dabei, wenigstens in die Bundeshauptstadt konnten die offiziellen Vertreter der DDR mit der ihr standesgemäß erscheinenden Dekoration einfahren.[70]

---

69 Seidel: Berlin-Bonner Balance, S. 111
70 ebenda, S. 112

Nach vierzig mühsamen Gesprächsrunden, die im Hotel am Tulpenfeld in Bonn und dem früheren Kronprinzenpalais Unter den Linden in Berlin abgehalten wurden, brachte das Transitabkommen einen ersten gewichtigen deutsch-deutschen Verhandlungserfolg.[71] Bahr und Kohl beglückwünschten sich bei Rotkäppchensekt.

»[Die Verhandlungen] sind sachlich, aber auch mit großer Zähigkeit von beiden Seiten geführt worden. Sie haben […] gezeigt, daß in diesem so außerordentlich neuralgischen Bereich praktische Regelungen möglich sind, die der besonderen Lage in Deutschland Rechnung tragen und geeignet sind, Spannungen und Reibungsflächen abzubauen. Eines muß aber gerade in diesem Augenblick klar gesehen werden: Dieses Abkommen und das Vier-Mächte-Abkommen […] sind nicht der modus vivendi in Deutschland, den die Bundesregierung anstrebt. Das Verhältnis zwischen beiden deutschen Staaten ist damit nicht geregelt«,

so das Urteil über das Vertragswerk vom 17. Dezember 1971 (ab 3. Juni 1972 in Kraft) von Egon Franke, dem Bundesminister für innerdeutsche Beziehungen,[72] einem »rechten SPD-Mann von echtem Schrot und Korn«, wie der DDR-Diplomat Karl Seidel befand.[73] Bahr bekundete, beide Seiten hätten vielmehr gefeilscht wie »maghrebinische Teppichhändler«.[74] Das Transitabkommen regelte den Durchgangsverkehr für Personen und zivile Güter nach Berlin, von dem die DDR finanziell erheblich profitierte: Als Pauschale für den Transit überwies die Bundesrepublik jährlich zunächst 234,9 Millionen DM in den Osten, in den achtziger Jahren stieg diese Summe auf 525 Millionen DM, bis in die neunziger Jahre war der Devisenverdienst vorausberechnet: Im Jahr 1999 wären 860 Millionen DM von West nach Ost geflossen. Doch das Transitabkommen war noch an die Viermächtevereinbarung gebunden – der im Folgejahr ausgehandelte Verkehrsvertrag dagegen ging einen Schritt weiter: Hier waren es bereits die beiden deutschen Vertragspartner, die aus freien Stücken miteinander verhandelten.

»Der Reiseverkehr erwies besonders deutlich die unerträgliche Verkrampfung im Verhältnis der beiden deutschen Staaten zueinander«, so Egon Franke noch am 12. Mai 1972.[75] Dass es um grundlegende Fragen, um elementare Vereinbarungen für ein gedeihlicheres Nebeneinander der beiden durch Mauer und Stacheldraht getrennten Staaten ging, aber die Verträge vielfach wenig einklagbaren Inhalts waren, verdeutlicht der Brief, den der ostdeutsche

71 vgl. Zündorf: Die Ostverträge, S. 189 ff.
72 PA AA Bestände MfAA GA 78, Bd. 1, Fiche 1
73 Seidel: Berlin-Bonner Balance, S. 108
74 Bahr: Zu meiner Zeit, S. 376
75 PA AA Bestände MfAA GA 80, Fiche 1/33

Verhandlungsführer Michael Kohl am Tag der Unterzeichnung des Verkehrsvertrags an Egon Bahr schrieb. Kohl beschreibt die Modalitäten der Einreise in die DDR, die fortan für Bundesbürger gelten würden: Von Vereinfachungen und Touristenreisen ist zu lesen, und schlussendlich mündet das Schreiben des ostdeutschen Unterhändlers in ein bemerkenswertes Versprechen seiner Regierung an die eigene Bevölkerung: »Die Regierung der Deutschen Demokratischen Republik wird in dringenden Familienangelegenheiten Bürgern der Deutschen Demokratischen Republik die Reise nach der Bundesrepublik Deutschland ermöglichen.«[76] Eine Zusage, die bekanntlich in den folgenden Jahren oft nicht eingehalten wurde, von Zeitgenossen aber als Zeichen des Erfolgs der umstrittenen neuen Ostpolitik interpretiert werden konnte. Bahr antwortete sofort auf das Schreiben Kohls, aber er beschränkte sich zunächst darauf, den Empfang zu bestätigen. Im Anschluss an die feierliche Unterzeichnung am Sitz des Ministerrats der DDR in der Klosterstraße, wo auch Kohl sein Büro hatte, wies der bundesrepublikanische Staatssekretär mit Genugtuung darauf hin, dass der Verkehrsvertrag als erster von beiden deutschen Staaten aus eigener Verantwortung heraus geschlossener Kontrakt in die Geschichte eingehen werde, das Transitabkommen bewegte sich schließlich noch im Rahmen der Viermächtevereinbarungen. »Mit Verkehr hatte das nichts zu tun, es war Politik für die Nation, die Bonn durchsetzte«, lobt Peter Bender.[77]

»Für uns begann die letzte, anstrengendste Etappe im Verhandlungsmarathon«, gesteht der DDR-Diplomat Karl Seidel.[78] Michael Kohl erklärte bei der feierlichen Vertragsunterzeichnung, die DDR hielte nun auch die Zeit reif für einen »Meinungsaustausch über die Herstellung normaler Beziehungen« zwischen der DDR und ihrem westlichen Nachbarn. Allein diese auch von Erich Honecker benutzte Formulierung signalisierte, dass der neue Erste Sekretär des Zentralkomitees (ZK) der SED geschmeidiger aufzutreten gedachte als sein Vorgänger Walter Ulbricht, der mit der Bundesregierung stets »normale diplomatische Beziehungen« aufnehmen wollte und dem – so Willy Brandt – der Ruf vorauseilte, als »Besserwisser und Nervtöter« aufzutreten.[79] Nun sollte ein neuer Wind wehen, so gab Erich Honecker schließlich auch als erster hochrangiger DDR-Politiker der *New York Times* ein Interview, das zwei Tage nach seinem Erscheinen am 24. November 1972 auch im *Neuen Deutschland* abgedruckt wurde. »Ich glaube, es ist zweckmäßig und nützlich, dieses Interview zu geben« – sein erstes »mit einem so bedeutenden Publizisten« aus

76 ebenda, Fiche 1/33, und Baring: Machtwechsel, S. 461 ff.
77 Bender: Deutschlands Wiederkehr, S. 161
78 Seidel: Berlin-Bonner Balance, S. 135
79 Brandt: Erinnerungen, S. 232

dem Westen, wie Honecker dem Kolumnisten Cyrus L. Sulzberger erklärte.[80] Der Frager bemühte sich, ein freundliches Klima herzustellen, die Feststellung, sie seien gleichaltrig, schien das Eis zu brechen. Sulzberger hatte den SED-Chef mit der Frage provoziert, ob denn die Bundesrepublik und die DDR künftig eine Konföderation wie nach den Napoleonischen Kriegen schaffen wollten. Die Antwort Honeckers: »Wir leben nicht mehr zu Zeiten Metternichs [...] und es ist ein Glück für die Welt, daß die Deutsche Demokratische Republik besteht.« Auch bei Sulzbergers Frage, ob die Mauer eines Tages abgetragen werden könnte, ließ Honecker den amerikanischen Journalisten auf Granit beißen: »Wissen Sie, die Grenze ist eine Gegebenheit. Und die Ausgestaltung wird abhängig sein vom Stand der gegenseitigen Beziehungen.«[81]

Honecker hatte, so Seidel, seit dem Sturz Ulbrichts »die Politik gegenüber der BRD und Westberlin [sic] fest in seiner Hand«.[82] Das Politbüro bekam wohl die für Kohl vorbereiteten Direktiven für den Umgang mit der Gegenseite vorgelegt, sie hätten jedoch real nicht zur Diskussion gestanden.

Selbstverständlich fanden sich auch im europäischen Ausland Befürworter der Anerkennung des kleinen sozialistischen Staates am Rande der sowjetischen Machtsphäre. Sie sahen die Zweistaatlichkeit zementiert und auf diese Weise die Gefahr von deutschem Hegemonialstreben und Militarismus gebannt. Dem französischen Historiker und Deutschlandkenner Henri Menudier galt neben NATO-Beitritt und Bundeswehrgründung vor allem der Grundlagenvertrag als »Grabstein auf der Deutschen Einheit«.[83]

Der Ost-Berliner Diplomat Karl Seidel, seit 1970 Leiter der »Abteilung BRD« im Ministerium für Auswärtige Angelegenheiten der DDR und von Gaus als »sehr tüchtiger Mann«[84] bezeichnet, beschrieb die offizielle Linie der DDR in den Tagen, da Brandt als Quittung für seine Bemühungen um eine neue Ostpolitik seine Mehrheit verloren hatte, als »Brandt-Schutzwochen« – und diese seien vom frisch inthronisierten Erich Honecker, der Walter Ulbricht als Erster Sekretär des ZK der SED 1971 abgelöst hatte, selbst vorgegeben worden. Staatssekretär Bahr hätte demnach empfohlen, über Ostern und Pfingsten gewissermaßen probehalber die Einreise zu erleichtern. Man konnte sich der positiven Resonanz in der Bevölkerung im Westen sicher sein, erst recht, wenn die DDR zusichern würde, den Verkehrsvertrag mit der Bundesrepublik auch im Berlinverkehr anzuwenden. Bahr trug dem SED-Parteichef zudem die Bitte

80 PA AA Bestände MfAA GA 88, Bd. 7
81 ebenda
82 Seidel: Berlin-Bonner Balance, S. 19
83 Wolf D. Gruner: Die deutsche Frage in Europa 1800 bis 1990, München 1993, S. 324
84 Günter Gaus: Es war die wichtigste Zeit meines Lebens. Berliner Gespräche, in: Berlinische Monatsschrift, Heft 6/2001, S. 90

vor, so Seidel, die DDR möge offiziell erklären, dass sie nach Unterzeichnung des Verkehrsvertrags auch das grundsätzliche Verhältnis zu ihrem westlichen Nachbarn zu regeln bereit wäre.

Ob von Erich Honecker angeregt oder von Egon Bahr empfohlen – die Besuchsregelung wurde über Ostern und Pfingsten 1972 ausprobiert – mit großem Erfolg und mit einer Ermutigung für die Protagonisten einer progressiven Ostpolitik: Die Freude darüber, dass die Transitstrecken so problemlos befahren werden konnten wie seit über zwanzig Jahren nicht mehr, überzeugte zwar weder den politischen Gegner noch die konservative Publizistik. Doch sahen sich die Befürworter einer Öffnung ermutigt, dass sich die DDR auf Geheiß der Sowjetunion zu einem Vertragspartner würde mausern können. Die Bundesregierung jedoch wurde weiter scharfer, grundsätzlicher Kritik vonseiten der CDU und CSU ausgesetzt[85] – Kritik, die sich weiter an den schon zu Beginn von Brandts Kanzlerschaft aufgeworfenen Fragen entzündete, ob die Verträge das Selbstbestimmungsrecht des deutschen Volkes beeinträchtigten oder der Status des freien Teils von Berlin gefährdet werde. Im Kern müsse es darum gehen, die Grenzen für »Menschen, Informationen und Meinungen durchlässiger«[86] zu machen.

Die Innenpolitik und die neue Ostpolitik waren eng miteinander verzahnt: Brandt, der 1971 für seine Öffnung gen Osten mit dem Friedensnobelpreis geehrt worden war, verlor mit dem Übertritt des FDP-Abgeordneten Wilhelm Helms endgültig seine Regierungsmehrheit. Während Honecker sich im Glauben wähnte, er würde gegenüber der Bundesrepublik als Königsmörder oder eben Retter von Brandts Kanzlerschaft agieren, hatte Bahr längst erkannt, dass auch er seinerseits in dieser brisanten innenpolitischen Situation gegenüber der DDR schärfer auftreten konnte: Bahr »reizte diese Situation bis zum letzten aus, indem er immer wieder mit der Gefahr der Ablehnung der Ostverträge im Bundestag und des Todes der Regierung Brandt drohte und uns damit erpreßte«.[87] Nach dem knapp gescheiterten Misstrauensvotum von Rainer Barzel gegen den Bundeskanzler (27. April 1972) legte das Parlament mit seiner von der Union erzwungenen Allparteien-Entschließung schließlich die Basis dafür, dass die Ostverträge passieren konnten.

Bereits bei ihrem ersten Treffen im Ost-Berliner Haus des Ministerrats musste Michael Kohl gegenüber Egon Bahr seiner Enttäuschung darüber Luft machen, dass die Bundesregierung weiter an dem der DDR unerträglichen Begriff

---

85 vgl. Grau: Gegen den Strom
86 so die Formulierung von Rainer Barzel in der Bundestagsdebatte am 17. Juni 1970, zit. bei Grau: Gegen den Strom, S. 97
87 Seidel: Berlin-Bonner Balance, S. 130

»innerdeutsch« festhielt:[88] »Ich möchte mit allem gebührenden Ernst erklären, daß die Deutsche Demokratische Republik keine Vereinbarung mit der BRD abschließen wird, die nicht vom Prinzip der souveränen Gleichheit der Staaten ausgeht.« Wenn es aus Sicht der SED-Führung eines zu verhindern galt, dann waren es jegliche Hinweise darauf, dass die deutsch-deutschen Beziehungen den von Brandt beschworenen »besonderen Charakter« trugen. Vergeblich versuchte Kohl der Gegenseite ihre Prinzipien auszureden: »Auch andere Vorstellungen haben sich längst als Illusion erwiesen, z. B. das Spiel mit dem sogenannten ›gesamtdeutschen Souverän‹. Solche Denkkonstruktionen gehören nicht einmal ins Gebiet der ›Futurologie‹.«[89]

Ihm sei »diese ganze Allergie« hierzulande gegen Wörter wie »gesamtdeutsch« und »innerdeutsch« durchaus geläufig, erwiderte Bahr und versuchte seinem Verhandlungspartner, wenn es schon keine Konzessionen im Detail gab, wenigstens eine Blamage beizufügen: »Sie sind nicht souverän.«[90] Nun war es Kohl, der zu einem konkreten Ergebnis kommen wollte: »Darf ich […] festhalten, daß Sie die Bereitschaft bekundet haben, das Stichwort ›besondere Beziehungen‹ fallenzulassen […] und ›innerdeutsch‹ ist damit auch gestorben?« Egon Bahr: »Wenn die Botschafter gestorben sind. Das war mein Angebot.«[91]

Es folgte zunächst ein Meinungsaustausch zwischen den beiden Emissären: Kohl übergab am 15. Juni 1972 einen neun Punkte umfassenden Vertragsentwurf,[92] der sich als Grundlage für die Gespräche erweisen sollte, und er forderte als Bedingung die sofortige Aufnahme diplomatischer Beziehungen – Letzteres lehnte Bahr ab. Der westdeutsche Verhandlungchef fühlte sich dadurch, dass die DDR in Vorlage gegangen war, zunächst in seinem Spielraum eingeengt, schließlich aber wurde der DDR-Entwurf doch zum Gerüst des verabschiedeten Vertrags. Bahr folgte weitgehend dem ostdeutschen Vertragsvorschlag, und die nicht verhandelbaren Punkte zur Unteilbarkeit der Nation blieben ausgenommen. So zäh der Beginn der Verhandlungen war, bereits am 28. Juni 1972 legte der von der Westseite als Apparatschik beschriebene SED-Diplomat wider Erwarten ein höheres Tempo vor, und die angespannten Runden mutierten nach der Zustimmung von Politbüro und Bundeskabinett vom Meinungsaustausch zu Verhandlungen.

Der ostdeutsche Diplomat Seidel schreibt die Urheberschaft für Konzeption und Ausgestaltung des Grundlagenvertrags ausdrücklich einem kleinen, angeblich unabhängigen Stab im Ministerium für Auswärtige Angelegenhei-

88 PA AA Bestände MfAA GA 125, S. 8 und 13 ff.
89 PA AA Bestände MfAA GA 125, Bd. 1, S. 13
90 PA AA Bestände MfAA GA 125, Bd. 1, S. 60 f.
91 ebenda, S. 65 f.
92 vgl. Text bei Baring: Machtwechsel, S. 466 f.

ten um Michael Kohl zu[93] – und doch hatten die Apparate beider Seiten ihre jeweilige Verhandlungsdelegation mit klaren Vorgaben gerüstet. Willy Brandt hatte an der vom Bundeskabinett gebilligten Richtlinie für die Verhandlungen selbst Änderungen vorgenommen: So wollte er Bahr den Weg ebnen für den Aufbau von Vertretungen. Ursprünglich lautete die entsprechende Passage der Richtlinien apodiktisch: »Die DDR ist für uns nicht Ausland, daher kommt die Herstellung diplomatischer Beziehungen zwischen den beiden Staaten nicht in Betracht.« Brandt formulierte deutlich milder, dass die DDR nicht Ausland sei und die »Art der Beziehungen […] diesem Sachverhalt Rechnung tragen« müsse.[94]

Die Frage, wie »besonders« das Verhältnis der Nachbarn zueinander tatsächlich war und wie sich dies in der Vertragsgestaltung niederschlagen sollte, blieb weiterhin Reibungspunkt. Bahr suchte immer wieder nach Belegen für den besonderen Status, den die Bundesrepublik auch aus Sicht der DDR-Diplomatie einnahm – selbst in der Dokumentation über den VIII. SED-Parteitag im Juni 1971 sei ihr eigens ein ausführlicher Abschnitt gewidmet. Warum, wo doch die Bundesrepublik nach SED-Verständnis keinesfalls eine »besondere Rolle« einnehmen durfte? Kohl parierte: »Weil sie uns leider mehr Kummer macht als andere Staaten.«[95] Weniger leicht fiel ihm die Replik auf Egon Bahrs Einlassung zur Charta der Vereinten Nationen: »Selbstbestimmung ist eine schicke Sache, Menschenrechte, Menschlichkeit oder wie das heißt, das ist eine schicke Sache. Das können wir alles erwähnen.«[96] Die Mitgliedschaft beider deutscher Staaten in der UNO – die Zementierung der Zweistaatlichkeit vor den Augen der Völkergemeinschaft – war eines der wichtigsten Anliegen der DDR und von Kohl mit entsprechender Vehemenz vorgebracht. »Wenn die BRD darauf nicht eingeht, sofort diplomatische Beziehungen aufzunehmen und morgen den Aufnahme-Antrag in die UNO zu stellen, verhandele ich mit Ihnen über den Vertrag über die Grundlagen der Beziehungen nicht.«[97]

Erich Honecker stellte gegenüber Bahr am 7. September 1972 ausdrücklich fest, dass er keinem Vertrag werde zustimmen können, in dem auf die Nation oder gar eine Wiedervereinigung Bezug genommen würde. Bahr erklärte, so erinnert sich der SED-Funktionär Karl Seidel, dass es hier in der Sache gar keine Differenzen gebe. »Es gehe im Grunde nur um einen Gefühlswert« – das war stark untertrieben, ging es doch um die Frage, ob der Vertrag verfassungskonform sein würde oder nicht. Der Gefühlswert jedenfalls reichte aus, um schließlich eine entsprechende Passage in die Präambel einfließen zu lassen.

93 vgl. Seidel: Berlin-Bonner Balance, S. 139
94 Baring: Machtwechsel, S. 475
95 PA AA Bestände MfAA GA 126, Bd. 2, S. 22 f.
96 ebenda, S. 26
97 PA AA Bestände MfAA GA 127, Bd. 3, S. 32

Quälend gestaltete sich die Diskussion darüber, mit welcher Formulierung die für diplomatische Beziehungen gängige Wiener Konvention von den beiden schwierigen deutschen Vertragspartnern in den Grundlagenvertrag aufzunehmen wäre: »wie« bei Verträgen mit anderen Staaten oder »entsprechend« bzw. »analog« zu sonstigen Gepflogenheiten. Was wie eine Formalie aussieht, war für die spätere Akzeptanz des Vertragswerkes entscheidend. Bahr verteidigte hartnäckig seine grundgesetzkonforme Linie: Am Ende einigte man sich tatsächlich auf die der Bundesrepublik genehme Formel von einer »entsprechenden« Anwendung der Wiener Konvention, womit manifest wurde, dass die Unterzeichner des Vertrags sich am Muster der herkömmlichen diplomatischen Beziehungen orientierten, diese aber hier nicht bestanden.

Die deutsch-deutschen Gesprächspartner standen selbstverständlich unter scharfer Beobachtung sicherlich vieler Geheimdienste, aktenkundig ist der Einfluss, den das allgegenwärtige Ministerium für Staatssicherheit hatte. Und auch Egon Bahr, fasziniert von geheimdienstlichen Machenschaften, raffinierter Nutzer klandestiner Drähte und mit einem Faible für konspirative *back channel*, erkundigte sich seinerseits, ob die Tagungsräume am Bonner Tulpenfeld möglicherweise abgehört werden könnten.[98] Vor heimlichen Mitschnitten waren diese Räume angeblich sicher, aber seine erfahrenen Gesprächspartner aus dem Osten hätten sich ohnehin stets nur in einer Weise geäußert, dass ein verstecktes Tonbandgerät hätte mitlaufen können.

Selbstverständlich machte sich die politische Spitze des MfS eigene Gedanken über die Deutschlandpolitik und wie eine mögliche Annäherung operativ zu nutzen sein würde. Außerdem wurden die laufenden Gespräche verfolgt, die Protokolle ausgewertet und registriert. Zudem griff bekanntlich auch der Auslandsgeheimdienst HV A mit seinem »Unternehmen Brandtschutz« aktiv in bundesrepublikanisches Geschehen ein, so beim Misstrauensvotum gegen Brandt.

Auch die bundesdeutschen Verhandlungspartner waren stets davon ausgegangen, »daß alles, was im Osten gesprochen wurde, abgehört werde«.[99] Ob Michael Kohl, der ohnehin dem SED-Politbüro detaillierte Informationen auch über »private« Unterhaltungen mit Bahr zukommen ließ, seine zum Teil aus dem Gedächtnis verfertigten Gesprächsprotokolle dem MfS selbst übergab oder ob er eigens veränderte Versionen anfertigte – der Geheimdienst schöpfte aus parallel laufenden Informationskanälen. Michael Kohl wurde, wie aus den

---

98 vgl. Bahr: Zu meiner Zeit, S. 262, Seidel: Berlin-Bonner Balance, S. 113, oder BStU MfS Rechtsstelle 0129/4 über die Verhandlungen Gaus mit Nier

99 so Günter Gaus gegenüber Mary Elise Sarotte, in: dies: Nicht nur Fremde ausspioniert. MfS-Dokumente zu den deutsch-deutschen Verhandlungen Anfang der siebziger Jahre, in: DA, 30. Jg., 1997, Bd. 4, S. 407–411

SIRA-Teildatenbanken hervorgeht, als IM »Koran« beim MfS geführt.[100] Viel deutet darauf hin, dass das MfS Michael Kohl, dessen einer Sohn mit einer Tochter von Erich Mielke verheiratet war, nutzte und zugleich selbst Informationen einholte. So informierte der künftige Botschafter und Leiter der Vertretung der DDR am Rhein Staatssicherheitsminister Erich Mielke über die Verhandlungen – wobei er Mielke in den Briefen siezte, während er Erich Honecker duzte, wie die Überlieferung zeigt.[101]

Bahr und Kohl handelten in zähen, auch verkrampften Runden zwischen Juni und November 1972 mit ihren Delegationen den Grundlagenvertrag aus. Am Anfang habe er nicht gewusst, ob die Verhandlungen zwei Monate oder zwölf Monate dauern würden, gestand Willy Brandt.[102] »Sie kämpfen wie Don Quichotte gegen Windmühlenflügel«, hatte der ansonsten nüchtern argumentierende Michael Kohl seinem Gegenüber noch bei ihrem Treffen am 17. August vorgehalten.[103] Kein Wunder: In der Bundesrepublik brachte das halbe Jahr erhebliche innenpolitische Turbulenzen. Der Kanzler stellte die Vertrauensfrage, der Bundespräsident löste den Bundestag auf – und in seiner letzten Sitzung stimmte das Parlament noch der Ratifizierung des Verkehrsvertrages mit der DDR zu. Der Wahlkampf stand in enger Beziehung zu den laufenden Verhandlungen, wieder war Brandts Schicksal mit dem Erfolg der deutsch-deutschen Beziehungen verknüpft. Der Grundlagenvertrag mit seinen zahlreichen Nebenvereinbarungen, Verträgen und dem ergänzenden Briefwechsel konnte schließlich am 8. November 1972 in Bonn paraphiert werden[104] – für den wahlkämpfenden Bundeskanzler ein Erfolg und Beleg für den Klimawandel: »Vieles wird möglich werden, was bis gestern unvorstellbar war!«[105] Vor der Unterzeichnung des Grundlagenvertrags aber stand die Wahl zum siebten Deutschen Bundestag.

An den sich grundsätzlich widersprechenden Haltungen der beiden deutschen Staaten zur nationalen Einheit und zum Charakter ihrer als völkerrechtlich oder innerdeutsch bewerteten Beziehungen änderte das Vertragswerk nichts. Genau darin lag seine Stärke: Die Vertragspartner akzeptierten offiziell ihren grundsätzlichen Dissens. Die scheinbar banale und doch so wichtige Feststellung, dass die Bundesregierung und die Staatsführung der DDR »agree to disagree«, löste die Blockade und öffnete erst den Weg für eine Folge weiterer Abkommen und Vereinbarungen. Sie wurde zur Basis für die zu regelnde

100 BStU MfS A/MD/6, SIRA-Teildatenbank 21, BStU Ausdruck vom 26. März 2009
101 z. B. PA AA Bestände MfAA GA 287, S. 73
102 vgl. Baring: Machtwechsel, S. 491
103 PA AA Bestände MfAA GA 128, S. 77
104 vgl. Zündorf: Die Ostverträge, S. 211 ff.
105 Erklärung zum Abschluß der Verhandlungen über einen Vertrag über die Grundlagen der Beziehungen zwischen den beiden deutschen Staaten am 7. November 1972

Der Grundlagenvertrag ist unterzeichnet: Michael Kohl (links) und Egon Bahr,
21. Dezember 1972

Kontaktaufnahme zwischen der Bundesrepublik und der DDR – »zum Wohl
der Bürger beider Staaten«, wie die Bundesregierung betonte.

Die Bundesrepublik behielt, wie es das Grundgesetz vorgab, die Unteilbarkeit der Nation und die offene deutsche Frage im Blick, während die DDR von
ihrer neuen These der zwei Nationen nicht ablassen musste. Sie präsentierte
sich innerhalb der Staatengemeinschaft weiterhin – und nun durch die Anerkennung auch im Westen gewissermaßen geadelt – als sozialistischer Staat
auf deutschem Boden. Enthielt die erste Verfassung zur Staatsgründung noch
die Formulierung »Deutschland ist eine unteilbare demokratische Republik«
(Artikel 1, Absatz 1), lautete die Einleitung in der 1968 geänderten Verfassung: »Getragen von der Verantwortung, der ganzen deutschen Nation den
Weg in eine Zukunft des Friedens und des Sozialismus zu weisen [...] hat
sich das Volk der DDR [...] diese sozialistische Verfassung gegeben.« In Artikel 1 der Verfassung von 1968 hieß es: »Die Deutsche Demokratische Republik ist ein sozialistischer Staat deutscher Nation.« Oder in der Interpretation
von Michael Kohl während der Verhandlungen: »Der sozialistische deutsche
Staat und die sich herausbildende sozialistische Nation sind identisch.«[106] In

106 PA AA Bestände MfAA GA 128, Bd. 4, S. 67

der schließlich 1974 noch einmal revidierten Verfassung verzichtete die DDR gänzlich auf ausdrückliche Bezüge zur deutschen Nation, schließlich habe das »Volk der Deutschen Demokratischen Republik« sein Recht auf »nationale Selbstbestimmung verwirklicht«.[107] Obgleich diese Auffassung schon 1972 Grundlage aller DDR-Diplomatie war, verzichtete man auf eine schriftliche Fixierung. Die Bundesrepublik dagegen manifestierte in ihrem Brief zur Deutschen Einheit, den Michael Kohl inoffiziell entgegennahm, ihre Haltung noch einmal:

> »Im Zusammenhang mit der heutigen Unterzeichnung des Vertrages über die Grundlagen der Beziehungen zwischen der Bundesrepublik Deutschland und der Deutschen Demokratischen Republik beehrt sich die Regierung der Bundesrepublik Deutschland festzustellen, daß dieser Vertrag nicht im Widerspruch zu dem politischen Ziel der Bundesrepublik Deutschland steht, auf einen Zustand des Friedens in Europa hinzuwirken, in dem das deutsche Volk in freier Selbstbestimmung seine Einheit wiedererlangt.«[108]

Niemand konnte ahnen, auf welches Abenteuer sich die beiden deutschen Staaten einließen, als Egon Bahr und sein Ost-Berliner Pendant Michael Kohl am 21. Dezember 1972 ihre Unterschriften unter den Vertrag über die Grundlagen der Beziehungen zwischen der Bundesrepublik Deutschland und der Deutschen Demokratischen Republik setzten. Beide Seiten waren übereingekommen, vertraglich geregelte Beziehungen aufbauen und menschliche Erleichterungen für die Bürger ihrer Staaten schaffen zu wollen, sie bekannten sich zur Charta der Vereinten Nationen, verzichteten auf die Anwendung oder Androhung von Gewalt, erklärten die aktuelle Grenze für unverletzlich und verpflichteten sich, die Unabhängigkeit und Selbständigkeit des jeweils anderen zu respektieren.

Auf der Basis ungleicher Ansätze und Interessen trafen sich die Unterzeichner des Grundlagenvertrags in der Absicht, so Artikel 1, nunmehr in »normale gutnachbarliche Beziehungen zueinander auf der Grundlage der Gleichberechtigung« eintreten zu wollen[109] – ein Ausdruck, den Brandt eher mied, obgleich er ein im Sinne der Charta der Vereinten Nationen freundschaftliches Miteinander zwischen den Staaten anstrebte und der Begriff »gutnachbarlich« auf die engen räumlichen und menschlichen Beziehungen

---

107 Horst Hildebrandt: Die deutschen Verfassungen des 19. und 20. Jahrhunderts, Paderborn, 12. Aufl., 1983, S. 234 f. (1968, 1974)
108 Zündorf: Die Ostverträge, S. 275
109 zum Begriff der gutnachbarlichen Beziehungen vgl. Kay Michael Wilke: Der Begriff der gutnachbarlichen Beziehungen, in: Deutschland Archiv, 9. Jg., 1976, Bd. 6, S. 613–615

hinwies, wie es auch in der Denkschrift zum Grundlagenvertrag heißt.[110] In Einzelfragen konnte eine Zusammenarbeit aufgenommen werden – eine Formulierung in Artikel 2 des Vertrags aber belegt, wie breit die Kluft zwischen Bekenntnis und Realität, wie gering die Spielräume der beiden Verhandlungspartner waren. Dort heißt es, beide Seiten lassen sich von den Zielen und Prinzipien der Charta der Vereinten Nationen leiten, »insbesondere der souveränen Gleichheit aller Staaten, der Achtung der Unabhängigkeit, Selbständigkeit und territorialen Integrität, dem Selbstbestimmungsrecht, der Wahrung der Menschenrechte und der Nichtdiskriminierung«. Wessen Selbstbestimmungsrecht hier gemeint ist, hängt von der Lesart des jeweiligen Unterzeichners ab, dem geteilten Volk jedenfalls stand das Recht zum Zeitpunkt der Vertragsunterzeichnung nicht zu Gebote, und es sollte sich später in der Alltagsarbeit der Ständigen Vertretung zeigen, dass trotz der vertraglich gegebenen Zusage auch Menschenrechte und Nichtdiskriminierung keine einklagbaren Rechtsgüter waren. Auch das Versprechen, den »gegenseitigen Bezug von Büchern, Zeitschriften, Rundfunk- und Fernsehproduktionen« zu erweitern, blieb weitgehend Makulatur.

Doch enthielt der Grundlagenvertrag mit seinen zehn Artikeln[111] und Zusatzpapieren auch Belege für einen realen Fortschritt im Aufeinanderzugehen: Zum einen nannte er Details wie die Namen weiterer Grenzübergangsstellen, zum zweiten fügten die Vertragspartner eine Erklärung über die Staatsangehörigkeit (»Die Deutsche Demokratische Republik geht davon aus, daß der Vertrag eine Regelung der Staatsangehörigkeit erleichtern wird« und »Staatsangehörigkeitsfragen sind durch den Vertrag nicht geregelt worden«) sowie einen Brief zur Deutschen Einheit bei; mit dem Grundlagenvertrag konnten Erklärungen zu Berlin (West) abgegeben werden, ein Briefwechsel über die Arbeitsmöglichkeiten von Journalisten ausgetauscht und Vorgaben zur Familienzusammenführung sowie zu Reise-Erleichterungen formuliert werden. Man kam überein, den nichtkommerziellen Warenverkehr, also den Austausch von privaten Päckchen zu befördern und weitere Grenzübergangsstellen zu öffnen. Die dazu einberufene Grenzkommission (Artikel 7) erfüllte ihren Auftrag letztlich nicht abschließend, da die beiden Staaten nicht bereit waren, sich über den »endgültigen« Grenzverlauf auf der Elbe zu verständigen.

In Artikel 8 des Grundlagenvertrags schließlich tauchte der Passus auf, der die Grundlage für die nun beginnenden Verhandlungen zwischen Kohl und Bahr über quasi-diplomatische Niederlassungen am Sitz der Regierungen bildete. Die beiden Vertragspartner hatten sich auf die Formulierung »Stän-

110 ebenda, S. 614
111 vgl. Bulletin vom 8. November 1972

dige Vertretungen« geeinigt.[112] »Wir mußten in den sauren Apfel beißen«, beklagt der MfAA-Vertreter Karl Seidel den der DDR abgerungenen Verzicht auf
die herkömmlichen Begriffe der Diplomatie, »weil sonst der Vertrag daran gescheitert wäre.«[113]

Dieser konnte in der Bundesrepublik nicht unwidersprochen bleiben: Vor
dem Bundesverfassungsgericht waren bereits zuvor Beschwerden und Klagen
gegen die Ostverträge eingegangen. Auf Initiative der Bayerischen Staatsre-
gierung musste das oberste Gericht in einem Normenkontrollverfahren auch
diesen Vertrag auf seine Verfassungsmäßigkeit prüfen – was die Verhandlungen ins Stocken brachte. Die DDR empörte sich über die »revanchistische«
Haltung der Bayern, aus Sicht der DDR eine Speerspitze des bundesdeutschen Konservatismus. Das Verfassungsgericht attestierte dem Grundlagenvertrag in seinem Urteil vom 31. Juli 1973, dass er mit dem Grundgesetz
in Einklang stehe. Zugleich gab das Gericht einen Rahmen vor, in dem sich
die deutsch-deutschen Vereinbarungen aus westlicher Sicht zu bewegen hatten. Der Grundlagenvertrag erhebe, befanden die Richter in Karlsruhe, nicht
den Anspruch, eine »endgültige Lösung der Deutschen Frage« zu präjudizie-
ren.[114] Damit war von höchstrichterlicher Seite einerseits klargestellt worden,
dass mit der DDR »inter-se-Beziehungen« eingegangen werden durften. Die
Bundesregierung wurde auf das Wiedervereinigungsgebot verpflichtet und an
die Fortbestandslehre erinnert, nach der die Bundesrepublik »als Staat identisch« sei mit dem Deutschen Reich. Zudem stellten die Richter klar, dass die
Staatsangehörigkeit auch für Ostdeutsche gelte. Insgesamt bestätigte das Urteil
die handelnden Personen, gab juristisch wie moralisch Sicherheit und nahm
fundamentalistischen Kritikern der neuen Öffnung gen Osten den Wind aus
den Segeln. Andererseits hatte die Klage den Prozess der Verständigung, die
Frequenz der Treffen zwischen Bahr und Kohl zunächst gebremst und der
DDR Grund zu Misstrauen und Protest geliefert. Die SED-Führung reagierte
denn auch verstimmt auf das Karlsruher Urteil, in dem eine »eindeutig entspannungsfeindliche Haltung, eine Negierung und grobe Mißachtung elemen-
tarer Souveränitätsrechte der DDR und die Aufrechterhaltung und juristische
Rechtfertigung aggressiver und interventionistischer Absichten [...] zum
Ausdruck« kämen. Der Potsdamer Jurist Herbert Kröger bestätigte mit einem
ausführlichen juristischen Gutachten die Position des MfAA: »Das Urteil stellt
einen direkten Angriff auf Entspannung, Sicherheit und Zusammenarbeit in

---

112 vgl. Detlev Nakath: Deutsch-deutsche Grundlagen. Zur Geschichte der politischen und
   wirtschaftlichen Beziehungen zwischen der DDR und der Bundesrepublik in den Jahren
   von 1969 bis 1982, Schkeuditz 2002
113 Seidel: Berlin-Bonner Balance, S. 170
114 vgl. Entscheidungen des Bundesverfassungsgerichts, Bd. 36, Tübingen 1974, S. 1–36

Europa dar«,[115] zugleich aber befand er, dass es für die DDR letztlich »juristisch irrelevant« sei, denn – juristische Dialektik – auch für die Bundesrepublik gelte der Grundsatz »pacta sunt servanda«.[116]

Zunächst trat eine »Atempause« ein, das Klima kühlte ab. Die westdeutschen Verhandlungspartner brachten eine Fülle von Beschwerden über den Reiseverkehr und die unzuverlässige Auslieferung von Päckchen aus dem Westen vor, die DDR zeigte sich ihrerseits verärgert über die Erfassungsstelle in Salzgitter und kritische Veröffentlichungen in der Presse. Die westdeutsche Seite versuchte, sich herauszuwinden: Hier sollte Stimmung gegen die Politik der Regierung gemacht werden.[117] Egon Bahr fiel zudem neun Wochen lang als Verhandlungsleiter aus, da er sich von einer Kreislaufschwäche erholen musste. Der Ton in den Gesprächen hatte sich im Frühjahr 1973 deutlich verschärft, so wies das Politbüro Kohl an, er möge Egon Bahr nach seiner Rückkehr im persönlichen Gespräch »in geeigneter Form daran erinnern, daß wir Brandt zum Wahlsieg verholfen haben – uns gegenüber haben sie es oft genug bestätigt«.[118]

Der DDR, stets auf der Suche nach symbolischen Zeichen für ihre Souveränität, war andererseits dringend daran gelegen, das Tempo in den Verhandlungen zu erhöhen. An den Fortgang der Einigung über Status und Arbeitsweise der StäV war die Aufnahme in die Vereinten Nationen geknüpft. Beide Staaten sollten ihre Aufnahmeanträge in Abstimmung miteinander stellen. Die DDR musste die Grenzen ihres Einflusses zur Kenntnis nehmen: Die Nervosität der DDR-Diplomaten wuchs, in den Treffen zwischen Bahr und Kohl wurde der Ton schärfer. Dass Willy Brandt vor dem Bundestag am 29. Mai 1973 wiederum vom Selbstbestimmungsrecht und der offenen deutschen Frage gesprochen hatte, verstimmte die DDR-Verhandlungsführung, die doch von einer unmissverständlichen Weisung geleitet wurde: »Die BRD muß begreifen, wer hier am längeren Hebel sitzt.«[119]

Am 12. Juni 1973 beantragte die DDR wie vereinbart die UNO-Mitgliedschaft, am 13. stimmte die Volkskammer dem Grundlagenvertrag zu, am 18. September 1973 konnten die DDR und die Bundesrepublik als 133. und 134. Mitglied in die UNO aufgenommen werden. Auch wenn damit für die DDR eine wichtige Prestigefrage in ihrem Sinne gelöst war und sie sich weltweit sichtbar als einer von zwei deutschen Staaten präsentieren konnte – ihre hohe Sensibilität blieb: So protestierte sie umgehend, als die Bundesrepublik

115 PA AA Bestände MfAA C 1075/76, S. 2 und 6
116 ebenda, S. 12
117 PA AA Bestände MfAA GA 138, S. 1, 4 und 14
118 PA AA Bestände MfAA GA 286, S. 44
119 PA AA Bestände MfAA GA 287, S. 80 und 73

den 17. Juni als ihren Nationalfeiertag ins internationale Missionsverzeichnis der Vereinten Nationen eintragen ließ.[120]

Die Gespräche waren weiterhin blockiert, die sogenannten »Kofferfälle« beeinträchtigten das Klima: Die DDR hatte auf dem Wege der Familienzusammenführung nach ihrer eigenen Zählung bis Mai 659 Ausreisen genehmigt,[121] nun aber saßen weitere ausreisewillige DDR-Bürger buchstäblich auf gepackten Koffern. Bereits über die Abteilung Inneres gegebene Reiseversprechen wurden wieder zurückgezogen, die Kontakte über die treuhänderisch für ihre beiden Staaten tätigen Rechtsanwälte Vogel und Stange versiegten. Das Prinzip »Geld gegen Menschlichkeit«, die Erlaubnis zur Ausreise bei einer beträchtlichen finanziellen Gegenleistung des Empfängerstaates, war eine eingespielte, aber nicht institutionalisierte Form heimlichen staatlichen Menschenhandels. Im Westen waren Freikäufe, die über die Kirchen abgewickelt wurden, höchst umstritten. Entschlossen unternahm Herbert Wehner Ende Mai 1973 eine Reise in die DDR, um die Kontakte der Rechtsanwälte wieder zu beleben und den wartenden Menschen den Weg in den Westen zu ebnen. Der SPD-Fraktionsvorsitzende traf SED-Volkskammerabgeordnete und stattete – in Begleitung von FDP-Fraktionschef Wolfgang Mischnick – Erich Honecker in seinem Wochenendhaus einen anschließend im Westen harsch kritisierten Besuch ab. Das *Neue Deutschland* dokumentierte das informelle Treffen auf der Terrasse des Ersten Sekretärs des ZK der SED in seiner nächsten Ausgabe triumphierend an prominenter Stelle und mit Foto. Am 5. Juni 1973 hieß es in der Politbürositzung, man habe mit Wehner vereinbart, dass die Anwälte wieder Kontakt aufnehmen sollten – womit zum ersten Mal eine deutsch-deutsche Verständigung im Detail unter Umgehung der Sowjetunion erzielt worden war.[122]

Die Sowjetunion hatte ihrerseits Interesse an einer Einigung mit den neuen Verhandlungspartnern im Westen: Staatssekretär Bahr war im Oktober 1972 in Moskau vom Generalsekretär der KPdSU und dessen Außenminister empfangen worden, Breschnew besuchte im Mai 1973 die Bundesrepublik. Konsultationen gab es auch zwischen Michael Kohl und Vertretern des sowjetischen Außenministeriums am 17. August 1973. Die Sowjetunion vertraute der Macht des Faktischen: So empfahl sie den DDR-Verhandlungsführern, sich bei der Ausgestaltung der Ständigen Vertretungen strikt an das Wiener Übereinkommen über diplomatische Beziehungen vom 18. April 1961 zu halten, die Leiter der Ständigen Vertretungen sollten schlicht den Leitern der diplomatischen

120 PA AA Bestände MfAA C 4294, o. P.
121 PA AA Bestände MfAA GA 286, S. 11
122 PA AA Bestände MfAA GA 284, S. 33

Vertretungen dritter Staaten gleichgestellt werden.[123] Die Sowjetunion ließ keinen Zweifel daran, »daß die Ständige Vertretung der BRD in der DDR in Übereinstimmung mit dem Vierseitigen Abkommen vom 3. September 1971 die Interessen von Berlin (West) vertreten wird«. Der Staatssekretär im Auswärtigen Amt, Paul Frank, und der Deutschlandexperte der sowjetischen Seite, Valentin Falin, verständigten sich beim Breschnew-Besuch in Bonn 1973 darauf, dass die Vereinbarungen mit der Bundesrepublik auch im Westteil der Stadt Berlin gültig sein sollten. Die Sowjetunion gab indes auch die Grenze der deutsch-deutschen Annäherung vor. So wünschte sie ausdrücklich »keine ständigen Kontakte zwischen Gemeinden und Institutionen [in Grenznähe]. [...] Vermieden werden sollten zunächst auch Direktkontakte zwischen schulischen Einrichtungen und Fachschulwesen der DDR und der BRD.«[124]

Hatte man jetzt immerhin grundsätzlich geklärt, dass offizielle Beziehungen entwickelt werden sollten, so begann nun die mühevolle Auseinandersetzung um das Wie: die interne Anbindung, Größe, Aufgaben und Rechte der Ständigen Vertretungen in den Hauptstädten der beiden sensiblen Vertragspartner.

Die Verhandlungen über den Austausch Ständiger Vertreter

»Haben Sie nicht einen besonderen Draht, Sie sind doch Journalist?« Leutnant Pilz von der Volkspolizei wandte sich an den Leiter der westdeutschen Delegation, um seinem Ärger Luft zu machen. Und es war der westdeutsche Chefunterhändler Günter Gaus selbst, der sich nun anhören durfte, dass die zu den deutsch-deutschen Gesprächen angereisten Kamerateams aus dem Westen dreist und unter Missachtung sämtlicher Verbote auf den Bürgersteigen vor dem Außenministerium parkten, die Zufahrten blockierten[125] und sich von den »Sicherheitsorganen« in der Hauptstadt der DDR auch nicht in die Schranken weisen ließen – kurz: Der Leiter der Verhandlungsrunde hörte die Klagen der Ordnungskräfte darüber, dass die westdeutschen Eindringlinge das taten, was der DDR am wenigsten gefiel: Unruhe stiften.

Was Gaus bei der kleinen Episode auf der Straße erlebte, spiegelt wider, was auch die Verhandlungen prägte: Zwei Welten trafen aufeinander: »Gaus und Nier – größer hätten die Gegensätze nicht sein können, sie verkörperten die Differenzen geradezu.«[126] Immer wieder endeten die Verhandlungen, festgefahren an Statusfragen, erinnert sich Hans Otto Bräutigam. Am Ver-

123 PA AA Bestände MfAA GA 208, S. 93 ff.
124 ebenda, S. 98
125 PA AA Bestände MfAA GA 143, S. 20
126 Gespräch mit Hans Otto Bräutigam am 22. August 2005 in Berlin

handlungstisch zeigte sich permanent, dass die Funktionsträger, wiewohl auf einer hierarchischen Ebene und von ihren jeweiligen Dienstherren mit ein und derselben Aufgabe betraut, sich nicht derselben Sprachcodes bedienten und unterschiedlichen Verhaltensmustern folgten. Die Chuzpe westdeutscher Politiker, zumal jener mit journalistischer Vergangenheit, provozierte die obrigkeitstreuen SED-Kader. Die ideologische Festigkeit, bisweilen Sturheit der SED-Seite, die aus dem Ärger resultierte, dass zwischen beiden deutschen Staaten keine »normalen« diplomatischen Beziehungen aufgenommen werden konnten, trieb andersherum bisweilen auch die kompromisswilligsten unter den Verfechtern eines »gutnachbarlichen« Umgangs mit dem Arbeiter-und-Bauern-Staat zur Verzweiflung. Beide Seiten bekamen in den Verhandlungen einen Vorgeschmack auf den Umgang von Führungspersonen, die einen starken Charakter aufwiesen, unterschiedliche Prägungen mitbrachten und diametral gegenläufigen Prinzipien gehorchten.

Eine wichtige Personalie stand Ende 1973 bereits fest: Günter Gaus sollte zum ersten »Leiter« der Ständigen Vertretung der Bundesrepublik Deutschland bei der DDR werden, wie es umständlich heißen musste, um den Viermächtestatus von Berlin, die Rechte der Alliierten und das Besondere der Beziehungen zu manifestieren. Er führte auch die Verhandlungen über die Detailfragen zur Arbeit der Vertretungen. Ob ein »Amateur-Diplomat« die delikate Aufgabe würde erfüllen können, wurde von konservativer Seite bezweifelt, aber es handelte sich um einen Kandidaten, dem der Kanzler vertraute und über den sein Minister für besondere Aufgaben bemerkte: »Wir hätten keinen Besseren finden können.«[127] Mit großer Souveränität habe sich Gaus der Komplexität der besonderen Aufgabe gestellt, befindet auch Hans Otto Bräutigam, der als Diplomat die Verhandlungen begleitete und konzeptionell unterfütterte. »Gaus war nicht nur aufgeschlossen, sondern vor allem für die DDR ein unbeschriebenes Blatt, er erregte weniger Misstrauen bei seinen Gesprächspartnern und züchtete Vertrauen.«[128]

So fremd ihm die DDR zunächst war, so vertraut bewegte er sich in der Umgebung des Kanzlers: Günter Gaus selbst schreibt, Egon Bahr sei ihm im Laufe der Zeit »ein enger Freund« geworden. Ihre Freundschaft rührte aus der Zeit der Großen Koalition, ab und an wurde der Journalist damals zu vertraulichen Gesprächen im kleinen Kreis von Bahr geladen – man diskutierte mögliche Optionen der Entspannungspolitik: »Gelegentlich kam Außenminister Brandt hinzu, rauchte viel, sagte wenig, aber hörte aufmerksam zu.«[129] Willy Brandt

127 Bahr: Zu meiner Zeit, S. 448
128 Gespräch mit Hans Otto Bräutigam am 1. März 2005 in Berlin
129 Günter Gaus: Widersprüche. Erinnerungen eines linken Konservativen, München 2004, S. 241

Die neue Ostpolitik nimmt Fahrt auf: Egon Bahr (links) und Günter Gaus

hatte sich das Bild des unablässig rauchenden Gaus als Chefredakteur vom *Spiegel* eingeprägt, das erlaubte Gaus, sich selbst »eine gewisse Vertrautheit« mit Brandt und Bahr zu attestieren: »Insofern war es für mich nicht so überraschend, daß Willy Brandt mich dann nach der Bundestagswahl 1972 fragte, ob ich vom *Spiegel* in den Staatsdienst wechseln wollte.«[130] Das Hamburger Magazin hatte den Regierungswechsel und die neue wagemutige Ostpolitik zustimmend kommentiert. Gaus verfasste selbst wohlwollende Kommentare, blieb aber zunächst parteilos: »Der *Spiegel*, damals wohl einer der stärksten Meinungsmultiplikatoren in der Bundesrepublik, war kein Parteiblatt, aber der von Brandt und Außenminister Scheel geführten Regierungskoalition und ihrer Ostpolitik sehr gewogen.«[131] Wirklich fasziniert aber hatte ihn ein anderer Sozialdemokrat, den er Mitte der sechziger Jahre mehrfach interviewt hatte: »Ich war an Herbert Wehner geraten, und Wehner hat mich, ohne dass ich das wahrnahm, mit seinem Deutschlandbewußtsein infiziert, nicht absichtlich. Oder vielleicht doch absichtlich, das wusste man bei ihm nie.«[132]

---

130 Gaus: Es war die wichtigste Zeit meines Lebens, S. 86
131 Gaus: Widersprüche, S. 283
132 Roland Berbig (Hg.): Stille Post. Inoffizielle Schriftstellerkontakte zwischen West und Ost, Berlin 2005, S. 273

Der Kandidat für das Amt des »Eisbrechers« (Egon Bahr) ließ sich zunächst eine Weile bitten. Eine emotionale Bindung an die DDR – Gaus sprach gern von »Mitteldeutschland« – konnte Bahr als Motiv für ihn nicht ausmachen: »Gaus war ja ein richtiger Westdeutscher, der sich für den Osten gar nicht interessierte, der gedrängt werden musste.«[133] Nun war dieser Westdeutsche bereit, auf seine zweifellos herausgehobene Position innerhalb der westdeutschen Publizistik zu verzichten und in den öffentlichen Dienst zu wechseln. Der Journalist, der »die Seite wechselte«, war nicht grundsätzlich erpicht auf ein Amt im Staate, vielmehr angelockt von gerade dieser Aufgabe als Leiter der StäV – das sei »der einzige staatliche Posten, der mich reizt!«[134]

Erhebliche finanzielle Einbußen waren mit dem Wechsel verbunden, als Chefredakteur des *Spiegel* hatte Gaus etwa das Fünffache von dem verdient, was ihm als Staatssekretär mit Sitz im Nebengebäude des Kanzleramts, dem Büro des ehemaligen Naturschutzbeauftragten der Bundesregierung Bernhard Grzimek, und später in Ost-Berlin geboten werden konnte. Auch dort freilich lockte eine einmalige und privilegierte Stellung, zudem aber ließ er sich auf eine Pionierarbeit ein, da die Aufgaben der neuen Institution StäV bislang nur grob definiert waren – und sich letztlich einer genauen Vorabbeschreibung auch entzogen. Für ein höchst unbestimmtes Abenteuer im Osten würden seine Frau und er, damals Mitte vierzig, die gewohnte, komfortable Umgebung in Reinbek bei Hamburg verlassen. Da ihre Tochter Bettina vor dem Abitur stand, pendelte Frau Gaus in der ersten Zeit zwischen Berlin und Reinbek.

Gaus fühlte sich selbstverständlich von des Bundeskanzlers Offerte geehrt. Auch ein Gefühl von Pflichterfüllung bewog ihn schließlich, »von der Seite des Merkers auf die des Täters zu wechseln«, wie seine Ehefrau Erika überlegt. Der Reiz jedenfalls war groß, denn – so Gaus selbst – »über diesen Acker war noch keiner gegangen«.[135]

Die DDR bestätigte ihrerseits den Diplomaten Michael Kohl am 7. Oktober 1973 als ersten Ständigen Vertreter für den heiklen Vorposten am Rhein. Wie Gaus gehörte auch Kohl zum Jahrgang 1929, gleichfalls war der DDR-Diplomat verheiratet, allerdings Vater zweier Kinder, promovierter Jurist und natürlich SED-Mitglied. Dass er als Verantwortlicher der neuen Mission wie sein westdeutsches Pendant als »Leiter der Ständigen Vertretung« auftreten sollte, musste Kohl erdulden, aber sein Dienstherr wandte einen Trick an: Kurzerhand ernannte man den designierten Leiter zum Botschafter – sein offiziel-

---

133 Egon Bahr auf dem Festakt 30 Jahre nach Eröffnung der StäV am 19. Juni 2004 im BMBF, Mitschrift der Autorin
134 Süddeutsche Zeitung vom 7. November 1973
135 Gespräch mit Erika Gaus am 2. Mai 2005 in Reinbek

ler Titel als »Außerordentlicher und Bevollmächtigter Botschafter, Minister« sollte in den Verhandlungen noch eine Rolle spielen, tatsächlich aber konnte Dr. Michael Kohl schließlich doch mit einem »echten« Diplomatentitel seinen Dienst in Bonn aufnehmen. Am Rhein indes verweigerte man ihm – wie auch seinen Nachfolgern Ewald Moldt und Horst Neubauer – reine diplomatische Ehren; Ansprechpartner für die Vertreter der DDR war und blieb das Kanzleramt. Immer wieder wurden sie auf die »Besonderheit« der deutsch-deutschen Beziehungen gestoßen, so empfing beispielsweise Bundesaußenminister Hans-Dietrich Genscher den Botschafter aus der DDR Michael Kohl nicht im Auswärtigen Amt, sondern »nur« in der FDP-Zentrale. Michael Kohl hatte am 8. Oktober 1973 Egon Bahr sein Agrément-Ersuchen übergeben. Der künftige Leiter der Ständigen Vertretung der DDR in der Bundesrepublik zog an diesem Tag zwei Varianten des Papiers aus der Aktentasche: Nicht eben diplomatisch versuchte er zunächst, die Note seines MfAA an das Auswärtige Amt in Bonn loszuwerden. Bahr, ohnehin verärgert über den aufgeblasenen Titel von Kohl, weigerte sich, dieses Agrément-Ersuchen entgegenzunehmen, und akzeptierte schließlich das zweite, das an den richtigen Adressaten in Bonn gerichtet war.

Egon Bahr erinnert sich, dass Günter Gaus es immer furchtbar gefunden habe, »Ständiger Vertreter« genannt zu werden: »Das klang so nach Handel. Und ein bisschen war es das ja auch.«[136] Tatsächlich versuchte Gaus, um die gewichtige offizielle Dienstbezeichnung seines ostdeutschen Pendants Michael Kohl, dem »Außerordentlichen und Bevollmächtigten Botschafter, Minister«, zu feilschen – er war eitel genug, um sie nicht unkommentiert zu schlucken. In vielen Gesprächsrunden war die Frage der Amtsbezeichnung offengeblieben, im Februar 1974 erklärte Gaus, um der Debatte ein Ende zu bereiten, er sei grundsätzlich nicht erpicht auf Titel. Da »ich aus einer Familie von Pferdehändlern stamme, kann ich mir vorstellen, daß wir im Beglaubigungsschreiben nur die ehrenwerten bürgerlichen Namen anführen«.[137] Auch in den folgenden Verhandlungsrunden bestand er darauf, im amtlichen Gebrauch keine weiteren Titel außer der spröden Amtsbezeichnung »Leiter der StäV« zuzulassen. Kurt Nier dagegen versicherte, dass der Leiter der Ständigen Vertretung der Deutschen Demokratischen Republik den Titel führen werde, den seine Regierung ihm verliehen hatte. Und er erwarte, dass Michael Kohl von der Bundesregierung entsprechend den internationalen Gepflogenheiten behandelt werde.[138]

136 Egon Bahr auf dem Festakt 30 Jahre nach Eröffnung der StäV am 19. Juni 2004 im BMBF, Mitschrift der Autorin
137 PA AA Bestände MfAA GA 143, S. 77 f.
138 ebenda, S. 100

Günter Gaus blieb als Staatssekretär ohne diplomatischen Titel. Das aber war nicht der Grund, weswegen es zunächst nicht einfach gewesen sei, ihn für das erste wichtige bundesrepublikanische Amt in der DDR zu gewinnen, wie Bahr sich erinnert:»Gaus, bis dahin ein westdeutscher Saulus, wurde zu einem deutschen Paulus, voller Bekehrungseifer.«[139] Gaus hatte, da sich der ursprüngliche Zeitplan nicht einhalten ließ, etwa fünf Monate Zeit, sich auf sein neues Amt vorzubereiten, und er führte, da Bahr sich als Bundesminister für besondere Aufgaben nunmehr der »Europäisierung unserer Außenpolitik« zuwenden sollte, ab November auch die Verhandlungen mit der DDR weiter. Seine Aufgabe war zunächst die Ausgestaltung von Artikel 8 des Grundlagenvertrags und damit die Errichtung Ständiger Vertretungen, sein Ansprechpartner war der stellvertretende Außenminister der DDR, Kurt Nier.

Am 26. April 1973 hatte die Bundesregierung noch ein »non-paper« über Bahr an Michael Kohl übergeben lassen, in dem die weiterhin strittigen Punkte dargelegt waren. Am 20. Juni 1973 hatte Michael Kohl ein Protokoll für die andere Seite diktiert, das die grundsätzlichen Positionen der DDR enthielt. Wenn die Vertretungen formal nicht Botschaft *hießen*, so sollten sie doch Botschaften *sein*: Die DDR beharrte darauf, dass sie den »gleichen Status, die gleichen Rechte und die gleichen Arbeitsbedingungen haben wie Botschaften anderer Staaten«.[140] Nach ostdeutscher Lesart bildeten die Verträge von Moskau, Warschau und Berlin »ein einheitliches Ganzes«, wie die Moskauer Absichtserklärungen festlegten. Die westdeutsche Seite sollte mit ihren eigenen Argumenten geschlagen werden: Verpflichteten sich die beiden Staaten zu normalen Beziehungen, wie es der Grundlagenvertrag vorsah, so setzte dies auch einen normalen Charakter ihrer beiderseitigen Vertretungen voraus. »Alles andere könnte nur schädlich sein«, hieß es in Kohls Note. Die DDR hätte bereits »ein hohes Maß an Entgegenkommen« bewiesen, weil sie den Namen Ständige Vertretung akzeptiert hatte.

Die Bundesrepublik verteidigte ihre Linie: Mitarbeiter der StäV sollten sich von den Mitgliedern des diplomatischen Corps unterscheiden, keine gewöhnlichen CD-Autokennzeichen erhalten, gleichwohl aber Vorrechte wie Diplomaten genießen, allerdings nicht in der üblichen Diplomatenliste aufgeführt werden[141] – und natürlich durfte nicht, wie die DDR unbedingt verlangte, das Außenministerium ihr Ansprechpartner sein! Die Bundesregierung wollte die Ständigen Vertretungen beim Ministerrat der DDR bzw. beim Bundeskanzleramt ansiedeln, um dem besonderen Charakter der Beziehungen gerecht zu werden. Und sie hatte eine Drohung ausgesprochen: Akzeptierte die DDR

139 Bahr: Zu meiner Zeit, S. 448
140 PA AA Bestände MfAA GA 284, S. 30
141 ebenda, S. 6 ff.

das Kanzleramt nicht, könnte man die Ständige Vertretung auch dem Bundesministerium für innerdeutsche Beziehungen unterstellen – eine wiederum für die DDR undenkbare Lösung. Und so akzeptierte Kohl zähneknirschend das Kanzleramt – nicht ohne den Hinweis darauf, dass die Bundesregierung »eine von internationalen Gepflogenheiten abweichende ›innerdeutsche‹ Variante festzuschreiben suchte«.[142]

Egon Bahr unterbrach, wenn die Verhandlungen wieder einmal ins Stocken gerieten, die großen Runden und zog sich mit Michael Kohl oder auch Kurt Nier zu Vieraugengesprächen zurück – Bahr habe diese nachgerade »erfunden«, wie sich Hans Otto Bräutigam erinnert, der an den Verhandlungen teilnahm und bei den Vieraugengesprächen zur Untätigkeit verdammt war: »Was mich sehr ärgerte. Wir warteten draußen und lernten, uns anzuschweigen.«[143] Der Botschafter Michael Kohl notierte in seinem Gedächtnisprotokoll von den zähen Verhandlungen, dass er in den Auseinandersetzungen mit Bahr, den Vieraugengesprächen, eine Vorhersage über die normative Kraft des Faktischen gewagt hatte:

»[…] in ein paar Monaten seien wir ohnehin bei dem von mir erwähnten Endergebnis. Bahr erwiderte scherzhaft, so unrealistisch wie die DDR glaubte, sei er gar nicht. Aber eins wäre unabdingbar: Die Ständige Vertretung müsse in irgendeiner […] Form ›bei der Regierung der DDR angebunden werden‹.
Er [Bahr] begreife auch nicht, warum wir so darauf drängten, unbedingt Scheel als Partner zu bekommen.«[144]

Michael Kohl war beim Feilschen um Feinheiten strikt an seine Direktiven gebunden: In aller Welt seien für die Vertretungen anderer Staaten selbstverständlich die Außenministerien zuständig, die DDR wollte sich an die gängige Praxis halten, argumentierte er. Immerhin habe seine Seite schon »ein hohes Maß an Entgegenkommen« gezeigt, als sie einwilligte, während seiner Amtszeit in Bonn das Bundeskanzleramt als das zuständige Organ für die StäV der DDR hinzunehmen.[145] Es folgte ein wochenlanges zähes Ringen um kaum vorhersehbare Momente des künftigen Alltagslebens der Bundesbeamten im Realsozialismus: So sollte den Mitarbeitern der StäV das Privileg zugebilligt werden, in ihre Wohnungen in Ost-Berlin angemeldete Gäste aus dem Westen einladen zu können, ohne dass diese zum Mindestumtausch gezwungen und den qualvollen Kontrollprozeduren an den Grenzübergängen

142 PA AA Bestände MfAA GA 140, S. 62
143 Hans Otto Bräutigam am 2. Dezember 2007 im Deutschen Theater in Berlin (Gregor Gysi trifft Zeitgenossen)
144 PA AA Bestände MfAA GA 284, S. 8
145 ebenda, S. 26 ff.

ausgesetzt würden. Zudem sollten die Westbeamten und ihre Familienangehörigen wie auch ihre »privaten Hausangestellten« selbstverständlich das Recht bekommen, jederzeit aus- und einreisen zu dürfen – penibel auch hier die Festlegungen der Details: Was, wenn diese Hausangestellten aus der DDR stammten, sollten auch sie, und sei es nur zum Einkaufen, die Grenze überschreiten dürfen?

Ein zentraler Punkt in den Verhandlungen betraf die Größe der beiden Vertretungen. Das Kanzleramt war willens, die Ständige Vertretung – wie eine Botschaft in einem wichtigen Gastland – mit etwa einhundert Mitarbeitern auszustatten.[146] Egon Bahr bereitete es sichtlich Freude, sein steifes Gegenüber zu provozieren: »Das Bundeskanzleramt hat 113 – 115 Stellen beantragt. Ich gehe davon aus, dass 80 oder 85 Mitarbeiter nach Ost-Berlin kommen.«[147] Diese Dimension missfiel der DDR-Seite. Sie war vertraglich verpflichtet, eine ähnlich hohe Zahl von Mitarbeitern in ihre Vertretung nach Bonn zu entsenden, und Kohl wusste genau, dass er das Devisenkonto der DDR nicht unnötig strapazieren durfte: »Ich äußerte erneut mein Befremden über eine solche Aufblähung der Vertretung«, notierte der Chefunterhändler in seinem Gedächtnisprotokoll nach einer weiteren Unterredung mit Bahr, als schließlich auf der Westseite nur noch eine Mannschaft von 104 Mitarbeitern im Gespräch war, von denen 25 mit Diplomatenstatus versehen werden sollten.[148]

Der mühsame Fortgang der Gespräche über die Ausgestaltung des Artikels 8 im Grundlagenvertrag, die nach Ansicht von Hans Otto Bräutigam der DDR viel Enttäuschung bereiteten,[149] bewog schließlich den Bundeskanzler, sich gegenüber dem Chef der KPdSU, Leonid Breschnew, über die starre Haltung der SED-Spitze zu beschweren. Willy Brandt war erzürnt – nicht zuletzt über die ohne Vorwarnung eingeführte Verdopplung des Mindestumtausches für die Einreise in die DDR:

»Man hat den Eindruck, als ob die DDR durch Willkür und Schikane praktisch viel von dem zunichte macht, was sie vorher als Ergebnis von Vereinbarungen zugestanden hat. [...] Auf der ganzen Linie muß man den Eindruck gewinnen, daß die DDR, nachdem sie Mitglied in den Vereinten Nationen geworden ist, vieles erschwert oder blockiert [...]. Ich werde dazu nicht mehr lange schweigen.«[150]

---

146 BArch B 136/21289, o. P.
147 PA AA Bestände MfAA GA 460, S. 57
148 ebenda
149 Gespräch mit Hans Otto Bräutigam am 1. März 2005 in Berlin
150 Akten zur Auswärtigen Politik der Bundesrepublik Deutschland, hg. im Auftrag des AA vom Institut für Zeitgeschichte von Hans Peter Schwarz u. a., Bd. III, 1. Oktober bis 31. Dezember 1973, Dokument 364, S. 1781 f.

Das tat auch Leonid Breshnew nicht, dem daran gelegen war, dass sich die deutsch-deutschen Beziehungen verbesserten.

Im November 1973 trafen schließlich der stellvertretende Außenminister der DDR, Kurt Nier, und Günter Gaus zum ersten Mal zu Verhandlungen zusammen – und das in einer Zeit, da die DDR wieder einen härteren Kurs eingeschlagen hatte: Der verdoppelte »Zwangsumtausch« konnte ebenso wenig als Anzeichen für Versöhnlichkeit und Öffnung gelten wie die propagandistisch weidlich ausgenutzten Prozesse gegen Fluchthelfer in Ost-Berlin. Der Regierende Bürgermeister von Berlin, der Brandt-Zögling Klaus Schütz, stellte resigniert fest, dass die DDR mit der Entspannung nicht mehr fertig werde.[151]

In dieser Situation sollten die neuen »Chefunterhändler« Gaus und Nier Details zum Austausch Ständiger Vertreter aushandeln. Groß war die Diskrepanz zwischen dem strikt weisungsgebundenen SED-Mann und dem in der freien Rede geübten Journalisten: In Gaus' eigenen Vermerken klingt defensiv, was die DDR bisweilen aggressiv stimmte und in den Mitschriften der DDR an Deutlichkeit nichts zu wünschen übrig lässt: Günter Gaus ließ selbst beim ersten gemeinsamen Mittagessen nicht locker, worin Kurt Nier seinerseits eine »Verschärfung der Haltung der BRD« erkennen wollte.[152]

Günter Gaus war unvoreingenommen, aber ungeduldiger als Bahr. Der neue Verhandlungsführer der Bundesregierung stand unter Erfolgsdruck und wollte dem Kanzler, aber auch der Öffentlichkeit rasch »das Maß der Normalisierung zwischen den beiden Staaten sichtbar« demonstrieren.[153] Normalisierung aber war – wie Gaus bald feststellen musste – längst nicht erreicht. Immer wieder erlitten beide Seiten unvermutet Rückschläge. Blockaden oder Missverständnisse bremsten sie immer wieder, wie nach jener Runde, in der Gaus dem Eindruck erlegen war, dass Vize-Außenminister Nier sich einverstanden erklärt habe, die Verhandlungen in schneller Folge weiterzuführen, und Kurt Nier ihn doch kühl abblitzen ließ: »Ich habe neben den Verhandlungen mit der BRD noch andere Aufgaben.«[154]

Neben den feinen diplomatischen Fallstricken, in denen Gaus und Nier sich bisweilen verfingen, stießen beide vor allem an prinzipielle Grenzen – die »besonderen Beziehungen«, die die Bundesregierung aufbauen wollte, waren eben nicht identisch und nur schwer vereinbar mit den »normalen zwischenstaatlichen Beziehungen«, um die der DDR-Vertreter offiziell stritt. Sein Außenminister, Otto Winzer, monierte, dass die Bundesregierung in den Verhandlungen eine »chauvinistische Konzeption« verfolgte, da sie Beamte aus dem

151 vgl. Süddeutsche Zeitung vom 7. November 1973
152 PA AA Bestände MfAA GA 142, S. 19
153 Akten zur Auswärtigen Politik der Bundesrepublik Deutschland, Bd. III, 1. Oktober bis 31. Dezember 1973, Dokument 396, S. 1947
154 PA AA Bestände MfAA GA 142, S. 19

innerdeutschen Ministerium und nicht aus dem Auswärtigen Dienst nach Berlin entsenden wollte.[155] Ohnehin stand Winzer dem »Wandel durch Annäherung« skeptisch gegenüber, schließlich überwinde man nicht etwa systemimmanente, ideologische Gegensätze. Der SED-Mann prägte die Warnung vor der »Konterrevolution auf Filzlatschen«.[156]

Die Gespräche gerieten immer wieder ins Stocken. Die Gründung des Umweltbundesamts als einer Bundesbehörde mit Sitz in West-Berlin hatte die DDR provoziert, die Eröffnung eines Büros der palästinensischen Befreiungsorganisation PLO in Ost-Berlin dagegen irritierte die Bundesrepublik. Die DDR reagierte auf die Ansiedlung des Umweltbundesamtes ungewöhnlich scharf: Nier zitierte Gaus nach Berlin, um sich über den Verstoß gegen das »Vierseitige Abkommen« und einen »massiven Angriff auf die Entspannungspolitik«[157] zu beschweren. Gaus wies die Vorwürfe zurück und äußerte sein Missfallen darüber, dass man ihn eigens nach Berlin beordert hatte. Er verbat sich dieses Prozedere, warf der DDR »Rechthaberei« vor und erklärte mit Bezug auf die Verhandlungen achselzuckend, er wisse nicht mehr, wie es eigentlich weitergehen sollte; der ursprüngliche Zeitplan für die Eröffnung der Ständigen Vertretungen war ohnehin nicht mehr einzuhalten. Dass die westdeutsche Seite es sich zur Gewohnheit gemacht hatte, am Rande der Gespräche allgemeine Beschwerden im Interesse ihrer Bürger vorzubringen, die nichts mit den eigentlichen Verhandlungen zu tun hatten, verärgerte wiederum die DDR. Vorgebracht wurden Appelle, doch beispielsweise Todesnachrichten aus der Bundesrepublik zügiger zu befördern, um den ostdeutschen Hinterbliebenen eine realistische Möglichkeit zu eröffnen, wenigstens den Reiseantrag für die Teilnahme an Trauerfeiern im Westen fristgerecht stellen zu können. Auch den Kreis der Geheimnisträger, denen Westreisen per se untersagt waren, bat die Bundesregierung nicht zu eng zu fassen. Eine weitere wiederholt vorgebrachte Bitte betraf den Postservice: Päckchen aus dem Westen sollten wieder zuverlässiger ausgeliefert werden[158] – all dies interpretierte die DDR als unzulässige Einmischung in ihre inneren Angelegenheiten.

Hans Otto Bräutigam – im Kanzleramt mit der Vorbereitung für die Arbeit der neuen Institution betraut, bevor er selbst mit dem Vorauskommando nach Ost-Berlin aufbrechen sollte – setzte sich in den internen Vorverhandlungen

---

155 vgl. Neues Deutschland vom 16. Dezember 1973
156 zit. bei Werner Großmann: Bonn im Blick. Die DDR-Aufklärung aus der Sicht ihres letzten Chefs, Berlin 2007 (2001), S. 43. Karl Seidel zitiert Otto Winzer mit: »Aggression auf Filzlatschen« und beschreibt, wie Egon Bahr 1997 dieses Urteil bestätigt habe; vgl. Seidel: Berlin-Bonner Balance, S. 52
157 Vermerk über ein Gespräch des Genossen Nier mit Staatssekretär Gaus, BStU MfS Rechtsstelle 129 Bd 1, Bl. 162–165
158 PA AA Bestände MfAA GA 138, S. 9 ff.

im Kanzleramt auch mit der Frage auseinander, wie weit der Rahmen gesteckt sein könnte, in dem die Ständige Vertretung würde agieren dürfen. Welche Aufgaben sollte sie wahrnehmen, wo müssten beide deutsche Staaten neue Wege beschreiten? Bräutigam wollte damals, wie er sich erinnert, den Häftlingsfreikauf beenden.

>»Wir haben mit der Bundesregierung darüber debattiert. Aber der Minister für innerdeutsche Beziehungen, Egon Franke, machte sofort klar, dass man mit ihm darüber nicht verhandeln könne. Er habe ›auch‹ zweieinhalb Jahre im Zuchthaus gesessen. Und er werde keinesfalls seine Hand dafür heben, dass diesen Menschen im Gefängnis jetzt nicht mehr geholfen wird.«[159]

Franke war 1935 als Mitglied der Widerstandsorganisation Sozialistische Front wegen Hochverrats verurteilt worden und wurde 1943 in das berüchtigte Strafbataillon 999 eingezogen. Für den in der SPD einflussreichen Sprecher der Kanalarbeiter stand der Freikauf nicht zur Disposition. »Und damit hat Franke doch recht gehabt«, so Bräutigam im Rückblick. »Ich habe meine Meinung geändert. Obgleich das Freikaufverfahren missbraucht wurde und die DDR auch Kriminelle auf die Liste setzte, hatten wir doch eine moralische Verantwortung, politisch Verfolgten und ›Republikflüchtlingen‹ zu helfen.«[160]

Auch die Frage, wem das jeweilige Agrément der künftigen Missionschefs zu übergeben war, dem Bundeskanzler oder dem Präsidenten, dem Ministerratsvorsitzenden oder dem Außenminister, war natürlich an die »Besonderheit« der Beziehungen geknüpft und blieb in den Verhandlungen, aber auch unter Verfassungsrechtlern lange strittig, ebenso die dienstrechtliche Anbindung der Vertretungen. Die DDR beharrte darauf, die Außenministerien zum Ansprechpartner zu machen, was mit der bundesrepublikanischen Position freilich nicht zu vereinbaren war. Der Westen drohte seinerseits mit einer Anbindung an das der DDR verhasste Ministerium für innerdeutsche Beziehungen. Hans Otto Bräutigam entwarf ein Regelwerk für die formale Anbindung der westdeutschen Vertretung. Weisungen sollte künftig allein das Kanzleramt erteilen – unter Umständen nach Rücksprache mit dem Bundesministerium für innerdeutsche Beziehungen oder anhand von Vorschlägen zu Sachfragen aus den Fachressorts. Weisungen des Auswärtigen Amts zur Außenpolitik würden der StäV demnach »nachrichtlich« übermittelt, sofern sie thematisch relevant wären. Die StäV ihrerseits war nach dem Beispiel von Botschaften berichtspflichtig und sollte ihre Beobachtungen regelmäßig dem Kanzleramt

159 Gespräch mit Hans Otto Bräutigam am 22. August 2005 in Berlin
160 ebenda

liefern.[161] Der Jurist Bräutigam plädierte zudem dafür, die Ständigen Vertretungen »entsprechend« der Wiener Konvention vom 18. April 1961 zu behandeln. Der Status der Institution und die Erleichterungen und Vorrechte ihrer Mitarbeiter sowie Steuerbefreiungen sollten nach dem Beispiel der Wiener Konvention gewährt werden. Eine direkte Anwendung, so Bräutigam, käme nicht in Betracht, mit der »Analogieformel« jedoch werde den Vertretungen umfassend ihre Arbeit und ihre Immunität gesichert.[162]

Die Frage der Anbindung und Anlaufstelle entzweite unterdessen die Verhandlungspartner. Egon Bahr hatte gegenüber der DDR bereits die Möglichkeit ins Spiel gebracht, anstelle einer einheitlichen Vereinbarung jeder Seite die ihr adäquat erscheinende Lösung zuzugestehen. Wenn die Bundesregierung das MfAA als Kontaktstelle für Gaus in Ost-Berlin akzeptieren würde, dann könnte die DDR sich darauf einlassen, dass die StäV der DDR das Kanzleramt nicht nur übergangsweise, sondern für eine unbefristete Zeit als Ansprechpartner akzeptiere.

Die Argumente wiederholten sich, um Formulierungen wurde wochenlang gerungen. Gaus war des Feilschens um Details überdrüssig. Er hatte inzwischen so viele Erfahrungen im Umgang mit seinem kompromisslosen Gesprächspartner einerseits und seinen prinzipientreuen Ansprechpartnern im Kanzleramt andererseits, dass er eine taktische Überlegung wagte – nicht zuletzt auch, um die eigene Seite zu Kompromissen anzuregen und die Verhandlungen zu beschleunigen: Im Frühjahr, so seine pessimistische Prognose, werde es ein Patt geben. Sofern die Bundesregierung die Verhandlungen um die Ständigen Vertretungen nicht gänzlich scheitern lassen wolle, solle sie auf »unserer äußersten Rückfallposition« einer Verständigung mit der DDR zustimmen. Andernfalls würden auch die deutsch-deutschen Fachverhandlungen (um den Postverkehr, Gesundheitspolitik u. a.) sowie die Ostpolitik insgesamt Schaden nehmen – entweder also ein paar Zugeständnisse an die DDR in Kauf nehmen oder die Verhandlungen einstellen. »Ich gehe davon aus, daß in der westdeutschen Öffentlichkeit diese Entwicklung nicht als eine couragierte Einsicht der Bundesregierung beurteilt werden wird, sondern als das späte Eingeständnis, eine Sackgasse eingeschlagen zu haben.«[163] Wider alle Unkenrufe konnten am 21. Februar 1974 weitere Streitpunkte ausgeräumt werden. Erich Honecker besuchte zum nämlichen Zeitpunkt Kuba, wo er sich öffentlich zu den großen Fortschritten in den Verhandlungen äußerte, wie das *Neue Deutschland* meldete. Kurt Nier wollte von Günter Gaus wissen, ob er dem

161 Bräutigam am 9. April 1974: Über Weisungs- und Berichtswege für die Ständige Vertretung, BArch B 136/21294
162 Bräutigam über Status und Analogieformel am 18. Januar 1974, BArch B 136/21289 o. P.
163 Akten zur Auswärtigen Politik der Bundesrepublik Deutschland, Bd. III, 1. Oktober bis 31. Dezember 1973, Dokument 401, S. 1973

SED-Chef zustimme. Ein kurzer Dialog zeigt, wie sich beide darin übertrafen, klare Aussagen zu umgehen: Nier wollte wissen, ob Gaus Honecker recht gebe. Gaus gab die Frage zurück: »Was meinen Sie?« Nier: »Ich würde ›im Prinzip‹ ja‹ sagen.« Gaus: »Ich stimme dem zu.«[164]

Überschwang spricht nicht aus den Worten der Chefunterhändler, aber der Staatssekretär wie auch der Vize-Außenminister wollten die Unterredungen endlich zu einem Abschluss bringen. Beim Mittagessen in der 37. Etage des Hotels Stadt Berlin am 6. März 1974 beschleunigte Gaus die Sache weiter: So nannte er vier zusätzliche innerstädtische Berliner Grenzübergänge, die den Mitarbeitern der StäV in Berlin künftig offenstehen sollten. Gaus, der ursprünglich bereits im Frühjahr 1974 die Ständige Vertretung eröffnen wollte, kämpfte noch um die Formulierung zur Wiener Konvention. Gaus: »Wenn wir beide fertig sind, dann muß meine Regierung das Ergebnis innenpolitisch vertreten können. [...] Ich sage das mit der Offenheit, die uns gelegentlich schon geholfen hat.«[165]

Gaus und der stellvertretende DDR-Außenminister Nier konnten schließlich am 14. März 1974 im Kanzleramt ihr Protokoll über die Errichtung der Ständigen Vertretungen[166] unterzeichnen – ohne weitere Komplikationen, selbst die auf Wunsch der Gastgeber geladenen Pressevertreter stellten »keine provokatorischen Fragen«, wie Nier erleichtert feststellte. Egon Bahr war zum kleinen Sektempfang gekommen und erlaubte sich die Bemerkung, dass man die Dinge wieder in Bewegung bringen müsse. Und er verkniff sich auch nicht den Hinweis auf eine Erkenntnis aus einem seiner *back channel*: Kein Geringerer als der Genosse Breschnew habe ihm bedeutet, dass auch Erich Honecker das bisher Erreichte »sehr hoch einschätze«.[167]

Das abschließende Protokoll betonte noch einmal: Die beiden deutschen Staaten hatten keine diplomatischen Beziehungen aufgenommen, aber die Vertragspartner begründeten ein Verhältnis, das diplomatischen Gepflogenheiten entsprach – ein Kompromiss zwischen den divergierenden Positionen, der beiden Seiten gestattete, das Gesicht zu wahren.[168] Der Leiter der Ständigen Vertretung in Ost-Berlin sollte künftig beim Vorsitzenden des Staatsrats, sein Amtskollege in Bonn beim Bundespräsidenten akkreditiert werden, ihre Ansprechpartner im Gastland waren – so die Vereinbarung nach langen Kontroversen – an der Spree das Außenministerium und am Rhein das Kanzleramt, Akkreditierungen liefen über den Bundespräsidenten und den Staatsratsvorsitzenden.

164 PA AA Bestände MfAA GA 147, S. 102
165 PA AA Bestände MfAA GA 144, S. 13 und S. 26
166 Protokoll über die Errichtung der Ständigen Vertretungen, Bulletin Nr. 36 vom 15. März 1974
167 PA AA Bestände MfAA GA 144, S. 132 ff.
168 vgl. Zündorf: Die Ostverträge, S. 260 ff.

Klar war der Hinweis im beigefügten Protokollvermerk, dass die Ständige Vertretung der Bundesrepublik gemäß der Frank-Falin-Formel aus dem Jahr 1973 »in Übereinstimmung mit dem Vier-Mächte-Abkommen vom 3. September 1971« auch die Interessen von »Berlin (West)« wahrnehmen werde, was die DDR lange versucht hatte zu verhindern. Die Aufgaben der Repräsentanzen beider Staaten wurden demgegenüber nur höchst vage beschrieben: Die Vertretungen sollten die Interessen des Entsendestaats im Gastland vertreten »einschließlich Hilfe und Beistand für Personen« – hier fehlt das Verb ebenso wie der Hinweis auf Nationalität oder Staatsbürgerschaft, über die divergierende Ansichten fortlebten. Die Emissäre hatten sich auch in diesem Punkt auf eine Hilfsformel geeinigt, ging es doch eigentlich um konsularische Aufgaben. Die Rechtsauffassung der Bundesrepublik besagte grundsätzlich, dass allen Deutschen – nach Artikel 116 des Grundgesetzes auch den nicht in der Bundesrepublik lebenden – damit Hilfe und Beistand gewährt werden müsse. Günter Gaus allerdings verteidigte bereits vor seinem Amtsantritt in Berlin seine pragmatische Interpretation: »Unsere Vertretung kann ihre Pflichten nur wahrnehmen, wenn sie die in der DDR gültigen Gesetze respektiert, ohne daß wir uns mit diesen Gesetzen identifizieren.«[169] Zum Zweiten besagte das Protokoll, dass die Vertretungen »gutnachbarliche« Beziehungen fördern und ausbauen sollten, also nicht etwa wie sonst im Völkerrecht formuliert »freundschaftliche« Beziehungen pflegen. Das Wort »ausbauen« mutet in diesem Kontext ohnehin hinreichend lapidar, fast zynisch an. Dass in dem Protokollvermerk neben den Hinweisen zu Ein- und Ausreisemodalitäten der Mitarbeiter der Ständigen Vertretungen ausführlich auch die erlaubten Funkstrecken behandelt wurden und die Vertragspartner einander ausdrücklich das Recht zugestanden, »Funksendeanlagen zu errichten und zu betreiben«, mag als Beleg dafür dienen, wie nah im Kalten Krieg Realität und Fiktion der Spionagethriller beieinanderlagen.

Das Protokoll löste in der Bundesrepublik sofort erheblichen Protest aus. Die Opposition verlangte von der Bundesregierung Antworten auf die Frage, was die Vertretung in Ost-Berlin tun werde, um Bewohnern der DDR »Hilfe und Beistand« zu gewähren, wenn diese darum ersuchten. Der CSU-Vorsitzende Franz Josef Strauß monierte zudem namens beider Unionsparteien in einem Brief an Gaus das Akkreditierungsverfahren des Ständigen Vertreters der DDR: Die Beglaubigung über den Bundespräsidenten sei »als konkludente völkerrechtliche Anerkennung der DDR durch die Bundesrepublik Deutschland zu bewerten«, was der Vorgabe widerspreche, die DDR könne kein Ausland sein. Strauß warf Gaus vor, das Grundgesetz und die »autorita-

---

169 Gaus am 28. März 1974 vor dem Deutschen Bundestag (Protokoll 91. Sitzung, 7. Legislaturperiode)

tive Auslegung [...] des Grundvertrags durch das Bundesverfassungsgericht« zu verletzen.[170] Als Bundesinnenminister verteidigte Hans-Dietrich Genscher noch am selben Tag das von Gaus ausgehandelte Protokoll inklusive Akkreditierungsverfahren und wies den Vorwurf, hier werde eine Aufweichung der »besonderen Beziehungen« betrieben, zurück. Die DDR werde eben gerade nicht völkerrechtlich anerkannt, was unter anderem seinen Ausdruck darin fände, dass die Ständige Vertretung an das Kanzleramt angebunden sei. Das Verfassungsgericht, so die Auslegung des Urteils durch Genscher, habe bestätigt, dass die DDR zum einen nicht Ausland, zum anderen ein Staat sei. Und bei Beziehungen zwischen zwei Staaten erscheine ihm eine Akkreditierung beim Staatsoberhaupt des jeweils anderen Staats konsequent. Allein aus der Tatsache, dass hier dem Beispiel der Akkreditierung der Gesandten gefolgt werde, könne noch nicht auf ein diplomatisches Verfahren geschlossen werden.[171]

Die Auseinandersetzungen um weitere Details weckten wiederum deutschdeutsche Missstimmung: Nier legte Gaus dar, die DDR erwarte, dass ihre künftige Vertretung in der alphabetischen Liste der Botschaften aufgeführt werde; Gaus verwies auf die Rubrik »andere Vertretungen«, was bei der DDR den Argwohn weckte, sie lande womöglich unter den in Bonn ansässigen Landesvertretungen, also den Repräsentanzen der Bundesländer. Dagegen erschien es fast als Lappalie, dass die Bundesregierung ihren Nachbarn im eigenen Land reguläre CD-Kennzeichen für die – gleichwohl mit Vorrechten ausgestatteten – Dienstwagen verwehrte.[172] Im Frühsommer 1974 nahm auch der Innenausschuss des Deutschen Bundestages Stellung zum Thema StäV: Er hatte dienstrechtliche und Besoldungsfragen geklärt. Die Beamten und Angestellten, die immerhin als Repräsentanten der Bundesrepublik in die DDR gingen, sollten mit einer Zulage bedacht werden – diese aber durfte selbstverständlich ebenso wenig wie die Umzugskostenerstattung an die Besoldungsgewohnheiten im Auswärtigen Dienst erinnern. Im Bundesrat hatte der Verdacht des Freistaats Bayern entkräftet werden müssen, über Besoldung und Zulagen der StäV-Mitarbeiter würde sich die DDR hinterrücks doch den Status als »Ausland« erschleichen. Schließlich wurde eine Sondervorschrift eingeführt, die den StäV-Mitarbeitern »nicht ruhegehaltfähige« Zulagen in Höhe von 590 bis 2540 DM sicherte. Ein verheirateter Beamter der Besoldungsgruppe B3 beispielsweise empfing in Ost-Berlin monatlich 2000 DM mehr, als wenn er am Rhein seine Pflicht erfüllt hätte.[173] Nachdem selbst dienstrechtliche Feinheiten geklärt waren, konnte aus Sicht der Bundesrepublik nun das Vorauskommando seine Arbeit aufnehmen.

170 Brief von Strauß an Gaus, 15. März 1974, BArch B 136/15113, 2. Ordner, S. 4
171 Brief von Genscher an Carstens, 15. März 1974, BArch B 136/15113, 2. Ordner, S. 2 f.
172 PA AA Bestände MfAA GA 144, S. 134 f.
173 Bundestagsdrucksache 7/1812, Bundesratsdrucksache 695/3/73 und Bundesgesetzblatt vom 19. Juni 1974 (Nr. 61/1974)

Anfänge

Das Haus in der Hannoverschen Straße

»Sie wollten uns am liebsten im Wald verstecken«, erinnert sich Hans Otto Bräutigam. Parallel zu den quälenden Verhandlungen über die Ausgestaltung der Beziehungen hatte die Suche nach angemessenen Immobilien für die neuen Einrichtungen an Spree und Rhein begonnen. Während Günter Gaus und Kurt Nier ums Prinzipielle stritten, begannen Mitglieder ihrer Delegationen bereits mit Ortsbegehungen.

Die Auswahl einer Residenz, eines Amtsgebäudes und der Wohnungen für die Mitarbeiter der westdeutschen Ständigen Vertretung in der Hauptstadt des Arbeiter-und-Bauern-Staates erwies sich als problematisch. Die Auswahl an Immobilien war begrenzt. Als Amtssitz stand bereits während der Verhandlungen zwischen Egon Bahr und Michael Kohl das Gebäude in der Hannoverschen Straße 30 zur Diskussion. »Ein fabelhaftes Angebot« – vor allem wegen seiner zentralen Lage, fand Hans Otto Bräutigam, der zugleich spürte, wie wenig Begeisterung die Vertreter des Gastgeberlandes für die Ansiedlung der bundesrepublikanischen Vertretung in Berlins Mitte aufbrachten: »Darum haben wir sehr kämpfen müssen.«[1]

Das äußerlich zunächst wenig attraktive, damals noch nicht renovierte Haus schien auch Egon Bahrs Phantasie zu beflügeln: Er beanspruchte nicht nur sofort das gesamte Anwesen, vor allem malte er sich zum Schrecken der SED-Verhandlungsführer ein munteres Kommen und Gehen in der bundesrepublikanischen Mission aus. Die Mitarbeiter der Konsularabteilung – Rechtsabteilung genannt, um auch hier den Unterschied zu den Botschaften im Ausland zu demonstrieren – sollten ostdeutsche Gäste willkommen heißen und nach Belieben Besucher empfangen: »Man muss mit einem, zu anderen Vertretungen gerechnet, übernormalen Publikumsverkehr rechnen.«[2] Bahrs Wunschbild nährte das Misstrauen der DDR-Funktionäre gegenüber den künftigen Aktivitäten in der Repräsentanz des Klassenfeinds im eigenen

---

1 Hans Otto Bräutigam auf dem Festakt 30 Jahre nach Eröffnung der StäV am 19. Juni 2004 im BMBF, Mitschrift der Autorin und Gespräch mit Hans Otto Bräutigam am 1. März 2005 in Berlin
2 PA AA Bestände MfAA GA 286, S. 29 ff.

Land, auf den sie andererseits in finanzieller Hinsicht wie auch im Streben nach Anerkennung angewiesen waren. »Wandel durch Annäherung« war auch eine bedrohliche Formel.

Das Vorhaben war auf Gegenseitigkeit ausrichtet, doch zeigte sich rasch, wie ungleich die Partner waren: So konnte die Bundesregierung der DDR bei der Auswahl geeigneter Räumlichkeiten in Bonn beispielsweise kaum anderes raten, als dass sie sich selbst auf dem freien Markt nach geeigneten Immobilien umschauen möge. Den an die Staatswirtschaft gewöhnten Funktionären erschien dies als unfreundlicher Akt. Egon Bahr, der selbst im Begriff war, umzuziehen, schlug schließlich seinem Gegenpart Kohl vor, dieser könnte als Nachmieter in Bahrs freiwerdende Wohnung einziehen.

Doch die zentrale Bauverwaltung wie auch die staatliche Wohnungsverwaltung in Ost-Berlin standen vor einem Problem: Je mehr Staaten diplomatische Beziehungen zur DDR aufnahmen, umso höher wurde der Bedarf an passablen Immobilien. Für das Dienstleistungsamt für Ausländische Vertretungen (DAV) war es kein Leichtes, Wohnungen für die Mitarbeiter der Missionen und Residenzen für die Botschafter zu finden. Eine Reihe von Objekten kam aus Sicht der Bundesrepublik erst gar nicht in Frage. Die angebotenen Häuser waren in der Regel zu klein. Zudem erwies sich, dass viele Wohnungen dem westlichen Standard nicht genügten. Das galt zuallererst für das offizielle Wohnhaus des Leiters der StäV. Diplomaten kleinerer Staaten nutzten DDR-Neubauten vom Typ »Pankow«. Die kastenförmigen, der Bauhaustradition verschriebenen Einfamilienhäuser erschienen den Emissären der Bundesbehörden als Residenz für ihren Vertreter zu beengt. Der erste österreichische Botschafter in der DDR, Friedrich Bauer, hatte 1973 ein solches normiertes Haus bezogen. Bauer monierte das Fehlen eines gescheiten Weinkellers und senkte die Miete mit dem Argument, dass im Haus mehr technische Anlagen installiert worden seien, als er bestellt hätte.[3] Renovierte Altbauten, wie die Bundesrepublik sie zunächst suchte, fanden sich selten, und auf spontane Angebote von Privatpersonen ging Gaus nicht ein: Eine Hamburgerin witterte die Chance, ihre mühsamen und kostspieligen deutsch-deutschen Erbschaftsregelungen elegant umgehen zu können. Sie bot dem Staatssekretär schriftlich ihr ererbtes Haus in Pankow als Residenz an – »gegen Barzahlung von 68 000 DM West [sic]«[4].

Der beschauliche Berliner Stadtteil Niederschönhausen, wo zwischen den Weltkriegen kleine Beamte und Handwerker Häuschen mit Gärten besaßen, hatte sich zu einer privilegierten Wohngegend entwickelt: So waren inzwischen viele der alten Sandwege geteert, die von den Bombardements im Zweiten

3 Botschafter a. D. Friedrich Bauer am 4. Mai 2009 auf der Veranstaltung »Anfang und Ende – Österreich und die DDR« in der österreichischen Botschaft in Berlin
4 BArch B 136/21290, o. P.

Weltkrieg weitgehend verschonten Häuser und die bescheidenen Neubauten waren beliebt bei Funktionären. In Niederschönhausen fand sich schließlich ein Ensemble zweier Wohnhäuser, das dem Leiter der Ständigen Vertretung als Residenz angeboten wurde. Die Bauten in der Kuckhoffstraße 41–43 überzeugten den mit der Suche betrauten Chef des Kanzleramts zunächst nicht. Die beiden bescheidenen, aus den fünfziger Jahren stammenden Häuser »mit einem zu kleinen Speisezimmer« kämen nicht in Frage. »Es ist nicht repräsentativ genug und zu klein«,[5] befand Kanzleramtschef Horst Grabert und unterbreitete den Plan, die Bundesrepublik könnte selbst bauen, sofern die DDR ein adäquates Grundstück anbiete. Die DDR ihrerseits schlug vor, die beiden kleinen spitzgiebeligen Häuser in der Kuckhoffstraße mit einem zweigeschossigen Mitteltrakt zu verbinden. So ließe sich das Ensemble um Salon und Esszimmer im Erdgeschoss erweitern, und der obere Stock gewinne zugleich einen schmaleren Raum nebst Balkon. Egon Bahr war zunächst etwas befremdet, zumal er einen stilvollen Altbau befürwortete, beschied dann aber, Familie Gaus sollte selbst schauen.[6] Mit 120 Quadratmetern Wohnfläche fiele die Residenz in Berlin deutlich kleiner aus als vergleichbare Dienstwohnungen von Botschaftern mit B 9-Besoldung im Ausland. Viel Auswahl aber gab es nicht, und so erklärte sich Gaus als der künftige Hausherr einverstanden mit seiner neuen Wohnadresse. Die Mitarbeiter des Kanzleramts nahmen wohlwollend zur Kenntnis, dass der Schweizer Botschafter eine nahezu baugleiche Residenz gegenüber bezog. In direkter Nachbarschaft wohnten auch die Schauspielerin Inge Keller, der für die Bauten an der 1961 in Karl-Marx-Allee umbenannten Stalinallee verantwortliche Architekt Hermann Henselmann und ein Tiermediziner, der später nebenbei der Staatssicherheit zuarbeiten sollte. »Wirklich enge Beziehungen hatten wir zu unserer Nachbarschaft nicht«, meint Erika Gaus. »Wir hatten auch mit einem Gefühl der Fremdheit gerechnet, als wir damals einzogen.«[7]

Auch wenn die zusammengewürfelte Residenz in der Kuckhoffstraße zunächst nicht ideal erschien – bis Mitte der achtziger Jahre sollte es keine Alternative zu dem als Provisorium gedachten Gebäude in Niederschönhausen geben. Dann entschloss sich die Bundesregierung zu einem Neubau. Im Stadtbezirk Prenzlauer Berg plante die Bundesbauverwaltung, ein modernes »Dienstwohngebäude« für den Leiter der westdeutschen Mission nach dem preisgekrönten Entwurf des Architekten Christoph Mäckler aus Frankfurt am Main zu errichten. Nach langwierigen Vorarbeiten konnte im Juli 1988 der Grundstein an der Kastanienallee 106/107 gelegt werden – die DDR jedoch

5 PA AA Bestände MfAA GA 138, S. 143
6 PA AA Bestände MfAA GA 286, S. 30
7 Gespräch mit Erika Gaus am 2. Mai 2005 in Reinbek

überlebte dieses Bauvorhaben nicht. Auf dem Richtfest hielt der vierte und letzte bundesdeutsche Vertreter Franz Bertele in Ost-Berlin noch eine kurze Ansprache, dann aber lag das Projekt auf Eis – bis es mit dem Ende der DDR endgültig obsolet wurde.

Die Leiter der Ständigen Vertretung wohnten in Niederschönhausen – selbstverständlich sorgsam bewacht von den örtlichen »Organen«. Die Volkspolizei stellte vor der Residenz in der Kuckhoffstraße ein Wachhäuschen zum Schutz des Missionschefs sowie seines Schweizer Kollegen gegenüber auf – und, wie sich rasch erweisen sollte, auch zur Beobachtung der Diplomaten und ihrer Besucher. Registrierten die Uniformierten sorgsam die An- und Abfahrt der Hausbewohner wie ihrer Besucher, so konnte unbeabsichtigt auch Günter Gaus bei geöffnetem Schlafzimmerfenster die Gespräche seiner Aufpasser belauschen. Er sei »unfreiwillig, aber nicht gelangweilt« Zeuge der Erzählungen des Wachpersonals geworden und habe von Sorgen und Nöten der eigens in die Hauptstadt abgeordneten »Volkswachtmeister« erfahren. »Manchmal, wenn ich morgens vor die Tür trat, um ins Büro zu fahren, und der Posten vor dem Haus salutierte, hatte er über Nacht ein ganz privates Gesicht für mich bekommen«[8] – »Das Leben der Anderen« mit umgekehrten Vorzeichen.

Nachdem die Entscheidung zugunsten der Residenz in der Kuckhoffstraße gefallen war, wurde die Bundesbaudirektion eingeschaltet, die mit Befremden erkennen musste, dass die DDR die Regie beim Umbau der Gebäude und der Gartenanlage schon übernommen hatte. Allein bei der Innengestaltung der »zusammengebastelten« (Bundesbaudirektion) künftigen Bleibe von Gaus durfte ein westdeutscher Architekt noch versuchen, »das Bestmögliche aus der Situation zu machen. Trotz allem bleibt es nur ein sehr beengtes Provisorium, für das jedoch der stolze Mietpreis von 7000 DM pro Monat zum Kurs von 1 : 1 zu entrichten ist.«[9] Nicht allein der Mietpreis empörte die Bundesbaudirektion. Man mokierte sich auch über die skurrilen deutsch-deutschen Abrechnungsmodalitäten: Für das Bauvorhaben, das formal betrachtet ein inländisches sein musste, waren dennoch die für Bauten im Ausland zuständigen Beamten verantwortlich. Die Bundesbaudirektion rechnete wie bei inländischen Bauten mit der damals geltenden Mehrwertsteuer von elf Prozent ab. Wenn die DDR allerdings Material beschaffte, schlug dies in den westdeutschen Abrechnungen nach den Modalitäten des Interzonenhandels mit sechs Prozent zu Buche. Aus Sicht des Dienstleistungsamtes für die Ausländischen Vertretungen (DAV) wiederum galt der Umbau als ausländisches Bauvorhaben – und so wollte das Dienstleistungsamt überhaupt keine Mehrwertsteuer berechnen.

---

8 Günter Gaus: Wo Deutschland liegt. Eine Ortsbestimmung, Hamburg 1983, S. 119
9 BArch B 136/21290, o. P.

Weniger kabarettreif gestaltete sich die Suche nach Mietwohnungen für die künftigen Mitarbeiter von Gaus, die zwar die Grenze gen Westen jederzeit passieren durften, aber verpflichtet waren, im Osten der Stadt zu wohnen. Die Vertreter der DDR versuchten, die aus ihrer Sicht unbescheidenen Forderungen der Westdeutschen und ihrer Familien abzuwehren. Sie unterbreiteten verschiedene Vorschläge in der Ost-Berliner Peripherie und verwiesen darauf, »daß es sich bei dem Wohnungstyp um Wohnungen handelt, die zur Versorgung der Bevölkerung der DDR vorgesehen sind«.[10] Die Bundesbaudirektion stellte fest, dass Zustand und Größe der fraglichen Objekte wohl ein bezeichnendes Licht auf den republikweit üblichen Standard warfen, aber kaum geeignet seien, das Interesse der Bediensteten der Vertretung zu wecken.[11] Schließlich einigte man sich darauf, dass die staatliche Kommunale Wohnungsverwaltung in den neuen Hochhauskomplexen entlang der Leipziger Straße eine ausreichende Zahl von großen Apartments zur Verfügung stellen sollte. Tatsächlich bezog das Gros der westdeutschen Beamten Wohnungen unweit vom Checkpoint Charlie. Die Lage war günstig, so ein Bewohner mit Diplomatenpass: »Sonntags früh sind wir zum Brötchenkauf und für Zeitungen schnell in den Westen gegangen.« Die Vertretungsmitarbeiter konnten selbstverständlich jederzeit den nahe gelegenen Grenzübergang Kochstraße nutzen und waren zu Fuß rasch in Kreuzberg. Aus ihren Neubauwohnungen blickten die Mieter auf den noch nicht renovierten Gendarmenmarkt oder über die Mauer auf das Springer-Hochhaus. »Als ich hier ankam, wuchsen am Konzerthaus noch wilde Holunderbüsche«, berichtet eine Mitarbeiterin der StäV. Die großen, hellen Wohnungen übertrafen den ortsüblichen Standard: »Ich wusste gar nicht, dass wir so schön bauen können!«, rief ihre Ost-Berliner Freundin bei einem Besuch, erinnert sich eine Mitarbeiterin der StäV. Der eine oder andere Balkon aber soll der Belastung durch feiernde Bewohner nicht standgehalten haben. Gaus bemerkte: »Exklusiv im Sinne des Systems kann das Quartier kaum genannt werden.«[12]

In Ost-Berlin musste jedoch vor allem ein Kanzleigebäude für die Vertretung gefunden werden. Rasch zeichnete sich ab, dass sich in zentraler Lage kaum eine Alternative zur Hannoverschen Straße 30 finden würde, auch die Größe entsprach den Bedürfnissen der Westseite. Der DDR-Führung war daran gelegen, Gaus' Amtssitz möglichst weit vom Stadtzentrum an der Peripherie anzusiedeln, um Besuchern der StäV den Weg zu erschweren, den Publikumsverkehr zu minimieren und die Beobachtung oder Kontrollen der Besucher zu

---

10 PA AA Bestände MfAA GA 285, S. 7 ff.
11 Franz Lehmann: Ständige Vertretung der Bundesrepublik Deutschland in Berlin/Ost, in: BBD-Information, hg. von der Bundesbaudirektion, Heft 3, April 1974, 2. Jg., S. 13–19
12 Gaus: Wo Deutschland liegt, S. 79

erleichtern. Die Verhandlungsführer Bahr und Bräutigam aber widersetzten sich diesem Ansinnen erfolgreich, und so konzentrierten sich die Verhandlungen bald auf die Hannoversche Straße. Noch prangte an der Brandmauer zur unbebauten Ecke Richtung Friedrichstraße großflächig eine Werbung für Excurat-Kosmetik, und das Gebäude beherbergte verschiedene Nutzer. Zunächst bot die DDR nur zweieinhalb obere Etagen des Hauses an. Bahr, der sich der »hinreißenden Aufgabe« widmen durfte, eine Entscheidung über den Sitz der neuen Einrichtung zu treffen, bestand darauf, das ganze Haus beziehen zu wollen. Sein DDR-Gegenüber war skeptisch und hielt das Gebäude für die Zwecke der Bundesrepublik für überdimensioniert.[13] Endgültig erhielt die Hannoversche Straße den Zuschlag, als die DDR die Zusage gab, das Haus mit einer gesamten Fläche von 3500 Quadratmetern nebst Hof, dreier Doppelgaragen und einer Einzelgarage sowie Parkfläche auf dem benachbarten Gelände, das der tiermedizinischen Sektion der Humboldt-Universität gehörte, zur Verfügung zu stellen – was die Mitarbeiter der StäV später nicht davon abhielt, ihre westdeutschen Autos mit den Diplomatenkennzeichen zum Ärger der Volkspolizei auf der Straße zu parken.[14]

Der Standort der künftigen Vertretung stieß in der westlichen Presse auf Kritik. Die *Berliner Morgenpost* befand am 11. April 1974 grimmig, die Bundesregierung plane, sich »im Hinterhof des Ostberliner Stadtzentrums« einzurichten. Anders das Urteil des MfS: »Die Ständige Vertretung befindet sich in einer verkehrsreichen Gegend.« Aus Sicht der Staatssicherheit erhöhte auch die Nähe zu diversen gastronomischen Einrichtungen wie dem »Oranienquell«, der »Salatplatte«, dem »Kaffee-Eck« oder dem »Restaurant 116« die Attraktivität des Standorts.[15] In der Umgebung befanden sich zudem die drei großen Ost-Berliner Theater, das Berliner Ensemble, das Deutsche Theater und (der später umgebaute) Friedrichstadtpalast. Günstig lag das Gebäude der westdeutschen Vertretung zum Bahnhof Friedrichstraße und zum Grenzübergang Invalidenstraße. Der Weg in den Westteil der Stadt war also kurz und die unmittelbar hinter der Grenzanlage postierte Telefonzelle eine der am meisten frequentierten, bis sich unter den Mitarbeitern der StäV herumgesprochen hatte, dass die Staatssicherheit auch von hier geführte Gespräche abhören konnte. Der nördliche Teil der Friedrichstraße, am einstigen Oranienburger Tor, wies in den siebziger Jahren noch Kriegsschäden auf. Der nach dem Mauerbau stillgelegte U-Bahnhof verstärkte den trostlosen Eindruck, den die düsteren Wohngebäude mit ihren tristen Brandmauern erweckten. Zwischen den Baulücken hindurch fiel der Blick auf die Kreuzung von Friedrich- und Ora-

---

13 Egon Bahr auf dem Festakt 30 Jahre nach Eröffnung der StäV am 19. Juni 2004 im BMBF
14 BStU MfS-HA II 4445, S. 5
15 ebenda, S. 3 f.

nienburger Straße. Hier unterhielt der Rechtsanwalt Lothar de Maizière seine Kanzlei. Diplomatische Vertretungen fanden sich in direkter Nachbarschaft nicht, wohl aber eine Schule und verschiedene wissenschaftliche Institute. Die Hannoversche Straße führte zur Charité, hier befanden sich die Sektion Kriminalistik der Humboldt-Universität und Teile ihrer veterinärmedizinischen Fakultät. »Wir hörten morgens in der tiermedizinischen Forschung die Schweine quieken«, erinnern sich die Mitarbeiter der StäV. »Wir wussten, dass ein Teil der Versuche dort im Auftrag westdeutscher Firmen angestellt wurde.«

Nachdem das Haus gefunden war, sollte im Zusammenspiel mit dem Dienstleistungsamt für Ausländische Vertretungen der Umbau geplant und organisiert werden. Dazu mussten Handwerkern aus West-Berlin Visa beschafft und Baumaterial herantransportiert werden. Die Renovierung des Dienstgebäudes war auch in der Bundesrepublik ein Politikum und wurde von der Presse aufmerksam verfolgt: Am 19. März 1974 zitierte *Die Welt* einen leichtsinnig plaudernden Mitarbeiter von Günter Gaus. Seiner Rolle als Diplomat war er sich offenbar nicht bewusst, als er zum Fortgang der Dinge bemerkte: »Die Arbeiter in der Hannoverschen Straße 30 arbeiten für die Erfüllung des Planes und die ihnen gestellten Aufgaben für den nächsten Parteitag der SED.« Ein Scherz mit Nebenwirkungen: Gaus musste auf eine mündliche Anfrage eines empörten CSU-Bundestagsabgeordneten entschuldigend antworten, dass hier in unzulässiger Form aus einem privaten Gespräch zitiert worden sei.[16] Ironie hatte in den deutsch-deutschen Beziehungen nichts zu suchen.

Der schlichte Bau an der Hannoverschen Straße stammte aus dem Jahr 1913. Ursprünglich diente er den Maschinengewehrkompanien zweier Regimenter als Mannschaftshaus. Nach dem Ersten Weltkrieg wurde das Gebäude als Polizeischule genutzt. Im Zweiten Weltkrieg hatte es leichte Schäden davongetragen, was den Architekten Hans Scharoun nach Kriegsende nicht daran hinderte, die Kaserne als Bürogebäude zu nutzen. Unter seiner Regie wurde es umgebaut, im Dachgeschoss richtete Scharoun sein offenes Atelier ein. Als Stadtbaumeister zog er mit seinem Institut für Bauwesen der Akademie der Wissenschaften ein, anschließend beherbergte das Haus vorübergehend die Deutsche Bauakademie sowie einzelne Nutzer, die nun der Vertretung weichen mussten.

Der sechsgeschossige schmale Putzbau mit seinen regelmäßig angeordneten spiegelnden Fensterreihen ruhte auf einem Sockel aus Werkstein und schloss bündig mit dem breiten Bürgersteig ab. Zwei Stufen führten zu einer in das Gebäude hineinreichenden Eingangsnische mit einer Pförtnerloge – gesichert durch schussfestes Glas, wie das MfS zu wissen glaubte. Der Haupteingang

16 BArch B 136/21290 o. P.

konnte außerhalb der Dienstzeiten oder nachts durch ein Rollgitter geschützt werden. Seinem alle paar Jahre erneuerten, stets auffällig frischen Farbanstrich verdankte der Bau seinen Spitznamen: Ost-Berliner sprachen vom »weißen Haus«, wenn sie die Vertretung der Bundesrepublik meinten.

Das Nutzungsrecht für das Grundstück belief sich auf 84000 DM. Vor dem Erwerb zahlte die Bundesrepublik zunächst 45000 DM Warmmiete monatlich. Ab 1976 überwies die Mieterin 55289,40 Mark »jeweils bis zum 3. Kalendertag des Monats« von einem Konto bei der Außenhandelsbank der DDR auf das Konto »des Vermieters bei der Staatsbank [...] unter Angabe der Code-Nr.: 342-57094. Bei Nichteinhaltung des Zahlungstermins ist der Vermieter berechtigt, für jeden Tag des Verzuges 0,05 % Verzugszinsen zu berechnen.« Die Miete wurde für mindestens acht Jahre garantiert, nach Ablauf dieser Zeit kaufte die Bundesregierung das »weiße Haus« in der Hannoverschen Straße 30 für neun Millionen DM.[17]

Die Ständige Vertretung wurde mit blau-weißem Mobiliar und Bürotechnik aus der Bundesrepublik ausgestattet. Die Staatssicherheit kannte die Details: »Bei den Telefonen handelt es sich um mausgraue Apparate mit Drucktaste. Bei den Chefs sind die Apparate etwas größer und haben links und rechts eine größere Drucktaste mit jeweils verschiedenen Zeichen.«[18] Im Kanzleigebäude sollten Direktanschlüsse an das Telefonnetz in West-Berlin geschaltet werden, was schließlich doch unterblieb. Reguläre Telefonate konnte die Staatssicherheit abhören. In einem Büro war eine Telefonzelle installiert, von der aus »zerhackte« Impulse übertragen wurden, die von einem speziellen Empfängergerät im Kanzleramt wieder decodiert werden konnten – kein wirklich perfektes Verfahren, erinnert sich eine der Sekretärinnen von damals: »Wir mussten laut und mit hoher Stimme in den Hörer brüllen, dass die Lauscher auf der anderen Straßenseite wahrscheinlich ohnehin alles mithören konnten.« Auch die Telexverbindung nach Bonn war verschlüsselt, monatlich wurde der Code für den Fernschreiber gewechselt. Die StäV verfügte über eine direkte Telefonverbindung zur Residenz in der Kuckhoffstraße sowie über eine Telexstandleitung zum Kanzleramt. Über einen herkömmlichen Fernschreiber liefen Meldungen der amtlichen Nachrichtenagentur ADN ein.

Zum Schutz vor unerwünschten Mitschreibern fanden in den Sekretariaten der Ständigen Vertretung zeitweise auch nach Einführung der elektrischen Schreibmaschine wieder mechanische Modelle Verwendung. Die Impulse der Elektrogeräte hätten von der gegenüber lauernden Staatssicherheit aufgefangen werden können. Man wollte verhindern, dass bei der Staatssicherheit Mitschriften der westdeutschen Korrespondenz erstellt wurden. »Grundsätzlich

---

17 BStU MfS HA II 4570 (Mietvertrag), Bl. 182 ff., vgl. auch Lehmann: Ständige Vertretung
18 BStU MfS HA II 4445, Bl. 6

haben wir so wenig wie möglich schriftlich gemacht«, meint eine der Sekretärinnen, »und das nicht etwa, weil Gaus eine erhebliche Abneigung gegen langwierige Verwaltungsvorgänge hegte, sondern um möglichst wenig Material zu produzieren, das andere hätte gefährden können.«

Der markanteste Ort in der StäV war Raum 417, die legendäre »Laube«. Abhörsicher bot sie Gelegenheit für Gespräche, die fremden Ohren oder Mitschnitten vorenthalten werden sollten. Die Laube lag im vierten Stock des Gebäudes, wo auch der Leiter der Ständigen Vertretung sowie dessen Stellvertreter ihre Büros hatten. Nach Schließung der Ständigen Vertretung fiel sie den Um- und Anbauten zum Bundesministerium für Bildung und Forschung zum Opfer, obgleich das Haus bis heute unter Denkmalschutz steht. Die Laube, ein Faradayscher Käfig, war unempfindlich für die damalige Abhörtechnik. An einem sich verjüngenden Tisch fanden etwa 15 Personen Platz. Der fensterlose Innenraum ähnelte einer Sauna – nicht nur, weil er sich trotz Klimatisierung rasch erwärmte, sondern wegen der Holzverschalung, die das schützende Aluminiumgehäuse komplett verkleidete. Ein Neonlicht, gespeist aus einem eigenen Aggregat, erhellte das fensterlose Gelass. Farbige Lämpchen sowie ein akustisches Signal zeigten an, ob der schwere Riegel an der Tür die Außenwelt wirklich ausschloss und wenn jemand um Einlass bat. »Raus kam man immer, rein nur mit Schlüssel.«[19]

In der Laube fanden tägliche Morgenbesprechungen zumeist mit dem jeweiligen Chef der Vertretung, den Abteilungs- und Referatsleitern statt. Auch Gespräche mit hochrangigen Gästen wurden hier geführt. Noch heute gilt manchem StäV-Besucher die Einladung in die Laube im Rückblick als Beweis für die Wichtigkeit des eigenen Anliegens. Die Leiter und Pressesprecher der StäV baten auch die in Ost-Berlin akkreditierten Journalisten zu regelmäßigen Unterrichtungen in die Laube. Vor Abhörtechnik geschützt, tauschten sie sich mit den Leitern der Vertretung nicht zuletzt darüber aus, welche Beobachtungen zum Schutz von DDR-Bürgern nicht aus der Laube dringen sollten.

Noch heute ist das Arbeitszimmer der Ständigen Vertreter nahezu unverändert im Stil der siebziger Jahre erhalten: Ein beigefarbener Teppichboden dämpft die Schritte im Amtszimmer von Gaus und seinen Nachfolgern. Die Wand hinter dem dominierenden hölzernen Schreibtisch zur Linken ist mit einer gemaserten Vertäfelung verkleidet. Regale präsentieren vor allem Standardnachschlagewerke aus DDR-Verlagen. Schwere Ledermöbel gruppieren sich im rechten Teil des länglichen Raumes um einen Couchtisch. Lamellen dämpfen das durch die aluminiumgerahmten braunen Fensterscheiben eindringende Licht – sie boten den Leitern der StäV Schutz vor Observation und sollten die Schwingungen der Scheiben unterdrücken, um auf diese Weise die

19 Gespräch mit Eberhard Grashoff am 20. April 2005 in Berlin

Abhörsicherheit zu erhöhen. Es war hinlänglich bekannt, dass in den Häusern vis-à-vis tagein, tagaus die Mitarbeiter der Staatssicherheit auf ihren Stützpunkten saßen.

Dem Kanzleigebäude in der Hannoverschen Straße fehlten größere repräsentative Räume. Wegen eines Bombenschadens verbot es sich aus statischen Gründen, Wände im Innern einzureißen, um eine großzügigere Raumaufteilung zu schaffen. Günter Gaus bestand darauf, dass die Vertretung ein »Kasino« bekam – einen geräumigen Saal für größere Veranstaltungen und Empfänge, mit einer Küche für die Bewirtung von Gästen. Wollte die Ständige Vertretung zu Festivitäten in Restaurants einladen, hätte sie sich unnötig in Abhängigkeit begeben: Derlei Veranstaltungen waren genehmigungspflichtig. Die Gastfreundschaft der Bundesrepublik aber sollte nicht vom Wohlwollen der DDR-Ämter abhängig sein. Gaus regte an, den Hof des Grundstücks für einen separaten Bau zu nutzen: Das Gartenhaus entstand.

Das Dienstleistungsamt für Ausländische Vertretungen in der DDR ließ der bundesrepublikanischen Delegation im Februar 1974 mitteilen, dass es sich »wegen mangelnder Baukapazitäten« außerstande sah, einen Hofanbau zu konstruieren, geschweige denn für die Kosten aufzukommen.[20] Folglich veranlasste und leitete die Bundesbaudirektion selbst den Bau eines zusätzlichen Hofgebäudes: Sie errichtete zum Preis von 1,6 Millionen DM einen den Zeitgeist der siebziger Jahre treffenden, mit bronzefarbenem Aluminium verkleideten und rundum verglasten Mehrzweckbau.

Ein überdachter Gang verband das Kanzleigebäude mit dem neuen zweistöckigen Pavillon, der durch einen separaten Eingang vom Hof aus zu betreten war. Über einen hellen Begrüßungsvorraum im Erdgeschoss gelangten die Besucher durch ein offenes Treppenhaus in den oberen, weitläufigeren Teil des insgesamt knapp 500 Quadratmeter großen Hauses. Ein dezentes abstraktes Relief von dem in Osnabrück geborenen Künstler Paul Uwe Dreyer in zarten Blau- und Weißtönen schmückte den zentralen Raum im Obergeschoss. Der in drei Segmente teilbare Saal bot Platz für etwa 120 Stühle, und entsprechend waren Waschräume und Garderoben für die Gäste dimensioniert. Die Ausmaße der Küche lassen bis heute erkennen, dass hier größere Portionen warmen Essens allenfalls aufgewärmt und angerichtet werden sollten. In der Zeit, als die StäV geschlossen werden musste, weil sich mehr als 100 Ausreisewillige auf das Gelände geflüchtet hatten, sollte sich die bescheidene Größe von Küche und Sanitäranlagen als problematisch erweisen.

Die Bauarbeiten wurden zu einer deutsch-deutschen Nagelprobe: Das mit der Staatssicherheit verflochtene Dienstleistungsamt für Ausländische Vertretungen war offizieller Ansprechpartner für den Bauherrn. Das DAV umsorgte

20 BArch B 288/12, Protokoll einer Besprechung in Ost-Berlin am 20. Februar 1974

die ausländischen Vertretungen, es regelte Immobilien- und Baufragen für die Gäste, beschaffte Handwerker und vermittelte Hauspersonal – und es kontrollierte die ausländischen Gäste in der DDR. Das DAV baute nicht selbst, war jedoch selbstverständlich in die organisatorischen Arbeiten involviert. Jeder Besuch der Bundesbaudirektion auf der Baustelle, jeder Einsatz der verschiedenen Baufirmen aus West-Berlin, jede Lieferung von Baumaterial mussten dem DAV vorab angekündigt werden. Das Amt informierte die Posten am Grenzübergang über einreisende westliche Handwerker oder Lieferfirmen und gab Order, diese passieren zu lassen. Dennoch verloren Bauleute und Zulieferer immer wieder Stunden an den Grenzübergängen, aufgehalten von schikanösen Kontrollen oder weil ihre Einreisepapiere nicht eingetroffen waren. Einem Mitarbeiter der Baudirektion, der sich den Formalitäten konsequent verweigerte, gelang es immer wieder, ohne vorschriftsmäßige Anmeldung einzureisen, was ihm den Spitznamen »Grenzmaus« eintrug.

Das für den 6. Dezember 1974 geplante Richtfest für das Gartenhaus wurde zwar auch beim DDR-Außenministerium ordnungsgemäß beantragt, die Genehmigung aber ließ auf sich warten, wurde erst verschleppt und dann verweigert: Handwerker »von hüben und drüben« sollten nicht gemeinsam feiern, vermutete die Bundesbaudirektion: »Offiziell teilte man uns mit, in der DDR sei ein Richtfest nicht mehr üblich.«[21] Auf einer prominenten Baustelle in der Hauptstadt der DDR aber war drei Wochen zuvor, am 18. November 1974, feierlich eine Richtkrone aufgezogen worden: Am Palast der Republik konnten die Gewerke ihre Traditionen sogar in Anwesenheit von Parteichef Honecker pflegen: »Weit über die Grenzen unseres Landes hinaus wird der Palast der Republik künden vom Fleiß und der Schaffenskraft unseres Volkes!«[22] Am 21. November 1975 konnte auch der Leiter der Ständigen Vertretung Fleiß und Schaffenskraft der Bauleute rühmen. Er bat zum Empfang anlässlich der Fertigstellung des Gartenhauses. Unter den Gästen war auch Egon Bahr, inzwischen Bundesminister für wirtschaftliche Zusammenarbeit, weiterhin wohlwollender Beobachter und Ratgeber in deutsch-deutschen Fragen.

Den vom Gartenhaus dominierten Innenhof der StäV gliederte eine Pergola als typisches Gestaltungselement der Zeit, Parkplätze und Garagen reihten sich entlang der Mauer, die das Grundstück umgab, und Horst Antes' Scheibenfigur »Kopffüßler« zierte den Garten. Zur Hannoverschen Straße schützte eine Schranke die Hofeinfahrt. Vor dem Haus war das Parken selbstverständlich verboten – ausgenommen waren, wie ein Schild besagte, »Fahrzeuge der Ständigen Vertretung der BRD in [sic] der DDR«.

21 Lehmann: Ständige Vertretung, S. 19
22 Thomas Beutelschmidt; Julia Novak (Hg.): Ein Palast und seine Republik. Ort – Architektur – Programm, Berlin 2001, S. 228

Aus der Vogelperspektive: das weißgestrichene Dienstgebäude der Ständigen Vertretung, das quadratische Gartenhaus, rechts die Kreuzung Chaussee-/Friedrichstraße, Hannoversche Straße/Wilhelm-Pieck-Straße

Neben dem Eingang der Ständigen Vertretung prangte eine ovale Plakette mit dem Bundesadler auf gelbem Grund – zumeist einziges Hoheitszeichen der Bundesrepublik. Die Fahnenstange blieb mit Rücksicht auf die Sensibilität des Gastlandes weitgehend ungenutzt. An der Pforte wachte der westdeutsche Hausordnungsdienst, der Besucher in die niedrige Eingangshalle einließ. Unter dem Fenster zur Straße war zunächst eine Sitzecke für wartende Gäste eingerichtet, schließlich auch ein Besucherraum – ein für DDR-Bürger attraktiver Ort, denn hier lagen Zeitungen und Zeitschriften aus dem Westen offen für jedermann aus. Das MfS schätzte, dass 30 Besucher hier Platz gefunden hätten, und registrierte zudem einen Kaffeeautomaten sowie drei Standaschenbecher.[23]

»Der Vorraum, von dem aus ein Gang direkt zu den Büros der Rechtsabteilung führte, war oft überfüllt«, erinnern sich die Beamten – und das, ob-

23 BStU MfS HA II 4445, Bl. 27

wohl die Volkspolizisten und MfS-Wachleute das Betreten der Mission nach Kräften zu erschweren oder gänzlich zu verhindern versuchten und jeden Besucher aufmerksam registrierten. Erst nach den Besetzungen der StäV durch verzweifelte Ausreisewillige und der schließlich angeordneten Schließung des Hauses in den achtziger Jahren wurde nicht nur renoviert, sondern für den normalen Besucherverkehr eine Schleuse einbaut. Sie sollte verhindern, dass Besucher sich frei im Haus bewegen konnten. So gab es seit 1985 einen separaten Warte- und Besuchertrakt. Im August 1989 richtete die StäV die Bitte an das Kanzleramt, erneut umbauen zu dürfen: Das gesamte Erdgeschoss sollte nun mit acht Räumen für Besucher ausgestattet werden, die bisherigen Kapazitäten reichten längst nicht mehr aus, um dem wachsenden Ansturm gerecht zu werden.[24] Außerdem beantragte die Vertretung nach den Erfahrungen mit der Überbelegung durch verzweifelte Ausreisewillige, die 1989 in der StäV Zuflucht gesucht hatten, acht Wohncontainer, die als provisorische Unterkünfte im Hof aufgebaut wurden. Doch gab es Ende des Jahres 1989 schließlich keine Notwendigkeit mehr, »Hausgäste« zu beherbergen.

Zehn Jahre nach Schließung der Ständigen Vertretung in der Hannoverschen Straße begleitete der Autor Christoph Dieckmann Günter Gaus noch einmal an dessen alte Wirkungsstätte. Der einstige Amtssitz der Ständigen Vertreter hatte sich in eine Baustelle verwandelt. Gaus führte durch das Haus, das inzwischen das Bundesministerium für Bildung und Forschung beherbergte. »Er starrte in ein schuttüberladenes Kabinett und sagte elegisch: Das war mein Klo. Der Baubrigadier: Meens ooch.«[25]

Die Ständige Vertretung nimmt ihre Arbeit auf

»Wir sind ein technisches Vorauskommando und haben keinen Auftrag, politische Fragen anzusprechen. Wann Staatssekretär Gaus sein Amt antritt, wird später entschieden.«[26] Überaus nüchtern fiel der erste Fernsehauftritt von Hans Otto Bräutigam in Ost-Berlin aus. Bräutigam war am 1. Mai 1974 als Leiter eines Vortrupps von Gaus' neuer Mannschaft in der DDR eingetroffen. Umbau und Renovierung des Kanzleigebäudes in der Hannoverschen Straße machten Fortschritte, die Eröffnung der StäV war für Ende Mai vorgesehen. Provisorisch bezogen zunächst neun westdeutsche Mitarbeiter der StäV ihr Quartier im Hotel Unter den Linden, um am Tag nach den Feiern zum »Internationa-

24 BArch B 136/21290, o. P.
25 Christoph Dieckmann: Rückwärts immer. Deutsches Erinnern. Erzählungen und Reportagen, Berlin 2005, S. 97
26 Hans Otto Bräutigam in der ARD, zitiert nach: Hans Otto Bräutigam: Ständige Vertretung. Meine Jahre in Ost-Berlin, Hamburg 2009, S. 92

len Kampf- und Feiertag der Werktätigen für Frieden und Sozialismus« ihre Arbeit aufzunehmen. Bis Juni trafen 30 Beamte aus Bonn ein. Am 20. Mai schließlich sollte Willi Stoph das Beglaubigungsschreiben des Bundeskanzlers und Günter Gaus offiziell seine Akkreditierung als erster Vertreter der Bundesrepublik *bei* der DDR erhalten – doch zum Feiern war der westdeutschen Seite im Frühsommer 1974 nicht zumute.

Die ohnehin schwierigen deutsch-deutschen Annäherungsversuche hatten kurz vor der Aufnahme quasi-diplomatischer Beziehungen wiederum einen empfindlichen Dämpfer erlitten: Am Morgen des 24. April 1974 wurde Günter Guillaume unter dem Verdacht der Spionage festgenommen. Noch am selben Tag gab sich der persönliche Referent von Bundeskanzler Willy Brandt den Ermittlern als Mitarbeiter des Staatssicherheitsdienstes der DDR und als Offizier der NVA zu erkennen. Guillaume hatte sich in der SPD bis ins Zentrum der Macht hochgearbeitet. Der Spion hatte sich »im Alltag des Kanzleramts als gehobenes Faktotum zu einer schwer entbehrlichen Figur«[27] entwickelt. Wie viel Erich Honecker über den geheimen Einsatz des Spions wusste, ist bis heute unklar. Die zu Mielkes Ministerium zählende Hauptverwaltung Aufklärung (HV A) schien selbst überrascht, dass es gelingen konnte, »an dieser exponierten Stelle im Kanzleramt« einen Informanten zu plazieren«, bekennt der spätere Chef der DDR-Auslandsspionage, Werner Großmann.[28] Trotz der regen nachrichtendienstlichen Tätigkeit der DDR in Bonn versicherten Großmann und sein Vorgänger Markus Wolf 1990: »Es gibt keinen zweiten Guillaume.«[29] Auch sollte Erich Honecker von seinem Kundschafter im Kanzleramt nichts gewusst haben – was nicht zuletzt Günter Gaus für plausibel hielt, da die HV A seiner Meinung nach nicht das Risiko eingehen konnte, sich ihren sensationell installierten Spion von einem übervorsichtigen politischen Bedenkenträger abschalten zu lassen.[30] In jedem Fall erschütterte der »Fall G.« das Vertrauen der westdeutschen Verhandlungspartner erheblich und bestätigte das grundsätzliche Misstrauen der Gegner einer offiziellen deutsch-deutschen Annäherung. Unmittelbar vor der Aufnahme der geregelten Beziehungen brachte der Wirbel um das Ehepaar Guillaume eine deutliche Klimaverschlechterung in der ohnehin unsicheren deutsch-deutschen Wetterlage des Jahres 1974.

27 Theodor Eschenburg zitiert bei Arnulf Baring: Machtwechel, Stuttgart 1982, S. 727, vgl. außerdem Willy Brandt: Erinnerungen, Neuauflage (ergänzt um die »Notizen zum Fall G«), München 2003, S. 315 ff., ders.: Tagebuchskizzen, S. 519 ff.
28 Werner Großmann: Bonn im Blick. Die DDR-Aufklärung aus der Sicht ihres letzten Chefs, Berlin 2007, S. 65 f.
29 ebenda, S. 210
30 Norbert F. Pötzl: Erich Honecker. Eine deutsche Biographie, Stuttgart, München 2002, S. 172

Bundeskanzler Willy Brandt notierte, dass er zunächst schlicht zornig geworden sei. Bei seiner Rückkehr von einer Visite in Kairo erwartete ihn sein Kanzleramtschef am Flughafen mit der Hiobsbotschaft. Weder Brandt noch seinen Vertrauten wurde die Tragweite der Enttarnung eines ostdeutschen Spions im Kanzleramt sogleich bewusst. Brandt selbst suchte nach einer »psychologischen« Erklärung dafür, dass er nicht anders reagiert hatte. Ihm war selbst unerklärlich, wie Guillaume, den er als »nicht besonders sympathisch« charakterisierte, überhaupt in seine Nähe geraten konnte. Brandt hatte sich zunächst gegen Guillaume gesträubt, »aber nicht, weil ich ihn für agentenverdächtig hielt, sondern weil er mir geistig zu eng war und mir auch mit seiner Mischung von Servilität und Kumpelhaftigkeit gelegentlich auf die Nerven ging«. Zwei Tage nach der Enthüllung sprach der Kanzler in der Fragestunde des Bundestages von »tiefer menschlicher Enttäuschung« – von Rücktritt aber war noch nicht die Rede: »Ich habe auch zur Kenntnis genommen, daß der SED-Staat seine Feindlichkeit zum SPD-Vorsitzenden – der war ja schließlich das eigentliche Ziel der Agententätigkeit – auf diese Weise hervorgehoben hat.« [31]

Kaum war öffentlich geworden, dass der 1956 aus der DDR übergesiedelte Guillaume und seine Ehefrau Christel für den Geheimdienst der Gegenseite gearbeitet hatten, da entbrannte eine wütende Pressekampagne gegen den allzu vertrauensseligen und leichtfertigen Umgang des Kanzlers mit dem kommunistischen Regime jenseits des Eisernen Vorhangs, die später noch mit skandalisierenden Frauengeschichten angereichert werden sollte. Guillaumes Enttarnung spülte Wasser auf die Mühlen derer, die sich der Öffnung gen Osten verweigerten. Nun konnten sie Willy Brandt als Person lächerlich und als Kanzler unmöglich machen. Die Ostpolitik insgesamt wurde öffentlich für gescheitert erklärt. Kommentar in der *Welt am Sonntag:* »In der Zeit und im Zeichen der ›Normalisierung‹ gegenüber dem politischen Osten geht ein Agent des SED-Staates an Brandts linker Seite. Man sieht nun: Nichts ist normal.« [32]

Dass sich ein DDR-Spion in die Büros des Kanzlers manövriert hatte, mit dem Regierungschef in den Urlaub gefahren war, Verdachtsmomente ignoriert oder sogar instrumentalisiert wurden und die Hauptabteilung Aufklärung des MfS den westdeutschen Diensten auf diese Weise so plakativ ihre Überlegenheit demonstrieren konnte, trug zur Destabilisierung von Willy Brandt bei. Die visionäre Kraft, die ihn ins Kanzleramt und durch seine erste Amtszeit getragen hatte, war verbraucht. Der Kanzler war nicht allein gesundheitlich angeschlagen, das administrative Alltagsgeschäft lag dem Weitblickenden nicht, und sobald er eine offene Flanke bot, sichtlich unfähig zur eigenen Ver-

31 Brandt: Erinnerungen, S. 524
32 Matthias Walden in: Welt am Sonntag vom 28. April 1974

teidigung, schworen parteiinterne Kontrahenten zwar lautstark Treue, wussten aber auch, was zu tun war.

»Ich übernehme die politische Verantwortung für Fahrlässigkeiten im Zusammenhang mit der Agentenaffäre Guillaume und erkläre meinen Rücktritt vom Amt des Bundeskanzlers«, schrieb Willy Brandt am 6. Mai 1974 handschriftlich an Bundespräsident Gustav Heinemann. Zehn Tage darauf wählte der Deutsche Bundestag Helmut Schmidt zum fünften Kanzler der Bundesrepublik. Und ein weiterer Wechsel veränderte das Personaltableau der Bundesrepublik in jenen Tagen. Am 15. Mai hatte die Bundesversammlung Brandts liberalen Mitstreiter für eine Zeitenwende in der Ostpolitik, Walter Scheel, zum Bundespräsidenten und Nachfolger des Sozialdemokraten Gustav Heinemann bestimmt. Mit dem doppelten Personalwechsel endete auch formal eine bewegte und emotional aufgeheizte Phase der politischen Neuorientierung der Bundesrepublik. Willy Brandt hat die Umstände seines von außen initiierten Sturzes nie recht verkraftet, fiel er doch über Machenschaften jener, die er bestenfalls hatte wandeln, aber denen er sich zumindest wohlmeinend hatte annähern wollen. Günter Gaus pflegte Brandt nach seinen Besuchen im Kanzleramt, wo er regelmäßig zur Berichterstattung erschien, oft zu treffen. Ihm gestand der Exkanzler seine Verletzung: »Ich freu mich immer, wenn Du kommst, aber ich möchte nichts von der DDR hören.«[33]

»Es kam mir vor, als wäre eine große Stille eingetreten«, beschreibt Hans Otto Bräutigam seine Gefühle nach dem Rücktritt Willy Brandts.[34] Doch der Arbeitsbeginn der StäV – ohnehin bereits verzögert – war im Protokoll vom 14. März 1974 zwischen beiden Staaten festgelegt worden und bedurfte nach Ansicht der Bundesregierung keiner neuerlichen Ratifizierung durch das Parlament, da sie als Durchführungsbestimmung des Grundlagenvertrags gesehen wurde. Die vertraglich vereinbarte deutsch-deutsche Annäherung lief nun stockend weiter, und ihr energischster Motor war Günter Gaus. Von erheblichem Misstrauen in der westdeutschen Öffentlichkeit begleitet, nahm der erste Leiter der Ständigen Vertretung der Bundesrepublik bei der DDR seine Arbeit in Ost-Berlin auf. Anders als diejenigen, die den Regierungswechsel in Bonn erlebten, konnte der nunmehr diplomatisch tätige Staatssekretär aus dem Kanzleramt, der nie eine Funktion im Bonner Regierungsapparat bekleidet hatte, in der gedanklichen Welt von Brandt und Bahr weiterleben, diese gewissermaßen konservieren und sie in sein neues Amt in der DDR hineintragen. Fern dem operativen Bonner Geschäft setzte Gaus in seiner neuen Umgebung die politische Idee der Entspannungspolitik fort und versuchte ihr fast sieben Jahre

33 zitiert bei Pötzl: Erich Honecker, S. 174
34 Bräutigam: Ständige Vertretung, S. 94

lang als Leiter der Vertretung, als Chefunterhändler und als Ansprechpartner der Menschen in der DDR praktische Gestalt zu geben. Voller Überzeugung wurde Günter Gaus zum Verwalter des Brandtschen Erbes in Ost-Berlin. Zunächst aber sagte Gaus einen Termin mit dem stellvertretenden Außenminister der DDR aus Protest ab. Die deutsch-deutschen Verhandlungen um die Vertretungen wurden jedoch trotz der Verhaftung des Topspions rasch wieder aufgenommen, obschon Helmut Schmidt das Verhältnis zur Welt jenseits von Mauer und Stacheldraht – anders als sein Vorgänger – nicht zu seinem politischen Herzensanliegen erklärte. Der ambitionierte, pragmatische Kanzler beließ Staatssekretär Gaus in der Position des designierten Leiters der Vertretung und schickte ihn zur Wiederaufnahme der Gespräche mit dem stellvertretenden Außenminister der DDR, Kurt Nier, am 23. Mai 1974 wieder nach Ost-Berlin: Gaus erfüllte den Auftrag, beim Außenministerium der DDR offiziell zu protestieren und seinem Gesprächspartner in der DDR

> »sehr nachdrücklich und mit großem Ernst zu sagen, daß die Regierung und die Öffentlichkeit der BRD auf den Fall G. mit Empörung reagiert haben. Nicht nur die persönliche Diskriminierung von Brandt, sondern der Versuch, den Regierungsapparat zu infiltrieren, könne tiefe psychologische Folgen haben, die das Urteil der BRD über die DDR negativ beeinflussen. [...] Die nachrichtendienstliche Tätigkeit müsse in Grenzen bleiben.« [35]

Gaus machte in dem Gespräch kein Hehl daraus, dass »Vorkommnisse dieser Art« die Entspannungspolitik diskreditierten und eine ins Zwielicht geratene Bundesregierung den gegenüber der DDR eingeschlagenen Weg nicht weitergehen könne.[36] Der angesichts des Imageschadens besorgte Erich Honecker hatte über Herbert Wehner versucht, dem zurückgetretenen Willy Brandt Grüße zu übermitteln und sein Bedauern auszusprechen. Offiziell aber wies der Vize-Außenminister der DDR Kurt Nier den Protest der Bundesregierung und jedwede Verantwortung für »die Ereignisse in der BRD« entschieden zurück: »Wir betrachten die Vorgänge innerhalb der BRD als eine innere Angelegenheit der BRD« – und da verbot sich Einmischung selbstverständlich. Der DDR-Mann notiert in seinem Gesprächsprotokoll von der Unterredung sorgsam die abschließende Erwiderung von Staatssekretär Gaus: »Ich habe einen Auftrag zu erfüllen gehabt.«

Das westdeutsche Vorauskommando der StäV hatte unterdessen begonnen, sich in Ost-Berlin einzufinden. Politisch hatte der Fall Guillaume erhebliche Konsequenzen, auf der Arbeitsebene aber habe man davon wenig gespürt,

35 BStU MfS Rechtsstelle 0129/4, S. 74 f.
36 ebenda

allenfalls hätte die spektakuläre Enttarnung die Sinne der handelnden Personen geschärft, erinnern sich Mitarbeiter der ersten Stunde. Die Gruppe westdeutscher Beamter, die in Ost-Berlin Pionierarbeit leisteten, tastete sich auf dem unbekannten Terrain unter ungewohnten Bedingungen vorsichtig vor. Die aus den verschiedenen Bundesministerien rekrutierten Beamten waren neugierig und zunächst in ihrer Arbeit freier als zuvor, schließlich standen sie vor einer Aufgabe, die bis dahin ohne Vorbild war, was im öffentlichen Dienst selten vorkommt.

»Wir waren zuerst recht unbefangen, auch frei, spürten aber zugleich eine große Unsicherheit bei den offiziellen Gesprächspartnern der DDR«, bemerkt einer der Westdeutschen, die bereits vor Übergabe des renovierten Gebäudes in der Hannoverschen Straße in Ost-Berlin arbeiteten. Der erste Teil der westdeutschen Mannschaft bezog übergangsweise Zimmer im Interhotel Unter den Linden. Von dort aus organisierten die Beamten des Vorauskommandos Einrichtung und Einzug in die Hannoversche Straße und nahmen erste Kontakte zu ihren Gesprächspartnern im Ministerium für Auswärtige Angelegenheiten der DDR auf – im Wissen um den in Bonn aufgeflogenen Spion kein leichtes Unterfangen.

Am 20. Juni überreichte Staatssekretär Günter Gaus dem Staatsratsvorsitzenden Willi Stoph sein Beglaubigungsschreiben. Das offizielle Zeremoniell fand auf Wunsch von Stoph im Hof des Staatsratsgebäudes statt, an einem Ort, der den Blicken von Passanten entzogen war. Der Platz vor dem Gebäude wäre offen zugänglich gewesen, aber das Gelände hatte sich überraschend in eine Baustelle verwandelt. Absperrungen schränkten plötzlich den Zugang für Passanten ein, Schaulustige hatten keine Chance, einen Blick auf die Zeremonie zu werfen, beklagte Gaus: »Ich habe das diplomatische Baugrube genannt. Sie ist, glaube ich, am nächsten Tag wieder zugeschüttet worden.«[37]

Protokollarisch von der Akkreditierungsfeier ausgeschlossen war auch SED-Chef Erich Honecker. Doch auch er legte Wert auf eine rasche Kontaktaufnahme zur Bundesrepublik – je öffentlicher, umso besser. Der neue Mann an der Spitze der Einheitspartei war sorgsam darauf bedacht, auf jedem Feld die Souveränität der DDR zur Schau zu stellen und zugleich seine eigene Weltläufigkeit zu beweisen. Da der Vertreter aus dem Westen sein Beglaubigungsschreiben vertragsgemäß Willi Stoph als Staatsratsvorsitzendem übergeben hatte, musste der Parteichef einen Umweg wählen, wollte er mit Gaus zusammentreffen. Um ihn nicht offiziell namens der Partei – und wider das Protokoll – einzuladen, ließ Honecker Politbüromitglied Joachim Herrmann ein Treffen einfädeln: Gaus und Herrmann kannten sich, im Fernsehen des Südwestfunks hatte Gaus

37 Günter Gaus: Es war die wichtigste Zeit meines Lebens. Berliner Gespräche, in: Berlinische Monatsschrift, Heft 6/2001, S. 88

Jahre zuvor Joachim Herrmann als einen aufstrebenden deutschen Politiker in einer Reihe mit dem späteren Kanzleramtschef Horst Ehmke, dem späteren Wirtschaftsminister Hans Friderichs von der FDP und dem NPD-Gründer Adolf von Thadden porträtiert – wohl nicht unbedingt im Sinne der Dargestellten. Gaus erinnerte sich noch an einen wütenden Brief »ohne Schlußformel, in dem ich zur Sau gemacht wurde«.[38] Nun ließ sich der inzwischen zum Chefredakteur des *Neuen Deutschlands* avancierte Herrmann trefflich instrumentalisieren, um die Neugier seines Parteichefs zu befriedigen. Herrmann lud ganz unverfänglich Günter Gaus am 16. September 1974 zu sich in die Redaktionsräume des Zentralorgans der SED ein und überraschte seinen Gast dort mit der Nachricht, dass sie beide unverzüglich ins ZK-Gebäude fahren würden, um auf SED-Chef Honecker zu treffen. So geschah es: Gaus und Honecker hatten Gelegenheit zu einem kurzen Gespräch unter vier Augen, Joachim Herrmann war ins Vorzimmer verbannt worden. Erich Honecker wusste den Moment geschickt zu nutzen und kündigte gegenüber Gaus das an, was westdeutsche Besucher stets am dankbarsten aufnahmen: Erleichterungen im Reiseverkehr. Der SED-Parteichef versprach, den Mindestumtausch ab dem dritten Tag eines Besuchs zu streichen. Erich Honecker verwöhnte seinen Gast, indem er Gaus eine üblicherweise vertrauliche Direktive des Politbüros an das Verkehrsministerium mit auf den Weg gab, in der die Verhandlungstaktik der DDR gegenüber der Bundesrepublik für die Auseinandersetzung um den Ausbau der Verkehrswege dargelegt war – ein Bonbon für Gaus, der namens der Bundesregierung die Verhandlungen mit der DDR selbst führen durfte. Honecker ließ nachrichtlich eine Meldung über sein Treffen mit dem Leiter der Vertretung verbreiten. Er wollte aller Welt demonstrieren, wie wichtig ihm die Beziehungen zur Bundesrepublik waren, und dies als Zeichen seiner Eigenständigkeit auch gegenüber der Sowjetunion verstanden wissen. Umso größer die Enttäuschung des Ersten Sekretärs der Staatspartei, dass die westdeutschen Medien seine Botschaft nur zaghaft aufgriffen und ihren ablehnenden Ton gegenüber der DDR beibehielten.

Zwei Tage nach der offiziellen Akkreditierung des ersten Leiters der Ständigen Vertretung durch den Staatsratsvorsitzenden Willi Stoph widerfuhr der in ihrem Image beschädigten DDR ein Glückstreffer – und das, so eine ehemalige Beamtin der StäV, tat dem ob seiner Agententätigkeit diskreditierten Staat sichtlich gut: Das erste und letzte Länderspiel der beiden deutschen Mannschaften am 22. Juni 1974 bei der Fußballweltmeisterschaft war ein Spiel des Ost-David gegen den West-Goliath. Umso größer die Freude in der DDR, als im Hamburger Volksparkstadion ihre Auswahl das Prestigeduell durch das

---

38 Pötzl: Erich Honecker, S. 174 f.

Gipfeltreffen auf der Ehrentribüne beim WM-Spiel Bundesrepublik gegen DDR am 22. Juni 1974 im Hamburger Volksparkstadion: Der Ständige Vertreter der Bundesrepublik bei der DDR Günter Gaus (ganz links) neben dem Ständigen Vertreter der DDR in der Bundesrepublik Michael Kohl (2. v. l.) sowie CDU-Vorsitzender Helmut Kohl (ganz rechts) und Bundeskanzler Helmut Schmidt (SPD, 3. v. r.)

legendäre Tor von Jürgen Sparwasser in der 78. Minute mit 1:0 für sich entscheiden konnte. Die Mannschaft der DDR überrundete das ungeliebte Nachbarland und wurde ausgerechnet auf dessen Terrain zum Gruppensieger. Wie so viele symbolträchtige Erfolge war auch dieser allerdings ein Pyrrhussieg: Die DDR musste sich in der Zwischenrunde mit den Mannschaften der Niederlande, Brasiliens und Argentiniens abmühen, während die bundesdeutsche Elf gegen drei leichte Gegner locker durchspielen konnte. Dennoch – die Wirkung des 1:0 war gewaltig: Mehr als die zahlreichen Botschaftseröffnungen in Ost-Berlin, die in der Parteipresse selbstverständlich in größter Aufmachung dokumentiert wurden, zählte das Tor von Sparwasser. Es wuchs der Stolz auf die »größte DDR der Welt« – ganz im Sinne der Partei und ihres Ersten Sekretärs. »Auch für uns war das hilfreich«, so eine Mitarbeiterin des StäV-Vortrupps. »Wir konnten die Psychologie der DDR erfassen und spürten, wie wichtig derlei Erfolge insgesamt waren. Es ging hier auch nicht nur um die Parteispitze, sondern um Befindlichkeit und Sensibilität uns gegenüber insgesamt.«

Die StäV hatte nun ihre reguläre Arbeit aufgenommen. In der Rechtsabteilung war gleich zu Beginn ein »Fall« zu lösen, der zeigte, wie weit das Spektrum der gefragten Hilfeleistungen reichen sollte: Ein junges westdeutsches Paar war an den restriktiven Ausfuhrbestimmungen des DDR-Zolls verzweifelt. Die beiden hatten von ihren Verwandten im Osten Eheringe geschenkt bekommen, diese ordnungsgemäß deklariert und mussten nun erleben, dass die Ringe nach Ansicht der Grenzposten der rohstoffarmen DDR unter das Ausfuhrverbot für Edelmetalle fielen. Das Ministerium für Auswärtige Angelegenheiten wurde eingeschaltet und erlaubte in diesem Fall schließlich die Ausreise der Ringe.

Täglich, so Gaus in seinem Bericht über die ersten drei Monate der Vertretung in Ost-Berlin, sprachen etwa 30 Besucher aus dem Bundesgebiet, aus West-Berlin und aus dem Ausland in der Rechtsabteilung der StäV vor. Rund 1000 Menschen wurden in den ersten drei Monaten von Mitarbeitern der StäV beraten. Gaus berichtete, dass der Zugang zur Vertretung für Besucher aus der DDR nicht behindert wurde.

»Es gibt keine ernstlichen Anzeichen dafür, daß ihnen wegen ihres Besuches in der Vertretung von den Behörden später Nachteile bereitet worden wären. Dabei kann davon ausgegangen werden, daß eine spätere Benachteiligung über Angehörige und Bekannte im Westen relativ bald bekannt würde.«[39]

Auch Briefe oder telefonische Anfragen aus dem Bundesgebiet oder aus West-Berlin erreichten die Vertretung. Hilfeersuchen wurden zudem über offizielle Stellen, über Behörden der Bundesrepublik oder das MfAA weitergeleitet. 2500 Vorgänge habe man in den ersten drei Monaten bearbeitet, pro Woche kamen 200 neue dazu. Schwerpunkt der Arbeit waren humanitäre Fragen. Sie betrafen die Familienzusammenführung. Mehr als ein Drittel der Besucher bat um Hilfe bei ihrem Ausreiseersuchen. Die von Gaus ausgegebene Linie hieß: »Vertrauen zu bilden und Verständnis zu finden, ohne falsche Hoffnungen zu wecken.«[40]

Schon in dieser frühen Phase zeigte sich, dass die StäV eine enge Zusammenarbeit mit dem Bundesministerium für innerdeutsche Beziehungen pflegen würde. Hier wurden die sogenannten »besonderen Bemühungen« der Bundesregierung koordiniert. Der StäV kam als einziger Anlaufstelle der Bundesrepublik mit direktem Kontakt zu den Ausreisewilligen in der DDR eine besondere Rolle zu. Die Vertretung war für Menschen, die in Bedrängnis geraten waren oder Hilfe brauchten, direkter Ansprechpartner. Schon in den ersten Wochen spürten die Mitarbeiter die Dankbarkeit der Menschen, denen sie helfen konnten. Doch Gaus ahnte, dass die Vermittlungstätigkeit in der DDR nicht nur positiv gesehen wurde. So warnte er das Kanzleramt, dass »dieser Ausschnitt der Vertretungstätigkeit die Zusammenarbeit mit den DDR-Behörden spannungsanfällig machen kann«.[41]

---

39 Günter Gaus in seinem ersten Erfahrungsbericht der Ständigen Vertretung vom 23. Oktober 1974, BArch B 137/5873, S. 2
40 ebenda, S. 3
41 ebenda, S. 4

Viele Bittsteller beklagten bereits kurz nach der Öffnung der Vertretung für den Besucherverkehr die restriktive Haltung der DDR bei der Genehmigung von Reisen von West nach Ost. Die Klagen über Ablehnungen, die nicht einmal begründet werden mussten, nährten in der Bevölkerung Gefühle von Ohnmacht und Willkür. Die Mitarbeiter der Vertretung konnten sich diese Beschwerden nur anhören – ihnen waren die Hände gebunden. Es galt als Einmischung in die inneren Angelegenheiten der DDR, wenn sich die StäV diese Klagen zu eigen machte. Sie war vereinbarungsgemäß ausschließlich für die unmittelbaren Belange von Westdeutschen zuständig. Günter Gaus hegte schon damals keine großen Erwartungen, dass die DDR in absehbarer Zeit zu Lockerungen im Reiseverkehr bereit sein und großzügiger verfahren werde. Im Außenministerium nahm man zwar seine Beschwerden über Restriktionen auf, auch würden die Gründe bei abgelehnten Visa angeblich geprüft, aber den Leiter der Vertretung stimmte auch dies nicht optimistisch: »Die Erfahrung zeigte, daß hier mit einem Entgegenkommen der DDR kaum zu rechnen ist.«[42]

Die Mitarbeiter und ihr Leben mit Vorrechten in der DDR

»Mit 83 Mitarbeitern waren wir die größte westliche Vertretung in Ost-Berlin.«[43] Günter Gaus zufolge lässt allein schon die Größe der Vertretung, in der zeitweise mehr als neunzig Westdeutsche arbeiteten, Rückschlüsse auf die Bedeutung der Ständigen Vertretung der Bundesrepublik und die Relevanz der deutsch-deutschen Beziehungen für die DDR zu. Nur die Tschechoslowakei und natürlich die Sowjetunion als bedeutende Schutzmacht unterhielten größere diplomatische Vertretungen in der Hauptstadt der DDR.[44]

Die Mitarbeiter der westdeutschen Repräsentanz rekrutierte das Kanzleramt aus verschiedenen Bundesministerien. Für sie galt ein eigenes Dienstrecht, denn die Beamten arbeiteten in einer Bundesbehörde außerhalb des Terrains, in dem das Grundgesetz Gültigkeit besaß, und die dennoch keine Botschaft war. Wieder und wieder erforderte die spezifische Situation juristische oder administrative Volten, um die Arbeit der StäV vor dem Vorwurf der Grundgesetzwidrigkeit zu bewahren, so der Jurist und Diplomat Tono Eitel, selbst einst maßgeblich an der Gestaltung der Rechtsgrundlage für die »besonderen Beziehungen« beteiligt: »Die Bundesrepublik hat sich [...] die Durchhaltung

42 ebenda
43 vgl. Günter Gaus in: Roland Berbig (Hg.): Stille Post. Inoffizielle Schriftstellerkontakte zwischen West und Ost, Berlin 2005, S. 275
44 vgl. ebenda

ihrer Ansicht, daß die DDR kein Ausland sei, einigen Verwaltungsaufwand kosten lassen.«[45]

Zwischen der StäV und dem Arbeitsstab Deutschlandpolitik im Kanzleramt gab es immer wieder einen Austausch von Beamten – allen voran natürlich Hans Otto Bräutigam. Vor allem aber wurden Mitarbeiter aus den verschiedenen Fachressorts, dem Bundesministerium für innerdeutsche Beziehungen und der Verwaltung von West-Berlin in die Vertretung entsandt. Dabei folgte die Postenvergabe im Wesentlichen einem logischen Schlüssel. So war es naheliegend, dass die Wirtschaftsabteilung der StäV mit ihren drei Referaten für Wirtschaft, Handel und Finanzen, Verkehr und Post, Landwirtschaft und Ernährung vom Bundeswirtschaftsministerium und den anderen Fachressorts beschickt wurde. Dieses Muster wurde jedoch nicht konsequent angewendet. Der spätere BND-Präsident August Hanning beispielsweise wechselte 1986 von der Referatsleitung Umwelt-, Naturschutz und Reaktorsicherheit im Kanzleramt in die Rechtsabteilung der StäV, wo er für das Referat Reiseverkehr und Besuchsangelegenheiten verantwortlich war.

Den Leitern der StäV, die den Rang eines Staatssekretärs bekleideten, arbeiteten ein persönlicher Referent und ein Protokollverantwortlicher sowie ein Pressesprecher zu. Der jeweilige Stellvertreter[46] fungierte zugleich als Leiter der Politischen Abteilung und sollte ursprünglich aus dem Ministerium für innerdeutsche Beziehungen stammen, der sozialdemokratische Minister Egon Franke jedoch ließ bei der Besetzung dem Auswärtigen Amt den Vortritt. So wurde Günter Gaus als erster Leiter zunächst von Hans Otto Bräutigam vertreten, den im Jahr 1977 Franz Bertele ablöste. Beide Diplomaten übernahmen später selbst die Leitung des Hauses in Ost-Berlin – woraus auch zu ersehen ist, wie überschaubar der Kreis der Spitzenbeamten, die sich in der Deutschlandpolitik profiliert und diese zu ihrem Hauptanliegen erkoren hatten, in der Bundesrepublik letztlich war. Auf Franz Bertele folgte mit Hannspeter Hellbeck erneut ein Diplomat. Als Franz Jürgen Staab 1981 stellvertretender Leiter der StäV wurde, sei das Auswärtige Amt zunächst nicht begeistert gewesen – es hatte sich daran gewöhnt, den Stellvertreterposten in Ost-Berlin selbst zu besetzen, in seinem Fall jedoch konnte sich Außenminister Genscher gegen den Ressortchef des Bundesministeriums für innerdeutsche Beziehungen nicht durchsetzen.

Den Leitern der StäV Günter Gaus, Klaus Bölling, Hans Otto Bräutigam und Franz Bertele unterstanden – analog zur Struktur von Botschaften – ne-

45 Tono Eitel alias Benno Zündorf: Die Ostverträge. Die Verträge von Moskau, Warschau, Prag, das Berlin-Abkommen und die Verträge mit der DDR, München 1979, S. 264
46 Diese Posten waren in der Besoldung zunächst den Stellen A 16 bzw. B 3 gleichgesetzt, ab 1979 wurden die Stellvertreter wie Ministerialdirigenten nach B 6 besoldet.

ben der eigenständigen Verwaltung des Hauses drei Abteilungen, die sich den Arbeitsschwerpunkten Politik, Wirtschaft und Konsular- und Rechtsfragen widmeten und wiederum in jeweils drei Referate untergliedert waren. Die Mitarbeiter der StäV trugen aus naheliegenden formalen Gründen Amtsbezeichnungen wie ihre Kollegen in den Ministerien – wer aus dem Auswärtigen Amt stammte, legte seinen diplomatischen Titel in der DDR ab.

Obgleich die Rechtsabteilung in Ost-Berlin einen anderen Namen trug, ähnelten ihre Aufgaben denen der Konsularabteilungen in den Auslandsvertretungen. Doch war die Ost-Berliner Rechtsabteilung größer, besser ausgestattet und nach Jahren der Blockade zwischen den beiden deutschen Staaten schlicht viel gefragter als in vielen Botschaften, musste sie doch eine erhebliche Menge angesammelter Anliegen aus den Jahren des Stillschweigens zwischen beiden deutschen Staaten bearbeiten. Der Rechtsabteilung oblag nach Ansicht von Günter Gaus das Kerngeschäft der Mission: Im Auftrag der Bürger der Bundesrepublik löste sie humanitäre Einzelfälle – vom Ersatz für verlorene oder gestohlene Reisepässe bis hin zu schwierigen Erbschafts- oder Rentenangelegenheiten. Die Mitarbeiter der Rechtsabteilung begegneten den Härten der Teilung unmittelbar, ihnen traten auch die Besucher aus der DDR gegenüber – Menschen, die Kontrollen passiert oder umgangen, den Posten der Volkspolizei an den Wachhäuschen ihre Papiere gezeigt hatten. Saßen sie schließlich in einem der Besucherzimmer einem westdeutschen Beamten gegenüber, erweckten sie nicht selten den Eindruck, sie hätten sich zumindest einen Moment lang erleichtert, wenn nicht »befreit« gefühlt, erinnert sich einer der westdeutschen Beamten: »Das war uns manchmal auch unangenehm.«

Viele Besucher kamen mit Erwartungen, die von der westdeutschen Vertretung nicht erfüllt werden konnten: Enttäuscht wurde, wer die Ausreise in den Westen erbat: Personaldokumente der Bundesrepublik durfte die Ständige Vertretung in Ost-Berlin nicht ausstellen – strenggenommen ein Widerspruch zum Rechtsverständnis der Bundesrepublik Deutschland und doch Conditio sine qua non für die Aufnahme der quasi-diplomatischen Beziehungen zu Ost-Berlin.

Günter Gaus erkannte, dass er sich als bundesdeutscher Verhandlungsführer in den schlagzeilenträchtigen Folgeverhandlungen politisch an der SED-Führung reiben würde. Er hatte allerdings zugleich ein Gespür dafür, dass das Renommee seiner Einrichtung nicht zuletzt vom Umgang mit den Bürgern beiderseits der Mauer abhing: Es war nicht absehbar, ob sich die westdeutschen Beamten mit der DDR in Einzelfällen zugunsten der Bürger würden verständigen können.

»Die Rechtsabteilung war das Herz der Ständigen Vertretung.« Mit diesen Worten zitiert Jan Hoesch, einer der späteren Leiter der Abteilung und als solcher mitverantwortlich für die Anliegen, die hier bearbeitet wurden, Günter Gaus.[47] Die Rechtsabteilung war – wie die Politische und die für Wirtschaftsfragen zuständige Abteilung – in drei Referate untergliedert, die sich mit teilungsbedingten Vermögensangelegenheiten, mit der Familienzusammenführung, Häftlingsbetreuung sowie dem Reise- und Besuchsverkehr befassten.

Gaus rekrutierte in der ersten Zeit für sein »weißes Haus« auch junge Referenten, die nicht aus dem Bonner Beamtenapparat stammten, die idealistisch und neugierig zu Werke gingen, ihm persönlich verbunden waren und von ihm lernen wollten. »Natürlich waren wir alle bunte Vögel auf der Stange – infiziert von der Ostpolitik von Brandt und Bahr. Wir waren fasziniert von Gaus, der ein unzerreißbares Netz von Verträgen um die DDR herum knüpfen wollte«, sagt einer der Referenten von damals im Rückblick. »Wir waren beseelt von nichts Geringerem als der Idee, den ›großen Krieg‹ zu verhindern.« In der Politischen Abteilung habe er Analysen über die DDR verfasst, die Gaus mit den Worten kommentierte: »Wenn das so ist, bricht die DDR bald zusammen.« Die im Bundesarchiv dokumentierten Berichte indes enthalten sich bei aller ausführlichen Beschreibung der offenkundigen und versteckten Mängel der DDR-Wirtschaft einer so verheerenden Wertung.

Gerade in der Anfangszeit suchte die Ständige Vertretung Mitarbeiter per Zeitungsannonce. »Wären da unbedingt Vorkenntnisse über die DDR nötig geworden, hätte ich den Job wohl nicht bekommen«, vermutet eine Mitarbeiterin aus der Anfangszeit. »Gaus achtete sehr genau darauf, dass vor allem die Chemie zwischen uns stimmte« – handverlesen waren sie in der ersten Zeit allemal. Gaus hatte sich in vielerlei Hinsicht Spielraum für seine heikle Mission ausbedungen.

»Ich habe es als beschämend empfunden, wie wenig ich über die DDR wusste«, gesteht ein ehemaliger Referent, der zuvor im Bundesbildungsministerium beschäftigt war. Viele der Jüngeren seien mit naiven Vorstellungen nach Ost-Berlin gewechselt, und einige von ihnen revidierten in der DDR das idealisierte Bild vom Sozialismus, mit dem sie einst angetreten waren. »Nach fünf Jahren war mein Blick viel kritischer, die Doppelzüngigkeit der Regierung offenkundig und unübersehbar, wie sehr der SED der Rückhalt fehlte«, urteilt einer der Beamten im Rückblick. Eine seiner Kolleginnen von damals beschreibt ihre veränderte Weltsicht:

»Ich hatte mich aus reinem Idealismus beworben, ich war jung und auch ziemlich links, aber das war nach 14 Tagen vorbei. Ich las sogar die Springer-Presse plötzlich

47 Gespräch mit Jan Hoesch am 2. Juni 2005 in Berlin

mit anderen Augen. Die schrieben schlimme Sachen über die DDR, deren Kürzel verächtlich noch in Anführungszeichen gesetzt wurde, aber die Berichte stimmten – das wussten wir jetzt aus eigener Anschauung.«

Besonders in den ersten Jahren der Vertretung bestand die Mannschaft von Günter Gaus aus abenteuerlustigen, hochmotivierten »Überzeugungstätern«, idealistisch und vielfach der DDR grundsätzlich wohlgesonnen. Im Alltag erlebten sie deren Schwächen und entschuldigten vieles. Gerade die Jüngeren genossen die Exotik ihres privilegierten Lebens mit Diplomatenpass jenseits einer Mauer, von der sie umgeben, aber nicht eingeschlossen waren. Sie lehnten den Staat nicht kategorisch als unrecht ab. »Wir haben versucht, die DDR an ihren eigenen Maßstäben zu messen«, erinnert sich einer von ihnen. Einer der Referatsleiter aus der Rechtsabteilung der Ständigen Vertretung beschrieb 1976 in West-Berlin vor einem Kreis politisch interessierter Bürger, dass seine Kollegen aus der Rechtsabteilung eine »weitgehend ablehnende Haltung gegenüber der DDR« hätten. Die Staatssicherheit protokollierte den Vortrag, in dem es weiter hieß, dass die Vertreter der Presseabteilung, der Verwaltung und der Abteilungen Politik und Wirtschaft jedoch »ein differenziertes und positives Bild über die DDR« pflegten.[48]

Franz Jürgen Staab war vor seiner Zeit in Ost-Berlin persönlicher Referent von Rainer Barzel und anschließend in der Transitstelle beschäftigt gewesen: »In der ersten StäV-Generation war kein CDU-Mann.«[49] Mit Franz Bertele übernahm 1989 erstmals ein Mitglied der CDU das Amt an der Spitze der Vertretung.

Den Mitarbeitern der Ständigen Vertretung stand dank ihres besonderen Status der Weg in den Westen ungehindert offen, sie zeigten als »bevorrechtete Personen« am Grenzübergang ihre Klappkarte vor und durften passieren. Der Diplomatenausweis berechtigte jederzeit zum Grenzübertritt, und in der Regel durften die StäV-Mitarbeiter und ihre Familienangehörigen den Grenzübergang an einer eigens freigehaltenen Durchfahrt passieren. Auch waren sie zum Einkauf in den Diplomatengeschäften Versina berechtigt, und mit Westgeld ausgestattet konnten sie selbstverständlich in Intershops einkaufen. Doch einige der jüngeren Mitarbeiter in der Pioniergeneration der StäV blendeten ihre Privilegien bewusst aus. Wohl gingen sie in West-Berlin aus, doch zugleich rühmten sie sich ihrer in Ost-Berlin erworbenen Erfahrungen mit der Mangelwirtschaft und übten demonstrativ Verzicht, wie einer der überzeugten Mitarbeiter berichtet: »Wir fühlten uns erhaben über den Konsum, den Gottestempel im Westen.«

48 BStU MfS ZAIG 15570 E 1904/76, Bl. 27 f.
49 Gespräch mit Franz Jürgen Staab am 24. Juli 2005 in Neusäß

Die Generation derer, die im Verlauf der achtziger Jahre an die Ständige Vertretung kamen, war im Vergleich zu ihren Vorgängern vielfach frei von Illusionen über den Realsozialismus. »Es war schwieriger, als ich erwartet hatte, auch bedrückend«, erklärt ein Mitarbeiter, der 1985 mit seiner Familie nach Ost-Berlin gezogen war. Insbesondere »mitreisenden Ehepartnern« fiel das Leben in der DDR nicht immer leicht, auch wenn sie in der komfortablen Lage waren, die Grenze jederzeit passieren zu dürfen. »Eine neu hinzugezogene Bonner Diplomatenfrau klingelte eines Abends, Leidensgenossen erhoffend, bei uns, um sich ihren Kummer von der Seele zu reden«, schreibt Eva Windmöller, damals *Stern*-Reporterin in Ost-Berlin.

»Es war aber nicht genau zu ergründen, was sie an der DDR so heftig störte. Darüber nachsinnend, sagte sie schließlich: ›Es ist alles zusammen.‹ Ein halbes Jahr später hatte sie sich akklimatisiert, nach einem weiteren halben Jahr fand sie, es habe sich gelohnt, die Herausforderung anzunehmen.«[50]

»Das Leben in zwei Welten belastete die Familie«, erklärt ein anderer StäV-Mitarbeiter. Seine Kinder spielten in der Nachbarschaft mit Gleichaltrigen, die bei den Jungen Pionieren organisiert waren, und besuchten zugleich die Schule im Westen. Die Diplomatenkinder hätten akzeptieren müssen, dass Eltern aus West-Berlin ihren Klassenkameraden nicht erlaubten, Einladungen zu Kindergeburtstagen anzunehmen, wenn diese im Ostteil der Stadt gefeiert wurden: »Geh du doch in deinen Osten!«, habe seine Tochter sich von ihren West-Berliner Mitschülern anhören müssen, sagt Franz Bertele.[51]

Sicherlich gab es unter den Mitarbeitern der StäV konservative Beamte, die »den zweiten deutschen Staat« von innen kennenlernen wollten, um gegen Kommunismus und Unrecht etwas auszurichten, und die sich politisch kraftvolle Taten erhofften. Sie erlebten Gaus in seinem Bemühen, die Härten von Teilung und Realsozialismus in kleinen Schritten ausgleichen zu wollen. Ganz sicher waren auch in Leitungsfunktionen Westdeutsche, die aus Loyalität gegenüber der Bundesrepublik in der DDR einer größeren Sache zu dienen gewillt waren: »Wir wollten daran beteiligt sein, ein gesamtdeutsches Bewusstsein wachzuhalten«, so Jan Hoesch über den gemeinsamen Nenner. Nahezu undenkbar – bei allem deutschlandpolitischen Ehrgeiz – war die Vorstellung, eines Tages die Wiedervereinigung zu erleben. Im Gegenteil: So wie die überwiegende Mehrheit der Westdeutschen den Glauben an einen vereinigten deutschen Staat als irreal ad acta gelegt hatte, verbaten ihn sich auch die StäV-Mitarbeiter – obgleich ihnen deutlicher als anderen der Repressionsapparat,

50 Eva Windmöller; Thomas Höpker: Leben in der DDR, Hamburg 1981, S. 87
51 Gespräch mit Franz Bertele am 24. Juni 2005 in Berlin

die niedergehende Wirtschaft, das Bedürfnis der Bevölkerung nach geistiger Öffnung und ihre abnehmende Loyalität gegenüber der vergreisten Staatspartei vor Augen standen.

»Wir sind da, um den Menschen das Leben zu erleichtern« – mit diesem Satz beschrieb einer der Mitarbeiter der Landwirtschaftsabteilung das Selbstverständnis vieler seiner Kollegen, und er verblüffte damit zugleich den MfS-Protokollanten des Zitats.[52] Neben politische Motive stellt einer der langjährigen Pressesprecher der StäV nüchtern auch rein menschliche Erwägungen, die den einen oder anderen Westbeamten zum Quasi-Diplomaten in Ost-Berlin werden ließen.

»Die meisten haben sich beworben, weil ihnen ihre Frau oder der Mann weggelaufen war, wegen der hohen Zuschläge, weil sie sich einen Karrieresprung versprachen oder auf die Chance hofften, in der kleinen Institution freier und selbständiger arbeiten zu können als in den Riesenapparaten in Bonn.«[53]

Wie im Auswärtigen Amt herrschte in der Ständigen Vertretung ein Rotationsprinzip. So verblieben die Beamten unter den Mitarbeitern in der Regel vier bis sechs Jahre in der StäV – je nach persönlicher Lebenssituation. Verstieß ein Mitarbeiter allerdings gegen die geltenden Sicherheitsbestimmungen, gab es Zweifel an seiner Zuverlässigkeit oder seinem Ruf, war er eventuell in Affären, Schmuggel oder Geldgeschäfte involviert, so wurde er umgehend und ohne viel Aufhebens an den Rhein zurückversetzt. Die Ständige Vertretung achtete sorgsam darauf, der DDR keinen Grund zur Klage über das Wohlverhalten ihres Personals zu geben. Nicht allein schriftlich niedergelegte Bestimmungen mahnten zu Disziplin und Wohlverhalten. Unter den Kollegen habe bald auch ein ungeschriebener Komment geherrscht – gegen den beispielsweise jener westdeutsche Beamte verstieß, der zum Dienst in der DDR ungeniert mit seinem Porsche vorfuhr.

Der Bundesgrenzschutz stellte die Mitarbeiter des Hausordnungsdienstes, der in der Ständigen Vertretung den Wachschutz organisierte – bis hin zu den Hausmeistern stammten alle Mitarbeiter selbstverständlich aus dem Westen. Während die Sicherheitsleute in aller Regel nur etwa ein Jahr Dienst im Osten taten, blieb das übrige Personal in der Regel etwa fünf Jahre an der StäV. Wie die Sekretärinnen waren auch die Fahrer der Vertretung zumeist vorher in anderen Bundesbehörden angestellt gewesen und bewarben sich nicht zuletzt, weil im Osten finanzielle Vergünstigungen winkten. Aber nicht nur das:

---

52 BStU MfS HA II 28367, Bl. 140
53 Gespräch mit Eberhard Grashoff am 4. Mai 2005 in Berlin

Es hatte sich auch rasch herumgesprochen, wie kollegial es in dem kleinen Haus in Ost-Berlin zuging. Ein bisschen Abenteuerlust war sicher gefordert, aber dafür lockte auch eine Reihe von Privilegien wie der Einkauf im Intershop oder in den Diplomaten vorbehaltenen Versina-Geschäften. Attraktiv war selbstverständlich auch die Nähe zu West-Berlin, schließlich war den StäV-Mitarbeitern mit ihrem Diplomatenstatus der Grenzübertritt jederzeit möglich. Dennoch wollten viele der in Bonner Bundesbehörden Beschäftigten schlicht mit dem dubiosen kommunistischen Nachbarn im Osten nichts zu tun haben, geschweige denn, dass sie in der DDR leben wollten. Es herrschte an Arroganz grenzendes Desinteresse im Westen, das insbesondere Günter Gaus und Hans Otto Bräutigam auch nach dem Ende ihrer Amtszeit vehement zu bekämpfen versuchten.

Einer der Fahrer der Ständigen Vertretung – wie viele seiner Kollegen ursprünglich aus dem Rheinland – fing kurz vor Weihnachten 1987 in der DDR an zu arbeiten. »Meine Kollegen haben mich für verrückt erklärt, weil ich freiwillig in den Osten gehe.«[54] Er habe über die DDR wenig gewusst. Seine Entsendung war mit einer Sicherheitsüberprüfung und ein paar Hinweisen verbunden: Er möge sich an Recht und Ordnung im Gastland halten, und er war – wie alle Mitarbeiter der StäV – gehalten, Kontakte zu DDR-Bürgern dem Sicherheitsbeauftragten zu melden. Intensiver habe ihn sein Dienstherr auf die neue Aufgabe im Osten nicht vorbereitet.

> »Ich sollte dann bei meinem ersten richtigen Einsatz drei oder vier westdeutsche Kinder oder Jugendliche zu ihren Eltern an die Grenze bei Zarrentin zurückschaffen. Sie wollten zu einem Konzert nach Berlin – ohne Papiere – und waren im Zug aufgegriffen worden. Im Kinderheim in Potsdam habe ich sie aufgesammelt, da waren sie ein paar Tage untergebracht. Wir mussten die Formalitäten erledigen. Ich habe selber Kinder – und als ich dieses Heim sah, da wusste ich über die DDR Bescheid.«[55]

Eine gezielte Einstimmung auf die Widrigkeiten des Lebens in der DDR, eine Einführung in die politische Lage oder grundsätzliche Sicherheitshinweise gab es für die Mitarbeiter – gleich welchen Ranges – in allgemeinverbindlicher Form vorab nicht. »Die Vorbereitung war mangelhaft, und die Tatsache, dass es sich um einen Polizeistaat handelte, haben viele ignoriert«, beklagt der einst an der StäV tätige spätere Staatssekretär August Hanning im Rückblick

---

54 Gespräch mit Winfried Kräckel am 19. April 2005 in Berlin
55 Ebenda. Sogenannte Rückführungen Minderjähriger oder verwirrter Personen waren häufig, und immer wieder legte die Vertretung Protest beim MfAA ein, weil die Personen oft tagelang festgehalten wurden, ohne dass die StäV informiert war; vgl. BStU MfS HA IX 16149, Bl. 146 und 163, BArch B 136/21624, o. P.

die Leichtsinnigkeit des Dienstherrn. Mitte der achtziger Jahre war die StäV grundsätzlich in »Sicherheitsbelangen nicht besonders aufgeschlossen«, meint Hanning,[56] der zwischen 1986 und 1990 das Referat Reiseverkehr der StäV leitete und zugleich das Amt des Geheimschutzbeauftragten bekleidete.

Im Personalrat des Kanzleramts war bereits vor Eröffnung der Vertretung in Ost-Berlin darüber nachgedacht worden, inwieweit die Entsendung von Mitarbeitern »nach drüben« besondere Vorabinformationen nötig machen würde. Der Personalratsvorsitzende sah 1973 ausdrücklich »Ausbildungsprobleme« und empfahl ein eigenes Programm, das er unter den Arbeitstitel »Staat und Gesellschaft der DDR« stellte. Weder dieser Entwurf noch ein anderes Papier wurde jemals Grundlage für eine systematische Schulung der StäV-Mitarbeiter.[57]

Da nicht jeder entsandte Beamte zuvor fachlich mit der DDR beschäftigt war und die wenigsten eine private oder familiäre Bindung »nach drüben« zog, variierten die Vorkenntnisse der Mitarbeiter erheblich. In der StäV selbst sollte sich der jeweilige Sicherheitsbeauftragte um die Einführung der Neuankömmlinge kümmern. Doch geben viele Mitarbeiter in rückblickenden Gesprächen zu, sie hätten den Sicherheitsbeauftragten auch nicht immer ernst genommen. Insbesondere die Auflage, Kontakte zu Personen in der DDR zu melden, wurde von vielen als lästig empfunden und ignoriert. »Wir wollten doch nicht auch noch von der Westseite beobachtet werden oder unsere Freunde in den Blick der westlichen Dienste zerren«, erklärt einer der Mitarbeiter der StäV seine konsequente Abneigung gegen die »Meldepflicht«.

Eine der Sekretärinnen hatte damals lange gezögert, bevor sie sich traute, in der Vertretung zu erzählen, dass sich ihre Schwester in der Bundesrepublik der DKP angeschlossen und einen dreimonatigen Lehrgang in der DDR besucht hatte. Schließlich informierte die Sekretärin ihren Chef. Günter Gaus nahm es überraschend gelassen: »Für seine Verwandten kann man nichts.« Er riet seiner Mitarbeiterin allerdings, den Kontakt zu ihrer Schwester ruhen zu lassen – »und dann geht das«.

»Wir haben unsere Mitarbeiter immer wieder ermahnt, sich an die Spielregeln in der DDR zu halten. Wer dagegen verstieß und erwischt wurde, gefährdete schließlich unser Gesamtunternehmen«, meint einer der ehemaligen Leiter der Rechtsabteilung. Den Verlockungen, die Diplomaten gewährten Vorteile auszunutzen und illegale Geschäfte zu machen, widerstanden die allermeisten, doch nicht alle Mitarbeiter der StäV. Fälle von Vorteilsnahme oder Betrug wurden nach Möglichkeit stillschweigend aus der Welt geschafft, um den Ruf der Institution nicht zu beschädigen. Bereits im November 1975

56 Gespräch mit August Hanning am 23. August 2006 in Berlin
57 BArch B 136 21294, Schreiben Personalrat vom 3. Februar 1973, o. P.

wurde ein Verwaltungsangestellter, der wegen Trunkenheit am Steuer aufgefallen war, an den Rhein zurückversetzt.[58] Die Zollfahndung in West-Berlin kam einem Hausmeister der StäV auf die Schliche, der mehr als 300 000 unversteuerte Zigaretten aus einem Valuta-Shop in Marzahn in den Westen der Stadt geschmuggelt und gewinnbringend weiterverkauft haben soll – auch er musste umgehend den Dienst quittieren.[59]

Die privilegierte Stellung als Inhaber von Westgeld stärkte nicht bei jedem StäV-Mitarbeiter das Rechtsempfinden. Immer wieder beschwerte sich das MfAA über Devisenvergehen im Umfeld von Botschaften. Das Schwarztauschen brachte zwar erkleckliche Gewinne, aber es schädigte den Ruf. »Ich habe es vorgemacht: Wir hatten eine Zahlstelle im Haus, ich habe ganz legal eins zu eins umgetauscht«, sagt Franz Bertele. »Wir brauchten die Mark der DDR gar nicht. Die Miete musste ohnehin in Westgeld bezahlt werden, zum Einkaufen gingen wir meist nach West-Berlin, was wir unserem Hauspersonal gaben, war natürlich auch Westgeld, und getankt haben wir im Intertank.«[60]

Die Grenzen für die Mitarbeiter waren von der DDR eng gesetzt, aber nicht jeder ließ sich das gefallen, und so gehörten Regelüberschreitungen zum deutsch-deutschen Alltag: Vielen Mitarbeitern der StäV galt es angesichts des Wohlstandsgefälles als selbstverständlich, Freunde oder Bekannte im Osten mit Lektüre, Schnittmustern, Medikamenten, Videorekordern oder Dingen des täglichen Bedarfs zu versorgen. Die DDR konnte diesen kleinen, nichtkommerziellen Warenverkehr nicht verhindern. Von der Waschmaschine bis zu Musikinstrumenten – Gefälligkeitsfahrten für ihre Freunde und Bekannten in der DDR waren für die Inhaber von Diplomatenpässen und entsprechend gekennzeichneten Wagen Ehrensache: »Wir haben für Freunde, die ausgereist waren, nach und nach praktisch einen kompletten illegalen Umzug organisiert«, berichtet eine Mitarbeiterin. »Ein bisschen Kitzel gehörte dazu, und das Gefühl, den Organen eins auszuwischen, hatten wir auch ganz gern.« Wohl fühlte sich die DDR provoziert, sie konnte den Austausch privater Geschenke jedoch nicht unterbinden und Autos mit Diplomatenkennzeichen nur bei begründetem Verdacht kontrollieren.

»Wer als Westler im Osten wohnte, konnte sich den vielfältigen Bitten, mit denen er konfrontiert wurde, nur schwer entziehen«, schreibt Peter Pragal, langjähriger Korrespondent in Ost-Berlin. »Gewiss gab es unter den bundesdeutschen Diplomaten extrem vorsichtige Naturen, die sich überaus korrekt an alle Gesetze und Verordnungen der DDR hielten. Korrespondenten litten we-

58 ebenda
59 ebenda
60 Gespräch mit Franz Bertele am 24. Juni 2005 in Berlin

niger unter solchen Skrupeln.«[61] Da sich die Bundesrepublik diplomatischen Gepflogenheiten entsprechend an die Vorgaben des Gastlandes hielt, war den Mitarbeitern prinzipiell ein enger Rahmen gesetzt. Wohl gaben sie Zeitungen oder Zeitschriften weiter, ohne ernsthaft zur Rechenschaft gezogen zu werden. Gefahrvoller war der Transport von Manuskripten aus der Feder ostdeutscher Schriftsteller, die im Westen ihren Verlegern übergeben werden sollten. Insbesondere Günter Gaus selbst wahrte eine Grenze für Gefälligkeiten, die auf offiziellen Protest stoßen würden – er wollte nicht von der DDR erpresst werden.

>»Ich habe keine Botengänge übernommen, da habe ich mich verweigert. Einmal besuchte mich ein Westberliner Freund, Hartmut Jäckel. Der sagte, unterm offenen Mikrofon (wovon zumindest auszugehen war) in meinem Büro: ›Du wirst ja nicht kontrolliert. Kannst du nicht Fotos von Havemann für ein Buch, das bei Rowohlt erscheint, nach Westberlin bringen.‹ Ich habe gesagt: ›Nein, das tu ich nicht.‹ Ich weiß nicht, was ich getan hätte, wenn er es mir in einer Parkecke gesagt hätte. Wahrscheinlich das Gleiche. Warum? [...] Hätte ich Jäckels Wunsch erfüllt, hätte Jäckel in jeder Professoren- und Studentenkneipe um die FU herum erzählt, dass die Bilder in jenem Buch sein Freund Gaus rübergebracht habe.«[62]

Doch nicht in der angeblichen Redseligkeit des Professors, der freundschaftliche Kontakte zu Havemann unterhielt, lag die Gefahr. Gaus befürchtete vielmehr, dass die DDR sich für solche Aktionen rächen würde. Dissidenten wie Havemann galten ihm als »Störfälle im Stabilisierungsprozess der DDR und Sand im Getriebe der sich verfestigenden Zweistaatlichkeit«, urteilt der Politikwissenschaftler Hartmut Jäckel. Gaus habe ihn der Rücksichtslosigkeit bezichtigt, weil er unmittelbar nach dem Treffen mit dem Regimegegner Kontakt aufgenommen und um den Transport der Fotos gebeten hatte. Jäckel hätte Gaus' Status und dessen Aufgabe gefährdet. Im Übrigen sei er sicher, von »einem Robert Havemann werde längst niemand mehr reden, wenn das, was er, Gaus, hier in der DDR auf schwierigem Terrain an konstruktiver Arbeit verrichte, noch immer zähle und Früchte trage«.[63]

Heftig reagierten die offiziellen Stellen der DDR, wenn sie tatsächlich Vergehen oder Verstöße gegen Einfuhrbestimmungen aufdecken konnten: Wer bei der Übergabe eines Kopiergeräts erwischt wurde, beging eine strafbare Handlung. Erst recht natürlich jene, die sich entgegen den Vorschriften ihres Arbeitgebers an illegalen Tauschgeschäften beteiligten, zollfreie Waren weiter-

---

61 Peter Pragal: Der geduldete Klassenfeind. Als West-Korrespondent in der DDR, Berlin 2008, S. 72
62 Berbig (Hg.): Stille Post, S. 286 f. und Hartmut Jäckel im Stern vom 27. April 1995, S. 50
63 vgl. ebenda, S. 286 f.

verkauften, Handel mit Videos pornographischen Inhalts trieben oder in Antiquitätenschmuggel und kriminelle Finanztransaktionen verwickelt waren. In den achtziger Jahren häuften sich Vorfälle mit dubiosen Spekulationen und Devisenstraftaten. So führte ein Verwaltungsangestellter der Ständigen Vertretung »unter Ausnutzung seines kontrollbevorrechteten Status« nach Beobachtung des MfS Waren im Wert von mehr als einer Million Mark ein, verschob Fernseher, Taschenrechner und sogar Autos.[64] Besonders scharf fiel freilich der Protest des MfAA aus, wenn Mitarbeiter der StäV nachweislich an Fluchthilfeaktionen beteiligt waren – oder doch der Verdacht bestand, es könnte so gewesen sein.

»Bevor ich über die Grenze fuhr, habe ich unwillkürlich überprüft, ob mein Auto hinten tiefer liegt.« Fluchtwillige hätten sich gelegentlich selbst in den Kofferraum von Diplomatenwagen hineingeschmuggelt, um – ohne Wissen des Fahrers – als blinder Passagier die Grenze zu passieren, erinnert sich einer der ehemaligen StäV-Mitarbeiter, der heute im Innenministerium arbeitet. Ganz anders die Fälle, in denen »bevorrechtete Personen« aus mehr oder minder lauteren Motiven DDR-Bürgern bewusst den Weg in den Westen öffneten.

Im Mai 1981 schmuggelte ein Mitarbeiter der StäV seine Freundin im Diplomatenfahrzeug aus der DDR. »Anlaß für die Schleusung war die kurzfristige [sic] bevorstehende Abberufung des […] von der StäV«,[65] berichtete das MfS, dem die »Tat« nicht verborgen geblieben war. Doch in diesem Fall reagierte der westdeutsche Dienstherr offenbar rascher als die ostdeutschen Ermittler. Das MfS hatte die Flucht der jungen DDR-Bürgerin nicht vereiteln können, aber der Geheimdienst wusste, dass der betreffende StäV-Mitarbeiter »von seiner Dienststelle« gerügt und versetzt worden war. Einschreiten konnte die Justiz der DDR nicht, so blieb dem MfS nur festzuhalten, dass die Geflohene bei ihrem einst in der StäV beschäftigten Fluchthelfer in Bonn wohnte.

Der langjährige Leiter der Rechtsabteilung, Jan Hoesch, wurde eines Tages an den Grenzübergang Invalidenstraße gerufen. Dramatisch habe es geklungen: Die »Organe« der DDR wollten einen StäV-Mitarbeiter bei der Fluchthilfe auf frischer Tat stellen, Hoesch sollte als Zeuge zugegen sein. Mit einem weiteren Kollegen begab er sich sofort an den angegebenen Ort, eine Wellblechgarage auf einem finsteren Hinterhof im verbotenen Terrain des Kontroll- und Abfertigungsgeländes. Grenzposten waren aufgezogen, in der Garage umringten der Leiter der Grenzkontrolle und zwei MfS-Leute in schweren Ledermänteln das Auto, das sie in flagranti gestellt hatten, einen überdimensionierten amerikanischen Straßenkreuzer, auf den gnadenlos Scheinwerfer gerichtet waren. »Sie waren ihrer Sache sehr sicher!«

64 BStU MfS HA IX 14143, Bl. 101 und 106 ff.
65 BStU MfS ZKG 16006, Bl. 1 ff.

Das Fluchthilfedelikt sollte vor den Augen des Vertreters der Bundesregierung auffliegen, Hoesch sollte beim Geständnis des Kollegen zugegen sein. Dieser aber wies die Anschuldigungen mehrmals zurück. Die Ermittler verlangten, dass der Kofferraum geöffnet werde – und vermuteten schon Schlimmes, als der Fahrer einen Knopf vorn beim Fahrersitz drückte. Dann hob sich »unter den gierigen Augen des MfS« langsam der große Kofferraumdeckel – und gab den Blick frei in den riesigen Innenraum. Und der war gänzlich leer – nur in der Mitte lag ein Putzlappen. »Ungeheuer enttäuscht war das MfS, ungeheuer groß die Blamage – und wir haben das Nachspiel groß inszeniert und beim MfAA unseren Protest eingelegt.« Die DDR entschuldigte sich auf offiziellem Weg »für das Versehen«.[66]

Ein Angehöriger des technischen Personals der StäV wurde dagegen mit seiner Ehefrau im Sommer 1985 beim Versuch, eine Familie im Mercedes mit Diplomatenkennzeichen auszuschleusen, tatsächlich gestellt. Ein Arztehepaar, das zuvor bereits dank seiner Hilfe in den Westen gelangt war, hatte den Kontakt zu einer weiteren ostdeutschen Arztfamilie hergestellt. Das MfS war dem StäV-Mitarbeiter und seiner Nebentätigkeit auf die Schliche gekommen und ließ ihn auffliegen: Fluchthelfer und Flüchtige wurden auf frischer Tat ertappt, das mit Schlafmitteln betäubte fünfjährige Kind des geschnappten Arztehepaares wachte im Kinderheim auf, seine Eltern waren von den Ermittlern festgenommen worden. Die Ständige Vertretung sah sich schweren Beschuldigungen ausgesetzt: Ihr Mitarbeiter wollte 125 000 DM für die Fluchthilfe kassieren.[67]

Das Ministerium für Auswärtige Angelegenheiten brachte gegenüber dem stellvertretenden Leiter der StäV die Beschuldigungen und den offiziellen Protest der DDR vor. Der bundesdeutsche Vertreter wies die Beschwerden zurück:

>»Die Bundesregierung sieht die Hinweise der HA Konsularische Angelegenheiten nicht als ausreichende und nachprüfbare Beweismittel für ein eventuelles kriminelles Handeln an. Die Qualifizierung der vorgeworfenen Handlungen als kriminell wird deshalb auch nicht akzeptiert.«[68]

Auf alle Klagen der DDR ließ die Bundesrepublik offizielle Entgegnungen nach demselben Muster folgen, so plausibel die Anschuldigungen auch gewesen sein mögen.

---

66 Karl Seidel: Berlin-Bonner Balance, Berlin 2002, S. 208
67 BStU MfS HA IX 14143, Bl. 68–72, HA IX 14144
68 BStU MfS HA IX 3909, Bl. 1, Vermerk über Gespräch in der HA Konsularische Angelegenheiten des MfAA am 15. August 1985, 10–10.30 Uhr

In diesem Fall aber registrierte das MfS, dass der westdeutsche Beamte sodann »außerhalb des Protokolls« dem MfAA versicherte, wie unangenehm ihm »die Sache« sei. Der belastete Mitarbeiter war samt Ehefrau bereits nach Bonn zurückversetzt worden. Um jedoch gegen den Angestellten dienstrechtlich vorgehen zu können, benötigte man Beweise. Dem MfS-Bericht nach habe der Vertreter der Bundesrepublik das MfAA um Fotodokumente ersucht, um Material für disziplinarische Schritte oder für eine Kündigung des strafversetzten Mannes in die Hand zu bekommen.[69] Die DDR leistete hier möglicherweise Amtshilfe: Der MfS-Protokollant, der zum nämlichen Vorfall auch einen Vermerk für die Ständige Vertretung der DDR in Bonn verfasste, notierte, dass er diesem die Bilddokumentation über die versuchte Schleusung beifüge.[70]

In den späteren Jahren der StäV seien unter den neu hinzugekommenen Mitarbeitern einige unliebsam aufgefallen, mit dem Gesetz in Konflikt geraten und abberufen worden: Da Verfehlungen stets sehr diskret behandelt wurden, liegen keine Erhebungen über die Vorfälle vor, doch schildern mehrere ehemalige Mitarbeiter, dass die Verlässlichkeit der nach Ost-Berlin entsandten Beamten nachließ. Die Ausnahme bildeten – auch da sind sich die Beteiligten einig – Mitarbeiter des Auswärtigen Amts, die sich stets korrekt verhielten, die Gesetze des Gastgeberlands respektierten und den eigenen streng verpflichtet waren. Deutlich äußert sich Franz Jürgen Staab über das Niveau seiner Kollegen, die aus dem diplomatischen Dienst stammten: »Die Außenamtsmitarbeiter waren uns haushoch überlegen, das Auswärtige Amt schickte stets Top-Leute!«[71]

Heikel waren für den bundesrepublikanischen Dienstherrn Vorfälle, bei denen der Verdacht nahelag, dass die Staatssicherheit bei der vermeintlichen oder tatsächlichen Verfehlung ihre Hand im Spiel hatte, eine Falle stellen oder einen Erpressungsversuch unternehmen wollte. Einem Beamten wurde sein Faible für Antiquitäten zum Verhängnis. In diesem Fall ist es kaum wahrscheinlich, dass das MfS den Beamten erpressen und anwerben wollte, aber es wollte ihm schaden. Deutlich hatte sich der Mann als vehementer »Kommunistenhasser« ausgegeben. Er entstamme einer »faschistisch gesinnten Familie«, und das MfS unterstellte ihm selbst eine reaktionäre Haltung wie auch kriminelle Machenschaften: »Sein Haß auf die DDR resultiert in erster Linie aus der Einsicht, ein derartiges ›Schmarotzerleben‹, wie er es sich wünscht, hier nicht führen zu können.«[72]

69 BStU MfS HA IX 763, Bl. 31, 32, 33, und HA IX 3909, Bl. 1 f.
70 BStU MfS HA IX 3909, Bl. 3
71 Gespräch mit Franz Jürgen Staab am 24. Juli 2005 in Neusäß
72 BStU MfS HA II 4170, Bl. 142

Die Staatssicherheit hatte beobachtet, wie er Waren »zu spekulativen Zwecken« in die DDR einführte, gestohlene Antiquitäten erstand und exportieren wollte.[73] Der Oberamtsrat wurde in eine Falle gelockt und »im Rahmen einer operativen Kombination bei der Begehung strafbarer Handlungen gestellt. [...] Über das MfAA wurde auf politischem Wege die sofortige Abberufung [...] erreicht.« Das MfS stellte die Beobachtung des Mannes auch in Bonn erst ein, nachdem es seine »moralische, psychische und dienstliche Isolierung« festgestellt hatte.[74] Obgleich die Beweise für dubiose Geschäfte auf der Hand lagen, wies die StäV wie stets die Vorwürfe des MfAA offiziell zurück. Doch der Betroffene wirft seinem Dienstherrn bis heute vor, dieser hätte ihn nicht ausreichend verteidigt.

Die Mitarbeiter der StäV unterlagen der Residenzpflicht, sie wohnten mit ihren Familien in Ost-Berlin. Viele von ihnen bezogen Wohnungen in den Hochhäusern in der Leipziger Straße 60 und den benachbarten Nummern 63 oder 65 – in der Nachbarschaft von Erich Honeckers Tochter und des Schriftstellers Stefan Heym standen den westdeutschen Beamten etwa 70 Wohnungen zur Verfügung. Die Wohnungen waren groß, das Neubaugelände weitläufig, aber am Wochenende wirkte die Umgebung ausgestorben, erinnert sich einer der aus dem Westen stammenden Bewohner.

>»Mein Kollege hatte hier zu Anfang wirklich Heimweh, der brauchte immer mal wieder einen Ausflug in den Westen. Wir fuhren auch viel im Land umher, und besonders im Winter hatten viele von uns das Bedürfnis, doch mal wieder in die Glitzerwelt nach drüben zu fahren – wir waren und blieben ja fremd.«

Einige Mitarbeiter der StäV zogen mit ihren Familien nach Niederschönhausen. In Pankow hatte die DDR neun Häuser für Diplomaten errichtet, in die insbesondere die Mitarbeiter mit Kindern einzogen. »Wir sprengten mit unserem Haustier etwas den Rahmen«, berichtet einer der Beamten aus dem Westen. In der eher kleinbürgerlichen Nachbarschaft erlangte seine Familie eine gewisse Berühmtheit, da die Söhne im Garten mit »Tschilito« spielten – einem kleinen Husarenaffen.

Der Fotograf Thomas Höpker, der für den Stern in der DDR arbeitete, fand die Sprünge von einer Welt in die andere schwer erträglich. »In die Bundesrepublik fahre ich ungern, weil der Wechsel zu hart ist – dort wie hier gewöhne ich mich schwer wieder ein, es wird jedesmal anstrengender.«[75]

73 BStU MfS HA IX 14143, Bl. 5 f.
74 BStU MfS HA II 4170, Bl. 143 f.
75 Windmöller; Höpker: Leben in der DDR, S. 62

Die Mitarbeiter der Ständigen Vertretung mussten nicht zwingend Spezial-kenntnisse über die DDR mitbringen, und je unvoreingenommener sie waren, umso leichter fiel es ihnen, in ihrer neuen Umgebung Kontakte zu knüpfen. Günter Gaus ermutigte seine Mannschaft zur Neugier. Nicht allein Ost-Berlin sollten sie sich erschließen: Mit dem Hinweis auf die Selbstfahrer-Golfs im Fuhrpark der StäV animierte Gaus seine Mitarbeiter zu Reisen, sie waren aus-drücklich gehalten, Eindrücke in allen Bezirken der DDR zu sammeln: »Nutzt die Gelegenheit, lernt die DDR kennen!« Gaus empfahl allen, Kontakte zu knüpfen, und viele haben das auch mit großem persönlichen Engagement und viel Gewinn getan. Zugleich lebten sie mit der latenten Warnung vor »falschen Freunden«. Bekanntschaften hätten dem jeweiligen Sicherheitsbeauftragten der StäV angezeigt werden müssen – eine zum Schutz getroffene, lästige Auf-lage, die viele Mitarbeiter der StäV konsequent unterliefen. Die neuen Bekann-ten sollten nicht unbedingt aktenkundig werden, auch nicht im Westen, wer weiß, ob ihnen nicht daraus im Osten Nachteile erwachsen wären, meint einer der ehemaligen StäV-Mitarbeiter.

Das Ehepaar Gaus lebte selbst vor, wofür es politisch focht, und zeigte sich gastfreundlich. »Sie traten uns ohne Vorurteile entgegen«, bemerkte die Schriftstellerin Christa Wolf.[76] Wie andere Intellektuelle pflegte sie freund-schaftliche Beziehungen zu den Westdeutschen in der Vertretung.

»Im Schneeballsystem lernen wir in privaten Kreisen Leute kennen, am leichtesten Schriftsteller, Maler, Musiker, Schauspieler, Regisseure, aber auch Ärzte, Lehrer, In-genieure, Pfarrer, Studenten, vereinzelt Arbeiter, eine Bäuerin. Wir geben Partys, bekommen viele Absagen, aber mehr Zusagen. Wir werden eingeladen, gewinnen Freunde. Sie sind anders als unsere Freunde in der Bundesrepublik, komplizier-ter, fordernder [...]. Unsere Gegenwart löst Kontroversen aus, stets geht es um die DDR«,[77]

so beschreibt die *Stern*-Reporterin Eva Windmöller das Leben Westdeutscher in der DDR.

Nicht alle Mitarbeiter der StäV fühlten sich bei den Begegnungen frei. Be-drückt habe sie nicht etwa die Furcht vor Spitzeln oder Fallen, sondern gerade gegenüber Freunden die allgegenwärtige schicksalhafte Diskrepanz zwischen ihrer eigenen Lage und der ihrer Gesprächspartner: »Der eine darf reisen, fährt selbstverständlich nach Paris, und dem anderen ist dies versagt – keiner kann etwas dafür, es ist weder Verdienst des einen noch Strafe für den anderen,

---

76 Christa Wolf im Porträt über Gaus (»Der beständige Vertreter«), gesendet in der ARD am 16. Mai 2004
77 Windmöller; Höpker: Leben in der DDR, S. 30

aber es schwebt immer über uns.« Eine Mitarbeiterin der StäV sagt, sie sei sehr neugierig gewesen, habe Bekannte und Freunde gewonnen, sei aber auch viel allein gewesen, da sie diese scheinbar ausweglose Rollenverteilung zwischen Eingesperrten und denen, die unverdient reisen durften, angestrengt habe.

Selbstverständlich erschien es vielen Westdeutschen, die ihre ostdeutschen Freunde schützen wollten, nicht mit dem Wagen vorzufahren, sondern ein Stückchen entfernt zu parken, um keinen Verdacht zu erregen. Die geringfügigsten Begebenheiten konnten zum Politikum werden: Günter Gaus brach sich bei einem Betriebsausflug, »einer Fahrt mit seiner Bürofamilie«, wie Ehefrau Erika Gaus sich erinnert, den Knöchel. Der Ständige Vertreter konnte in diesem Fall nicht in das Diplomatenkrankenhaus in Berlin eingeliefert werden, er wurde im nahe gelegenen Arnstadt ins Krankenhaus gebracht. Der ihn versorgende Arzt habe die Gelegenheit sogleich genutzt und den unverhofft anwesenden Gaus flüsternd gebeten, doch um Himmels willen die Ausreise seiner Tochter zu befördern.[78]

Das Ehepaar Gaus lernte qua Amt rasch Amtsträger kennen, pflegte und genoss aber recht bald intensive private Kontakte auch zu Schriftstellern und Schauspielern – und bemühte sich um die Nachbarschaft in der Kuckhoffstraße. Günter Gaus lernte, wie Eva Windmöller beschreibt,

»über den Gartenzaun einen höchst amüsanten Nachbarn kennen, den 70jährigen Professor Hermann Henselmann, Chefarchitekt der ›Hauptstadt‹ unter Ulbricht, Erbauer der legendären Stalinallee und des Fernsehturms am Alex. Versuche, den Professor zu einem Drink ins Innere des Hauses zu bitten, schlugen wiederholt fehl. So blieb der Kontakt auf Zaungespräche beschränkt, bis Henselmann Gaus eines Abends über den Rasen zu sich winkte und ihm listig eröffnete: ›Jetzt geht's!‹«[79]

Die Kinder der residenzpflichtigen StäV-Mitarbeiter nahmen zum Teil am Schulunterricht in der DDR teil – was für beide Seiten nicht einfach war. Die Lehrer, oftmals besonders linientreu, mussten kleine »Klassenfeinde« in einen Unterricht integrieren, der doch zeigen sollte, dass die DDR das bessere Deutschland und der Sozialismus die überlegene Ideologie war. Peter Pragal, Korrespondent der *Süddeutschen Zeitung* und des *Stern*, schickte seine Kinder bewusst auf Schulen in der Nachbarschaft – und trug die daraus erwachsenden Konflikte aus. Insbesondere die älteren Kinder der StäV-Mitarbeiter besuchten West-Berliner Schulen. Am 11. Dezember 1974 schrieb der Minister für Auswärtige Angelegenheiten offiziell in dieser Angelegenheit dem Minister für

---

78 Gespräch mit Erika Gaus am 2. Mai 2005 in Reinbek
79 ebenda, S. 34

Staatssicherheit, seinem Genossen Generaloberst Erich Mielke, einen vierseitigen Brief.[80] Otto Winzer bat darum, den Kindern den mühsamen Schulweg zu erleichtern. Bereits vorab war immerhin »auf der Grundlage des von der Parteiführung bestätigten Materials« die Erlaubnis erteilt worden, für den Transfer Busse aus West-Berlin zuzulassen. Nun präzisierte der Minister selbst detailliert die Fahrtrouten der beiden Busse, die »nicht mit kommerzieller Werbung ausgestattet« sein durften und deren etwa 15 Fahrer zumindest für ein halbes« Schuljahr dauerhaft, aber nur für die Schülertransfers gültige Visa benötigten. Auch die Schüler selbst sollten mit eigenen Bescheinigungen versehen werden, damit sie zwar bevorzugt, aber nicht etwa pauschal von Kontrollen befreit die Grenze passieren konnten. Die Kinder selbst schätzten dieses Privileg offenbar nicht, sie bereiteten den Grenztruppen mit sichtbarem Vergnügen immer wieder Ärger, wähnten sich geschützt durch ihre diplomatische Immunität und piesackten die »Organe« nach Kräften. Als ein Grenzsoldat einer Schülerin eine aus dem Westen mitgebrachte *taz* wegnehmen wollte, berief sich das Mädchen nicht etwa auf die ihr zustehenden speziellen Rechte, sondern kanzelte den Grenzer hämisch ab: »Das ist nichts für dich, das verstehst du auch gar nicht.«

Das MfAA sah sich am 29. April 1975 genötigt, offiziell eine Beschwerde über das Verhalten der StäV-Schulkinder vorzubringen. Bei der Abfertigung des Schulbusses am Übergang Invalidenstraße versteckten sich die Kinder regelmäßig unter den Bänken, zeigten ihre Papiere nicht freiwillig vor und verkasperten die »Kontrollbeamten« – ganze vier Seiten füllte das Strafregister der renitenten Westkinder, die sich den Regularien des Ostens so hartnäckig widersetzten.[81] In diesem Fall ist keine offizielle Verteidigung der StäV überliefert – wohl aber eine andere Geschichte, die zeigt, dass die StäV nicht nur hoch Politisches mit ihren Ansprechpartnern vom MfAA zu besprechen hatte. 1984 konfrontierte der Vizeleiter der StäV Franz Jürgen Staab seine Ansprechpartnerin im MfAA, Bärbel Seidel, mit der Frage, ob die Einreise auf Rollschuhen gestattet werden könne. Dem zwölfjährigen Sohn eines StäV-Mitarbeiters war wiederholt die Einreise untersagt worden, seine Eltern mussten feste Schuhe an den Grenzübergang bringen, über den der Junge täglich mehrmals ein- und ausreiste. Andere Kinder hatten Schwierigkeiten mit ihren Fahrrädern, die die Grenztruppen gleichfalls nicht passieren ließen. Erst im Januar 1990 fand man eine Regelung. Da aber hatte die Entwicklung die mühsam errungenen deutsch-deutschen Regularien längst überholt.[82]

80 BStU MfS Rechtsstelle 0129/4, S. 371 ff.
81 BArch B 137/5890, o. P.
82 BArch B 136/18651, o. P., und BArch B 137/11159, o. P.

Alltag

Die Gratwanderung zwischen humanitären Erleichterungen und der Einmischung in die inneren Angelegenheiten

»Früher hatten wir gar keine Beziehungen zur DDR, jetzt haben wir wenigstens schlechte.« Das häufig strapazierte Bonmot von Egon Bahr zur Aufnahme quasi-diplomatischer Beziehungen zwischen beiden deutschen Staaten sagt viel aus über Erwartungshaltung und politische Realität – und es entbehrt nicht der Prophetie. Was es indes verkennt, ist der oft wenig spektakuläre Arbeitsalltag der Vertretung. Pragmatisch arbeitete sie als deutsch-deutsche Relaisstation, ein Amt, in dem Ratsuchende mit ihren persönlichen Anliegen Hilfe fanden und über das sie offizielle Angelegenheiten mit der DDR klären konnten. Franz Bertele sieht eine Arbeitsteilung zwischen den politischen Akteuren auf der Bonner Bühne und der Vertretung in Ost-Berlin. Während auf der politischen Ebene der Grunddissens zwischen den beiden deutschen Staaten betont werden musste, fand die Ständige Vertretung Mittel und Wege, »im täglichen Kontakt und auch Ringen mit der DDR die Auswirkungen der Teilung auf die betroffenen Menschen, soweit das möglich war, erträglich zu machen«.[1]

Die Teilung wie auch das zwischen beiden deutschen Staaten herrschende Schweigen stellten viele Bürger vor unlösbare Probleme. Die StäV kümmerte sich fortan um ungezählte Einzelfälle – vielfach solche, die in offenen Gesellschaften und geregelten zwischenstaatlichen Beziehungen mit dem Griff zum Telefon, einem Formular oder Behördenbrief rasch erledigt werden konnten. Ohne den direkten Kontakt zu Ämtern und zwischen den Behörden beiderseits des Eisernen Vorhangs aber erwiesen sich selbst einfache Belange – etwa die Frage nach beglaubigten Zeugniskopien oder die Rückgabe von verlorenen Gegenständen aus den Interzonenzügen – als problematisch. Die StäV wurde zum Ansprechpartner für die seltsamsten Belange: ob es sich um Bootshavarien oder einen entflogenen Papagei handelte. Auf die StäV kamen deutsch-deutsche Unterhalts- oder Erbschaftsangelegenheiten zu, sie beriet in vermögensrechtlichen Fragen zu eventuellem Grundbesitz im anderen Teil

---

1 Franz Bertele: Hintergründe zum Fall der Mauer – die Rolle der Ständigen Vertretung in Ost-Berlin, insbesondere 1989–1990, Vortrag im Uni-Club Bonn am 12. April 2007, Manuskript, S. 3

Deutschlands, löste Fragen zur Rentenberechtigung oder im Fall von Schadensersatzleistungen. Die Grenze war klar gesteckt, wie Günter Gaus bereits in seinem ersten Tätigkeitsbericht über die Arbeit der Vertretung feststellen musste:

> »Die DDR-Behörden berufen sich gegenüber ihnen unterbreiteten Anliegen dieser Art meist auf den Protokollvermerk zum Grundlagenvertrag, wonach wegen der unterschiedlichen Rechtsposition zu Vermögensfragen diese durch den Vertrag nicht geregelt werden konnten.«[2]

Die Mitarbeiter der Ständigen Vertretung überbrachten ihre Anliegen den genannten Behörden nicht etwa direkt, sondern sie konfrontierten ihre Ansprechpartner im Ministerium für Auswärtige Angelegenheiten der DDR mit den einzelnen Fällen. Der Kreis derer, mit denen die westdeutschen Beamten offiziell Kontakt pflegten, war überschaubar. Die »Schlüsselfigur« in der praktischen Arbeit der Ständigen Vertretung war Karl Seidel.[3] Der 1930 geborene Diplomat leitete die Hauptabteilung BRD im MfAA, seine Frau Bärbel wiederum war verantwortlich für den Sektor BRD in der Hauptabteilung Konsularische Beziehungen. Dem Ehepaar Seidel – beide selbstverständlich Mitglied der SED – gingen Bitten, Fragen und Wünsche von Bürgern der Bundesrepublik zu, die von der Ständigen Vertretung an sie herangetragen wurden. Neben politischen Botschaften oder auch Protesten erledigten die Beamten der StäV über das MfAA eine Fülle von Einzelanfragen – scheinbare Banalitäten aus dem Alltagsgeschäft der Rechtsabteilung, die sich im deutsch-deutschen Gemenge oftmals zum Politikum auswuchsen. In Ost-Berlin konnten aus marginalen Fällen heikle politische Situationen werden, in Streitfällen verhandelten die Ständigen Vertreter unter erschwerten Bedingungen, stets abhängig von der politischen Großwetterlage, aber auch dem deutsch-deutschen Mikroklima.

> »Niemand soll meinen, der dort mit hingeht, daß er Wolken schieben und große Politik machen kann. Es gehört sehr viel Geduld dazu. Man wird den täglichen Kleinkram besonders wichtig nehmen müssen, denn der tägliche Kleinkram ist zwischen diesen beiden Staaten das, was an menschlichen Problemen sich angehäuft hat. Das ist das Dienstliche.«[4]

---

2 Günter Gaus in seinem ersten Erfahrungsbericht der Ständigen Vertretung vom 23. Oktober 1974, BArch B 137/5873, S. 8
3 Hans Otto Bräutigam: Ständige Vertretung. Meine Jahre in Ost-Berlin, Hamburg 2009, S. 141
4 Gaus im Interview mit Ernst Dieter Lueg, Bericht aus Bonn vom 5. April 1974, in: Bulletin vom 9. April 1974, S. 446

Günter Gaus fügte der gleichermaßen bescheidenen wie realistischen Beschreibung seiner Erwartungen kurz vor dem Amtsantritt 1974 eine private Bemerkung hinzu: »Ich bin einfach ungeheuer neugierig auf diesen anderen deutschen Staat.«[5]

Natürlich sollte die StäV in erster Linie die Interessen der Bundesrepublik Deutschland gegenüber der DDR vertreten. Im Artikel 7 des Grundlagenvertrags wurde eine »breit angelegte Vertragspolitik mit dem Ziel praktischer Zusammenarbeit und geordneter Beziehungen« angekündigt. Beide Vertretungen sollten dieser Vorgabe dienen, doch konzentrierten sich die Kontakte und weiteren Vertragsverhandlungen auf die StäV in Ost-Berlin. Zum einen hatte Staatssekretär Günter Gaus das Mandat für Verhandlungen erhalten, wobei die nicht eben erfolgreichen Verhandlungen um eine Erhöhung des Swing eine Delegation unter Staatssekretär Karl Otto Pöhl aus dem Bundesfinanzministerium geführt hatte. In den Händen fachkundiger Delegationen einzelner Ressorts verblieben die Themen Grenzfestlegung, Postgebühren, das Gesundheitswesen, Wissenschaft und Rechtshilfe, die allesamt vor der Aufnahme quasi-diplomatischer Beziehungen bereits bilateral erörtert worden waren.

Weitere Gründe für die Übertragung der Verhandlungskompetenz auf den Vertreter in Ost-Berlin nannte Gaus selbst in seinen Erinnerungen: Die westdeutschen Spitzenbeamten seien in den siebziger Jahren nicht gern nach Ost-Berlin gereist, um sich mit Vertretern des SED-Staates zu treffen. Anders herum aber habe sich rasch herauskristallisiert, dass die Beziehungen zu Bonn für den Staats- und Parteichef enorm wichtig waren. Nicht nur, dass Erich Honecker 1974 Gaus als ersten Chef einer westlichen Mission persönlich empfing und dies auch öffentlich zelebrierte, er habe in der Entwicklung der deutsch-deutschen Beziehungen auch selbst die führende Rolle spielen wollen.[6] Wohl litt Honecker darunter, dass er »nur« mit einem Staatssekretär zu tun bekam, doch stärkten diese Gespräche das Vertrauen. So wie die Bundesregierung Gaus das Mandat für Verhandlungen übertrug, erhielt 1975 auch Alexander Schalck-Golodkowski für die DDR-Seite Prokura – doch dieser pflegte im Hintergrund zu bleiben. So ungewöhnlich Gaus' doppelte Position als Verhandlungsführer und Missionschef, als der »Mann mit den zwei Hüten«, wie er selbst sagte, so ungewöhnlich waren auch Tätigkeit und Auftreten Schalcks. An unauffälligen Orten fuhr der diskrete Unterhändler Honeckers vor, um Gaus abzuholen, stets ein wenig entfernt von der StäV, um kein Aufsehen zu erregen. Später habe man sich für die Verhandlungen in der Residenz getroffen, aber auch dort unter fast konspirativen Bedingungen. Vor allem protokollierte Schalck Verhandlungsergebnisse oder Kompromisse nicht. Präzise

5 ebenda
6 Günter Gaus: Wo Deutschland liegt, Hamburg 1983, S. 112

hatte der Ökonom im Kopf, worum es zu verhandeln galt: die Renovierung der Berliner S-Bahn, Fragen des Gewässerschutzes, der Erdgasleitungen oder die Elektrifizierung der Eisenbahnlinie zwischen Berlin und der Bundesrepublik. Schalck habe in den Verhandlungen nie Zweifel an seiner kommunistischen Gesinnung aufkommen lassen und sich zugleich als »ehrbarer Kaufmann« stets verlässlich gezeigt, erinnert sich Klaus Bölling.[7] Im Anschluss an die Gespräche mit Gaus begab sich der Bevollmächtigte Honeckers in seine Privatwohnung im ältesten Teil Berlins. In Sichtweite wohnte das für die Bundesrepublik zuständige Diplomatenehepaar Seidel: War bei Seidels noch Licht, so habe Schalck sich dort eingefunden, seine Verhandlungsergebnisse schriftlich niederlegen lassen und damit seiner geheimen Mission einen formalen Charakter gegeben.

Auch die gegenseitig auszutauschenden Protestnoten fielen in die Zuständigkeit der Vertretung – »meist keine weltbewegenden Ereignisse«, wie der DDR-Diplomat Karl Seidel in seinem Rückblick feststellte, nicht ohne sich nach Gausschem Vorbild über die deutsch-deutsche Routine lustig zu machen.

> »Einmal musste ich ihn an einem Sonnabend ins Außenministerium bestellen, um einen Protest loszuwerden. Worum es ging, weiß ich nicht mehr. Als er kam, wir trafen uns zufällig schon vor dem Ministerium, schwenkte er schon von weitem das *Neue Deutschland* und sagte, er wisse schon, weshalb er kommen sollte, es stehe ja schon im *ND*. Ich hatte es noch gar nicht gelesen, aber es stimmte.«[8]

Für offizielle und informelle Gespräche mit den westdeutschen Vertretern habe er zunächst immer die Zustimmung von Erich Honecker selbst einholen und »eine Art Direktive vorlegen« müssen, berichtet Karl Seidel über die frühe Phase der Kontakte zur Bundesrepublik. Dieses Vorgehen habe sich jedoch bald als Hemmnis erwiesen, so dass er darauf verzichtet habe, ohne dass daran Anstoß genommen worden sei.[9] Sein oberster Vorgesetzter, DDR-Außenminister Oskar Fischer, lobte auf einer Botschafterkonferenz am 10. Februar 1975 die »Festigung der Positionen der DDR in der Weltarena«, wozu er auch die Aktivitäten gegenüber den entwickelten kapitalistischen Staaten und besonders der Bundesrepublik zählte. Obgleich sie der Verwirklichung der Prinzipien der friedlichen Koexistenz in seinem Sinne dienten, schrieb er seinen Diplomaten ins Stammbuch: »Der von der DDR bis jetzt erreichte Stand entspricht noch nicht den Erfordernissen.« Immerhin fiele es Bonn im-

---

7 vgl. Klaus Bölling: Die fernen Nachbarn. Erfahrungen in der DDR, Hamburg 1984, S. 221
8 Karl Seidel: Berlin-Bonner Balance, Berlin 2002, S. 206
9 vgl. ebenda, S. 208

mer schwerer, »die Alleinvertretungsanmaßung gendarmenhaft anderen Staaten aufzuzwingen«.[10] Der Minister verabsäumte nicht, den Diplomaten, die in westliche Länder entsandt wurden, den sparsameren Umgang mit Valuta zu empfehlen und mehr Konsequenz in der Parteiarbeit anzumahnen: »Gegenwärtig bleibt die politisch-ideologische und partei-erzieherische Arbeit in den Kollektiven ernsthaft zurück.«[11]

So sehr von oberster Stelle auf die Einhaltung des Klassenstandpunktes gepocht wurde – im Alltag entwickelten die Verhandlungsführer unter Umgehung ideologischer Gegensätze einen pragmatischen Umgang miteinander. Ihr Mann habe sehr gut mit dem Diplomaten Karl Seidel zusammengearbeitet, erzählt Erika Gaus, die dem Leiter der Abteilung BRD im Außenministerium der DDR und dessen Frau bei verschiedenen offiziellen Gelegenheiten und Essen persönlich begegnete. Für die alltäglichen Kontakte sei ein loyaler, stiller Staatsdiener wie Seidel, der versuchte, so viel wie möglich für seinen Staat »herauszuholen«, sehr wertvoll gewesen. Und aus Sicht ihres Mannes war es vorteilhaft, einen verlässlichen, bisweilen auch berechenbaren Ansprechpartner im MfAA zu haben. »Ein redlicher Mann«, sagt sie, »es tat ihm weh, wenn die DDR pauschal verurteilt wurde.«[12]

Die StäV hatte die Aufgabe, »Hilfe und Beistand« zu leisten und einen Beitrag zur Normalisierung der Beziehungen auf politischem, wirtschaftlichem und kulturellem Gebiet zu leisten. Zur Entwicklung »gutnachbarlicher Beziehungen« zwischen der DDR und der Bundesrepublik, wie sie in den Protokollerklärungen zum Grundlagenvertrag genannt wurden, gehörten die offiziellen Kontakte. Anders als Botschafter führten die Staatssekretäre an der Spitze der StäV auch Vertragsverhandlungen mit ihrem besonderen Gastland. Sie waren Chefs ihrer Mission und Unterhändler zugleich – dank der direkten Anbindung an das Kanzleramt bestimmten sie auch entscheidend über den Rahmen der Verhandlungen. Günter Gaus handelte in seiner Amtszeit 17 Abkommen zu verschiedenen bilateral wichtigen Fragen wie dem Post- und Fernmeldewesen oder dem Transit mit der DDR aus, darunter die für West-Berlin wichtige Öffnung des Teltowkanals von Westen. Seinem Nachfolger Hans Otto Bräutigam gelang es, die viele Jahre währende Auseinandersetzung mit der DDR über ein Kulturabkommen mit seinem östlichen Gegenüber im Jahr 1986 zu einem erfolgreichen Abschluss zu bringen.

Günter Gaus wollte anfangs gegenüber der Bundesregierung durchsetzen, dass ihm auch die Verantwortung für das delikateste und schwierigste Feld

10 PA AA Bestände MfAA GA 382, S. 1–60
11 ebenda
12 Gespräch mit Erika Gaus am 2. Mai 2005 in Reinbek

der deutsch-deutschen Kontakte zugesprochen werden sollte: den Freikauf und die Familienzusammenführung. Der Zugewinn an Kompetenz hätte seiner Einrichtung größeres politisches Gewicht verliehen, und er selbst hätte die deutsch-deutschen Belange mehr und mehr an sich ziehen können. Egon Bahr hatte ähnliche Überlegungn zuvor auch schon angestellt, war aber gebremst worden. Der Häftlingsfreikauf wurde seit 1963 im Stillen vom Bundesministerium für gesamtdeutsche Fragen bzw. innerdeutsche Beziehungen und über Rechtsanwalt Wolfgang Vogel sowie sein Pendant Jürgen Stange im Westen abgewickelt. Auf der »Anwaltsebene« wurde im Geheimen operiert, denn einmütig wie selten hatten beide Seiten größtes Interesse daran, die »besonderen Bemühungen« ohne breite Diskussionen in der Öffentlichkeit zu erledigen. Die fälligen Geldtransfers oder Sachleistungen organisierte – ebenso verdeckt wie verlässlich – die Kirche. Egon Bahr meint heute, dass er die DDR mit dem Anliegen, die Freikäufe zu stoppen, provozierte: »Wenn ihr Weltniveau erreichen wollt, dann passt der Freikauf nicht ins Bild«, habe er seinem Verhandlungspartner Michael Kohl vorgehalten. Kohl, von Bahr spöttisch »Rot-Kohl« genannt, wurde schmallippig. Hier war für den DDR-Verhandler eine Grenze erreicht: »Das Thema überstieg seine ›Sprechfähigkeit‹, wie er selbst zugab.«[13]

Gaus' Interesse war, den gesamten Komplex der Freikäufe, Familienzusammenführungen und Übersiedlungen in die StäV zu integrieren, und er warb für die Herauslösung der Verantwortung aus dem Ministerium. Um für die delikate Aufgabe gerüstet zu sein, versuchte er, Personal vom Bundesministerium für innerdeutsche Beziehungen abzuwerben. Letztlich aber verhinderten sowohl die DDR-Unterhändler wie auch Herbert Wehner die Verschiebung der Verantwortung.[14] »Wehner hätte doch den Zugriff verloren und den Grund für direkte Kontakte zu Erich Honecker« – das aber wollte man im Kanzleramt nicht riskieren, meint Bahr. Günter Gaus musste einsehen: »Das hat man in Bonn [...] nicht gewollt. Wehner fand es ganz nützlich, glaube ich, diesen Seitenkanal offen zu halten.«[15]

Auch der Bundesregierung schien es wenig förderlich und sehr riskant, die »besonderen Bemühungen« unter dem Dach der StäV, also institutionalisiert auf dem Boden der DDR, abzuwickeln. Im Rückblick habe sich das als eine richtige Entscheidung erwiesen, urteilt Hans Otto Bräutigam. Der Freikauf sei ihm zunächst wie widerlicher Menschenhandel vorgekommen, höchst bedenklich aus Sicht des Juristen. Doch in den späteren Jahren der DDR, als Leiter der StäV, habe er seine Meinung revidiert. »Aber es war sehr gut, dass

13 Gespräch mit Egon Bahr am 5. Oktober 2007 in Berlin
14 vgl. Bräutigam: Ständige Vertretung, S. 79
15 Günter Gaus: Es war die wichtigste Zeit meines Lebens. Berliner Gespräche, in: Berlinische Monatsschrift, Heft 6/2001, S. 91

wir damit nichts zu tun hatten, wir wären ständig in die Schusslinie geraten.«[16] Es blieb also bei der »Anwaltsebene« und dem Kontakt zum Bundesministerium für innerdeutsche Beziehungen, einem nach herkömmlichen Begriffen intransparenten, aber gleichwohl effektiven und unauffälligen Verfahren, von dem bis zum Ende der DDR allein 33 000 Häftlinge profitierten. »Es war ein gutes, aber hartes System«, urteilt auch Franz Jürgen Staab. »Wir wussten nichts über den Freikauf, und das war sehr richtig, weil wir in den Gesprächen mit den Häftlingen nicht nur nichts sagen *durften*, sondern tatsächlich nichts sagen *konnten*.«[17]

Wie komplex die Aufgaben der Ständigen Vertretung waren und wie sehr auch die deutsch-deutschen Fragestellungen an die jeweilige Tagespolitik gebunden waren, zeigt ein Gespräch zwischen dem Ministerium für auswärtige Angelegenheiten der DDR und dem Leiter der Rechtsabteilung Mitte der achtziger Jahre: Letzterer konfrontierte sein Gegenüber mit dem Verdacht der Bundesregierung, der gesuchte Terrorist Illich Ramirez Sanchez, genannt Carlos, würde sich in der DDR aufhalten. Die Bundesregierung versuchte die DDR zur Zusammenarbeit im Kampf gegen den internationalen Terrorismus zu gewinnen. Selbstverständlich hatte die DDR zunächst klargestellt, dass sie jegliche Form des Terrorismus ablehne. Außenminister Oskar Fischer bat daraufhin Minister Erich Mielke um Prüfung und schlug »ein entsprechendes zwischenstaatliches Zusammenwirken« vor.[18]

Verantwortlich war die Ständige Vertretung auch für den Kontakt zu den Missionen anderer Staaten und für die Begleitung von Politikerreisen, deren Zahl ab Mitte der achtziger Jahre immens zunahm. In der ersten Zeit wirkten die Auftritte westdeutscher Amtsträger noch als Provokation. Am 4. Dezember 1975 wollte der Bundestagsausschuss für innerdeutsche Beziehungen in Berlin tagen und unter anderem die StäV besuchen. Mit dem Vorsitzenden des Ausschusses, Olaf von Wrangel, der später selbst als Kandidat für die Leitung der Ständigen Vertretung im Gespräch war, war zunächst auch ein Gespräch mit Günter Gaus geplant. Der Leiter der Vertretung allerdings lud den Ausschuss zu von Wrangels Verblüffung wieder aus – wie sich hinterher herausstellte, hatte Herbert Wehner die Absage veranlasst. Ein Auftritt gerade dieses Ausschusses im Osten der Stadt schien allzu große Unruhe zu stiften, die Absage sollte Komplikationen mit der DDR verhindern.[19] Der Austausch zwischen Politikern beider Seiten kam, wenn auch zunächst schleppend, den-

16 Gespräch mit Hans Otto Bräutigam am 1. März 2005 in Berlin
17 Gespräch mit Franz Jürgen Staab am 24. Juli 2005 in Neusäß
18 BStU MfS Rechtsstelle 469 Zentralarchiv 18289, S. 2 f., Brief vom 15. August 1985
19 BStU MfS ZOS 2579, Bl. 73; Der Abend vom 4. Dezember 1975

noch in Gang. Erich Honecker traf zwischen Mai 1983 und Juli 1987 mit mehr als 40 westdeutschen Amtsträgern jeglicher Couleur zusammen. Im Rückblick bemerkte Karl Seidel bitter:

> »Jeder rechnete es sich zur Ehre an, von Honecker empfangen zu werden. Es gehörte zum guten Ton, in die DDR zu fahren, bei Erich Honecker vorsprechen zu dürfen und mit ihm fotografiert zu werden. Heutzutage wiederum gehört es zum guten Ton, daran möglichst nicht erinnert zu werden.«[20]

Auch hinsichtlich der Politikerbesuche ähnelte das Aufgabenspektrum der StäV dem der Botschaften. Ihr oblag die Betreuung westdeutscher Abgeordneter, Regierungs- oder Parteivertreter, die sich mit DDR-Größen in Ost-Berlin treffen wollten und diese Kontakte nicht selbst aufbauten – anders also als die Gewerkschaften oder die SPD, die unabhängig das Gespräch mit der SED suchten. Auch die Leipziger Messen entfalteten geradezu magnetische Wirkung auf westdeutsche Politiker und Wirtschaftsvertreter und bescherten der Vertretung nicht selten Vermittlungsaufgaben: Besuchte der Partei- und Staatschef schließlich den Stand eines westdeutschen Unternehmens und zeigte auch noch die *Aktuelle Kamera*, die Nachrichtensendung des DDR-Fernsehens, Bilder vom Sektempfang für den prominenten Besuch, so hatte sich der Messebesuch aus Sicht vieler Unternehmen schon gelohnt. Für die Leiter der Vertretung war es protokollarische Pflicht, diese Standbesuche zu begleiten.

Die deutsch-deutsche Reisediplomatie erreichte in den letzten Monaten des Bestehens der DDR eine nie geahnte Attraktivität für westdeutsche Politiker. Hatte zuvor nur ein überschaubarer Kreis von Spitzenpolitikern persönliche, familiäre Bindungen »nach drüben« gepflegt, politische Gespräche geführt oder im Stillen humanitäre Hilfe geleistet, so erweiterte sich nun der Kreis derer, die Verbindungen zu vermeintlich oder tatsächlich reformorientierten Funktionären knüpften oder Kontakt zu Vertretern von Kirche und Opposition suchten – vielfach unter Mithilfe der StäV und gern auch mit einem Besuch in der »Laube«. Die Zahl der Reisen stand in keinem Verhältnis zu ihrer tatsächlichen Bedeutung für die deutsch-deutschen Beziehungen. Ausreiseanliegen und andere »humanitäre Fälle« jedoch konnten auf diesem Weg lanciert und beschleunigt werden. Das diente dem einzelnen Begünstigten, wie der DDR-Diplomat Seidel feststellte, doch »das Verfahren war reine Willkür«.[21]

Die offiziellen Ebenen waren miteinander verflochten, und die StäV spielte als »Vor-Ort-Mission« eine besondere Rolle, garantierte sie doch durch ihre

---

20 Seidel: Berlin-Bonner Balance, S. 374
21 ebenda, S. 376

Vertrauliches Gespräch im Neonlicht. Die Mitarbeiter der Ständigen Vertretung in der abhörsicheren »Laube«

ständige Präsenz eine Kontinuität, die in den wechselhaften deutsch-deutschen Stimmungslagen wichtig war. Doch sie wurde trotz ihrer exponierten Lage nicht initiativ, stieß das Kanzleramt nicht an, sondern folgte dem Beispiel der Botschaften. In der operativen Politik zählten die direkten, informellen Kontakte zur SED-Spitze über Herbert Wehner oder Hans-Jürgen Wischnewski und Franz Josef Strauß oder Walther Leisler Kiep auf der einen und über Herbert Häber, Wolfgang Vogel und Alexander Schalck-Golodkowski auf der anderen Seite. Diese konnten diskret agieren und zumeist unbeobachtet von der Öffentlichkeit mit der Gegenseite Gespräche führen, die der Öffentlichkeit im Westen verborgen blieben und im Osten nicht die Politbüroebene tangierten. Die Bundesregierung hatte schlechte Erfahrungen mit Indiskretionen gemacht, so waren beispielsweise im Juni 1976 interne Analysen von Günter Gaus an die Presse geraten: Auf einer geheimen Botschafterkonferenz hatte der Leiter der Vertretung – damals selbst desillusioniert – die Befürchtung geäußert, dass es zu einem »Stillstand« in den deutsch-deutschen Beziehungen kommen werde: »Die starre Haltung der DDR in Grundsatzfragen hat sich in letzter Zeit noch verstärkt. Es gibt keinerlei Anzeichen dafür, daß die DDR zu einem pragmatischen Vorgehen bereit wäre.«[22] In der *Welt* wurde der Vertreter

22 BArch B 137/7636, o. P., Schreiben des Auswärtigen Amts vom 7. Juli 1976, in dem nach der Quelle der Indiskretion gesucht wird und: Die Welt vom 26./27.Juni 1976 und vom 28. Juni 1976

wörtlich zitiert – Grund genug für die Opposition, sich bei der Bundesregierung darüber zu beklagen, dass die bundesrepublikanische Seite öffentlich ein allgemein positives Bild von der Annäherung an die DDR zeichnete.[23]

Wichtige Aufgabe der StäV war es, Kontakte zur Staats- und Parteiführung und über das MfAA zu knüpfen und zu pflegen. Seidel musste die Ständigen Vertreter bisweilen auch an Samstagen ins MfAA einbestellen, um den Protest der DDR zu »irgendwelchen meist nicht weltbewegenden Ereignissen« – wie er selbst über eine Begegnung mit Gaus schreibt – kundzutun.

Es entwickelte sich eine Routine, die StäV brachte regelmäßig die Anliegen von Bürgern der Bundesrepublik beim MfAA – und formal korrekt nur dort – vor. Ob es um die Übergabe eines Obduktionsprotokolls ging oder um Zeugnisabschriften, Scheidungsdokumente, Sterbedokumente – meist erbat die StäV amtliche Papiere für ehemalige DDR-Bürger, die nun in der Bundesrepublik lebten. Bisweilen wurde das Alltagsgeschäft der Bürokratie gesprengt. Das Außenministerium der DDR verabredete mit der StäV ein unkompliziertes Rückgabeverfahren, als ein Falke aus privatem Besitz – West – sich im Osten verflogen hatte und den Weg zurück über die Mauer allein nicht mehr fand. Schwierig gestaltete sich dagegen die Rückgabe eines gleichfalls in West-Ost-Richtung entflogenen Papageis. Der veterinärmedizinische Dienst der DDR konnte die Rückgabe nicht befürworten, obgleich – oder gerade weil – der Besitzer den Finder bereits ausfindig gemacht und selbständig kontaktiert hatte.

Unproblematisch wurde mit der Zeit die Übergabe von Fundsachen aus den Interzonenzügen, von Pässen und ähnlichem, womit Bundesbürger die Mitarbeiter der StäV mangels direkter Ansprechpartner in der DDR betrauten.

Eine westdeutsche Studentin ersuchte die Einrichtung um Vermittlung eines privaten Kontakts. Wie sie es aus Westeuropa kannte und für selbstverständlich hielt, suchte sie eine Stelle als Au-pair-Mädchen: Sie wollte ein Semester lang in der DDR leben. Mit der Antwort aus dem MfAA, die ihr über die Vertretung zuging, wird sie nicht zufrieden gewesen sein: Der jungen Frau wurde mitgeteilt, sie habe »nur die Möglichkeit der ständigen Wohnsitznahme in der DDR«.[24]

Beschwerden von Besuchern, die mit offiziellen Stellen in der DDR schlechte Erfahrungen machen mussten, liefen genauso über die Schreibtische der StäV wie allgemeine Bemerkungen zum Beispiel über befremdliche oder ideologisch gefärbte Texttafeln im Historischen Museum Unter den Linden. Die Bedeutung der vorgebrachten Anliegen schwankte, die Ernsthaftigkeit, mit der die Diplomaten sich ihrer Lösung widmeten, musste konstant bleiben: Ein 16-jähriger Westdeutscher fand es lässig, seine Cola in der DDR mit einem Hundertmarkschein (West) zu bezahlen. Seine Coolness wurde bestraft: Der

23 Die Welt vom 30. Juni 1976
24 BArch B 136/21262, o. P.

Kellner hatte das Wechselgeld in Mark der DDR ausbezahlt und dem Jugendlichen erklärt, er könne bei der Ausreise eins zu eins zurücktauschen. Das MfAA sagte geduldig auch hier Prüfung zu – so lautete die Standardantwort in der deutsch-deutschen Quasi-Diplomatie.[25]

Nicht zuletzt intervenierte die StäV auch in eigener Sache: So war der Notruf nicht erreichbar, als eine Person in der Hannoverschen Straße zusammenbrach und ärztlicher Hilfe bedurfte – oder die Feuerwehr brauchte unangemessen lange bis in die Leipziger Straße, wo es einen Schwelbrand zu löschen galt.

Der letzte Leiter der Vertretung, Franz Bertele, berichtet über die »Ehrpusseligkeit« der DDR, die sich auch bei der Lösung unpolitischer, persönlicher Anliegen immer wieder bemerkbar machte und ihn als Diplomaten herausgefordert habe: So hatte ihn ein einstiger Klassenkamerad, inzwischen Theologe in Leipzig, darum gebeten, sich gegenüber dem MfAA für ihn zu verwenden. Ihm war die Reise zu seinem kranken Vater nach Schwaben verwehrt worden. Bertele erinnert sich:

>»Per se war das wieder eine Einmischung in innere Angelegenheiten der DDR. Es durfte nicht heißen: ›Bitte, lasst den Sohn, den DDR-Bürger, reisen‹, sondern wir mussten die Bitte umgekehrt vorbringen: ›Der kranke Vater braucht seinen Sohn‹ – ich war schließlich nur befugt, die Anliegen eines Bundesbürgers zu vertreten!«[26]

Nicht zuletzt wandte sich an die StäV auch, wer als Ausländer über Ost-Berlin in die Bundesrepublik reisen oder sie nur durchqueren wollte: beispielsweise Osteuropäer oder Asiaten, die zur Ein- oder Durchreise ein Visum benötigten. Die StäV konnte hier zwar helfen, aber sie durfte selbst keine Visa ausstellen, denn bekanntlich war sie alles andere als eine herkömmliche diplomatische oder konsularische Einrichtung. Nach bundesdeutscher Rechtsauffassung waren Ausländer in Berlin grundsätzlich verpflichtet, sich an den West-Berliner Polizeipräsidenten und die dortige Ausländerbehörde am Checkpoint Charlie zu wenden, was ohne Einreisetitel nicht möglich war. Die StäV zeigte sich als echter Dienstleister und etablierte einen Hilfsservice: Die ausländischen Antragsteller erledigten die Formalitäten in der StäV, dann transportierte ein Kurier der StäV Pässe und Anträge zur zuständigen Behörde im Westteil der Stadt, nahm die dort ausgefertigten Papiere oder auch ablehnende Bescheide in Empfang und brachte sie über die Grenze zurück in den Osten. In der StäV wurden die Visa dann schließlich den ausländischen Antragstellern übergeben.[27]

25 ebenda
26 Gespräch mit Franz Bertele am 24. Juni 2005 in Berlin
27 vgl. Hans Henning Kaysers: Sieben Tage im November. Die Woche, in der die Berliner Mauer fiel, Berlin 2004, S. 114

Normalität im deutsch-deutschen Verhältnis konnte es nicht geben, das sollte auch das Diplomatische Korps in Ost-Berlin erfahren. 1979 stellte sich die Frage, ob Günter Gaus den scheidenden Botschafter Tunesiens als Doyen beerben sollte. Da in den sozialistischen Staaten keine Diplomaten des Vatikans vertreten waren, also kein Apostolischer Nuntius für die Position an der Spitze des Diplomatischen Korps zur Verfügung stand, galt bei der Besetzung des Amtes das Anciennitätsprinzip, also das Vorrecht des Dienstältesten. Danach wäre Gaus der nächste Kandidat für diese Funktion gewesen, in der er beispielsweise auf Neujahrsempfängen des Diplomatischen Korps als Hauptredner aufgetreten wäre. (1988 wiederholte sich die Debatte, nun lautete die Frage, ob Hans Otto Bräutigam Doyen werden sollte.) Beide Seiten hatten – freilich aus unterschiedlichen Gründen – wenig Interesse daran, dass der Vertreter der Bundesrepublik eine protokollarisch herausgehobene Position einnahm. Die DDR wollte nicht ausgerechnet dem Vertreter aus dem anderen deutschen Staat die Spitzenstellung unter den Diplomaten zubilligen. Und der Bundesregierung fehlte es an politischem Willen oder Mut, diese Stellung mit Leben zu füllen. Sie hätte eine privilegierte Rolle ihres Mannes in Ost-Berlin gegen die öffentliche Kritik im Westen verteidigen müssen, und es wäre der stets gefürchtete Eindruck von Normalität entstanden. Andererseits hätte gerade die besondere Position auch besondere Chancen eröffnet. Die Bundesregierungen entschieden sich in beiden Fällen für ein bescheidenes Auftreten ihrer Vertreter auf dem glatten deutsch-deutschen Parkett. Und so wurde dem MfAA offiziell, aber diskret die Nachricht aus dem Kanzleramt überbracht, die Bundesrepublik habe sich entschieden, das ehrenvolle Amt abzulehnen.[28]

Exkurs: Protokollarische Besonderheiten

Selbstverständlich begingen die Botschaften der übrigen Staaten, wie gewohnt, in der DDR ihre Nationalfeiertage. Im deutsch-deutschen Verhältnis bestimmte die besondere Verletzlichkeit der östlichen Seite die protokollarischen Gepflogenheiten – eine Rücksichtnahme, die von der CDU/CSU-Fraktion im Bundestag regelmäßig moniert wurde. Wohl feierte die Bundesrepublik auch in der DDR alljährlich den 23. Mai als Tag der Verabschiedung des Grundgesetzes und lud zu einem Empfang. Den 17. Juni, den Tag der Deutschen Einheit, an dem die SED im Jahr 1953 Aufstände und Protestmärsche in verschiedenen Orten der DDR unterdrücken ließ, würdigte die bundesrepublikanische Vertretung mit Rücksicht auf die Sensibilität der SED-Spitze nicht. Und auch der 23. Mai sollte weder in Ost-Berlin noch an anderen Orten als Nationalfeiertag began-

---

28 BArch B 136/21289, o. P., Bericht an das Kanzleramt

gen werden, wie das Auswärtige Amt feststellte: »Die Auslandsvertretungen werden gebeten, diesem Eindruck entgegenzuwirken und darauf hinzuweisen, daß die Bundesrepublik Deutschland einen Nationalfeiertag nicht haben kann, solange die deutsche Nation geteilt ist.«[29] Das Auswärtige Amt, das freilich mit der DDR-Vertretung aus prinzipiellen Gründen nicht direkt befasst sein durfte, wies in verschiedenen Noten darauf hin, dass Empfänge und Beflaggung keine Missverständnisse der bundesdeutschen Haltung gegenüber der DDR auslösen sollten. Doch eine besondere Rolle maß auch das Auswärtige Amt in Bonn den dort anwesenden Vertretern der DDR zu: So verschickte das Außenministerium Einladungskarten, auf denen der sonst bei Empfängen übliche Zusatz »Nationaltracht erwünscht« gestrichen war.

Zum Ärger der SED-Führung war die Ständige Vertretung in Ost-Berlin am 7. Oktober, dem Tag der Staatsgründung der DDR, für den Publikumsverkehr geöffnet, wenngleich die Hälfte ihrer Mitarbeiter an diesem Tag freinehmen konnte. »Wir hatten kein Problem mit dem Tag der Staatsgründung«, bekennt Hans Otto Bräutigam, denn an Feiertagen konnten auch Besucher aus den entfernteren Bezirken der DDR anreisen. Ihnen begegnete in den ersten beiden Jahren dann auch die schwarz-rot-goldene Fahne – ein echtes Politikum.[30] Die Frage, wann in der Hannoverschen Straße die Fahne in den Nationalfarben aufgezogen werden sollte, blieb strittig. Aus dem Bundeskanzleramt hieß es 1976, dass die StäV am 7. Oktober arbeitsfähig sein müsse, das sei wichtiger als das zur Schau gestellte Hoheitszeichen. Am 17. Juni wurde in den Jahren 1974 bis 1978 mit der Begründung, man orientiere sich an den »örtlichen Verhältnissen«, nicht geflaggt, wobei aus einer internen Notiz aus dem Kanzleramt hervorgeht, dass die Auslandsvertretungen der Bundesrepublik in den übrigen Ostblockstaaten sich derlei Zurückhaltung nicht auferlegten. Gaus hatte bereits 1974 dem Kanzleramt seine Ansicht zur Frage der Fahnen mitgeteilt. Demnach sollte am 7. Oktober, nicht aber am 17. Juni geflaggt werden. Dieser Praxis stimmte nach dem Regierungswechsel Staatsminister Philipp Jenninger stillschweigend zu, so dass die StäV auch unter der Koalition aus CDU/CSU und FDP ihre Usancen beibehielt.[31] »Die Beflaggung hätte uns nichts gebracht, sie wäre nur eine Provokation gewesen«, erklärt Hans Otto Bräutigam.[32] Allein Hans-Dietrich Genscher bemerkte schon 1976, hätte man ihn gefragt, so wäre er für die Flagge am 17. Juni gewesen.[33]

Das Faible der DDR fürs militärische Zeremoniell bescherte den Vertretern der Bundesrepublik jeweils zu ihrem Amtsantritt ein Spektakel, das ihnen ob

---

29 BArch B 288/13, o. P., Interne Vorlage
30 BArch B 136/35016, o. P.
31 BArch B 136/21350, o. P.
32 Gespräch mit Hans Otto Bräutigam am 19. Februar 2009 in Berlin
33 BArch B 136/21350, o. P.

der in Bonn bewusst nüchtern gehaltenen Rituale befremdlich erschien. Vor der Begrüßung durch den Vorsitzenden des Staatsrates wurden die Leiter der Vertretung vom Protokollchef des Außenministeriums, Franz Jahsnowski, mit einer schwarzen Limousine gewaltigen Ausmaßes in der Residenz abgeholt und von einer Motorradstaffel eskortiert zum Staatsrat chauffiert. In Berlins Mitte öffnete Jahsnowski den Wagenschlag, und die Vertreter schritten auf dem Marx-Engels-Platz zu militärischen Klängen die Ehrenformation des Wachregimentes »Feliks Dzierzynski« ab, um dem anderen deutschen Staat einen Fahnengruß zu entbieten.

Während die Prozedur 1974 noch diskret im Hof des Staatsratsgebäudes unter Ausschluss der Öffentlichkeit abgewickelt wurde, vollzog sich bereits die Einführung Klaus Böllings – zu dessen Verdruss – 1981 vor aller Augen. Er hatte einen Auftritt, bei dem er sich fragte, ob er sich »auch als Person einer Dramaturgie [unterwarf], mit der die DDR als etwas Endgültiges vorgeführt werden sollte«. Die Fahne mit Hammer und Zirkel zu grüßen, befremdete Bölling zutiefst: Er stamme aus einer Generation, der eingebleut worden war, eine Fahne sei mehr als der Tod, nun sollte er sich diplomatisch korrekt verhalten, nicht nur mit einem möglicherweise überheblich wirkenden kleinen Nicken, sondern gerade so viel, wie es dem deutsch-deutschen Verhältnis angemessen war.

>»Als ich [...] mit schwerer werdenden Beinen auf den Punkt zuging, an dem ich die Meldung des Kommandeurs der Ehrenformation abzuwarten hatte, war mir sehr bewußt, daß auf mich, um ein Lieblingswort Herbert Wehners zu gebrauchen, nicht Pionier-, sondern Kärrnerarbeit wartete.«[34]

Im folgenden Jahr unterzog sich Hans Otto Bräutigam der Zeremonie, auch er schritt leidend die Formation der strammstehenden Soldaten ab: »Ich war froh, diesen Auftritt hinter mich gebracht zu haben, dem ich beim besten Willen nichts abgewinnen konnte.«[35]

Auch kleine protokollarische Hilfeleistungen erledigte die Vertretung: So wurde sie vor der Visite Erich Honeckers am Rhein vom Kanzleramt gebeten, Vorschläge für adäquate Gastgeschenke zu unterbreiten: Die StäV empfahl

>»Geschenke mit einem Bezug zur gemeinsamen deutschen und zur Berliner Geschichte [...] vorzugsweise aus dem letzten Jahrhundert [...], um politisch-ideologischen Implikationen von vornherein aus dem Weg zu gehen. Geschenke dieser

---

34 Bölling: Die fernen Nachbarn, S. 32 ff.
35 Bräutigam: Ständige Vertretung, S. 267

Art würden auch am ehesten dem konservativen Geschmack der DDR-Führung entgegenkommen.«[36]

Abgeraten wurde von Geschenken aus der Kategorie »audiovisuelle Technik«, um »den Eindruck der Gönnerhaftigkeit gegenüber den ärmeren Brüdern« zu vermeiden.[37] Womit das Kanzleramt den Staatsratsvorsitzenden schließlich überraschte, ist in der Akte nicht überliefert.

Es bleibt die Frage zu stellen, ob die Bundesrepublik nicht größere Spielräume gehabt hätte, ihre Positionen öffentlichkeitswirksam durchzusetzen. So hypothetisch die Beantwortung dieser Frage bleiben muss, so notwendig ist es, sie in diesem Zusammenhang zu stellen. Tatsächlich zog die DDR in den Verhandlungen mit der Bundesrepublik wie auch im alltäglichen Kontakt mit ihren Repräsentanten in der DDR die Grenzen. Sie erzwang, dass die Bundesrepublik die DDR als Völkerrechtssubjekt wenn nicht anerkannte, so doch achtete. Sie musste sich allerdings damit abfinden, dass die besonderen Bedingungen, die wiederum die Bundesrepublik diktierte, nie aufgegeben wurden. Auch gab man in Bonn den zentralen Forderungen Erich Honeckers nicht nach, hielt also am Bundesministerium für innerdeutsche Beziehungen fest, beging – wenngleich von Jahr zu Jahr weniger innig – am 17. Juni Feierstunden. Auch das grundlegende Urteil des Bundesverfassungsgerichts vom 31. Juli 1973 wurde nicht aufgehoben, wie die DDR es sich gewünscht hätte.[38] Die Bundesrepublik erkannte eine DDR-Staatsbürgerschaft nicht an und verteidigte die sich aus ihrer Rechtsposition ergebende Obhutspflicht für alle Deutschen. Artikel 116 des Grundgesetzes wurde nicht zur Debatte gestellt, geschweige denn getilgt. Als Erich Honecker am 13. Oktober 1980 anlässlich der Eröffnung des Parteilehrjahres auf der Bezirksparteiaktivtagung in Gera seine vier dringendsten Forderungen gegenüber der Bundesrepublik erneuerte, so hatte dies dennoch keine Auswirkungen auf die großen Linien der Politik in Bonn. Weder wurde die Erfassungsstelle für DDR-Unrecht in Salzgitter geschlossen noch die Staatsbürgerschaft anerkannt, die Grenze verlief weiterhin nicht auf der Mitte der Elbe, und die StäV wurde nicht in eine Botschaft transformiert. Zur Erfassungsstelle in Salzgitter allerdings hatte die StäV bereits 1974 eine ablehnende Haltung gezeigt: Die DDR fühle sich provoziert, schrieb man ans Kanzleramt, und die DDR-Organe verzichteten unter Druck nicht auf Repres-

---

36 BArch B 288/291, Bd. 1, o. P., Schreiben der StäV ans Kanzleramt vom 20. Juli 1987
37 ebenda
38 zu den Forderungen vgl. juristische Gutachten der DDR-Staatsrechtler, BStU MfS Rechtsstelle 517, Bl. 4–6

salien.[39] Im Alltag in Ost-Berlin war die Vertretung bemüht, die DDR nicht zu reizen, um die mühsam aufgebauten Kontakte nicht zu gefährden und das Alltagsgeschäft, die Anliegen der Bürger, ohne zusätzliche Obstruktion der Gegenseite abwickeln zu können. Symbolische Handlungen und demonstrative Akte lagen der Ständigen Vertretung fern.

Die DDR unter Beobachtung: Berichte ans Kanzleramt

Die Ständige Vertretung verfasste – wie die Botschaften – regelmäßig Berichte über die Lage in ihrem Gastland, die – anders als Analysen aus den Auslandsvertretungen – natürlich im Kanzleramt eingingen. Die Berichte aus der Feder der Leiter und verschiedener Autoren der StäV beleuchteten die politische, wirtschaftliche oder soziale Situation in der DDR. Ergänzend wurden Beobachtungen zu Ereignissen wie Parteitagen, Leipziger Messen, Kirchentagen oder Synoden sowie zu Ereignissen wie den Weltfestspielen der Jugend oder dem Festival des politischen Liedes festgehalten. Selbstverständlich reagierte die Vertretung auf aktuelle Entwicklungen und unvorhergesehene Ereignisse.

Als Beispiel dafür kann die Ausbürgerung Wolf Biermanns gelten. Am 17. November 1976 schickte Günter Gaus dem Kanzleramt ein Telex, in dem er bekennt, »persönlich keine Aussichten für ein Rückgängigmachung [sic] der Entscheidung gegen Wolf Biermann« erkennen zu können.[40] Gaus wurde von der ADN-Meldung über die Ausbürgerung des unliebsamen Sängers ausgerechnet im Kanzleramt überrascht. Er kehrte nach Berlin in die Vertretung zurück und begab sich über die Hannoversche Straße zur Wohnung des Liedermachers, wo er dessen Ehefrau, Kind, Freunde und Bekannte antraf und sie seiner Unterstützung versicherte: Wie »drei trauernde Witwen« seien ihm Biermanns Ehefrau Tine, Sibylle Havemann und Eva-Maria Hagen vorgekommen, berichtete er später seinen Kollegen in der Vertretung. Günter Gaus bot sich an, Nachrichten zu überbringen: »Da setzten sich die Frauen hin und schrieben jede für sich einen Brief« – Post, die Gaus in West-Berlin in den Kasten warf.[41]

Davon war in seinem offiziellen Fernschreiben über die Ausbürgerung selbstredend nicht die Rede. Dort hieß es vielmehr, dass »wir aus zuverlässiger Quelle erfahren [haben]«, dass Frau und Kind zur Zeit nicht beabsichtigten, einen Antrag auf Ausreise zu stellen. Gaus berichtete dem Kanzleramt über die

---

39 BArch B 288/545, o. P., mehrere Schreiben an das Kanzleramt, zuletzt ein internes Schreiben vom 15. Mai 1989, in dem es heißt, es sei nicht nachweisbar, dass in Gefängnissen Unterdrückung aufhörte, wenn sich die Häftlinge auf Salzgitter bezögen
40 BArch B 136/7636, o. P., Telex 1344, 17. November 1976 VS StäV an das Kanzleramt
41 Roland Berbig (Hg.): Stille Post. Inoffizielle Schriftstellerkontakte zwischen West und Ost, Berlin 2005, S. 286

Proteste der Schriftsteller Stefan Heym, Stephan Hermlin und anderer gegen die Entlassung Biermanns aus der Staatsbürgerschaft und bestätigte, dass das Konzert in Köln der SED-Spitze den Anlass geboten hatte, demonstrativ gegen den Dissidenten vorzugehen. Gaus schrieb:

»Es ist allerdings nicht auszuschließen, daß die DDR-Führung diese schwerwiegende, internationalen Rechtsgrundsätzen (Menschenrechte) widersprechende Maßnahme von vornherein beabsichtigt hat. In jedem Fall muß die Ausbürgerung ganz allgemein als Signal für einen härteren Kurs der DDR gegenüber Dissidenten und politisch unerwünschten Personen (einschließlich westdeutscher Korrespondenten) angesehen werden.« [42]

Gaus schloss seinen Bericht mit einen Rat: »Wir werden unsere weiteren Reaktionen auf diesen Vorgang sehr sorgfältig zu bedenken haben.« Zwei Tage später verfasste der Ständige Vertreter in Ost-Berlin ein weiteres Fernschreiben an das Kanzleramt. Dabei analysierte Gaus die Folgen des »Falles Biermann« für die Lage in der DDR und die Beziehungen zwischen beiden deutschen Staaten. Gaus hielt es für wahrscheinlich, »daß den letzten Anstoß für den jetzt getroffenen Beschluss das persönliche Gekränktsein von Politbüro-Mitgliedern gegeben« habe. »Außer Frage steht jedoch, daß die Ausbürgerung Biermanns nicht beschlossen worden wäre, wenn die SED-Spitze diese Maßnahme nicht in jedem Fall als ein notwendiges Signal nach innen angesehen hätte.«[43] Gaus sah einen Zusammenhang mit dem allgemeinen Missmut in der DDR-Bevölkerung, der jedoch »nicht mehr als ein Schwelbrand« sei: Die SED habe die Entwicklung der DDR unverändert fest unter Kontrolle. Doch machte er diese nicht allein verantwortlich für die Zwangsmaßnahme gegen den unliebsamen Dichter: So gut wie sicher sei, dass die Sowjetunion auf die DDR eingewirkt habe, ihre Abgrenzungsmaßnahmen zu verschärfen und zu vervollständigen, schrieb Gaus: »Wir haben Anlass anzunehmen, daß Vertreter anderer Ostblockstaaten schon seit geraumer Zeit irritiert sind über den Freiheitsraum, der den DDR-Künstlern in der Literatur, auf der Bühne und im Film eingeräumt worden ist.« Und noch einen anderen Gedanken transportierte Gaus: Bei den jüngsten Begegnungen mit offiziellen Gesprächspartnern der DDR habe er deren Sorgen bemerkt. Sowohl die steigende Zahl von Ausreiseanträgen wie auch die westlicher Besucher in der DDR belaste und verunsichere die untere Ebene des SED-Apparates, die beidem nicht gewachsen sei. Gaus:

42 BArch B 136/7636, o. P., Telex 1344, 17. November 1976 VS StäV an das Kanzleramt
43 BArch B 288/560, Bd. 2, o. P., Fernschreiben vom 19. November 1976, S. 2 ff.

»In jedem Fall müßten wir jetzt verstehen, daß die ›äußerste Belastungsgren-ze für die DDR‹ für weitere menschliche Erleichterungen erreicht sei. Grund-sätzliche Verbesserungen auf diesen Bereichen seien auf absehbare Zeit nicht möglich.«[44]

So sehr der Leiter der westdeutschen Mission hier um Verständnis für die DDR-offizielle Sicht warb, so sah er zugleich vorher, was mehr als zehn Jahre später tatsächlich passieren würde: Unter DDR-Bürgern, die nicht ausreisen wollten, beobachtete er »die ›Entwicklung einer Mentalität‹, die in unserem System (also nicht unbedingt hier und keinesfalls sehr bald) zu Bürgerinitiati-ven führen«[45] würde. Er entwarf ein Bild, in dem nicht grundsätzlich und ideo-logisch, aber im Einzelfall die hierarchische Ordnung gestört wäre, Teile der Bevölkerung couragiert auf ihre Rechte pochen und den Ämtern Widerspruch entgegensetzen würden. Gaus besaß ein feines Gespür für atmosphärische Strömungen innerhalb der Bevölkerung in der DDR. In seinen politischen Schlussfolgerungen aber fanden grundsätzliche Zweifel an der Zweistaatlich-keit keinen Platz. Obgleich die Situation seiner Ansicht nach nicht nur »eine Bodenwelle« oder »ein Schlagloch« bedeutete, er also weitere Erschütterungen des Machtgefüges der DDR und die Verhärtung der Haltung der SED erwarte-te, verteidigte er die von ihm verfolgte Politik: Es werde sich für die »Bundes-regierung die Grundfrage erheben, wie wir auch gegenüber der eigenen Öf-fentlichkeit die Basis der Normalisierungspolitik behaupten können«.[46] Ganz eindeutig Gaus' Rat: Einer möglichen »Umdeutung der Normalisierungspoli-tik« erteilte er eine Absage. Zu den bilateralen Beziehungen zwischen beiden deutschen Staaten gebe es »faktisch« keine Alternative, stellte der Vertreter gegenüber der Bundesregierung klar.

Schlimme Befürchtungen hegte auch Gaus' Stellvertreter Bräutigam, nachdem er erfahren hatte, wie die SED den Fall Biermann instrumentalisierte, um zu einem verschärften Kampf gegen Feinde der DDR aufzurufen. Dazu zählten die SED-Funktionäre nicht nur Dissidenten und Agenten, sondern ausdrück-lich auch die Mitarbeiter der Ständigen Vertretung.[47] Diese Befürchtungen allerdings verschwiegen die Vertreter in ihren Berichten an das Kanzleramt.
Auch wenn mehr oder weniger prominente Westdeutsche in Konflikt mit den Sicherheitsorganen der DDR gerieten, berichtete die Vertretung – so im Mai 1983, als eine kleine Gruppe von fünf Bundestagsabgeordneten der Grü-

---

44 ebenda, S. 6
45 ebenda
46 ebenda, S. 10
47 vgl. Bräutigam: Ständige Vertretung, S. 170

nen, allen voran Petra Kelly, ihre Solidarität mit der ostdeutschen Friedens-
bewegung kundtun wollte und in Konflikt mit der Staatsmacht geriet. Petra
Kelly und ihre Mitstreiter entrollten auf dem Alexanderplatz Transparente mit
dem biblischen Motiv »Schwerter zu Pflugscharen«, das sich ein Teil der DDR-
Friedensbewegung um Pfarrer Friedrich Schorlemmer zu eigen gemacht hatte.
Die Grünen enthüllten Aufforderungen zur Abrüstung in Ost und West. In
der StäV gingen zunächst vage Hinweise darauf ein, dass Petra Kelly und Gert
Bastian, die Protagonisten der Aktion, festgenommen worden seien. Zunächst
lagen der StäV keine präzisen Informationen vor, sondern widersprüchliche
Gerüchte. Eine Nachfrage beim MfAA ergab, dass die Grünen wieder auf freiem Fuß seien. Man habe ihre Personalien aufgenommen und sie wieder laufen
lassen.[48] In Fällen wie diesem kam die Ständige Vertretung selbstverständlich unaufgefordert ihrer Pflicht nach, sich um das Wohl möglicherweise in
Schwierigkeiten geratener Westdeutscher zu kümmern.

Anders lag der Fall eines bei der Grenzkontrolle verstorbenen Bundesbür-
gers – ein Fall, der 1983 für erhebliche Verunsicherung sorgte, nachdem in
westdeutschen Zeitungen Mutmaßungen über Verletzungen am Kopf des Toten angestellt worden waren und der bayerische Ministerpräsident schließlich
behauptet hatte, der Transitreisende sei ermordet worden. Eine von der StäV
als glaubwürdig erachtete gerichtsmedizinische Untersuchung ergab schließlich, dass der Mann an Herzversagen gestorben war.[49] Der Wirbel, den der
Todesfall verursacht hatte, war noch nicht vergessen, als die *Frankfurter Allgemeine Zeitung* am 29. Juni 1983 mit der Titelzeile erschien: »Bonn setzt
deutschlandpolitische Akzente. Der Bund verbürgt Milliardenkredit an die
DDR«. Die Ständige Vertretung war über die ungebundene Kreditgarantie, die
Franz Josef Strauß und Alexander Schalck-Golodkowski eingefädelt und ausgehandelt hatten, nicht informiert. In die Vorbereitungen des nicht an Bedingungen geknüpften Geldgeschäftes war die Vertretung nicht einbezogen worden – wohl aber war sie konfrontiert mit Nachfragen, wie es sein könne, dass
ein Staat, an dessen Grenzen Menschen unter dubiosen Umständen ihr Leben
verlören, umfangreiche Kredite erhielt.

---

48 BArch B 137/9270, o. P., Telex 598 vom 12. Mai 1983
49 vgl. Bräutigam: Ständige Vertretung, S. 309 f.

Exkurs: Schüsse auf einen westdeutschen Beamten

Die Ständige Vertretung verfasste auch zu internen Belangen Berichte für das Kanzleramt. Und sie erstattete Bericht über besondere Vorkommnisse. Im Juni 1978 geriet ein Mitarbeiter ohne sein Verschulden in einen Schusswechsel. In einem streng kontrollierten Land, in dem privater Waffenbesitz praktisch untersagt war und das sich seiner niedrigen Verbrechensrate rühmte, waren Schießereien nahezu ausgeschlossen. Umso größer das Erschrecken in der StäV über den tragischen Vorfall – wie auch das Misstrauen im Kanzleramt. Wie konnte es geschehen, dass mitten in der Hauptstadt der DDR ausgerechnet ein westdeutscher Beamter angeschossen wurde und schwer verletzt in eine Klinik gebracht werden musste?

Erst der fünfte Bericht aus Ost-Berlin brachte Klarheit über den Tathergang: Zum Mittagessen wollte der Amtsrat aus der StäV in seinem Privatwagen mit Diplomatenkennzeichen in seine Wohnung an der Leipziger Straße fahren. Kurz vor der zentralen Kreuzung Friedrichstraße, Unter den Linden rammte ihn ein DDR-Kleinbus, der wiederum durch die Wucht des Zusammenpralls ins Schleudern geriet und an einem Laternenmast zum Stehen kam. Diesem Kleinbus entstieg ein bewaffneter sowjetischer Soldat, der hinter seinem Bus Deckung suchte: ein 19-jähriger Russe, mit einer Maschinenpistole und 60 Schuss Munition bewaffnet – am Vortag desertiert. Die Volkspolizei war ihm bereits dicht auf den Fersen, nun fielen Schüsse, der Deserteur richtete seine Waffe erst wahllos auf Unbeteiligte, schließlich gegen sich selbst. Schwer verletzt nahm ihn die Polizei fest. Vier Passanten trugen leichtere Schusswunden davon, und auch der Mitarbeiter der Ständigen Vertretung musste mit einer Kopfwunde am Unfallort ärztlich versorgt und schließlich ins Diplomatenkrankenhaus eingeliefert und operiert werden.

Unverzüglich wurde die Vertretung informiert, der Vize-Außenminister und der Protokollchef des MfAA unterrichteten Günter Gaus über den Vorfall und drückten ihr Bedauern aus. Gaus und die Ehefrau des Verletzten besuchten den Frischoperierten unverzüglich im Krankenhaus, und zugleich bemühte sich die Vertretung um Informationen über den Tathergang. Zwei entscheidende Fragen waren über Stunden offen: Hatte sich der Amtsrat bei der Kollision seines Wagens mit dem Transporter des Deserteurs verletzt oder hatte er nicht vielmehr eine Schussverletzung erlitten? Und woher stammte das Geschoss, das die Windschutzscheibe seines Wagens durchschlagen hatte – aus der Maschinenpistole des sowjetischen Deserteurs oder aus einer Waffe der Deutschen Volkspolizei? Das Krankenhaus hatte dem Leiter der Vertretung zunächst nur zögerlich über die Ursache der Verletzung des Patienten Auskunft gegeben und der ursprünglichen Annahme, es handele sich um eine Schusswunde, widersprochen. Gaus wurde misstrauisch: »Möglicherweise haben bei der jetzt gegebenen Erklärung nicht nur medizinische Erkenntnisse Pate gestanden«, kabelte er um 21.47 Uhr beunruhigt ans Kanzleramt. Schließlich ergab die vom Leiter der Vertretung am nächsten Tag akzeptierte offizielle Untersuchung, dass sein Mitarbeiter tatsächlich von einem Geschoss getroffen worden war, zwei weitere Kugeln in der Karosserie des Autos steckten und diese eindeutig aus einer Waffe der sowjetischen Armee stammten.

In der ADN-Meldung über den Vorfall hieß es allerdings, der Mitarbeiter der Vertretung sei bei der Kollision seines Fahrzeugs mit dem Kraftwagen B 1000 verletzt worden. Der Unfallverursacher, »ein desertierter geistesgestörter Soldat der Gruppe der Sowjetischen Streitkräfte in Deutschland«,[50] habe versucht, sich der Feststellung des Sachverhaltes durch die Volkspolizei unter Gebrauch einer Schusswaffe zu entziehen – meldete Gaus am Tag nach dem Vorfall irritiert ans Kanzleramt.[51] Die Ermittler des MfS teilten dem SED-Generalsekretär dagegen in einer abschließenden Untersuchung die Version mit, von der auch Gaus erfuhr: Von einer möglicherweise verminderten Schuldfähigkeit des Deserteurs war keine Rede. Das MfS warf dem Kommando der Sowjetischen Streitkräfte vielmehr vor, die Desertion verheimlicht und die Fahndung nach dem flüchtenden Soldaten unnötig verzögert zu haben.[52]

Der Tenor der Berichte ans Kanzleramt

Freilich betrafen die wenigsten Berichte ans Kanzleramt die Ständige Vertretung selbst, vielmehr galt es, politische Stimmungen und die Atmosphäre einzufangen. Zum 30. Jahrestag der Gründung der DDR konstatierte die StäV, die DDR sei »heute auch nach innen hin ein etablierter Staat«. Der Autor, Günter Gaus, stellte fest, dass die Masse der Bevölkerung die »sichtbaren wirtschaftlichen und sozialpolitischen Erfolge, die die DDR insgesamt vorzuweisen hat, [...] kaum entsprechend honoriert«.[53] Der Beginn der »Ära Honecker« habe bei den Menschen in der DDR einen Hoffnungsschub ausgelöst, ihre Erwartungen aber nicht erfüllt. Zeichen der Mangelwirtschaft beschrieb der Bericht ebenso wie »Hamsterfahrten nach Berlin oder Leipzig (besonders zur Messezeit)« oder die »Unterversorgung mit Urlaubsplätzen. [...] Die Bedürfnisse, auch von der westlichen ›Konsumgesellschaft‹ Bundesrepublik

---

50 So auch das Neue Deutschland am 20. Juni 1978: »desertierter, geistesgestörter Soldat«.
51 BArch B 137/7637, Telex StäV ans Kanzleramt vom 19. Juni 1978 (2 Seiten), vom 20. Juni 1978 (5 Seiten) und vom 29. Juni 1978 (1 Seite)
52 Untersuchungsbericht des MfS: BStU MfS ZAIG 2822, Bl. 1–8; Information an Erich Honecker vom 28. Juni 1978 über einen Zwischenfall mit Schußwaffenanwendung
53 Die innere Entwicklung der DDR. Bericht der Ständigen Vertretung aus Anlaß des 30. Jahrestages der Gründung der DDR, S. 17 (privater Handapparat)

stark beeinflußt, eilen den (wieder reduzierten) Möglichkeiten des Staates weit voraus.«[54]

Die Vertretung verfasste auch exotisierende Beschreibungen über DDR-Großveranstaltungen wie die Ostsee-Wochen oder das Festival des politischen Liedes. Im Jahr 1982 berichtete die StäV über den Abschluss des populären internationalen Liedermachertreffens, dass es »massenpsychotische Verhaltensweisen« provoziere. So habe sich das Publikum »wie bei einer Nationalhymne« erhoben und Feuerzeuge entzündet, als der in der DDR lebende kanadische Sänger Perry Friedman mit »We shall overcome« die Hymne der US-Friedensaktivisten der sechziger Jahre anstimmte. Während das Festival insgesamt den Beobachter aus dem Westen nicht zu faszinieren vermochte, beendete er seinen Bericht doch mit einem vielsagenden Ausblick:

> »Viele dem Jugendalter entwachsene Teilnehmer beobachteten dies mit Schrecken bei dem Gedanken, wie diese jungen Idealisten, die sich für die großen Grundwerte wie Frieden, Freiheit, Gerechtigkeit, Chancengleichheit engagieren, vom real existierenden Sozialismus betrogen werden; ihre Enttäuschung wird die DDR nur aufschieben, nicht verhindern können.«[55]

Während des Besuchs von Erich Honecker in der Bundesrepublik sendete das ZDF am 10. September 1987 eine Folge der Reihe *Kennzeichen D* live aus dem Palast der Republik – zu später Stunde und ohne dass der Termin in der DDR publik gemacht worden wäre, aber formal war die Show »öffentlich«. Beobachtet wurde die außergewöhnliche Veranstaltung von der Staatssicherheit – und von der Vertretung, die auch am Zustandekommen beteiligt war. Als Gäste hatte das ZDF Bischof Albrecht Schönherr geladen, den Schriftsteller und Kulturfunktionär Hermann Kant, Max Schmidt vom Institut für Internationale Politik und Wirtschaft und Egon Bahr. Für die musikalische Untermalung sorgten paritätisch aus Ost und West die Gruppe City und Katja Ebstein. Die Interpretin aus dem Westen sorgte für Unruhe, als sie unter dem Beifall des Publikums bemerkte, die DDR sei für sie »europäisches Ausland«. Egon Bahr rückte ihre Bemerkung zurecht, wie der Mitarbeiter der StäV notierte, und erhielt dafür gleichfalls Applaus.[56]

Hans Otto Bräutigam und einer seiner Mitarbeiter verfassten am 15. Februar 1988 einen Bericht über das kirchliche Gedenken zum Jahrestag der Bombardierung Dresdens, über die Gedenkveranstaltung der SED und die

54 ebenda
55 BArch B 137/9270, o. P., Ständige Vertretung an das Bundeskanzleramt, vierseitiger Bericht vom 24. Februar 1982, S. 4
56 BArch B 288/291, o. P., Akte zum Honecker-Besuch, Bericht über die Live-Sendung vom 10. September 1987

anschließende Demonstration, die in eine Kundgebung Ausreisewilliger mündete.[57] Die westlichen Beobachter stellten fest, dass selbst vor drei Jahren, am 40. Jahrestag des Bombardements, als die Semper-Oper feierlich wiedereröffnet worden war, nicht so viele Menschen am ökumenischen Gedenkgottesdienst in der Kreuzkirche teilgenommen hatten wie in jenem Jahr, als Bischof Johannes Hempel in seiner Predigt dem Leitwort »Eine Hoffnung lernt gehen« folgte. Mit Befremden registrierten sie Sprechchöre wie »Die Mauer muss weg«. Bisher dürfte es in der DDR weder eine solche öffentliche Demonstration noch eine solche Zurückhaltung der Polizei gegeben haben.

Die Berichte aus Ost-Berlin – über Ereignisse oder das allgemeine politische Klima – wurden im Kanzleramt selbstverständlich zur Kenntnis und nach einem Umlauf zu den Akten genommen. Nach dem Organisationserlass des Bundeskanzlers vom 25. April 1974 über die Zuständigkeit für die Ständige Vertretung bei der Deutschen Demokratischen Republik war die StäV dem Kanzleramt unterstellt, formell zuständig war der Chef des Kanzleramts, über seinen Tisch gingen wichtige Mitteilungen.[58] Absprachen wurden zwischen dem Kanzleramt und dem innerdeutschen Ministerium vorab getroffen, Weisungen an die StäV aber liefen ausschließlich über das Kanzleramt, was beispielsweise eine besondere Relevanz bekam bei den Gesprächen zwischen Günter Gaus und Alexander Schalck-Golodkowski. Doch anhand der überlieferten Akten lässt sich nicht zeigen, dass die StäV Entscheidungen in der Deutschlandpolitik gelenkt oder maßgeblich beeinflusst hätte. Die Kanzler Schmidt und Kohl verfolgten gegenüber der DDR ihre jeweils eigene Linie. Nach dem Besuch von Helmut Schmidt im Jahr 1981 in der Schorfheide und der Westreise Erich Honeckers 1987 wurden vorsichtige, aber direkte Kontakte zwischen den Regierungschefs etabliert. Die Kanzler nutzten die StäV, gleichzeitig aber existierten mehrere Schauplätze der Deutschlandpolitik, deren Akteure bisweilen in Konkurrenz zueinander standen und unterschiedlich enge Drähte zu den Kanzlern selbst unterhielten. Im Leitungsstab Deutschlandpolitik im Kanzleramt, im Auswärtigen Amt, wo die Drähte nach Moskau zusammenliefen, im Bundesministerium für innerdeutsche Beziehungen sowie in den Gremien, in denen auch der Berliner Senat vertreten war, wurden die deutschlandpolitischen Fragen ventiliert. Nicht zuletzt fütterten *back channel* die Entscheidungsträger mit Informationen. In heiklen Fragen fungierten auch Kirchenobere in den deutsch-deutschen Beziehungen als Emissäre: So berichtet Bischof Albrecht Schönherr nicht nur über seine guten Beziehungen zu Günter Gaus, sondern auch von zwei Gesprächen mit Bundeskanzler Helmut Schmidt im Sommer 1980. Schönherr und der ihn begleitende Kon-

---

57 BArch B 288/234, Bd. 1, o. P., Bericht vom 15. Februar 1988
58 beide im Bundesanzeiger Nr. 84 vom 7. März 1974, S. 4

sistorialrat Manfred Stolpe bestärkten Schmidt in seinem Vorhaben, die DDR bereisen zu wollen. Doch angesichts der Gewerkschaftsproteste in Polen war Helmut Schmidts Reise mit einem hohen politischen Risiko verbunden: Der Kanzler bat die Kirchenvertreter überraschend um einen »ungewöhnlichen, politischen Dienst«, wie Schönherr schreibt:[59]

> »Wir sollten der Regierung der DDR eine Warnung der BRD-Regierung übermitteln: Sollte die DDR, wie seinerzeit in die ČSSR, in Polen einmarschieren, werde alles Bemühen um ein verbessertes Verhältnis zwischen beiden Staaten hinfällig.«

Der Kanzler wollte diese Mitteilung bewusst nicht auf offiziellem Weg übermitteln – Schönherr vermutete, dass Helmut Schmidt die Einmischung der Sowjetunion fürchtete.

Die Ständige Vertretung sah sich immer wieder der Kritik ausgesetzt, dass ihre Lagebeurteilungen zu positiv ausfielen. Den Vorwurf, hier werde beschönigend eingegriffen, kann man ihr angesichts der damals dürftigen Datenlage und des spärlichen Informationsflusses in der DDR grundsätzlich nicht machen, auch wenn bisweilen ein milder Ton herrschte, etwa in einer aus heutiger Sicht befremdlich nüchternen Analyse des Sturzes von Politbüromitglied Herbert Häber im Januar 1986, dem »zeitweilig wichtigsten Berater in allen die Bundesrepublik betreffenden Fragen und [Erich Honecker] loyal ergeben«, wie Hans Otto Bräutigam im Rückblick schreibt.[60] In seiner damaligen Beurteilung beschreibt er dem Kanzleramt zunächst die Rolle des Honecker-Vertrauten Häber, der sich in Konkurrenz zum mächtigen SED-Sekretär für Internationale Beziehungen, Hermann Axen, befunden habe. Wie Häber zur Persona non grata wurde, konnte die westdeutsche Vertretung zu diesem Zeitpunkt nicht wissen. Doch ihre Hoffnung, dass sich mit der Umstrukturierung der Zuständigkeiten in der DDR- Deutschlandpolitik »in Zukunft mehr Raum für konstruktive Einzelentscheidungen [...] insbesondere bei Wirtschaft und Kultur«[61] eröffne, schien auch aus damaliger Perspektive euphemistisch. Angesichts des Mangels an umfassenden Daten über die Wirtschaft im Realsozialismus blieben die Beschreibungen hier stets vage. Ihre Stärken liegen in den Passagen, die der Stimmung im Lande gewidmet sind.

---

59 Albrecht Schönherr: ... aber die Zeit war nicht verloren. Erinnerungen eines Altbischofs, Berlin 1993, S. 296 f.
60 Bräutigam: Ständige Vertretung, S. 350 f.
61 BArch B 288/123, o. P., Ständige Vertretung über die Aufgabenverteilung der Deutschlandpolitik in der DDR-Führung, sechsseitiger Bericht vom 24. Januar 1986, S. 5 f.

Die Häftlingsbetreuung

Jörg Kürschner war 28 Jahre alt, als er am 30. Juli 1980 in der DDR wegen staatsfeindlicher Hetze zu fünf Jahren und acht Monaten Freiheitsentzug verurteilt wurde. Der junge Jurist aus Westdeutschland war am Grenzübergang Herleshausen geschnappt worden. Der Staatssicherheitsdienst wusste, dass er verbotene Bücher und Zeitschriften für Bekannte in Jena im Auto hatte. Bei der Urteilsverkündung war neben dem offiziell von der DDR bestellten Rechtsanwalt auch ein Mitarbeiter der Ständigen Vertretung der Bundesrepublik anwesend. Das habe ihn beruhigt, so Kürschner: »Ich wusste, wir werden nicht im Stich gelassen.«[62]

Wie andere in der DDR inhaftierte Bundesbürger und Bewohner West-Berlins wurde Jörg Kürschner nach seiner Verurteilung etwa halbjährlich von einem offiziellen Repräsentanten der Bundesrepublik in der DDR im Gefängnis besucht. Auch der ehemalige Häftling Matthias Bath erhielt Besuch von der Ständigen Vertretung: »In diesem Moment, als ich wieder mit einem mir sicherlich nicht feindlich gesonnenen Menschen reden konnte, war mir, als stünde mir ein Besucher von einem anderen Stern gegenüber, der mir aber doch vertraut sei.«[63]

Viele westdeutsche Strafgefangene hatten bis zu ihrer Entlassung oder dem Freikauf keinen anderen Ansprechpartner aus der Welt jenseits der Gefängnismauern als den von der DDR bestellten Anwalt – und eben »ihren« Betreuer von der Ständigen Vertretung in Ost-Berlin.

Die Gefangenenbetreuung gehörte von Anfang an zu den Aufgaben der StäV. Regelmäßig fuhren bundesdeutsche Beamte aus dem gehobenen und dem höheren Dienst in Untersuchungsgefängnisse und Strafanstalten der DDR. Jeder von ihnen betreute etwa zehn Bundesdeutsche oder Bürger West-Berlins, die aus unterschiedlichen Gründen, zumeist aber wegen Fluchthilfe, in der DDR eine Strafhaft verbüßten.

Bereits in seinem ersten ausführlichen »Tätigkeitsbericht« schrieb Günter Gaus an das Ministerium für innerdeutsche Beziehungen: »Der Rechtsschutz für Inhaftierte aus dem Bundesgebiet und Berlin (West) wird immer mehr zu einem Schwerpunkt der Arbeit der Rechtsabteilung.«[64] In etwa 100 Haftsachen seien seine Mitarbeiter in den ersten drei Monaten bereits »tätig geworden«. Gaus nutzte den Terminus »Rechtsschutz«, wobei die Mitarbeiter der StäV nur das Mandat hatten, den Häftlingen bei der Regelung ihrer persönlichen und beruflichen Angelegenheiten in der Bundesrepublik zur Seite zu stehen.

62 Gespräch mit Jörg Kürschner am 17. Juli 2006 in Berlin
63 Matthias Bath: Gefangen und freigetauscht. 1197 Tage als Fluchthelfer in DDR-Haft (Dokumente unserer Zeit, Bd. 5), München 1981, S. 42
64 Tätigkeitsbericht vom 15. Oktober 1974, BArch B 137/5873, S. 2 ff.

Keinesfalls durften sie gegenüber den Strafverfolgungsorganen der DDR als Anwälte auftreten. »Manch ein Häftling erwartete das zwar von uns, was den Kontakt nicht immer erleichterte«, erinnert sich ein ehemaliger Mitarbeiter der Rechtsabteilung der StäV.

Günter Gaus berichtete, dass sich seit dem Sommer 1974 westdeutsche Häftlinge direkt an die Vertretung in Berlin-Mitte gewandt hätten, dass ihre Familien sich meldeten und dass neue Fälle von Westdeutschen in ostdeutscher Untersuchungs- bzw. Strafhaft über das Ministerium für Auswärtige Angelegenheiten angezeigt würden.

Benannte das MfAA die Festgenommenen aus Ost-Berlin und den übrigen Bezirken der DDR, so wurden Verhaftungen auf den Transitstrecken von der DDR dem Bundesministerium des Innern oder dem Berliner Innensenator gemeldet, die ihrerseits die StäV einschalteten. Die Mitteilungen erreichten ihn zwar vollständig, aber mit einer Verzögerung von zehn bis zwanzig Tagen, monierte Günter Gaus schon nach den ersten Monaten.

Auch in den folgenden Jahren beschleunigte sich das Verfahren nicht, obgleich eine gewisse Regelmäßigkeit einzog. Auch hier ging es um eine Machtdemonstration: Am 17. Juni 1976 war die Weisung Nr. 0115/76 des Ministeriums des Innern und der Chefs der Deutschen Volkspolizei ergangen, in der die »Verfahrensweise für die Gestaltung der konsularischen Betreuung inhaftierter Bürger der BRD und ständiger Einwohner Westberlins durch die Ständige Vertretung der BRD in der DDR« klar geregelt wurde.[65] Die Dienststellen waren nun angewiesen, Informationen über Verhaftungen von Westdeutschen innerhalb von 14 Tagen an das Außenministerium zu geben, dem es wiederum oblag, die StäV zu informieren. Zuvor hatte dies eine Woche gedauert, wie der Weisung zu entnehmen ist. Die Bearbeitungsfrist für Anträge der StäV auf Haftbesuche wurde auf bis zu acht Wochen ausgedehnt. Der Besuch konnte abgelehnt werden, »wenn der Zweck der Untersuchung gefährdet« oder aber ein besonders renitenter Häftling in Arrest oder »in Absonderung« verwahrt wurde.[66] Das Papier endet mit dem ausdrücklichen Hinweis: »Diese Festlegungen gelten nicht für den Verkehr mit diplomatischen und konsularischen Vertretungen anderer Staaten.«[67]

War der Name eines Westdeutschen, der mit den Gesetzen der DDR in Konflikt geraten war, in der StäV schließlich aktenkundig, so stellte die Vertretung beim MfAA ein Ersuchen auf Besuchserlaubnis. Diese war immer wieder aufs Neue zu beantragen – eines von vielen bürokratischen Hemmnissen im deutsch-deutschen Bemühen um zwischenmenschliche Kontakte.

---

65 BStU MfS BdL/Dok. Nr. 009184, S. 1
66 ebenda, S. 2
67 ebenda, S. 3

Die Besuchserlaubnis »wird regelmäßig erteilt«, konnte Gaus nach den ersten Monaten festhalten.[68] Doch uneingeschränkt galt dies nicht, denn die DDR tat sich weiterhin schwer mit einst geflohenen Inhaftierten, die sie nicht selbst aus ihrer Staatsbürgerschaft entlassen hatte.

»Wir hätten gern alle politischen Gefangenen betreut, für uns war das keine Frage der Staatsangehörigkeit, aber natürlich für die DDR, die sich rigoros all das verbat, was sie als Einmischung in ihre inneren Angelegenheiten verstand«, so einer der langjährigen Leiter der Rechtsabteilung der StäV. Das westdeutsche Verständnis von der Einheit der Nation und der *einen* deutschen Staatsbürgerschaft, auf die jeder Bewohner der DDR ein Anrecht hatte, stand einer weitergehenden Praxis im Weg.

Aber auch von Hauptverhandlungen gegen Bundesbürger schloss die DDR-Justiz westdeutsche Beobachter in der Regel aus. Sie wurden des Gerichtssaales verwiesen, wogegen die StäV beim Außenministerium immer wieder protestierte.[69] Je nach politischer Haltung und seelischer Verfassung des Angeklagten konnte die Präsenz eines offiziellen Vertreters der Bundesrepublik immerhin bei der Urteilsverkündung tröstlich wirken oder doch als Garant dafür dienen, dass die Staatssicherheit als Ermittlungsorgan und die Gerichte der DDR nicht *unbeobachtet* ihre Urteile fällen konnten – ausgeliefert waren die Beschuldigten der DDR-Justiz freilich dennoch.

War bei den Prozessen nicht mehr als eine symbolische Präsenz der Westseite möglich, so kam den Gesprächen in den Gefängnissen oft eine umso größere Bedeutung zu. Sie folgten einem festen Ritual. Zumeist lagen die Gesprächstermine in den Vormittagsstunden. In der Regel gab es ein Vorgespräch mit einem Mitarbeiter des Strafvollzugs über den Häftling, bevor dieser selbst in den eigens vorbereiteten Raum für die »Diplomatensprecher« geführt wurde. Auch die Gefangenen wurden eindringlich auf den Besuch vorbereitet: Matthias Bath, 1976 wegen Fluchthilfe zu fünf Jahren Haft verurteilt, wusste zunächst überhaupt nicht, dass er von westlicher Seite offiziell betreut werden würde, bis Mithäftlinge ihm schließlich von den Besuchen erzählten.[70] Bevor er dann zum ersten Mal der für ihn zuständigen Dame aus der Hannoverschen Straße begegnete, sei er belehrt worden, dass Themen wie das Delikt selbst, also die gescheiterte Fluchthilfe, die Vernehmungen durch das MfS oder der Gefängnisaufenthalt nicht angesprochen werden dürften. Auch die Mithäft-

68 Tätigkeitsbericht vom 15. Oktober 1974, BArch B 137/5873, S. 2 f.
69 Und dies nicht nur in der Frühphase der institutionalisierten Beziehungen zwischen der Bundesrepublik und der DDR. So beschwerte sich der Leiter der Rechtsabteilung der StäV z. B. auch am 4. März 1985 bei seiner zuständigen Ansprechpartnerin im Ministerium für Auswärtige Angelegenheiten der DDR; BArch B 288/421 o. P.
70 vgl. Bath: Gefangen und freigetauscht, S. 40

linge waren als Gesprächsthema tabu, wenngleich Mitarbeiter der StäV auch Kontakte zu entlassenen ehemaligen Gefängniskameraden vermittelten.

Als Hans Otto Bräutigam in der Rolle des Stellvertreters von Günter Gaus seinen ersten Häftlingsbesuch absolvierte, beeindruckte der Auftritt des gelernten Diplomaten den anwesenden MfS-Mann Peter Pfütze so nachhaltig, dass er ihn in seinem apologetischen Buch beschrieb:[71] Der hochrangige Westvertreter sei vom Wachpersonal im Strafvollzug gefragt worden, ob er Waffen bei sich trüge – eine Unterstellung, die Bräutigam korrekt und bestimmt zurückwies. Pfütze verwies entschuldigend darauf, dass diese Frage »reine Routine« sei. Bräutigam: »Mitarbeiter der Ständigen Vertretung führen prinzipiell keine Waffen bei sich. Auch das ist reine Routine.«

Im Gefängniskomplex Bautzen II waren seit 1978 drei Diplomatensprechzimmer eingerichtet und mit kaschierten Abhöranlagen ausgestattet, weit professioneller als in den Jahren zuvor, da Wanzen in den Fußleisten der Besucherzellen steckten. In den neuen Räumen verbarg eine gemusterte Strukturtapete die Leitungen der Sicherungsanlage, ein grünlicher Bodenbelag dämpfte die Schritte. Die Fenster waren vergittert und Milchglas verwehrte den Blick nach draußen. Häftling und Besucher waren durch eine Glasscheibe in der Mitte des Tisches voneinander getrennt. Etwa eine Stunde verbrachten StäV-Betreuer, der Häftling und mindestens ein Mitarbeiter der Staatssicherheit in der Regel miteinander,[72] dann setzte der Befehl »Abführen!« dem Gespräch ein Ende.

Die Besucher übergaben üblicherweise einen Beutel oder ein Paket – nach dem zweiten Leiter der StäV »Böllingkommode« genannt – mit Obst, Zigaretten, Schokolade, Kaffee, Wurst, Produkten zur Körperpflege und Vitamintabletten. Außerdem brachten die Besucher Geld mit, wobei die Angaben über die Höhe stark schwanken. 30 bis 50 DM sagt ein MfS-Bericht,[73] 100 DDR-Mark oder in Ausnahmefällen 150 DDR-Mark pro Inhaftiertem nennt der Betreuungsleitfaden der StäV.[74] Das Geld wurde nicht etwa dem Häftling bar in die Hand gedrückt, sondern musste unter den Augen des Begünstigten dem Anstaltspersonal anvertraut werden. Quittungen waren nicht nur unüblich, sondern wurden der StäV bewusst verweigert.[75]

---

71 Peter Pfütze: Besuchszeit. Westdiplomaten in besonderer Mission, Berlin 2006, S. 29
72 Hinweise aus dem Ministerium des Innern zur Vorbereitung, Durchführung und Auswertung von Diplomatenbesuchen bei Strafgefangenen aus nichtsozialistischen Staaten und Berlin (West) vom 20. Juli 1987, Historische Sammlung Gedenkstätte Bautzen, AB 301, S. 3
73 BStU MfS HA IX 524, Bl. 20 ff.
74 Leitfaden für Haftbesuche vom August 1982, S. 21
75 Hinweise aus dem Ministerium des Innern zur Vorbereitung, Durchführung und Auswertung von Diplomatenbesuchen bei Strafgefangenen aus nichtsozialistischen Staaten und Berlin (West) vom 20. Juli 1987, Historische Sammlung Gedenkstätte Bautzen, AB 301, S. 5; vgl. auch Pfütze: Westbesuch, S. 3

Mit den besten Wünschen: Weihnachtspäckchen der Ständigen Vertretung an westdeutsche Häftlinge in DDR-Gefängnissen

Bisweilen fühlten sich die Beobachter des MfS berufen, in Gespräche einzugreifen. So intervenierte der aufsichtführende Hauptmann des MfS, als ein Verurteilter gegenüber seinem Besucher von der StäV über die Küche im Knast klagte: »Strafgefangener, warum lügen Sie!« Zurechtgewiesen wurde auch ein Häftling, der sich über die Haftbedingungen beklagte: »Strafgefangener, überlegen Sie, was Sie sagen, reden Sie nicht solchen Unsinn!«[76]

Der Inhaftierte Jörg Kürschner hatte nach seiner Promotion ein Volontariat antreten wollen. Der ihn betreuende Mitarbeiter der StäV konnte ihm versichern, dass dem jungen Mann die zugesagte Stelle erhalten blieb: Die Haft in der DDR dürfe kein Hinderungsgrund sein, nur verzögerte sich der Beginn seiner journalistischen Ausbildung. Auch hier konnte sich der Vernehmer des MfS eines Kommentars nicht enthalten: »Die BRD lässt ihre bewährten Kader nicht fallen.«[77]

76 Historische Sammlung Gedenkstätte Bautzen, AB 305, o. P.
77 Gespräch mit Jörg Kürschner am 4. Januar 2007 in Berlin

Termine mit den StäV-Mitarbeitern waren für die Häftlinge umso wichtiger, da Ehepartner oder Familien die Besuche oft als unzumutbar empfanden: »Sie können Ihre Angehörigen mit Handschlag begrüßen«, wurde der Häftling Matthias Bath vor dem Besuch seiner Eltern im Gefängnis belehrt. »Was es aber nicht gibt, sind tränenrührige Begrüßungen mit großen Umarmungen. Da verstehen wir keinen Spaß! Notfalls können wir, falls Sie sich nicht an diese Anordnungen halten, den Besuch sofort wieder abbrechen.«[78] Jörg Kürschner lehnte, nachdem seine Mutter ihn einmal im Gefängnis besucht hatte, weitere Besuche ab: »Das Gespräch fand unter so unwürdigen Umständen statt – das wollte ich niemandem zumuten.«

Ganz anders die Darstellung von Peter Pfütze. Der einstige Oberst des MfS behauptet, dass nur wenige westdeutsche Ehepartner oder Verwandte ihre Angehörigen in der Untersuchungs- oder Strafhaft der DDR besuchten, weil sie der antikommunistischen Propaganda aufgesessen waren. Angeblich fürchteten sie, in Sippenhaft genommen zu werden.[79] Über die Häftlingsbetreuung durch die StäV liegen sowohl persönliche Berichte vor wie auch Schreiben, die bundesdeutsche Beamte nach ihren Besuchen regelmäßig für das Kanzleramt verfassten,[80] und ausführliche Protokolle des MfS. Die Staatssicherheit nutzte Haftbesuche für ihre »operative Arbeit« und wertete sie sorgsam aus.[81] So stellte sie fest, dass die Häftlinge von der StäV ermuntert würden, ihre »staatsfeindliche Haltung« gegenüber der DDR zu zeigen.[82]

Die Ständige Vertretung war an eine permanente Beobachtung durch den Geheimdienst gewöhnt. Und doch bestritt der damalige Bundesminister für innerdeutsche Beziehungen, Egon Franke, 1976 öffentlich, dass die Betreuungsgespräche in den DDR-Haftanstalten aufgenommen und abgebrochen würden, sobald Unerlaubtes zur Sprache kam. Am 13. April 1976 widersprach der Minister in einem Leserbrief an die Tageszeitung *Die Welt* einem Artikel, der geheime Tonbandmitschnitte thematisiert und über abgebrochene Gespräche berichtet hatte. Auch Günter Gaus hatte unmittelbar nach Erscheinen des Artikels in einer internen Notiz die Vorwürfe gegen die DDR sehr detailliert für nichtig erklärt. Offenkundig hegte Gaus Illusionen, denn nicht einmal in

---

78 Bath: Gefangen und freigetauscht, S. 44
79 vgl. Pfütze: Besuchszeit, S. 31
80 vgl. Marion Detjen: Ein Loch in der Mauer. Die Geschichte der Fluchthilfe im geteilten Deutschland 1961–1989, Berlin 2005. Die Autorin berichtet, dass Aussagen von Fluchthelfern in DDR-Haft gegenüber Mitarbeitern der StäV später auch in Verfahren im Westen genutzt wurden; vgl. S. 299.
81 BStU MfS HA IX 524, Bl. 20
82 Information über Aktivitäten der Ständigen Vertretung der BRD in der DDR im Zusammenhang mit der Betreuung von Strafgefangenen in Strafvollzugseinrichtungen der DDR, BStU MfS Z 2812, S. 3

den geheimen Verschlusssachen für Kanzleramt und Ministerium zog der Leiter der Ständigen Vertretung die Möglichkeit in Betracht, dass der Inhalt der Gespräche mit den Gefangenen festgehalten und ausgewertet werden könnte.[83]

Es ist eine Ironie des Schicksals, dass vormalige Geheimdienstler heute die deutsch-deutsche Häftlingsbetreuung als Beleg dafür anführen, wie korrekt sich die DDR an allgemein geltende Rechtsvorschriften gehalten habe. Der einstige hauptamtliche Mitarbeiter des MfS Pfütze behauptet, dass die StäV keinen Grund gehabt habe, sich offiziell über Mängel im Strafvollzug oder die Behinderung von »Diplomatensprechern« zu beschweren. Daraus schließt er: »Was wir taten, war rechtens.«[84] Pfütze unterschlägt wohlweislich, dass die Leiter der Ständigen Vertretung während der 15 Jahre ihrer Tätigkeit in der DDR fortwährend im Ministerium für Auswärtige Angelegenheiten Beschwerden über Schikanen bei den Haftbesuchen und Unregelmäßigkeiten in den Gefängnissen vorbrachten. Im März 1983 beispielsweise übergab die Bundesregierung dem MfAA durch ihren Ständigen Vertreter offiziell eine Aufzählung von Klagen über die Zustände in der Haft: Unzureichende medizinische Versorgung, mangelhafte Unterbringung, verzögerte Korrespondenzen und allzu willkürliche Besuchsregelungen wurden offiziell beanstandet.[85] Bei den Ermittlungen der Staatssicherheit gebe es zwar selten »offene Übergriffe gegen Inhaftierte«, wohl aber übte das MfS »auf vielfältige Weise Druck [aus], um sie zu Aussagen zu veranlassen«[86], berichtete Gaus nach Bonn.

Die im MfAA vorgebrachten Beschwerden basierten auf Informationen, die StäV-Mitarbeiter in den Gefängnissen sammelten. Besuche seien verweigert worden,[87] klagte ein Häftling. Dass nur in der DDR zugelassene Zeitungen erlaubt seien, missfiel einem anderen. Eine zu sieben Jahren Freiheitsentzug verurteilte Frau berichtete, dass sie und ihre Mithäftlinge ungenießbares Essen bekämen und voll Abscheu zurückwiesen: »Die Kaltverpflegung wird zu 90 % in den Müll geworfen.«[88] Im Sommer 1978 trat ein Untersuchungshäftling in den Hungerstreik. Er verweigerte die Anstaltsnahrung, weil seine Briefe an die StäV zurückgehalten wurden.[89] Einige Häftlinge scheuten sich, gegenüber den Besuchern von der StäV offen zu reden – zumal in Anwesenheit eines »Auf-

83 Die Welt vom 3., 5. und 13. April 1976, Fernschreiben Gaus vom 6. April 1976, BArch B 137/9273, o. P.
84 Pfütze: Besuchszeit, S. 221; das angeführte Zitat ist der Schlusssatz des Bandes, wobei nahezu jedes Kapitel mit ähnlichen Aussagen endet.
85 BStU MfS HA IX 524, Bl. 49
86 Haftbedingungen in der DDR, Erfahrungsbericht der Ständigen Vertretung; Stand 1. Februar 1978, S. 1 ff.
87 Das geht z. B. aus dem Bericht von Franz Jürgen Staab über ein Gespräch im MfAA vom 27. November 1987 hervor; BArch B 136/21261, o. P.
88 Niederschrift Nr. 02/87 vom 7. Januar 1987 über einen Diplomatenbesuch in Bautzen II, Historische Sammlung Gedenkstätte Bautzen, AB 306, o. P.
89 BStU MfS HA IX 3909, Bl. 262

sichtführenden« von der Staatssicherheit. Sie fürchteten Repressionen. Erst nach ihrer Entlassung in den Westen berichteten sie, wie insbesondere in der Untersuchungshaft Druck ausgeübt worden war: Der Kontakt zu den Familien sei eingeschränkt worden, bis die Häftlinge geständig waren.[90]

Die Haftbesuche wurden vom MfS intensiv beobachtet und dokumentiert. Als Ermittlungsbehörde war der Geheimdienst über Festnahmen bestens informiert, und Erich Mielkes Ministerium nutzte auch die Besuchspraxis für seine Zwecke. So boten die »Diplomatensprecher« dem MfS Gelegenheit, StäV-Mitarbeiter aus der Nähe zu betrachten und Persönlichkeitsprofile zu erstellen. Die erste Sicherheitsbeauftragte der Ständigen Vertretung berichtet, sie sei bei den Besuchen im Gefängnis bewusst provoziert worden. So habe einer der MfS-Männer vor Beginn des vereinbarten Besuchs scheinheilig Konversation treiben wollen und sie aus heiterem Himmel mit der Aussage konfrontiert: »Viele, die raus sind, kommen zurück in die DDR.« Die versierte Beamtin ließ nicht kompromittieren. Unter diesen Umständen könnten die DDR-Behörden Reisen ja getrost zulassen, habe sie ihm geantwortet. »Dann würden nicht so viele gehen.«

Durchaus gab es Mitarbeiter der StäV, die entgegen allen Verboten und Warnungen den DDR-Organen gegenüber unvorsichtige Bemerkungen fallen ließen. Anhand der Protokolle der Staatssicherheit ist nicht immer eindeutig ersichtlich, ob diese Bemerkungen vom jeweiligen Stasi-Protokollanten überinterpretiert wurden, ob das Auftreten der StäV-Mitarbeiter taktisch motiviert war, um die Aufseher in den Gefängnissen milde zu stimmen, oder ob die Westbeamten schlicht gedankenlos offen daherkamen. Der StäV-Mitarbeiter B. ließ sich mit dem MfS-Hauptmann Kliche aus der HA IX/9 des MfS unvorsichtigerweise auf eine Diskussion über den kommerziellen Menschenhandel ein. In seinen Berichten an das Kanzleramt und das Bundesministerium für innerdeutsche Beziehungen, so B., benenne er stets die Auftraggeber der kommerziellen Fluchthelfer, in der Erwartung, dass »gegen diese seitens der Bundesregierung etwas unternommen wird«.[91]

In der Tat war die kommerzielle Fluchthilfe der Bundesregierung stets ein Dorn im Auge. Doch die Verfassungslage war eindeutig: Der Wunsch nach einem Leben in der Bundesrepublik durfte niemandem verwehrt werden. Und obgleich Fluchthelfer das Transitabkommen für ihre Zwecke nutzten, so ließ sich ihr Tun dennoch nicht verbieten. Allerdings geziemte es sich für einen westdeutschen Beamten nicht, dies mit einem Mitarbeiter der DDR-Justiz zu erörtern. Der später zum Major avancierte Kliche interpretierte die Redselig-

---

90 Gespräch mit Franz Jürgen Staab am 24. Juli 2005 in Neusäß
91 BStU MfS HA IX 3909, Bl. 179, Aktenvermerk vom 28. Juli 1975

keit des Beamten am 28. Juni 1978 in seiner »Einschätzung« über B.:[92] Nach 2 Häftlingsbesuchen, »bei denen B. niemals Komplikationen verursachte«, sei eindeutig, dass Häftlingsbetreuung für ihn ein notwendiges Übel sei. Nach seinem Amtsverständnis gehörten die Besuche gar nicht zu seinen Aufgaben, schließlich arbeite er in der Wirtschaftsabteilung der StäV, widerwillig also fahre er in die Haftanstalten. Major Kliche war aufgefallen, dass es B. bei der Befragung der Häftlinge an Sensibilität fehlen ließ und er sich nicht einmal nach dem Befinden seiner Schützlinge erkundigte, wie es der Anstand, aber auch die Vorschrift geboten hätten. Die Staatssicherheit wollte B. in eine Falle locken und erstellte aus diesem Grund ein Psychogramm, aus dem hervorgehen sollte, was für ein windiger, aber auch labiler Typ er sei – ein Versager, dem es nicht einmal gelänge, sich das Rauchen abzugewöhnen.[93] Auch wenn man die Absicht des MfS-Schreibers in Betracht zieht, so bleibt doch ein Zweifel daran, inwieweit der westdeutsche Beamte bei der Häftlingsbetreuung seiner sensiblen Aufgabe tatsächlich gerecht wurde. Die DDR beschwerte sich schließlich offiziell beim Leiter der Ständigen Vertretung über den »Diplomaten«, da sich dieser in die inneren Angelegenheiten der DDR einmische, und sie untersagte ihm weitere Haftbesuche. Die StäV ließ selbstverständlich die Vorwürfe in solchen Fällen nicht gelten und protestierte ihrerseits beim MfAA.[94]

Andere Beispiele zeigen, wie Mitarbeiter der StäV den geringen Spielraum, der ihnen gegeben war, weidlich ausnutzten – zugunsten der Betreuten und zum Verdruss der DDR. Eine inhaftierte Bürgerin West-Berlins beschwerte sich gegenüber einem Mitarbeiter der Rechtsabteilung der StäV, weil sie bei einer Verlegung vom Gefängnis Hohenschönhausen nach Gera weder zu trinken noch zu essen bekommen habe. Wegen einer Reifenpanne hatte sich die Fahrt offenbar in die Länge gezogen. Das MfAA reichte die Beschwerde der StäV an das MfS weiter, und dort wiederum versuchte man, die Vorwürfe haarklein zu widerlegen. Das Ergebnis lag nahe: Der DDR-Seite durfte kein Vorwurf gemacht werden. Und so wurde die Beschwerde für haltlos erklärt. Dem Mitarbeiter der StäV, der für »diese wahrheitswidrige Berichterstattung« verantwortlich war, wurde beschieden, dass die zuständigen Organe künftig ablehnen, »den Herrn zu Haftbesuchen zu empfangen«.[95]

Der vom Geheimdienst sorgsam dokumentierte Fall diente einem Diplomanden der Juristischen Hochschule des MfS in Potsdam-Golm im Jahr 1984 als Beleg dafür, wie eng die Kooperation zwischen dem Ministerium für

92 BStU MfS HA IX 3909, Bl. 175 f., Einschätzung vom 28. Juni 1978
93 ebenda
94 BStU MfS HA IX 524, Bl. 48
95 ebenda, Bl. 108

Auswärtige Angelegenheiten und dem Ministerium für Staatssicherheit sein müsse,[96] um dem Klassenfeind wirksam begegnen zu können. Das MfS empfahl dem MfAA, gegenüber dem Westen auf die »großzügige Handhabung bei der Erteilung von Besuchserlaubnissen für Strafgefangene hinzuweisen«, und erwartete zugleich, dass diese Besuche künftig noch stärker »für die Beeinflussung der Strafgefangenen zum ordentlichen Auftreten und Verhalten während der Verbüßung der Freiheitsstrafe« genutzt würden.[97]

Unter den von der StäV betreuten Häftlingen fanden sich Fluchthelfer, Spione, Grenzverletzer, aber auch Personen, die unter dem Verdacht standen, auf einer Transitstrecke oder im Straßenverkehr der DDR einen tödlichen Verkehrsunfall verursacht zu haben. Im März 1978 wurden 320 Personen in Gefängnissen der DDR von der StäV betreut, so die Zählung des Ministeriums für Staatssicherheit,[98] die Bundesregierung zählte bis August 1978 507 Besuche,[99] mit stark steigender Tendenz. Unmittelbar nach ihrer Festnahme, nach den Verhören und zu Anfang ihrer Strafhaft in der DDR waren die zu betreuenden Personen besonders auf Hilfe und praktische Unterstützung angewiesen. Die StäV hatte die Aufgabe, Kontakt zu ihren Familien aufzunehmen und in privaten Angelegenheiten behilflich zu sein – das reichte von der Beschaffung spezieller Medikamente bis zum Kontakt zu Arbeitgebern. Die Gefangenen äußerten die unterschiedlichsten Wünsche, von der Bitte um Vermittlung eines Studienplatzes bis zu Blumen für die Ehefrau, ein Kung-Fu-Plakat sollte mitgebracht werden sowie Wolle zum Stricken. Im Vorgespräch mit dem Wachmann hatte der StäV-Besucher wenig Sympathie für den Wunsch seines handarbeitenden Schützlings erkennen lassen. Offenbar war ihm das Verlangen nach Strickzeug suspekt: »Nein, das geht nicht, es liegt ja eindeutig fest, was wir mitbringen können.«[100] Der Häftling seinerseits war gereizt, er hatte sich in der Haft den Bart abnehmen und die Haare scheren lassen müssen, was seiner Meinung nach »einer Körperverletzung« gleichkam. Dass ihm dann auch noch von westlicher Seite ein Wunsch verwehrt wurde, erboste ihn.

---

96 vgl. BStU, JHS MF VVS o001-269/84, JHS 20125, Jürgen Herschel: Einige Möglichkeiten der offensiven politischen und politisch-operativen Nutzung von Untersuchungsergebnissen des MfS auf der Grundlage der gegenseitige Vereinbarung über die gegenseitige Errichtung Ständiger Vertretungen in der DDR und in der BRD, Diplomarbeit vom 2. Februar 1988, S. 54

97 Information über Aktivitäten der Ständigen Vertretung der BRD in der DDR im Zusammenhang mit der Betreuung von Strafgefangenen in Strafvollzugseinrichtungen der DDR (1978), BStU MfS Z 2812, S. 4

98 ebenda, S. 1

99 Bundestagsdrucksache 8/2068 vom 27. September 1978, S. 27

100 Niederschrift Nr. 20/88 vom 27. Juli 1988, Historische Sammlung Gedenkstätte Bautzen, AB 307, o. P.

Nicht jeder westdeutsche Häftling in der DDR erlebte die Besuche als Hilfe oder doch zumindest als willkommene Abwechslung im Haftalltag. Manche Häftlinge brachen den Kontakt zu den offiziellen Besuchern enttäuscht oder wütend ab, fühlten sich nicht ernst genommen und konnten nicht akzeptieren, dass die Möglichkeiten der StäV in der DDR begrenzt waren. »Wir werden als krumme Hunde beschimpft, besonders von den Langstrafern«, bemerkte ein StäV-Mitarbeiter gegenüber einem seiner Schützlinge, der kurz vor seiner Entlassung stand.[101] Bisweilen traten einzelne StäV-Leute so auf, dass sich die ihrer Freiheit beraubten Bundesbürger provoziert fühlten. Einem Mitarbeiter verpassten die Gefangenen den Spitznamen »Fideralala« – allzu beliebig zwitscherte er daher, die Verurteilten fühlten sich nicht ernst genommen. In anderen Fällen machten einige Häftlinge indirekt die StäV für die hohen Haftstrafen, die von den Gerichten der DDR verhängt wurden, verantwortlich. Sie verweigerten die Besuche und nahmen bestenfalls Päckchen an.

Die wegen Fluchthilfe verurteilte Christiane Spindler realisierte nach ihrer Haft, dass sie von dem Besucher aus der StäV belogen worden war.[102] Die aus West-Berlin stammende Krankenschwester hatte versucht, eine Frau aus dem Ostteil der Stadt in den Westen zu schleusen. Das Unterfangen musste abgesagt werden, Frau Spindler kontaktierte die zu schleusende Frau und wurde dabei zusammen mit ihrer damals dreieinhalb Jahre alten Tochter geschnappt. Das kleine Mädchen verbrachte 14 Tage in einem Kinderheim der DDR, die Mutter wurde zu zwei Jahren Haft verurteilt. Ihr westdeutscher Betreuer habe ihr versichert, ihre Arbeitsstelle im Krankenhaus wie auch ihre Dienstwohnung blieben ihr erhalten. Beides stellte sich nach der Entlassung als falsch heraus. Vor allem aber hätte ihr Betreuer das Wohlergehen der Tochter so wortreich beschrieben, als habe er dem Kind selbst über das Haar gestrichen. »Es ist bitter«, sagt sie heute, »nach der Haft festzustellen, dass hier gelogen wurde. Meiner Tochter ist er nie begegnet.«

Matthias Bath wiederum sei sich bei den »Diplomatensprechern« schmerzlich seiner »unfreien Lage« bewusst gewesen.[103] Außerdem habe die Dame aus der StäV ihn enttäuscht. Seinen Unmut über Zahlungsforderungen der DDR quittierte sie nach seiner Darstellung mit den Worten, auch in der Bundesrepublik müssten Verurteilte für Prozesskosten aufkommen. Die beim Gespräch anwesenden Offiziere der Staatssicherheit hätten hämisch gegrinst und beflissen angeboten, der Verurteilte könne ja Beschwerde einlegen.[104] Auch Baths Bedürfnis nach Neuigkeiten aus der Welt außerhalb der Gefängnismauern,

101 Niederschrift Nr. 83/87 vom 1. Oktober 1987, Historische Sammlung Gedenkstätte Bautzen, AB 304, o. P.
102 Gespräch mit Christiane Spindler am 18. September 2006
103 vgl. Bath: Gefangen und freigetauscht, S. 42 ff.
104 vgl. ebenda, S. 98

nach Bundesligatabellen oder nach Wahlergebnissen, hätte die offizielle west-deutsche Besucherin weder verstehen noch stillen können.

Ein Mitarbeiter der Landwirtschaftsabteilung der StäV kümmerte sich um eine der gescheiterten »Liebesschleusungen«. Der westdeutsche Verurteilte war beim Versuch, seine Freundin und zwei Kinder aus der DDR zu schmug-geln, gefasst worden. Die StäV nahm Kontakt zu einer ostdeutschen Schwester der Freundin auf, in deren Obhut sich auch die Kinder befanden. Die Schwes-ter benachrichtigte die Staatssicherheit und erstattete haarklein in einem handschriftlichen dreiseitigen Protokoll darüber Bericht, dass der StäV-Mann sie nach der »politischen Einstellung« der Inhaftierten und ihrer Haltung zur Bundesrepublik befragt habe.[105]

Aus Sicht der Mitarbeiter der StäV zählten die Besuche durchaus nicht zur Routine. Es gab Strafgefangene, die ungehalten reagierten, wenn sie bemerk-ten, wie gering der Einfluss ihrer westdeutschen Besucher war. Die Gespräche bargen unvorhersehbare Schwierigkeiten – besonders mit sogenannten »Lang-strafern«. Hier ließen sich die Gespräche oft mühsam an. Auch der Kontakt zu den Familien der Inhaftierten im Westen war oft heikel, weil insbesondere die Fluchthelfer niemanden in ihre riskanten Unternehmungen eingeweiht hatten. Einen aggressiven Haftkoller habe er erlebt, erzählt einer der vormaligen Lei-ter der Rechtsabteilung der StäV. Der von ihm besuchte Strafgefangene verlor die Nerven, der wachhabende MfS-Mann musste einschreiten, da es zu Tät-lichkeiten kam.[106] Die StäV erhielt im Laufe der Zeit immer mehr Einblick in die Verhältnisse in den DDR-Gefängnissen, aber auch in die nicht immer kon-fliktfreien Beziehungen der Verurteilten untereinander. Aus einem Haftbericht aus den späten achtziger Jahren geht hervor, dass einer der Strafgefangenen einem Mithäftling unterstellt hatte, dieser habe gegen ihn Anzeige im Westen erstattet. In diesem Fall verweigerte der StäV-Mitarbeiter – in Anwesenheit des DDR-Wachmanns – konsequent jegliche Stellungnahme.[107]

Oft waren die Besucher aus der StäV mit Beschwerden über ostdeutsche Anwälte konfrontiert. Immer wieder verlangten die Häftlinge westdeutsche Rechtsvertreter ihres Vertrauens, aber nur in der DDR zugelassene Anwälte durften ihre Verteidigung übernehmen. Das Strafmaß stand bei den von der DDR als politisch erkannten Delikten von vornherein fest, daher erschien vielen Angeklagten die Bezahlung von Anwälten überflüssig wie »Westgeld-Verbrennen«. Der Wortführer mehrerer Westdeutscher, die in Bautzen ein-

105 BStU MfA HA IX 3909, Bl. 13
106 Gespräch mit Franz Jürgen Staab am 24. Juli 2005 in Neusäß
107 Niederschrift Nr. 20/88 vom 27. Juli 1988, Historische Sammlung der Gedenkstätte Bautzen,
    AB 307, o. P.

saßen, beklagte sich bei der StäV wiederholt darüber, dass Rechtsanwalt Wolfgang Vogel und dessen Kollegen ihre Mandanten nicht angemessen vertreten würden.[108] Andererseits eilte Vogel ein legendärer Ruf unter den politischen Häftlingen voraus – schließlich war er maßgeblich in den »Freikauf« involviert.

Viele Häftlinge verlangten von ihren offiziellen Besuchern Informationen darüber, ob ihre DDR-Strafe in der Bundesrepublik getilgt würde, ob sie als vorbestraft gelten und ob sie nach ihrer Haft in der DDR eine Haftentschädigung in Anspruch nehmen könnten. Die wegen Spionage Verurteilten fragten, ob sie gegen ostdeutsche Spione ausgetauscht würden. Fluchthelfer und andere Verurteilte setzten ihre Hoffnungen in die verklausuliert »besondere Bemühungen« genannten »Freikäufe« von Gefangenen. Der für Jörg Kürschner zuständige DDR-Rechtsanwalt hatte seinem Mandanten gleich nach der Urteilsverkündung geraten, auf eine Berufung zu verzichten. Sobald das Urteil rechtskräftig wäre, »kommen Sie in die Exportkiste«, habe der Anwalt ihm angekündigt.

»Die StäV hat den Freikauf befördert«, meint Rechtsanwalt Wolfgang Vogel.[109] Doch direkt konnte und durfte die Ständige Vertretung die Haftentlassung der mit dem Gesetz der DDR in Konflikt geratenen Bundesbürger nicht betreiben. Für den »Freikauf« war das Bundesministerium für innerdeutsche Beziehungen (BMB) zuständig. Die Mitarbeiter der StäV konnten immerhin eine Brücke bauen, indem sie das Ministerium über Einzelschicksale informierten. Das sei insgesamt ein bewährtes, aber gleichwohl hartes Verfahren gewesen, konstatiert Franz Jürgen Staab, einer der stellvertretenden Leiter der StäV, im Rückblick. »Wir wussten nichts Konkretes über den Freikauf, und das war gut, weil wir in Gesprächen so auch nichts sagen oder gar versprechen konnten.«[110]

Der Leitfaden für Häftlingsbesuche aus dem Jahr 1982 empfahl den Mitarbeitern der StäV bei ihren Gefängnisbesuchen dringend »große Zurückhaltung«.[111] Den Gefangenen sollte unmissverständlich klargemacht werden, dass sich die DDR in jedem Fall die Entscheidung über eine vorzeitige Freilassung vorbehalte und – analog zu den Ersuchen um Ausreise und Entlassung aus der Staatsbürgerschaft – vor der Freilassung oft eine Leidenszeit durchzustehen war. Der Leitfaden riet zur Besonnenheit:

---

108 BArch B 137/6377, Fernschreiben der StäV an das Bundeskanzleramt und das Bundesministerium für innerdeutsche Beziehungen über einen Häftlingsbesuch am 11. März 1975
109 Gespräch mit Wolfgang Vogel am 25. Juli 2006 in Schliersee
110 Gespräch mit Franz Jürgen Staab am 24. Juli 2005 in Neusäß
111 Leitfaden für Haftbesuche vom August 1982, S. 10

»Die Behandlung dieser Fragen erfordert von dem Mitglied der StäV viel Takt und Einfühlungsvermögen. Der seelischen Verfassung des Inhaftierten, seinem Auffassungsvermögen und seiner persönlichen und familiären Situation ist soweit wie möglich Rechnung zu tragen. [...] Die Erörterung dieses Fragenbereiches muß darauf gerichtet sein, die seelische Widerstandskraft des Inhaftierten zu stärken und ihm das Bewußtsein zu vermitteln, nicht vergessen zu sein.«[112]

Nicht allzu häufig in seinem Berufsleben sei er vom Nutzen seines Tuns als Beamter so überzeugt gewesen wie bei der Häftlingsbetreuung, lässt der ehemalige StäV-Mitarbeiter Hans Henning Kaysers[113] die Hauptperson in seinem autobiographischen Roman erklären. Zunächst habe er sich regelrecht vor den bedrückenden Besuchen in den Haftanstalten gefürchtet, und doch »liebte« er die Visiten in den Gefängnissen schließlich, und die Gefangenen, die er persönlich betreut habe, seien ihm ans Herz gewachsen.

Doch zur Idealisierung gibt das zweifellos in der Gesamtschau wichtige Kapitel der Häftlingsbetreuung kaum Anlass. Zwangsläufig gab es immer wieder Situationen, in denen die Besucher ebenso hilflos waren wie die an ihrer Lage verzweifelnden Häftlinge. Oft konnte der Besucher mit dem Diplomatenpass keinen Trost spenden. Ein zu zwölf Jahren Haft wegen Spionage verurteilter 35-jähriger Häftling versuchte 1987 immer wieder zu erfahren, ob er möglicherweise gegen DDR-Spione ausgetauscht werden könnte. Sein Ansprechpartner aus der StäV dämpfte alle Erwartungen:»Die DDR betreut zur Zeit zwei ihrer Bürger in der BRD. Machen Sie sich darüber nicht zuviel Gedanken, es ist sowieso alles Spekulation.«[114] Der Häftling war schon vor dem Besuchstermin niedergeschlagen:»Die Erwartungen vorher sind immer sehr hoch, da ist man hinterher enttäuscht, wenn sie nicht erfüllt werden.« Der StäV-Mitarbeiter versuchte, das Thema zu wechseln und erkundigte sich nach den Bemühungen des Strafgefangenen, zum Zeitvertreib die italienische Sprache zu lernen. Antwort:»Fragen Sie nicht, es geht nicht vorwärts, es sind keine Sprachkassetten oder andere Hilfsmittel vorhanden.« Der Beamte wollte ablenken:»Wie wollen wir es in Zukunft mit unserer Korrespondenz halten?« Antwort:»Wie bisher. Ich teile Ihnen die Themen, die mich interessieren, mit. Grüßen Sie meine Frau, die Kinder und die Eltern. Mein Hauptproblem können Sie ja doch nicht lösen, ich will nach Hause.« Replik:»Ich kann Sie verstehen, bin aber machtlos. Was ich kann, tue ich schon für Sie.«[115]

112 ebenda, S. 11
113 vgl. Kaysers: Sieben Tage im November, S. 42 ff.
114 Niederschrift Nr. 47/87 über einen Diplomaten-Besuch in Bautzen II vom 13. Mai 1987 (zwischen 10.10 und 11.25 Uhr, wie der Protokollant vermerkt), Historische Sammlung Gedenkstätte Bautzen, AB 301, o. P.
115 ebenda

Die Ständige Vertretung als Ort der Begegnung

»Legendär« waren die Empfänge im Gartenhaus der Ständigen Vertretung. Wohl kaum eine Aussage von Günter Gaus erntet bis heute so viel Zustimmung wie sein Urteil über die gesellschaftlichen Höhepunkte in der deutschdeutschen Diplomatie. »Die waren sehr lustig. Es gab viel zu essen und zu trinken, und es gab keinen Missionschef, der sagte: ›Nun ist aber genug, ich muss morgen wieder raus und schwer arbeiten.‹«[116] Mit ihren Empfängen setzte die Vertretung sich ein bleibendes Denkmal in der DDR. Günter Gaus sei ein glänzender Gastgeber gewesen, und seine Nachfolger an der Spitze des Hauses führten die Tradition der möglichst zwanglosen Begegnungen und Festivitäten im Gartenhaus fort.

»Die Ständige Vertretung war eine äußerst missliebige Einrichtung für die Partei- und Staatsführung – und schon deshalb für uns interessant«, schmunzelt Christoph Hein – einer der gerngesehenen Gäste auf den Empfängen in der Hannoverschen Straße. Der Schriftsteller empfing einst die Einladungen zu Veranstaltungen im »Gartenhaus« ebenso wie der Autor Rolf Schneider. Im Gartenhaus habe er Formen der Kommunikation erlebt, die ihm in der DDR verwehrt wurden: »Wir kannten Saufpartys oder die staatlichen Kulturveranstaltungen, hier aber erfuhren wir eine Kultur der bürgerlichen Geselligkeit.«[117]

Gefeiert wurden Amtseinführungen und Abschiede der jeweiligen Leiter; regelmäßig lud die StäV zu großen Empfängen am 23. Mai, dem Tag des Grundgesetzes; die einzelnen Abteilungen baten zu gesonderten Veranstaltungen und luden entsprechend ihrer Arbeitsschwerpunkte unterschiedliche Personengruppen ein; und schließlich organisierte auch das für Kultur zuständige Referat zusammen mit dem Pressesprecher eigene Veranstaltungen. 1984 beispielsweise lud die Vertretung achtmal ein, nach Zählung des MfS sind so insgesamt 2300 Personen, davon 950 aus der DDR zu Gast gewesen.[118]

Mehr als 400 Einladungen wurden etwa zum Abschiedsempfang für Günter Gaus ausgesprochen. Die aus dem Westen stammenden Gäste wurden dem MfAA avisiert, um ihnen Formalitäten an der Mauer und den Pflichtumtausch zu ersparen. Frau Gaus bedauert, dass nicht alle der aus der DDR Geladenen kamen: Mehr als einmal hätten Bekannte aus der DDR die Veranstaltung gemieden, weil die Teilnahme ihnen zu riskant vorkam, wiederholt baten DDR-Bürger ihnen bekannte StäV-Mitarbeiter, sie nicht mehr einzuladen – aus Furcht vor Nachteilen.[119] Die Vertreter von Verbänden wie dem Kollegium

---

116 Berbig (Hg.): Stille Post, S. 280
117 Christoph Hein und Rolf Schneider am 18. Juni 2004 auf einer Veranstaltung anlässlich des 30. Jahrestages der Eröffnung der StäV in Berlin
118 BStU MfS HA II 27698, Bl. 115
119 Gespräch mit Erika Gaus am 2. Mai 2005 in Reinbek

der Rechtsanwälte oder den Kultureinrichtungen mussten ihre Verbandshierarchie beachten und sich die Teilnahme an den Festen des Klassenfeindes ausdrücklich gestatten lassen – nicht selten mit der Verpflichtung, hinterher einen Bericht über das Erlebte abzugeben. Im Kollegium der Rechtsanwälte gab es eigens ein Formular für die Genehmigung, erinnert sich Lothar de Maizière. Der Anwalt empfand die Einladungen in die Hannoversche Straße als »so etwas wie einen Ritterschlag« – stand sein Name auf der Gästeliste eines Empfangs, bestätigte ihm die Bundesrepublik damit, wie ernst sie ihn nahm.[120] Einige Eingeladene, die sich der Gunst der SED nicht erfreuten, legten Wert darauf, von der Bundesrepublik demonstrativ in ihr Gartenhaus geladen zu werden, um den anwesenden Funktionären zu zeigen, dass sie unter dem Schutz der Vertretung stünden. Etwa 400 Einladungen wurden in der Regel von der Ständigen Vertretung verschickt, und das MfS, dem die Gästeliste vom MfAA weitergeleitet wurde, war stets genau im Bilde. Am 23. Mai 1977 registrierte der Geheimdienst 60 verdächtige Personen, die am Abend erschienen, aber nicht auf der Gästeliste avisiert waren.[121]

Klaus Bölling habe die von Gaus gepflegte offene Einladungspraxis ein wenig modifiziert: Der Schwerpunkt solle nicht unbedingt bei den Kulturschaffenden liegen, befand der zweite Ständige Vertreter Bonns in Ost-Berlin, vielmehr sollten »alle Bereiche des öffentlichen Lebens« einbezogen werden, wollte die Stasi erfahren haben.[122]

Das »Privileg der Prominenz«, wie Gastgeber Gaus bemerkte, brachte den Schriftstellern Christa und Gerhard Wolf, Klaus Schlesinger, Christoph Hein, Günter Kunert, Stephan Hermlin, Stefan Heym und Rainer Kirsch oftmals Einladungen ein. Gerngesehene Gäste waren auch der Intendant des Berliner Ensembles und Präsident der Akademie der Künste der DDR Manfred Wekwerth, die Schauspieler Hans-Peter Minetti und Gisela May mit ihrem Lebensgefährten, dem Philosophen Wolfgang Harich, Kirchenvertreter wie die Bischöfe Albrecht Schönherr und Gottfried Forck oder Konsistorialrat Manfred Stolpe, Anwälte wie Gregor Gysi und Lothar de Maizière, der berichtet, wie er die Erlaubnis für einen Besuch in der StäV beim Kollegium der Rechtsanwälte der DDR habe beantragen müssen. Aber auch Jürgen Schweinebraden, Thomas Krüger, Berndt Seite oder der Staatssekretär für Kirchenfragen Klaus Gysi waren eingeladen. Ostdeutsche Wissenschaftler kamen ebenso wie Politprominenz aus dem Westteil der Stadt – und ganz »normale« Bürger der DDR. Zu den Empfängen geladen waren stets auch offizielle Vertreter der DDR. Anders als bei Empfängen in der sowjetischen Botschaft,

---

120 Gespräch mit Lothar de Maizière am 22. Februar 2005 in Berlin
121 BStU MfS ZOS 2579, Bl. 131
122 BStU MfS ZAIG 16346, Bl. 204

zu denen das Politbüro geschlossen antrat, folgten der Einladung in die StäV wohldosiert einzelne Offizielle. »Wir wurden gelegentlich mit zwei oder sogar drei ausgezeichnet, meistens waren es weniger«, bemerkt Claus Jürgen Duisberg. »Vor allem fiel auf, dass die Politbüromitglieder, Kandidaten oder Regierungsmitglieder spätestens eine Minute nach Beginn der Veranstaltung erschienen«[123] – und sich zumeist früh wieder empfahlen. Einigen offiziellen Vertretern der DDR hätte er angemerkt, dass sie sich unter den in der StäV Versammelten nicht unbedingt wohl fühlten, so Franz Bertele. Mit hochgezogenen Augenbrauen hätten die amtlichen Besucher die heterogene Mischung von Gästen zur Kenntnis genommen, unter denen sich auch wieder »die Dissidenten« tummelten.[124]

Der Journalist Alexander Osang schildert seine Gefühle, als er, damals Journalistikstudent und somit »angehender Parteiarbeiter«, 1987 Gast in der Vertretung war. Seine westdeutsche Freundin hatte eine Einladung für das Konzert von Peter Maffay und den anschließenden Empfang in der Hannoverschen Straße. Maffay interessierte sie nicht, zum Empfang jedoch gingen sie – »über die Mauer«, wie Osang schreibt. Unwirklich erschienen ihm die Begegnungen:

»Es war, als würde da Wim Toelcke stehen, Little Joe oder die blaue Elise. […] Die nächste Fernsehfigur lächelte uns bereits zu, sie trug eine Brille und war Hans Otto Bräutigam. Ich weiß noch, daß er an der Treppe stand und ich dachte, daß er jemanden hinter mir anlächelt, aber er meinte uns. Wir waren ein Königspaar. Tabletts mit Saft- und Weingläsern schwebten vorbei, ich überlegte kurz, ob ich mich betrinken sollte, beschloß aber, nüchtern zu bleiben, es gab Dosen, die mit Westzigarettensträußen gefüllt waren.«[125]

Schließlich tauchte Oskar Lafontaine auf. Gefolgt von einem Kamerateam des SFB, suchte er das Gespräch mit jungen Leuten aus dem Osten. Osang erschrak: »[…] gleich würden mich meine Eltern in der Abendschau sehen, und die anderen, auf die es ankam, auch, dann würde alles vorbei sein. Bevor Lafontaine etwas sagen konnte, schüttelte ich den Kopf: ›Kein Ostler!‹, sollte das heißen.« Die Ankunft von Peter Maffay erlöste Osang aus der Verunsicherung: »Lafontaine ließ von mir ab, ich stopfte mir noch zweihandvoll Westzigaretten in die Taschen und sprang über die Mauer.«[126]

---

123 Claus Jürgen Duisberg: Das deutsche Jahr. Einblicke in die Wiedervereinigung 1989/1990, Berlin 2005, S. 304
124 Gespräch mit Franz Bertele am 24. Juni 2005 in Berlin
125 Alexander Osang: Über sieben Brücken mußt Du geh'n, in: Berliner Zeitung vom 17. April 1999, Rubrik »Geboren in …«
126 ebenda

»Diese Büfetts in der Ständigen Vertretung gehen mir nicht aus dem Sinn. Aber essen konnte ich davon nicht, obwohl ich Appetit gehabt hätte«, gesteht Gregor Gysi. Der Rechtsanwalt sagt, er schämte sich ob der Gier, mit der sich manche der geladenen Gäste über das aus dem Westen stammende Essen hergemacht hätten.

Am 21. Dezember 1988 berichtete Gregor Gysi als Vorsitzender des Rates (der Vorsitzenden) der Kollegien der Rechtsanwälte in der DDR dem Justizministerium über den Abschiedsempfang zu Ehren von Hans Otto Bräutigam. Dieser versuchte sich für eine Anwältin aus Jena zu verwenden, die aus dem dortigen Kollegium ausgeschlossen worden war und nach Aussage von Bräutigam darüber ziemlich verzweifelte. Bräutigam fragte also Gysi, ob er der in Bedrängnis geratenen Kollegin helfen und ihre Wiederzulassung befördern könne. »Ich erläuterte ihm, daß ich keine Möglichkeit hätte, in die Entscheidung eines anderen Kollegiums einzugreifen.«[127]

»Wir haben nicht so viele Reden gehalten und dafür mehr Raum für Unterhaltungen gegeben.« Hans Otto Bräutigam erinnert sich, dass die Gastgeber allenfalls zu einem Toast nach einer kurzen Begrüßung anhoben. Das erklärte Ziel der Zusammenkünfte im Gartenhaus waren die Gespräche unter den Gästen, die sich in den Räumen, in denen Kunstwerke aus Ost und West ausgestellt waren, trafen und eingeladen waren, unbeschwert zu diskutieren oder zu feiern. Die Empfänge der StäV lieferten der Staatssicherheit immer wieder Gelegenheiten, Einblicke in das von ihr als subversiv empfundene Handeln der Vertretung zu gewinnen. So erstellte das MfS vom Empfang am 13. Dezember 1984, auf dem sich zwischen 17 und 24 Uhr etwa 360 Personen im Gartenhaus einfanden, einen Videofilm. Major Frank vom MfS notierte außer den Autokennzeichen der Gäste bei dieser Gelegenheit: »Die Hausordnungskräfte der BRD-Vertretung [...] tranken während des Empfangs jeder ca. 10 Gläser Bier im Eingang des Gartenhauses.«[128]

»Nach den ersten Erfolgen hatten wir völlige Narrenfreiheit«, sagt der langjährige Mitarbeiter der StäV, Georg Girardet, zuletzt Beigeordneter für Kultur der Stadt Leipzig, über die Versuche, nicht nur Begegnungen möglich zu machen, sondern auch den deutsch-deutschen Kulturaustausch zu befördern, Werke zeitgenössischer Künstler aus der Bundesrepublik in der Hannoverschen Straße auszustellen und sie in der DDR bekannt zu machen. »Es war herrlich!«[129] Girardet war zwischen 1977 und 1985 in verschiedenen Abteilungen der StäV

127 BStU MfS HA XX Nr. 7364, Teil 1, Bl. 119
128 BStU MfS HA VIII 6960, Bl. 66
129 Gespräch mit Georg Girardet am 14. Februar 2005 in Leipzig

tätig, zuletzt im Referat für Kultur. Der deutsch-deutsche Kulturaustausch, den die Ständige Vertretung zu fördern versuchte, war ein Paradox, ging es doch um kulturelle Beziehungen zwischen zwei Staaten einer Nation mit einer unteilbaren Kultur – nach westlichem Verständnis jedenfalls. Die DDR betrachtete die Bundesrepublik getreu der Theorie von der »sozialistischen deutschen Nationalkultur« offiziell als »kapitalistisches Ausland« und zählte sie folglich zu einem gewissermaßen feindlichen Kulturkreis.[130] Und so waren die Abschottungstendenzen gegen die westliche Kulturarbeit im Osten auf offizieller Seite enorm und die Resonanz bei DDR-Besuchern vielfach überschwenglich positiv.

Auf Schwierigkeiten stießen die Organisatoren auch noch nach Abschluss des Kulturabkommens, sobald die Vertretung größere Veranstaltungen außerhalb ihrer eigenen Räume plante oder Austauschprojekte anstoßen wollte. So wurden im Rahmen der bilateralen Verträge Vereinbarungen zum Studentenaustausch getroffen, der StäV lag schließlich auch eine Liste vom Deutschen Akademischen Austauschdienst vor, aber die DDR zögerte. Auch die Verhandlungen über die Rückgabe von Kulturgütern stockten. Einzelausstellungen und Konzerte jedoch erwiesen sich als Publikumsmagnete.

Günter Gaus, selbst einst Germanistikstudent, regelmäßiger Theaterbesucher und stets interessiert am Dialog mit Künstlern, erwärmte sich zunächst nicht besonders für kulturelle Aktivitäten unter dem Dach der StäV: »Wir sind doch kein Kulturinstitut«, erklärte der Ständige Vertreter, der seiner Einrichtung ein politisches Gepräge geben wollte. Zudem zögerte er, die DDR und ihr staatlich gelenktes Kulturwesen mit »WestKunst« zu provozieren. Wohl knüpfte das Ehepaar Gaus enge private Kontakte zu Schauspielern oder Schriftstellern in der DDR und genoss offenkundig die Bekanntschaft mit Intellektuellen aus dem anderen deutschen Staat. Auch zu den Empfängen in der Vertretung oder zu Essen im kleinen Rahmen in der Residenz wurden Kulturschaffende gern geladen. Ausstellungen von zeitgenössischen Künstlern aus der Bundesrepublik aber erreichten eine andere, offizielle Dimension. In der ersten, schwierigen Phase der sich mühsam aufbauenden Beziehungen wollte Gaus die SED-Kulturpolitiker nicht reizen und scheute deshalb zunächst den »Import« von westlichen Kunstströmungen, die von der staatlichen Kulturpolitik bewusst an der DDR vorbeigelenkt worden waren.

Doch bereits das erste große Jazzkonzert 1976 in der StäV stieß auf eine gewaltige Resonanz: Der Jurist Rainer Haarmann, Kulturreferent der StäV, hatte die Big Band von Manfred Schoof eingeladen, und im gerade fertiggestellten Gartenhaus der Vertretung begeisterte der avantgardistische Jazz die Gäste der StäV. Es waren weit mehr Zuhörer erschienen als geladen waren. Außer den offiziell gebetenen Vertretern aus dem Staatsapparat und den Kulturverbän-

---

130 vgl. Kulturpolitisches Wörterbuch, 2. Aufl., Berlin (Ost) 1978

den fanden sich viele neugierige DDR-Bürger ein und erlebten ein zwangloses Fest. Das bunt zusammengewürfelte, junge Publikum setzte sich nicht nur aus Jazzfans oder Diplomaten zusammen. Den anwesenden Funktionären wurde signalisiert: Die Gastgeber heißen jeden willkommen. Diese Offenheit mag sie irritiert haben.

Die erste Ausstellung, die Rainer Haarmann im Gartenhaus der Ständigen Vertretung im Jahr 1980 initiierte, zeigte Fotografien von August Sander und Architekturfotografie des Ehepaares Hilla und Bernd Becher. Deutlich größer angelegt war die Ausstellung zu Ehren von Horst Janssen im folgenden Jahr. Sie geriet unversehens zu einem kleinen Debakel. Die StäV wollte Werke des Hamburger Künstlers zu dessen 50. Geburtstag zeigen. Der Sammler Carl Vogel, Präsident der Hochschule der Bildenden Künste in Hamburg, hatte sich bereit erklärt, seine respektable Sammlung von Grafiken und Zeichnungen Janssens zur Verfügung zu stellen. Der Künstler selbst fühlte sich übergangen, reagierte scharf und veröffentlichte ein wütendes handschriftliches Protestpamphlet gegen Vogel, die StäV und die Ausstellung, die nicht mit ihm selbst vereinbart worden war:

»Reklamation [...] Ich habe diese Ausstellung nicht gewollt – nicht diese! Nicht so! Es verbindet mich einiges mit der DDR, und meine Leute in der DDR haben – wenn schon – bestimmt und weißgott eine bessere Information verdient als dieses täuschende Spielchen dieses egomanischen Carl Vogel. [...] Daß ich weder von Ihnen noch von ›Ihrer‹ Behörde über diese Ausstellung unterrichtet wurde, paßt total in die Scene [sic].«[131]

Dass ausgerechnet in der DDR ein Empfang zu seinem Geburtstag gegeben wurde mit Werken, die nicht von ihm selbst »querbeet« ausgewählt wurden, erboste den Künstler so sehr, dass er mit einer einstweiligen Verfügung drohte. Inzwischen hatte die StäV ihre Einladungen zu der Veranstaltung längst verschickt, auch war formal und juristisch an der Leihgabe nichts zu beanstanden, doch entschied man sich, den Streit nicht eskalieren zu lassen. Und so eröffnete Günter Gaus eine Janssen-Ausstellung, die nur einen einzigen Abend lang gezeigt wurde. Die Grafiken wurden am nächsten Tag wieder abgehängt und nach Hamburg zurückgeschickt. Dennoch besuchten etwa 250 Personen die Werkschau in der StäV, unter ihnen die Schriftsteller Günter de Bruyn, Stephan Hermlin, Stefan Heym, Fritz Rudolf Fries, Hermann Kant, die Maler Willi Sitte, Bernhard Heisig und Gerhard Altenbourg – beobachtet von Mitarbeitern des MfS, die sich unter den Gästen befanden: IMV »Lady« und IMV

---

131 Horst Janssen: Plakat mit dem Titel: An die Ständige Vertretung der BRD in der DDR, Reklamation – Eitelkeit Wut Undank vom 7. Januar 1980

»Salmann« beobachteten die StäV-Mitarbeiter, die unter den Gästen Visitenkarten mit privaten Anschriften verteilten, und hielten fest:

»Die ausgestellten Werke des Künstlers Janssen fanden durch die anwesenden Gäste so gut wie keine Beachtung. Die IM schätzen ein, daß diese Ausstellungseröffnung lediglich ein Vorwand war, um wiederum einen großen Personenkreis aus dem kulturellen Bereich zusammenzuführen.«[132]

Mit dieser letzten Bemerkung hatten die IM die Absicht der Mitarbeiter der Ständigen Vertretung treffend beschrieben.

Klaus Bölling trat den Ideen der Kulturreferenten seines Hauses zunächst mit Gelassenheit entgegen, was sich mit einem Empfang, bei dem Werke Joseph Beuys' gezeigt wurden, im Jahr 1981 schlagartig änderte: Die enorme Resonanz auf diese Ausstellung zeigte, wie groß das Interesse an deutsch-deutschen Kulturbegegnungen war und dass die StäV auf dem noch nicht vertraglich planierten Terrain von Kunst und Kultur lohnende Aktivitäten würde entfalten können. Die Ausstellung war für das Publikum ständig geöffnet, wer sich in die Vertretung wagte, konnte zum ersten Mal Beuys in Ost-Berlin erleben. Doch der Besuch der Räume der StäV blieb nicht folgenlos, wie der Kunsthistoriker Matthias Flügge berichtet: »Wer eine Einladung hatte und im Künstlerverband nachfragte, dem wurde bedeutet, es sei besser, man bliebe zu Hause. [...] Wer nicht fragte, sondern selbstverständlich ging, wurde [...] hinterher zur Rechenschaft gerufen.«[133] Am Eröffnungsabend mit 300 Gästen war auch der Kunstwissenschaftler und Vizepräsident für Auslandsfragen des Verbandes der Bildenden Künstler der DDR Hermann Raum anwesend – und mit einem offiziellen Auftrag versehen. Er berichtete für den Verband ausführlich über den Abend, über die Diskussionen, über die Gäste und den anwesenden Beuys:

»In diesem Zusammenhang wurde auch der Begriff ›Sozialismus‹ gebraucht, wobei es offensichtlich war, daß Beuys eine andere Sozialismus-Vorstellung hat als die, die wir in der DDR praktizieren. Ihm wurde aus seinem Anhängerkreis zugerufen, daß man zwar nicht gegen den Sozialismus sei, sehr wohl aber gegen denjenigen, der in der DDR existiert.«[134]

Nicht für die Staatssicherheit war dieser Bericht, sondern für den eigenen Verband – zum Zwecke der Disziplinierung der eigenen Mitglieder, von denen einige anwesend waren und deren Äußerungen Hermann Raum ebenso sorgsam notierte wie die anderer Künstler aus der DDR und dem Westen, unter ihnen Klaus Staeck und Gotthard Graubner. Der Protokollant versäumte nicht,

---

132 BStU MfS AIM 4016/89, Bd. 1, Bl. 49 f.
133 neue bildende kunst. Zeitschrift für Kunst und Kritik 1–2/1992, S. 135
134 ebenda

seine eigene Rolle als Verfechter der richtigen Position immer wieder herauszustellen. Schließlich notierte er auch, dass der »Kulturattaché« der Ständigen Vertretung, Winfried Staar, ihm gegenüber recht offen gewesen sei und Anspielungen machte, »daß ich ja am anderen Tag meinen Bericht schreiben würde und daß ich dieses sehr wohl in den Bericht hineinschreiben solle, jenes aber bitte nicht«.[135] So ausführlich seine Darstellung auch war – einer Bewertung der gezeigten Werke von Joseph Beuys enthält sich der Kunstwissenschaftler Raum in seinem mehrseitigen Bericht.

Auch externe öffentliche Ausstellungen organisierte die Kulturabteilung der Vertretung: Am Alexanderplatz wurde 1977 die explizit unpolitische »Fotografie in Wissenschaft und Technik – eine Ausstellung der Bundesrepublik Deutschland« gezeigt, die in drei Wochen 150 000 Besucher anzog.[136] Diskutiert wurden anschließend nicht allein die Fotografien oder der Erfolg der Schau, sondern auch der Umgang mit dem Gästebuch. Dieses hatte offen ausgelegen und enthielt verschiedene Eintragungen, in denen DDR-Bürger sich kritisch und offen über die politische Lage im Land oder ihre Ausreisewünsche äußerten. Dieses Gästebuch war dem Kulturbund der DDR versprochen worden – was sich, wie der *Tagesspiegel* befand, im Nachhinein als »grob fahrlässig« herausstellte.[137]

1980 veranstaltete die Vertretung – politisch deutlich brisanter – Filmwochen, und schließlich reiste 1982 die Ausstellung »Stadt Park – Park Stadt« des Münchener Architekten Hermann Grub, die in Zusammenarbeit mit der Bauakademie der DDR eingerichtet worden war, durch drei Orte in der DDR. Diese Ausstellung weckte keinen Argwohn, doch verbargen sich in der Schau über moderne Stadtentwicklung und bürgergerechte Altbausanierung verschiedene, auch politisch interessante Beispiele für basisdemokratische Entscheidungsprozesse und nonkonformistische Kunstprojekte.

Das Kulturreferat der StäV organisierte verschiedentlich Lesungen, zum Beispiel mit Peter Härtling oder Wolfgang Koeppen. Im Diplomaten-Club wurden Filmabende organisiert mit den Regisseuren Volker Schlöndorff und Werner Herzog, dessen Film »Wo die grünen Ameisen träumen« in seiner Anwesenheit vor etwa 120 Zuschauern gezeigt wurde.[138] Den Theatern wurden Gastspiele aus dem Westen vermittelt, darunter eine Aufführung der »Drei Schwestern« in der Inszenierung von Peter Stein an der Schaubühne in Weimar – eine Vorstellung, für die Karten nicht im freien Verkauf erhältlich

135 ebenda, S. 137
136 Tagesspiegel vom 8. Februar 1977
137 ebenda
138 BArch B 288/459, Bericht über den Filmabend am 23. September 1984

Ein Westkünstler in der DDR: Joseph Beuys signiert. Links der Kulturreferent der Ständigen Vertretung, Georg Girardet

waren, sondern von der staatlichen Kulturverwaltung gezielt an Theaterleute in der DDR vergeben wurden. »Man wollte das breite Publikum fernhalten, vermutlich aber inspirierte die Aufführung die anwesenden Profis, so dass am Ende mehr DDR-Bürger davon profitierten als nur die anwesenden Zuschauer«, vermutet Georg Girardet. Den Kulturreferenten in der Vertretung ging es jedoch nicht allein darum, westdeutsche Kunst in der DDR zu zeigen, sondern sie versuchten, auch in der Bundesrepublik Interesse an DDR-Werken zu wecken. Zu den erfolgreichsten Austauschprojekten zählte die vielbesuchte Schinkel-Ausstellung, die 1983 in den Westen reisen durfte und in Hamburg gezeigt wurde.

»Wir haben sehr arglos gehandelt. Wir wollten ja auch nicht die Kunst der DDR unterminieren«, bekundet Georg Girardet. Doch die von der StäV initiierte Ausstellung der Jungen Wilden im Jahr 1982 stieß in der DDR gleichermaßen auf Neugier wie auf Ablehnung. Die Staatssicherheit registrierte, dass die Ausstellung insbesondere Besucher anzog, die »nach ihrem Wesen und Auftreten asozial und punkerhaft sind«.[139] Sie unterstellte, dass die Bun-

139 BStU MfS HA II 4003, Bl. 18

desrepublik mit einer solchen Ausstellung subversiv auf die Kulturszene der DDR einwirken wollte. Insbesondere Anspielungen auf gemeinsame Kulturtraditionen erregten sofort das Misstrauen der Staatssicherheit. Dem Geheimdienst blieb nicht verborgen, dass die Kulturverantwortlichen der Ständigen Vertretung intensive Kontakte zu Künstlern pflegten und vermittelten und zu Insidern der Szene wurden – und für das MfS bedeutete dies Gefahr. Ein westdeutscher Beamter, der ohnehin als »streitbarer überzeugter Vertreter der bürgerlichen Ideologie« aufgefallen war, erregte besonderes Misstrauen:

> »Durch detaillierte und tiefgründige Kenntnisse der Kunstszene der DDR einschließlich personeller Probleme der einzelnen Künstlerverbände gelingt es [Name geschwärzt], auf Schwachstellen bzw. politisch-ideologische Schwerpunkte im kulturellen Bereich der DDR zu reagieren.«[140]

Verschiedentlich lud die StäV zu Vorträgen über aktuelle politische Fragen in ihr Gartenhaus. Dort hielt auch der Physiker und Philosoph Carl Friedrich von Weizsäcker, der Bruder des damaligen Bundespräsidenten, am 16. September 1986 einen Vortrag über »Fragen der Friedenssicherung in Europa« und stellte sich anschließend der Diskussion. Das Publikum an diesem Abend unterschied sich von den Gästen der Empfänge. Neben dem Minister für Umweltschutz und Wasserwirtschaft, mehreren Staatssekretären, Kirchenvertretern und Schriftstellern hatten sich auch zwei Mitglieder des Politbüros eingefunden, um mit dem Friedensforscher Carl Friedrich von Weizsäcker über die Gefahren der Aufrüstung und über Alternativen zur atomaren Bewaffnung zu diskutieren. Über Weizsäckers Vortrag, vor allem auch über die anschließende, ungewöhnlich offene Debatte mit dem Publikum berichtete Professor Georg Sitzlack, der Präsident des Staatlichen Amts für Atomsicherheit und Strahlenschutz, der Staatssicherheit.[141] Obgleich zu erwarten war, dass der Geheimdienst auch diesen Abend nicht unbeobachtet lassen würde, verlasen die Anwesenden keine vorbereiteten offiziellen Stellungnahmen, so Hans Otto Bräutigam. Statt des erwartbaren ideologischen Kräftemessens habe es mit den DDR-Repräsentanten eine lebhafte, nuancierte Aussprache gegeben: »An diesem Abend konnte man spüren, dass die Gemeinsamkeiten in beiden Staaten größer waren und tiefer gingen als das, was sie trennte.«[142]

Als einer der Gastgeber fühlt sich Hans Otto Bräutigam in seinem Bemühen um deutsch-deutsche Kontaktpflege bestätigt:

---

140 ebenda, Bl. 35
141 BStU MfS Zentraler Operativstab ZOS 2579, Bl. 348 ff.
142 Bräutigam: Ständige Vertretung, S. 382

»Wir wollten ein Terrain finden, wo wir normal miteinander umgehen konnten und mit DDR-Bürgern ins Gespräch kommen. Und wir wollten demonstrieren, dass wir eine offene Gesellschaft sind. Das war eine ganz andere Ebene als die politische, denn in der Kultur gab es auch so etwas wie gegenseitige Anerkennung.«[143]

Die Veranstaltungen, die Empfänge im Gartenhaus, aber auch die der Kultur gewidmeten Festivitäten der StäV hatten, so Hans Otto Bräutigam, eine Bedeutung und Wirkung im mehrfachen Sinne: »Ost und West trafen sich, dazu gab es ja sonst nicht viel Gelegenheit, und wir boten den Rahmen für diese Begegnungen«[144] zwischen Bürgern aus beiden Teilen Deutschlands. Man habe eine bürgerliche Tradition aufleben lassen und Gespräche zwischen Menschen befördern wollen, die üblicherweise keine Gelegenheit hatten, sich zu treffen. In der Ständigen Vertretung konnten sie sich austauschen – nicht auf neutralem Terrain, aber so doch in einer offenen Atmosphäre.

Die Ständige Vertretung unter Geheimdienst-Verdacht

Letztlich unbeantwortet bleibt – das liegt in der Natur der Sache – die Frage, inwieweit die westdeutschen Geheimdienste die Ständige Vertretung benutzten, um Residenten in der DDR unterzubringen und als StäV-Mitarbeiter zu tarnen. Selbstverständlich sei er immer davon ausgegangen, dass es Geheimdienstmitarbeiter gab, lacht Egon Bahr – ob seines Faibles für geheime diplomatische Wege »Tricky Egon« genannt. »Wir waren immer gleichberechtigt in den Beziehungen – und die DDR-Vertretung in Bonn war doch voll von Stasileuten!«[145]

»Es hat keine BND-Leute gegeben«, betont der ehemalige BND-Präsident August Hanning, der in der StäV arbeitete und selbst unter dem Verdacht stand, Geheimdienstler zu sein.[146] Auch der ehemalige BND-Präsident Hans-Georg Wieck bestreitet, dass der westdeutsche Dienst die StäV als Stützpunkt genutzt habe: »Dass es keinen ›BND-Residenten‹ in der Ständigen Vertretung gab, entsprach allerdings der ›normalen‹ Lage in allen diplomatischen Vertretungen der Warschauer-Pakt-Staaten«, präzisiert Wieck mit dem Hinweis darauf, dass die nachrichtendienstlichen Netze ohne Verbindungen zu Botschaften oder Konsulaten bestanden.[147]

143 Gespräch mit Hans Otto Bräutigam am 22. August 2005 in Berlin
144 ebenda
145 Gespräch mit Egon Bahr am 5. Oktober 2007 in Berlin
146 Gespräch mit August Hanning am 23. August 2006 in Berlin
147 E-Mail-Austausch mit Hans-Georg Wieck, E-Mail vom 28. Januar 2009

»Die DDR hat geglaubt, wir waren ein Spionagenest, und sie konnte nicht verstehen, dass wir es peinlich genau vermieden, mit nachrichtendienstlichen Dingen in Berührung zu kommen, um unsere eigentliche Arbeit, die Verbesserung der humanitären Bedingungen, nicht zu gefährden«,

so der erste Leiter der Rechtsabteilung, Jan Hoesch.[148] Auch andere Zeitzeugen beantworten entsprechende Fragen mit dem Hinweis darauf, dass die Bundesregierung darauf achtete, dass sich ihre Vertretung nichts zuschulden kommen ließ. Der Verdacht, den die DDR hegte, sollte sich nie und nimmer bestätigen. Um das Auffliegen eines Spions auszuschließen und um das Verhältnis zur DDR nicht ernsthaft zu gefährden, habe man auf Residenten in der Vertretung grundsätzlich verzichtet. »Wir wollten der DDR den Triumph nicht gönnen. Und wir haben es uns nicht leisten können«, sagt Hanning. Die orthodoxen Kräfte in der SED haben stets nach Anlässen gesucht, der Vertretung Übles nachsagen zu können. Dem sollte keine Nahrung gegeben werden, zu labil und zu wichtig waren die deutsch-deutschen Beziehungen, als dass die Bundesregierung sie hätte aufs Spiel setzen wollen. Die westlichen Geheimdienste konnten ohnehin bequem von West-Berlin aus operieren, für einen festen Sitz im Ostteil der geteilten Stadt gab es keine zwingende Notwendigkeit. Andererseits ist es schwer vorstellbar, dass die Dienste der Bundesrepublik auf einen Residenten verzichtet haben, um die deutsch-deutschen Beziehungen nicht zu gefährden. Der britische Journalist Mark Brayne, einst in Ost-Berlin für die Nachrichtenagentur Reuters akkreditiert, später in West-Berlin auch für die BBC tätig und mit den Rechten der damaligen britischen Besatzungsmacht ausgestattet, also freiem Zugang zum sowjetischen Sektor, meint: »Es war eine Atmosphäre, in der ohnehin jeder mit jedem geredet hat – da wurden alle, Journalisten und Beamte, abgeschöpft!«[149]

Günter Gaus sah sich in der DDR immer wieder dem Vorwurf ausgesetzt, er beherberge Geheimdienstmitarbeiter in der StäV – Vorwürfe, die er stets zurückwies. Wie Bundeskanzler Helmut Schmidt machte er aus seiner Ablehnung gegenüber »den Schlapphüten« kein Hehl. Während der Kanzler sich bisweilen der *back channel* bediente, aber mit Geheimdiensten nichts zu tun haben wollte und Diplomatie an sich als nicht offen auszutragende Kommunikationsform schätzte,[150] hat sich Gaus gegen Undurchsichtiges gewehrt. Der Ständige Vertreter verteidigte auch seine Mitarbeiter stets gegen Vorwürfe und

148 Gespräch mit Jan Hoesch am 2. Juni 2005 in Berlin
149 Telefonat mit Mark Brayne, London, am 16. Januar 2009
150 vgl. Helmut Schmidt: Es gab keine Geheimdiplomatie, in: Neue Zürcher Zeitung, Folio 2/2009

Anwerbungsversuche gleichermaßen: »Mein Mann hat seine Mitarbeiter auch vor dem Zugriff des BND geschützt«, sagt Erika Gaus.[151] Geheimdienstler versuchte er bewusst fernzuhalten, wie er selbst berichtete:

>»Es gab die Schwachsinnsidee von einem Menschen im Kanzleramt, der mich fragte, ob ich etwas dagegen hätte, wenn mein Fahrer vom BND sei. Und ich fragte ihn, ob er verrückt sei. Der hatte die Vorstellung, ich sitze hinten in meinem Dienst-Mercedes mit – was weiß ich – Honecker, und Honecker erzählt mir alle Geheimnisse über Breschnews Unterwäsche, und vorn der Fahrer ist vom BND. So lachhaft konnte es sein, auf beiden Seiten. [...] Ganz sicher hatte der BND einen Menschen bei mir in der Vertretung. Ich weiß bis heute nicht, wer es war.«[152]

1982 schlug der BND vor, den Hausordnungsdienst der StäV, also Hausmeister und Wachpersonal, in Pullach selbst zu schulen. Der zuständige Referatsleiter im Kanzleramt ließ sich überzeugen und empfahl eine »sicherheitliche Einweisung«, wie sie für Diplomaten und Mitarbeiter des Auswärtigen Amts der Bundesrepublik in den Staaten des Ostblocks üblich war. Allerdings stellte das Kanzleramt mit Rücksicht auf die besondere Lage in der Hannoverschen Straße die Bedingung, dass die »Schulung so gestaltet ist, daß jeder Eindruck einer Verbindung der Beamten zum BND vermieden wird. Denn ein solcher Eindruck könnte deren Arbeit in Ost-Berlin erschweren.«[153]

Hans Otto Bräutigam hat sich vor seinem Amtsantritt als Leiter der StäV 1982 »prophylaktisch«, wie er sagt, mit dem damaligen BND-Präsidenten getroffen und ausdrücklich darum gebeten, die Vertretung nicht zum Sitz eines Geheimdienstlers zu machen: »Die Stasi würde es erkennen«, lautete die Warnung des gerade ernannten Staatssekretärs, die auch im Kanzleramt auf Verständnis gestoßen sei.[154]

Die aus dem Bundesinnenministerium stammende Sicherheitsbeauftragte der StäV, Irmgard von Rottenburg, erinnert sich daran, dass die StäV eines Tages gebeten wurde, einen Bericht über Sicherheitsfragen an das Kanzleramt zu liefern. »Leute ausspähen oder Ähnliches gehörte nun wirklich nicht zu unseren Aufgaben, ich konnte dazu nicht viel beitragen, wir interessierten uns dafür auch nicht.« Der Bericht wurde schließlich auch dem BND zugeleitet – wovon sie erst erfuhr, als ihr aus Pullach überschwenglicher Dank zuteil wurde. »Obwohl wir wirklich nichts richtig wussten.«[155] Gaus erhielt seinerseits regelmäßig die Berichte des BND – von denen er keine übermäßig hohe

151 Gespräch mit Erika Gaus am 2. Mai 2005 in Reinbek
152 Berbig (Hg.): Stille Post, S. 275
153 BArch B 136/21294, o. P.
154 Gespräch mit Hans Otto Bräutigam am 19. Februar 2009 in Berlin
155 Gespräch mit Irmgard von Rottenburg am 11. Mai 2005 in Berlin

Meinung hatte, wie sich ein Mitarbeiter erinnert: »Er sagte immer: Wenn sich jemals irgendwer danach richtet, dann gute Nacht!«

Der einstige BND-Präsident Hans-Georg Wieck bestätigt, dass der Geheimdienst nicht nur aus den deutsch-deutschen Geschäften und Verhandlungen herausgehalten wurde, sondern die Ständige Vertretung grundsätzlich sorgsam Distanz wahrte.

> »Normalerweise wird der Geheimdienst bei der Vorbereitung von Verhandlungspositionen beteiligt. Im Falle von DDR-Verhandlungen wurde auf strikte Abschirmung gegenüber dem BND Wert gelegt, um störenden Einflüssen nicht ausgesetzt zu sein. Um den Abfluss eventueller Gespräche zwischen Regierung und BND nicht über Spione, die man im BND wähnte, aber nicht bei sich im Kanzleramt, zu vermeiden – ein weiteres Beispiel des dem damaligen deutschen Regierungssystem inhärenten Misstrauens gegenüber dem Dienst.«[156]

Tatsächlich gelangte auch die Staatssicherheit nicht zu greifbaren Hinweisen auf Residenten in der Hannoverschen Straße. Die Hauptabteilung II des MfS hielt 1984 in einer ihrer zahlreichen Analysen der feindlichen Niederlassung in ihrer Hauptstadt fest, dass eine direkte geheimdienstliche Tätigkeit von StäV-Mitarbeitern nicht nachweisbar sei. Es bestehe keine feste Verbindung mit einer Zentrale oder einer Residentur eines bundesrepublikanischen Geheimdienstes:

> »Die im Prozeß der operativen Bearbeitung von im Verdacht der geheimdienstlichen Bindung stehenden Mitarbeiter der Ständigen Vertretung gewonnenen Erkenntnisse und Informationen lassen die Schlußfolgerung zu, daß gegenwärtig in der Ständigen Vertretung keine Residentur eines Geheimdienstes der BRD existiert.«[157]

Und auch die Suche in Privatwohnungen der Mitarbeiter der StäV bestätigte den Verdacht auf BND-Kontakte nicht: »Direkte Beweise für eine nachrichtendienstliche Tätigkeit bzw. Bindung konnten mit diesen Maßnahmen [gemeint sind konspirative Wohnungsdurchsuchungen] bisher nicht gesichert werden.«[158]

---

156 Hans-Georg Wieck im Gespräch mit Karl Feldmeyer und Hermann Wentker am 21. März 2005, in: Vierteljahreshefte für Zeitgeschichte, 2/2008, S. 330–358, hier S. 355
157 BStU MfS HA II 4312, Bl. 109 ff.
158 BStU MfS HA II 28501, Bl. 62–64, Erkenntnisse und Erfahrungen konspirativer Wohnungsdurchsuchungen bei Mitarbeitern der Ständigen Vertretung der BRD in der DDR der HA II/12, nicht datiert [aus den späten achtziger Jahren], hier Bl. 63

Aber das MfS glaubte beobachtet zu haben, dass sehr wohl Mitarbeiter der Politischen Abteilung der StäV wie auch der Wirtschaftsabteilung als »Einzelaufklärer« tätig seien. Sie nutzten ihren Diplomatenstatus, seien durch eine »flexible Gestaltung ihrer Arbeitszeit« in der Lage, »den Geheimdienstlichen Informationsbedarf« abzudecken, und wahrten auch gegenüber den Leitern der StäV und den Sicherheits- bzw. Geheimschutzbeauftragten strengste Konspiration. Die spionierenden Diplomaten seien nicht spezialisiert, betrieben also nicht nachweislich gezielte Militär- oder Wirtschaftsspionage, sondern gingen wahllos vor. Dramatisch klingt der Vermerk der HA II: »Erste Hinweise auf die Existenz eines CIA-Agenten in der Ständigen Vertretung der BRD liegen vor.« Diesen Hinweisen folgten jedoch auch später keine Spuren, die zu anderen feindlichen Diensten geführt hätten.

Ratlos schienen die MfS-Beobachter auch im Hinblick auf die Anbindung der Verdächtigen an Agentenführer oder einschlägige Einrichtungen in West-Berlin. Kontakte der vermeintlich spionierenden StäV-Mitarbeiter zu unterwanderten Institutionen, die der DDR latent ein Dorn im Auge waren (wie das Gesamtdeutsche Institut – Bundesanstalt für Gesamtdeutsche Aufgaben, die Friedrich-Ebert-Stiftung, die Stiftung Wissenschaft und Politik Ebenhausen oder das Deutsche Institut für Wirtschaftsforschung), werden als Belege für geheimdienstliche Aktivitäten gedeutet. Ebenso wie die »breit angelegte Kontaktpolitik« der Ständigen Vertretung aus Sicht der DDR-Aufklärer nur ein Indiz dafür sein konnte, dass die StäV Informationen »durch Abschöpfung« gewinnen wollte.

Misstrauen hegte die Staatssicherheit auch gegenüber vermuteten – oder tatsächlich vorhandenen – Waffen. Ein MfS-Mann beobachtete den Fahrer von Gaus beim Besuch in Karl-Marx-Stadt, wo im März 1976 die Handball-Mannschaften beider deutscher Staaten gegeneinander antraten – ein Anlass, bei dem der Fahrer »vermutlich eine Pistole trug«. Auch der Hausordnungsdienst verfügte nach Ansicht des MfS »vermutlich über Handschußwaffen«, was nicht erstaunlich ist. Dass allerdings ein stellvertretender Leiter des Verwaltungsreferats in Anwesenheit von Unbekannten darüber schwadroniert haben soll, wie »vornehmlich die ›CY-Leute‹ in der Ständigen Vertretung«, also jene mit Diplomaten-Kennzeichen am Auto, Waffen tragen, »um sich wehren zu können«, deutet auf eine vom Stasi-Informanten aufgeblähte Legende oder auf schamlose Wichtigtuerei des bespitzelten Westbeamten hin.[159]

159 BStU MfS HA II 4445, Bl. 22

Die Botschaftsbesetzungen

»Im Frühjahr 1975 kamen die ersten in die Ständige Vertretung«, berichtet Günter Gaus – und meint Besucher, die kamen und nicht mehr gingen: Botschaftsbesetzer.

> »[Es] war ein Ehepaar mit einem Baby. Ich wurde benachrichtigt und kam abends gegen halb elf in die Ständige Vertretung. Meine beiden Sekretärinnen waren da, zwischen ihnen kroch so ein entzückendes Baby herum. Im Nebenzimmer saß das Ehepaar. In der Nacht, die wirklich dramatisch verlief, haben Vogel und Gaus [sic] das Rezept entwickelt, nach dem bis fast zum Ende der DDR gehandelt wurde. Bis zu dem Zeitpunkt, wo es sich nicht mehr um Einzelfälle handelte.«[160]

So schildert Günter Gaus selbst seine erste Begegnung mit einer jungen Familie aus Dresden, die in der Ständigen Vertretung Zuflucht gesucht hatte und ihre Ausreise in den Westen erwirken wollte. Dieses Anliegen hatten andere Besucher zuvor auch vorgebracht, diese Familie aber ließ sich nicht wieder wegschicken. Gaus war qua Amt machtlos: Die Ständige Vertretung konnte Zufluchtsuchenden nicht im herkömmlichen Sinn Asyl gewähren, geschweige denn, den Ausreisewilligen eine Tür in den Westen öffnen. Die bundesrepublikanische Vertretung stellte keine Pässe aus, und Asyl, so erklärte die Vertretung Besuchern aus dem Westen, werde »nur noch in bestimmten Ländern Mittel- und Südamerikas anerkannt und wirksam. Die StäV ist ebenso wenig berechtigt oder in der Lage, Asyl zu gewähren wie die Missionen anderer Staaten in dem größeren Teil der Welt.«[161] Die allermeisten Besucher der StäV wussten genau, dass sie in der Hannoverschen Straße keine Zusagen für eine Ausreise in den Westen erwarten konnten.

Wenn Günter Gaus schreibt, er habe mit Rechtsanwalt Wolfgang Vogel, dem Vertrauensmann beider Seiten, in jener Nacht ein Rezept entwickelt, nach dem künftig vergleichbare Fälle gelöst wurden, hieß das zunächst, dass Gaus noch in ebendieser Nacht den legendären, auch umstrittenen »Advocatus Diaboli«[162] um Hilfe bat. Es dauerte nicht lange, da meldete der Rechtsanwalt sich in der StäV mit einer Zusage zurück, die allerdings die Betroffenen vor eine schwere Entscheidung stellte: Vogel erklärte, die Familie müsse die StäV verlassen, und in seiner Kanzlei werde man alles Weitere regeln. Schon dieser Schritt kostete die Zufluchtsuchenden große Überwindung – die Angst, nach dem

---

160 Gaus: Es war die wichtigste Zeit meines Lebens, S. 91
161 aus privatem Handapparat: Ständige Vertretung, Pressereferat: Stichworte für Referate vor Besuchergruppen, Berlin, 25. Juli 1978, Anhang, S. 5
162 so der Titel der Biographie von Craig Whitney: Advocatus Diaboli. Wolfgang Vogel – Anwalt zwischen Ost und West, Berlin 1993.

Verlassen der Ständigen Vertretung festgenommen zu werden, konnte ihnen niemand nehmen. Unter dem Schutz des Ständigen Vertreters fuhren sie in Vogels Kanzlei in der Reiler Straße in Berlin-Friedrichsfelde. Doch der Anwalt konnte den Dresdnern keinen Freifahrschein für die sofortige Übersiedlung in den Westen ausstellen. Wolfgang Vogel hatte die Vollmacht, dem Paar zu versichern, dass die Ausreise genehmigt werde. Die Bedingung aber lautete, dass alle drei nach Dresden zurückkehren und nach dem allgemein üblichen Verfahren einen Antrag bei der Abteilung Inneres beim Rat des Kreises stellen sollten. Ihr Anliegen würde innerhalb von etwa sechs Wochen positiv beschieden – das könne er ihnen versprechen, so Wolfgang Vogel. »Schriftlich konnte ich diese Versicherung nicht geben, aber mein Wort.«

Günter Gaus nahm den Ball auf und erklärte nun seinerseits, wenn die DDR die Zusage von Vogel breche, wäre ihm dies Anlass für einen Eklat. Er werde von seinem Posten als Ständiger Vertreter zurücktreten und den Grund für seinen Rücktritt offenlegen. Wolfgang Vogel wiederum machte sowohl seinem Ansprechpartner beim MfS, Heinz Volpert, wie auch seinem Gönner, dem DDR-Generalstaatsanwalt Josef Streit, deutlich, dass ein öffentlich gemachter Wortbruch erheblichen politischen Flurschaden anrichten würde und mehr als die persönliche Glaubwürdigkeit Vogels auf dem Spiel stand. Er stehe als Vermittler nicht mehr zur Verfügung, wenn seine Zusage nicht eingehalten würde, lautete Vogels Drohung.[163]

Die Dresdner Familie hatte keine Wahl. Sie ließ sich auf den vorgezeichneten Weg ein. Und die DDR-Führung ermöglichte Vogel, sein Versprechen zu halten: Nach einer Frist von vier Wochen wurden die Übersiedler in den Westen entlassen. In seinem eigenen Wagen, einem goldfarbenen Mercedes mit dem Kennzeichen IS 59-72, am Steuer seine Frau Helga, begleitete »der Rechtsanwalt« sie über die Grenze – nicht ohne ihnen einzuschärfen, dass von ihnen äußerste Verschwiegenheit erwartet würde.

Wolfgang Vogel galt in West und Ost als verlässlicher Vermittler bei den »besonderen Bemühungen«. Der 1925 geborene Jurist verfügte sowohl in der DDR wie auch in West-Berlin über eine Anwaltszulassung. Er genoss das Vertrauen Herbert Wehners und Erich Honeckers, der ihn nach der Lösung der sogenannten »Kofferfälle« zu seinem persönlichen Beauftragten für die Freikäufe ernannt hatte. Von Vogels exponierter Rolle außerhalb der Funktionärshierarchie konnte auch die westliche Seite profitieren, urteilt Helmut Schmidt:

»Erich Honecker benötigte seine Hilfe auch immer dann, wenn er die Bürokratien der DDR und der Bundesrepublik Deutschland umgehen wollte. Dergestalt wurde

---

163 Gespräch mit Wolfgang Vogel am 25. Juli 2005 in Schliersee und vgl. Norbert Pötzl: Erich Honecker. Eine deutsche Biographie, Stuttgart, München 2002, S. 183

Vogel eine Art ›Briefträger‹ für persönliche Mitteilungen, die den direkten Weg zwischen Ost-Berlin und Bonn nehmen sollten.«[164]

Honecker hatte Vogel autorisiert, mit den westdeutschen Beamten über heikle Übersiedlungen zu verhandeln. »Obwohl in verschiedenen Lagern stehend, hatten wir keine Schwierigkeit, ohne jede politisch bedingte Verkrampfung miteinander sprechen und uns begegnen zu können«, stellt auch Ludwig Rehlinger fest. Er war als Präsident des Gesamtdeutschen Instituts – Bundesanstalt für gesamtdeutsche Aufgaben – von 1969 bis 1972 und ab 1982 als Staatssekretär im Bundesministerium für innerdeutsche Beziehungen über Jahre auf westdeutscher Seite für die Lösung »humanitärer Fragen« verantwortlich – und erfüllte damit die einzige operative Aufgabe, die diesem Ministerium oblag. Als »Bevollmächtigter des Bundeskanzlers« verhandelte der christdemokratische Jurist Rehlinger mit seinem Pendant Vogel im Geheimen über die heiklen deutsch-deutschen Grenzübertritte.

»Bei Verhandlungen, in denen die Politik unsichtbar mit am Tisch sitzt – eine kontroverse, zu manchen Zeiten sich feindlich gegenüberstehende Politik –, kommt es entscheidend darauf an, im Gegenüber eine Person zu wissen, die den Rahmen, den Handlungsspielraum genau abzuschätzen weiß und die fest zu den einmal getroffenen Abreden steht.«[165]

Maßgeblich war Wolfgang Vogel an den diskret abgewickelten deutsch-deutschen Häftlingsfreikäufen, dem Agentenaustausch, der Familienzusammenführung und der Lösung der Ausreiseanliegen beteiligt. Die Zufluchtsfälle belasteten das deutsch-deutsche Verhältnis – auch hier war Vogels Vermittlung gefragt, nicht nur, weil beide Seiten großen Wert auf Diskretion legten.

Nach dem Beispiel jener Nacht vom 5. Februar 1976, als die Dresdner Familie die StäV nicht mehr verlassen wollte, wurde in den kommenden Jahren stillschweigend immer wieder verfahren: Wolfgang Vogel fuhr in seinem auffälligen Wagen vor, machte sich ein Bild von der Lage, ließ sich Namen, Geburtsort und die letzte Arbeitsstelle der zur Ausreise Entschlossenen geben und wählte die Berliner Telefonnummer 5596303. »Er redet mit seinem Heinz«, habe das MfS protokolliert, so Vogel. Gemeint war sein Vertrauter Oberst Heinz Volpert vom MfS, der 1970 zusammen mit Alexander Schalck-Golodkowski an der Juristischen Hochschule des MfS eine Dissertation vor-

---

164 Helmut Schmidt: Zum 80. Geburtstag von Wolfgang Vogel, in: Reymar von Wedel (Hg.): Wolfgang Vogel – eine Festgabe. Realisiert vom Institut für vergleichende Staat-Kirche-Forschung, Berlin o. J. [2005], S. 81
165 Ludwig Rehlinger: Freikauf. Die Geschäfte der DDR mit politisch Verfolgten 1963–1989, Berlin, Frankfurt am Main 1991, S. 47

gelegt hatte über die »Bekämpfung der imperialistischen Störtätigkeit auf dem Gebiet des Außenhandels«.[166] Auf den MfS-Mann habe er sich stets verlassen, sagt der Rechtsanwalt im Rückblick: »Volpert wollte, dass es klappt, andere aber wollten das System sprengen.«[167]

Nach Volperts rätselhaftem Tod in einer Sauna wurde Generalmajor Gerhard Niebling, Leiter der Zentralen Koordinierungsgruppe Übersiedlung beim MfS, im Jahr 1986 Vogels Ansprechpartner. Das Verfahren lief nach einem festen Muster ab: Sobald die Staatssicherheit bestätigt hatte, dass gegen die betreffenden Ausreisewilligen keine Strafverfahren anhängig waren oder sie keine ungetilgten Schulden hinterlassen würden, kehrte Vogel in Begleitung seiner Ehefrau mit »der Liste« in die StäV zurück. Der Rechtsanwalt versprach den Betroffenen Straffreiheit und die Ausreise, während Frau Vogel Adressen von Anwälten in den einzelnen Bezirken verteilte, erinnert sich Eberhard Grashoff, Sprecher der StäV:[168] »Helga Vogel war die wichtigste Assistentin ihres Mannes.«

Erich Mielke, dessen Ministerium sowohl bei den »Botschaftsflüchtlingen« wie bei herkömmlichen Anträgen auf Entlassung aus der Staatsbürgerschaft der DDR und Übersiedlungen über die Abteilung Inneres stets in die Verfahren involviert war, sah die Besetzungen mit großer Skepsis. Anders als Honecker, der die Ausreisen auch als Devisenquelle begriff und im Interesse des Verhältnisses zur Bundesrepublik an einer möglichst lautlosen »Abwicklung« interessiert war, glaubte der Minister für Staatssicherheit, man könne die Menschen in den Botschaften »schmoren« lassen – so lange, bis einem Botschafter die Nerven durchgingen und er sie vor die Tür setzte. Dann würde die ganze Welt Fernsehbilder von Festnahmen sehen und erkennen, wie ernst die westlichen Staaten es mit ihrem angeblichen Freiheitsbegriff nähmen – diese Bilder wären zur Abschreckung perfekt, glaubte der Minister.[169]

»Es sollte der Ausreise unbedingt eine Leidenszeit vorhergehen«, erklärt einer der Mitarbeiter der Ständigen Vertretung die Bedingung der DDR – und tatsächlich wurden die Anträge in schleppender Langsamkeit bearbeitet. Wurden sie schließlich genehmigt, so mussten die Übersiedler ihren Haushalt Hals über Kopf auflösen.[170] Voraussetzung für die Ausreiseerlaubnis für Botschaftsflüchtlinge war über lange Zeit, dass die betreffenden Personen sich überwinden konnten, wieder in ihr verlassenes Zuhause zurückzukehren und einen regulären Ausreiseantrag zu stellen. Der Anwalt sicherte ihnen Straffreiheit

166 BStU GVS MfS 210/354/70
167 Gespräch mit Wolfgang Vogel am 25. Juli 2005 in Schliersee
168 Gespräch mit Eberhard Grashoff am 20. April 2005 in Berlin
169 Gespräch mit Wolfgang Vogel am 25. Juli 2005 in Schliersee
170 zur Ausreise vgl. Susanne Schädlich: Immer wieder Dezember. Der Westen, die Stasi, der Onkel und ich, München 2009, S. 16 ff.

zu: Das Betreten der StäV war selbstverständlich nicht strafbar, aber wer sich weigerte, das Gebäude zu verlassen, konnte wegen Hausfriedensbruchs nach Paragraph 134 StGB belangt werden oder wegen »Beeinträchtigung staatlicher oder gesellschaftlicher Tätigkeit« nach Paragraph 213 des DDR-Strafgesetzbuchs[171] – ganz abgesehen von den Sanktionen gegen Republikflucht.

Erst zum Ende der DDR, mit den Besetzungen, die den Besucherverkehr in der StäV zum Erliegen brachten, erfuhr »der Anwaltsweg« eine Modifizierung: Den Flüchtigen wurde die Rückkehr in ihre bisherigen Heimatorte erspart. Auf Vermittlung von Konsistorialpräsident Manfred Stolpe nahm die kirchliche Stephanus-Stiftung zahlreiche Flüchtlinge übergangsweise bei sich auf. Den Zufluchtsuchenden die Rückkehr an ihren angestammten Wohnort zuzumuten, war die politische Konzession an die Partei- und Staatsführung der DDR. Denn nach außen erging das Signal: Herr über das Verfahren und letztlich allein entscheidungsmächtig in Fragen der Staatsbürgerschaft war die DDR: Erich Honecker hielt die Fäden in der Hand, schließlich ging es um Bürger »seines« Staates. Honecker zeichnete die Listen aus der ZK-Abteilung für Sicherheitsfragen mit den Namen der Auszubürgernden persönlich ab. Gleichzeitig kriminalisierten allerdings die »Organe« Ausreisewillige ganz gezielt, und in diffamierenden Kommentaren erklärte man sie zu Staatsfeinden, Asozialen oder Kriminellen.

Prinzipiell vertrat die Bundesregierung die Haltung, dass auch die Bewohner der DDR Deutsche im Sinne des Grundgesetzes (Artikel 116) waren und auch sie das Recht auf einen Wohnsitz in der Bundesrepublik beanspruchen konnten. Doch wo – auch nach Unterzeichnung der KSZE-Schlussakte von Helsinki – Freizügigkeit nicht gewährt wurde, erzwang die Bundesregierung diese auch nicht. In der StäV war – anders als in den Botschaften – eine sogenannte Rechts- und keine herkömmliche Konsularabteilung eingerichtet, und das Protokoll zur Errichtung der Ständigen Vertretungen beschrieb die Aufgabe schlicht mit der allgemeinen Formel: »Hilfe und Beistand für Personen«.

Umfangreiche Briefwechsel zwischen Kanzleramt, dem Bundesministerium für innerdeutsche Beziehungen, dem Bundesinnenministerium, dem Auswärtigen Amt und der StäV dokumentieren, dass im amtlichen Verkehr mit der DDR der Personenkreis, den die StäV betreute, zunächst mit dem Begriff »Deutsche« benannt wurde. Der DDR konnte das nicht recht sein, sie vertrat die Auffassung, dass es zwei souveräne Staaten gab, die miteinander Kontakt aufgenommen hatten, und verteidigte die eigene Staatsbürgerschaft. Im Protokoll der Gespräche vom 14. März 1974 hieß es: »Die Deutsche Demokratische Republik geht davon aus, daß der Vertrag eine Regelung der Staats-

---

171 Seit 1982 verurteilten DDR-Gerichte Menschen, die ihre Ausreise zu erzwingen suchten.

angehörigkeitsfragen erleichtern wird.« Das war eine irrige Annahme, wie sich zeigen sollte.

Die Auffassung, nach der die Bundesrepublik eine »Obhutspflicht« gegenüber allen Deutschen im Sinne des Grundgesetzes wahrzunehmen habe, konnte die DDR ihrem Selbstverständnis nach nicht gelten lassen. Fürsorge gegenüber DDR-Bürgern verbat man sich als »völkerrechtswidrige Einmischung in innere Angelegenheiten« und mit dem Hinweis auf die Souveränität der DDR.

Auch die Westseite hatte Mühe, im innerdeutschen Alltag korrekte Begriffe für die zu vertretende Personengruppe zu finden, ohne die eigene Haltung zur Nation aufzugeben und West-Berlin in ihre Bemühungen einzubeziehen. Nach längeren Abstimmungsversuchen zwischen den Ministerien in Bonn schlug man dem MfAA schließlich die umständlichen Bezeichnungen »Inhaber eines amtlichen Personaldokuments der Bundesrepublik« oder »Inhaber eines behelfsmäßigen Berliner Personalausweises« vor.[172] Stets musste die Einbeziehung der West-Berliner separat erwähnt werden, ohne dass diese als Bürger der Bundesrepublik vereinnahmt würden, denn das hätte die DDR verärgert. Bärbel (Lieselotte) Seidel, die Frau des Diplomaten Karl Seidel, wie ihr Mann im DDR-Außenministerium für Kontakte zur Bundesrepublik zuständig, reagierte ohnehin mäßig begeistert:

»[Sie] hat sich rezeptiv verhalten und um Verständnis gebeten, daß sie von einer Stellungnahme absehe. Zunächst müßten die von der StäV gewählten Formulierungen geprüft werden. Sie gab jedoch ihrer Befriedigung darüber Ausdruck, daß man in dieser Frage nun doch ›einen Schritt weiter‹ gekommen sei und äußerte die Erwartung, daß der Vorschlag der StäV zu einer tragfähigen Praxis führen werde.«[173]

Die für die Deutschlandpolitik verantwortliche Gruppe 22 im Kanzleramt gab in einem internen Papier zu, wie heikel insbesondere die Ausdehnung ihrer Aufgaben auf West-Berlin war:

»Die DDR sitzt am längeren Hebel. Sie könnte Mitteilungen der Ständigen Vertretung, die den Vorstellungen der DDR nicht entsprechen, zurückweisen. Die Öffentlichkeit würde es nicht verstehen, wenn wir selbst wegen eines Streits um Formeln die Beistandsleistung durch die Ständige Vertretung blockieren. Eine solche Blockierung kann dazu führen, daß die jetzt schon schlecht genug funktionierende Betreuung der Berliner durch die Ständige Vertretung zum Erliegen kommt.«[174]

172 BArch B 136/21623, o. P., Gruppe 22 am 10. März 1976 an den Chef des Bundeskanzleramts
173 BArch B 137/5873, Schreiben vom 22. Oktober 1975 (VS-nfD), S. 1 und 4
174 BArch B 136/21623, o. P., Gruppe 22 am 10. März 1976 an den Chef des Bundeskanzleramts, S. 4 f.

Die Haltung der Bundesregierung war ambivalent: Sie duldete notgedrungen, dass es eine DDR-Staatsangehörigkeit gab – ohne diese anzuerkennen. Die DDR freilich bestand darauf, dass es keinen Unterschied gab zwischen Anerkennung und Respektierung, aus der Respektierung leitete sie in ihrem Sinne die Anerkennung ab. Um überhaupt eine Grundlage für Verhandlungen und schließlich auch für die Alltagsarbeit der Diplomaten, die keine sein durften, zu etablieren, habe Egon Bahr nach Ansicht des DDR-Außenpolitikers Karl Seidel »eine Art Rauchvorhang über das ständige völkerrechtswidrige Verhalten der BRD und ihre Einmischung in innere Angelegenheiten der DDR« gelegt.[175] Hinter diesem Vorhang verbargen sich die Ausreisepraxis und die Lösung der »Botschaftsfälle« auch in den folgenden Jahren.

Bereits in den ersten drei Monaten seiner Zeit in Ost-Berlin berichtete Günter Gaus dem Kanzleramt, dass fast zwei Drittel der aus der DDR stammenden Besucher in der StäV vorsprechen, weil sie sich erhoffen, ihre Ausreise zu beschleunigen. »Die Mitarbeiter der Ständigen Vertretung stehen gerade hier vor einer schwierigen Aufgabe: Vertrauen zu bilden und Verständnis zu finden, ohne falsche Hoffnungen zu wecken.«[176] Dass der StäV größte Zurückhaltung auferlegt war, hatte sich rasch herumgesprochen. »Die Entscheidung über die Ausreise lag in jedem Fall bei der DDR«, und das akzeptierten beide Seiten, so Vogel und der Stellvertretende Leiter der StäV Jan Hoesch unisono. Für die Betroffenen aber bedeutete das Verfahren eine erhebliche psychische Belastung, und sie waren staatlicher Willkür ausgesetzt. Die Zeit für die Bearbeitung der Ausreiseanträge und der Bitten auf Entlassung aus der DDR-Staatsbürgerschaft schwankte erheblich. Oft folgten dem Ausreiseantrag Schikanen: Der Arbeitsplatz oder die Lehrstelle ging verloren, die Kinder bekamen trotz guter Schulzeugnisse keinen Platz an der Erweiterten Oberschule oder an einer Hochschule.

Am 21. Februar 1977 suchte ein 20-jähriger DDR-Bürger die StäV auf, vermutlich – das MfS hat diese Details ebenso wenig dokumentiert wie die Vertretung – wurde ihm die übliche Beratung zuteil, dann verließ er die Mission wieder, ging zu Fuß zum Palast der Republik und entrollte dort ein Plakat mit der Aufschrift: »Freiheit und Menschenrechte, gebt mir die Ausreise!«[177] Sogenannte Demonstrativhandlungen wie diese wurden der StäV oder westlichen Journalisten bisweilen angekündigt – die Widerständler informierten die Ständige Vertretung oder die Presse vorab über ihren Protest, in der Erwartung, dass ihnen im Falle einer Festnahme geholfen werde oder sie doch wenigstens vor ihrer Festnahme im Westen noch aktenkundig wurden und auf eine der Listen mit Übersiedlungswilligen kamen.

175 Seidel: Berlin-Bonner Balance, S. 41
176 BArch B 137/5873, Erfahrungsbericht/Tätigkeitsbericht vom 15. Oktober 1974, S. 3
177 BStU MfS ZAIG 16346, Bl. 257

Die StäV war die einzige offizielle westdeutsche Anlaufstelle und somit ein Magnet für Ausreisewillige, die hofften, ihr Anliegen würde hier unterstützt oder befördert. Tatsächlich hat sich die Vertretung hinter den Kulissen auch für Ausreisewillige verwendet. Nicht nur in prominenten Fällen, wie bei der Familie des Schriftstellers Hans Joachim Schädlich, versprachen Günter Gaus wie auch seine Nachfolger ihnen persönlich bekannten Ausreisewilligen Unterstützung.[178] Viele Besucher erwarteten von den Mitarbeitern der StäV Tipps und dass diese ihnen in ihrer Not auch helfen würden. »Wir konnten offiziell nur zuhören«, meint einer der Beamten aus der StäV, »aber auch das war nur ein sehr mageres Angebot, allzu offenherzige Erzählungen mussten wir bremsen, denn wir wussten nie, wer mithört.«

Weder die zeitweiligen Verhaftungen vor der Ständigen Vertretung noch Schikanen gegenüber Ausreisewilligen, die Beistand bei der StäV suchten, schreckten die Hilfesuchenden ab. Und auch die demonstrative »Bewachung« der StäV durch Volkspolizei und Staatssicherheit ließ den Besucherstrom in der Hannoverschen Straße nicht verebben. Kamen im Jahr 1974 etwa 2000 Besucher, so stieg ihre Zahl im Jahr nach der Eröffnung auf 5000 an und verdoppelte sich wiederum im Jahr 1976[179] – und die Mehrheit kam insbesondere in den achtziger Jahren mit Übersiedlungswünschen. In den Folgejahren schwankte die Zahl, blieb jedoch trotz der abschreckend wirkenden Präsenz der Wachleute hoch. Im ersten Halbjahr 1989 schließlich stiegen die Besucherzahlen so signifikant an, dass im Kanzleramt die Alarmglocken schrillten: 1091 Besucher verzeichnete die Statistik der StäV allein im Januar 1989[180] – überwiegend in der Absicht, die DDR zu verlassen.

»Wir haben der DDR stets versichert, wir werben niemanden ab.« Hans Otto Bräutigam erinnert sich, dass Gespräche mit Ausreisewilligen von Beginn an für jeden seiner Mitarbeiter eine Gratwanderung zwischen Ermunterung und Warnung waren, eine hohe psychische Belastung für Besucher und in anderer Weise auch für die Mitarbeiter der StäV. Sie waren gehalten, den oft verzweifelten Menschen in ihren Sprechstunden sachlich Auskunft über das reguläre Verfahren zu erteilen.

> »Aber wer sagt einem zum Letzten Entschlossenen gern, dass er sich in die Höhle des Löwen zu begeben hat. Aber es half nichts: Jeder musste sich an die Abteilung Inneres beim Rat des Kreises in seinem Heimatort wenden und dort einen Antrag stellen«.[181]

178 vgl. Schädlich: Immer wieder Dezember, S. 32
179 Handapparat Jan Hoesch (Besucherzahlen 1974–1980)
180 BArch B 288/11, o. P., VS-Vermerk vom 31. Juli 1989, S. 2
181 Gespräch mit Hans Otto Bräutigam am 25. Oktober 2005 in Berlin und Gespräch mit Wolfgang Vogel am 25. Juli 2005 in Schliersee

Er habe versucht, die Menschen von ihren Plänen zur Republikflucht abzubringen, sagt ein ehemaliger Mitarbeiter. »Aber wenn jemand einen Ausreiseantrag gestellt hatte, versuchten wir, seinen Namen auf die Listen vom BMB setzen zu lassen, damit der Fall geprüft werden konnte.« Einen Rat konnten die Mitarbeiter immerhin geben: Wer Verwandte im Westen hatte, konnte über die Familienzusammenführung seine Chance auf eine Ausreise erhöhen.

Grundsätzlich durften die Mitarbeiter der StäV die hilfesuchenden DDR-Bürger nicht ermutigen, Wege zu beschreiten, die sie in Konflikt mit der Staatsmacht gebracht hätten. Eine zwiespältige Haltung, weil die StäV sich andererseits zugute halten konnte, dass allein ihre Präsenz in Ost-Berlin Ausdruck dafür war, dass Willkür gegenüber DDR-Bürgern nicht unbeobachtet blieb. In einem ihrer Berichte an das Kanzleramt heißt es:

> »Auch in Fällen, in denen die Vertretung wenig Hoffnung machen konnte, haben gerade Besucher aus der DDR immer wieder betont, wie dankbar sie sind, hier eine Stelle zu haben, die überhaupt zu einem vertrauensvollen Gespräch über ihre Probleme mit dem Ausreiseantrag bereit ist.«[182]

Der Beratung durch die Mitarbeiter der Vertretung waren Grenzen gesetzt. »Wer zum ersten Mal zu mir in mein Büro kam, dem habe ich mit einer stummen Geste ein Plakat gezeigt: ein großes Bild einer Wanze«, erinnert sich einer der StäV-Mitarbeiter, der seine Besucher zunächst vor allzu offenherzigen Berichten warnen wollte, die möglicherweise von fremden Ohren mitgehört wurden.

Grundsätzlich galt für den Umgang mit Besuchern der StäV, die mit Ausreisewünschen vorsprachen, eine formale Regel: Sie sollten darauf hingewiesen werden, dass die StäV »ihren Ausreisewunsch lediglich zur Kenntnis nehmen und die Bundesregierung bzw. das für Fragen der Familienzusammenführung zuständige Bundesministerium für innerdeutsche Beziehungen davon unterrichten« könne.[183] Dem Besucher sollte das Gefühl gegeben werden, dass die Bundesregierung um das jeweilige Anliegen bemüht sei. »Die Gespräche sollen möglichst behutsam und weitgehend rezeptiv geführt werden, um jeden Eindruck der Einflußnahme der Ständigen Vertretung auf Besucher zu vermeiden.«[184] Die Mitarbeiter waren gehalten, die Besucher über die Konsequenzen, die ein Ausreiseantrag nach sich ziehen konnte, zu informieren. Und sie sollten mit dem Hinweis auf die Strafbestimmungen der DDR und die

182 BArch B 137/5873, Erfahrungsbericht/Tätigkeitsbericht vom 15. Oktober 1974, S. 3
183 Richtlinien für die Erteilung von Auskünften an Besucher aus der DDR in Angelegenheiten der Familienzusammenführung und Übersiedlung vom 28. Juli 1980, S. 2 (Handapparat Jan Hoesch)
184 ebenda, S. 3

eingeschränkten Möglichkeiten der Bundesregierung die Besucher unbedingt davor warnen, westdeutsche Medien einzuschalten.[185]

Die StäV legte den Ausreisewilligen, für die sie sich im Sinne der Familienzusammenführung verwenden sollte, einen vierseitigen Fragebogen[186] vor, auf dem ausdrücklich vermerkt war, dass er nicht in die DDR versendet oder mitgenommen werden sollte. Abgefragt wurden die Namen, Geburtsdaten und Anschriften der Ausreisewilligen, die Berufe und Arbeitsstellen, eventuelle Verwandte in der Bundesrepublik, ob und wann diese aus der DDR übergesiedelt waren, ob dies auf legalem oder illegalem Weg geschah, der Verwandtschaftsgrad (Ehepartner oder Verlobte, eventuelle gemeinsame Kinder). Die Mitarbeiter der Rechtsabteilung der StäV schrieben auf, ob und wo die betreffenden DDR-Bürger einen Ausreiseantrag gestellt hatten, und ließen sich die Gründe dafür nennen. Zu guter Letzt vermerkten sie auf dem Fragebogen, ob andere Familienmitglieder, die nicht ausreisen wollten, eventuell Funktionen in politischen Organisationen innehatten. Hintergrund dieser Frage war, dass die Verhandlungen mit der DDR über die Ausreise von Geheimnisträgern oder deren Verwandten unter erschwerten Bedingungen geführt wurden.

Hatten die Besucher der Sprechstunde den Fragebogen ausgefüllt, so schaffte die StäV ihn so rasch wie möglich nach West-Berlin und versuchte über Staatssekretär Ludwig Rehlinger und den »Anwaltsweg« den Betroffenen zu helfen.

Zwischen 1961 und 1988 verließen fast 382 000 DDR-Bürger über einen genehmigten Antrag legal den Staat. (Dazu kommen die Flüchtlinge, die illegal der DDR den Rücken kehrten, und die freigekauften Häftlinge.) 1989 stieg die Zahl noch einmal erheblich an: Mehr als 100 000 Menschen gingen mit Erlaubnis, mehr als 200 000 DDR-Bürger flohen über Ungarn und die ČSSR.

In der Verfassung von 1949 gestand die DDR ihren Bürgern noch das Recht auf Auswanderung zu (Artikel 10). Dieses garantierte Recht aber ließ sich praktisch nicht mehr wahrnehmen oder einfordern, spätestens nach dem Mauerbau entbehrte es jeder realen Grundlage. In der neuen Verfassung von 1968 fehlte dann auch der Artikel zur legalen Auswanderung. Wer seine Ausreise beantragte, verstieß per se gegen das Gesetz. Im Jahr 1983 wurde im Rahmen der KSZE-Folgekonferenz von Madrid die Familienzusammenführung gesetzlich untermauert. Die dauerhafte Ausreise konnte nun unter bestimmten, sehr eng gefassten Bedingungen wieder regulär beantragt werden. Damit war ein formaler Fortschritt erreicht: Auf diese Weise wurde das Vorgehen der Antragsteller legalisiert, und die zuvor stillschweigend geduldete gängige Praxis bekam eine gesetzliche Grundlage. Der Effekt war im Jahr

185 vgl. ebenda, S. 4
186 Handapparat Jan Hoesch

1984 spürbar: Die DDR hatte ihre restriktive Haltung gelockert, die Zahl der registrierten Ausreisefälle stieg rapide an, im Vergleich zum Vorjahr (1983 rund 8000) hatte sie sich mehr als vervierfacht (1984 rund 35 000).[187] Erich Honecker gab 1984 fünfmal mehr Ausreiseanträgen statt als im Jahr zuvor, weil er sich eine Entspannung des deutsch-deutschen Verhältnisses und einen erneuten Kredit erhoffte. Der Staats- und Parteichef erwartete irrigerweise, die Zahl der Ausreisewilligen würde dauerhaft sinken und er hätte sich der Fluchtwelle entledigt. Wie Karl Seidel bemerkte, war das ein »kapitaler Trugschluss«: Wohl ebbte die Ausreisewelle nach 1987 leicht ab, um 1989 mit den aufsehenerregenden Ausreisen Tausender Bürger die DDR in entscheidendem Maße zu destabilisieren.

Erst in den späten achtziger Jahren traten Verordnungen in Kraft, die den Bürgern das Recht gaben, nicht allein einen Antrag auf Übersiedlung und Entlassung aus der Staatsbürgerschaft der DDR zu stellen, sondern im Falle der Ablehnung ihres Antrags auch dagegen Einspruch zu erheben. Die diplomatischen Vertretungen westlicher Länder wie auch die StäV galten Ausreisewilligen als Zufluchtsort. Oft in höchster Verzweiflung und getrieben von der erniedrigenden Erfahrung, dass ihr Antrag mehrfach abgelehnt worden war, sie ihre ursprüngliche Arbeit oder ihren Ausbildungsplatz verloren hatten, versuchten immer wieder »Botschaftsflüchtlinge«, über westliche Vertretungen ihre Übersiedlung zu erzwingen. Doch für Flüchtlinge war kein Quartier vorhanden, sie konnten nur provisorisch versorgt werden und mussten in der Sorge leben, vor die Tür gesetzt zu werden.

Die Betroffenen hatten oft bereits mehrmals ablehnende Bescheide erhalten, waren verzweifelt. Ihr Anliegen war legitim, sie betrachteten auch den gewählten Weg nicht als verwerflich, und doch war er ungesetzlich. Während die offiziellen DDR-Stellen sie bereits ob ihres Anliegens ächteten, war aus Sicht der Bundesrepublik allein das Vorgehen problematisch. Die StäV sollte sich nicht instrumentalisieren lassen, sie wollte ihre Arbeitsfähigkeit erhalten, die DDR nicht unnötig reizen – und sie war selbstverständlich nicht auf dauerhaften Besuch eingestellt. Die Hilfesuchenden allerdings gewaltsam aus dem Gebäude zu schaffen, verbot sich selbstverständlich auch.

---

187 vgl. Handwörterbuch zur Deutschen Einheit, S. 675; Bernd Eisenfeld: Gründe und Motive von Flüchtlingen und Ausreiseantragstellern, in: DA 1/2004, S. 89 ff.

Die Schließung 1984

Das dramatischste Kapitel der Geschichte der Ständigen Vertretung begann mit einem Vorfall, der die Institution selbst zunächst gar nicht betraf. Im Januar 1984 besetzten sechs junge DDR-Bürger die Bibliothek der Botschaft der Vereinigten Staaten von Amerika in Ost-Berlin. Unter dem Vorwand, sich einen Film anschauen zu wollen, waren sie in das Gebäude in der Neustädtischen Kirchstraße gelangt. Nach der Filmvorführung verließen sie die Botschaft nicht, sondern baten den überraschten Bibliothekar um Papier und Stift und darum, ihnen beim Verfassen eines Briefs an Präsident Ronald Reagan behilflich zu sein: »Wir bitten um politisches Asyl.« Das Leben in der DDR sei ihnen unmöglich geworden, sie wollten Entmündigung und Unfreiheit nicht länger ertragen. »Das ist die letzte und verzweifelte Möglichkeit, unseren Willen nach Übersiedlung in ein demokratisches Land zu bekunden.«[188]

Die Flüchtlinge hatten sich überlegt, dass sie das Schreiben dem Präsidenten der USA übermitteln lassen wollten, und sie waren darauf vorbereitet, einen Journalisten im Westen von der Botschaft aus anzurufen und in ihr Vorhaben einzuweihen: »Zuvor hatte einer von uns einen anderen Brief per Post an Erich Honecker abgeschickt, der den Hinweis enthielt, daß wir in der amerikanischen Botschaft in einen unbegrenzten Hungerstreik treten, um unsere Ausreise zu erwirken.«[189] Die sechs Freunde verlangten nun von der Botschaft, unverzüglich in den Westen gebracht zu werden. Die Botschafterin der USA, Rozanne Ridgeway, war selbst nicht im Hause, der Gesandte versuchte, die ungebetenen Gäste mit dem Hinweis darauf aus dem Haus zu komplimentieren, dass die USA prinzipiell keine Asylanten in ihren Botschaften duldeten. Mit seinen Hinweisen auf formale juristische Vorgaben fand der Gesandte jedoch kein Gehör. Die sechs Menschen, die gedanklich mit ihrem Leben in der DDR abgeschlossen und sich zu einem Bruch mit ihrem bisherigen Dasein entschlossen hatten, ließen sich nicht mit Hinweisen auf gängige Visumbestimmungen umstimmen oder von ihrem Vorhaben abbringen. Keine Chance, die jungen Ausreisewilligen hatten sich mit hartnäckiger Geduld gewappnet. Die USA sahen sich genötigt, den Botschaftsbesetzern anzudrohen, die wachhabenden Marines würden sie gewaltsam vor die Tür setzen und sie den »Organen« der DDR ausliefern. Mittlerweile hatten sich Fernsehreporter vor dem Botschaftsgebäude eingefunden. Die Marines erschienen, sie brachten die in Hungerstreik getretenen jungen Leute nur in einen anderen Raum in der Botschaft.

Angesichts der bereits spürbaren Vorboten der Ausreisewelle schien es

188 zitiert in: Die Welt vom 5. Oktober 1984
189 der Flüchtling Jörg Hejkal in: Die Welt vom 7. Juni 1984

den amerikanischen Botschaftsangehörigen naheliegend, sich der Erfahrungen und des diplomatischen Sachverstands der westdeutschen Vertreter in der DDR zu bedienen. Ein deutsches Problem sollte auch von Deutschen geregelt werden, so die inzwischen zurückgekehrte US-Botschafterin Ridgeway kühl. Nach einer ersten Nacht mit den sechs Besetzern im Haus bat man Hans Otto Bräutigam um Vermittlung. Erreichbar war zunächst nur dessen Stellvertreter Franz Jürgen Staab. In Zeiten ohne Mobiltelefone, in einem Land mit einem nur rudimentär ausgebauten Kommunikationsnetz, zwangen die äußeren Umstände zur Geduld. Unterdessen wurde die Atmosphäre nicht besser, die psychische Anspannung der Beteiligten wuchs. Die Botschaft war gänzlich unvorbereitet auf derlei Aktionen, der Gesandten schien der Ruf ihres Landes als Weltmacht, die sich gern zum Garant für Freiheit und Demokratie stilisierte, auf dem Spiel zu stehen – für die Besetzer ging es um ihre Zukunft.

Die Ständige Vertretung schlug der US-Botschaft den in diesen Fällen gängigen Anwaltsweg vor: »Die Rechtsanwälte« wurden eingeschaltet. Wolfgang Vogel befand sich im Urlaub in Österreich. Schließlich erreichte man ihn, und er versprach, unverzüglich nach Berlin zurückzukommen und sich der ausreisewilligen Besetzer anzunehmen. Der DDR musste in diesem Fall ganz besonders an einer wenig aufsehenerregenden Lösung gelegen sein, denn die KVAE-Verhandlungen in Stockholm hatten gerade begonnen. Zudem erwartete Erich Honecker die Besuche des französischen Außenministers Claude Cheysson und des kanadischen Premierministers Pierre Trudeau. Cheysson sollte das neue französische Kulturinstitut Unter den Linden eröffnen – Ausweis der Weltläufigkeit der Hauptstadt der DDR und ein Triumph, der nicht von Erpressern getrübt werden sollte. Der trotz aller Menschenrechtsverletzungen stets auf seine Reputation bedachte zweite deutsche Staat konnte sich keine skandalträchtigen Schlagzeilen in der westlichen Presse erlauben.

Die SED-Spitze entschied rasch und ließ die Rechtsanwälte den Besetzern einen Vorschlag unterbreiten: Straffrei würden sie bleiben, aber sie müssten unverzüglich die Botschaft verlassen. Dass die Zusage für eine Ausreise nicht allen sofort zugesagt wurde, deuteten die Besetzer als Versuch, ihre Gruppe zu spalten. Sie baten sich Bedenkzeit aus. Nun kam Bräutigam:

»Er sagte, daß solche Angebote [...] nicht lange bestehen, und die Frist der drei Monate sei in solchen Fällen üblich. Unsere Forderung, ohne Verzug und ohne Zwischenaufenthalt nach West-Berlin übergeben zu werden, sei nicht erfüllbar, weil die andere Seite das Gesicht verlieren würde. Wir sollten uns alles noch einmal gründlich überlegen, bevor wir märtyrerhaft etwas bewirkten, was dann als Ergebnis nicht mehr unserem eigenen Interesse entspreche. Wir sollten uns grundsätzlich nur auf unsere Ausreise beziehen, keinen großen Rummel machen, sondern sachlich bleiben, damit eine Verhandlungsgrundlage entstehe. Das war sein Anliegen. Es ging ganz ungezwungen zu. Wir führten richtige Gespräche, persönliche Gespräche. Vom Menschlichen her war es sehr erquickend«,

so der Bericht eines anderen Besetzers.[190] Zwei von ihnen verheimlichten, dass ihre Väter Offiziere des MfS waren – vermutlich der Grund dafür, dass die Ausreisezusagen nur zögerlich gegeben wurden.

Die Flüchtlinge fürchteten die Festnahme, sobald sie die Botschaft verlassen würden. Schließlich erschien Rechtsanwalt Vogel und erläuterte ein außergewöhnliches Verfahren: Er versprach allen die Ausreise nach West-Berlin und die Erledigung der nötigen Formalitäten unmittelbar und in seiner Kanzlei – also nicht wie üblich über den offiziellen Amtsweg. Volpert hatte ihn autorisiert, die Gruppe noch am selben Abend nach West-Berlin zu bringen: »Raus mit ihnen!«[191] Die Furcht zerstreute ein solches Angebot nicht, nach längeren Überlegungen ließen sich die Flüchtlinge auf Vogels Zusagen ein: In seinem Mercedes und dem Volvo des Kollegen fuhren sie, von der Polizei eskortiert und von Bräutigam begleitet, in die Anwaltskanzlei und füllten ihre Ausreiseanträge aus.

»Wie von Herrn Vogel angekündigt, kam einer, der hatte eine Schiffchenmütze auf, wie man sie in der ›DDR‹ trägt, eine Pelzmütze, die wie ein Schiffchen gemacht ist. […] Er hatte uns die Entlassungsurkunden auszuhändigen. Sie zu begründen, das lag unter seiner Würde. Ihm fiel dieser Auftritt sichtlich schwer.«[192]

Wolfgang Vogel fuhr die sechs aus der Staatsbürgerschaft Entlassenen auf Honeckers Geheiß noch am Abend über den Grenzübergang Invalidenstraße. Vogel zeigte die Identitätsbescheinigungen der jungen Leute, der wachhabende Offizier salutierte, und Vogel konnte mit der gesamten kleinen Kolonne den Slalomweg durch die Mauer in den Westteil der Stadt nehmen.

Am nächsten Tag erschien die Geschichte der Botschaftsbesetzer und ihrer erfolgreich erzwungenen Ausreise in den Zeitungen. Und zwei weitere Tage später, so Bräutigam, kamen zwölf DDR-Bürger in die Ständige Vertretung und verlangten gleichfalls, direkt nach West-Berlin gebracht zu werden.[193] Bräutigam übermittelte »dem Rechtsanwalt« die erforderlichen Daten der Flüchtlinge, Vogel kümmerte sich um die Ausreiseverfahren, und noch am selben Abend reisten auch diese zwölf Menschen direkt nach West-Berlin aus.[194]

190 Bernd Macke in: Die Welt vom 7. Juni 1984
191 Whitney: Advocatus Diaboli, S. 267
192 Bernd Macke in: Die Welt vom 7. Juni 1984
193 vgl. Hans Otto Bräutigam: Botschaftsflüchtlinge, in: Wedel (Hg.): Wolfgang Vogel – eine Festgabe, S. 19 ff.
194 vgl. Bräutigam: Ständige Vertretung, S. 329 ff.

Tatsächlich fand das Beispiel der amerikanischen Botschaft in den folgenden Monaten viele Nachahmer – doch die direkte Fahrt nach West-Berlin erwirkten sie nicht. Die DDR verlangte schließlich von der Bundesregierung, sie möge verhindern, dass sich Ausreisewillige in der Ständigen Vertretung »festsetzten«. Das konnte nur heißen, dass Flüchtlinge ausgeliefert werden sollten. Dies wiederum lehnte die Bundesregierung eisern ab: Niemand wurde gegen seinen Willen zum Verlassen der StäV gedrängt oder gar mit Gewalt den »Organen« der DDR übergeben. Insbesondere Erich Mielke tobte: Rechtsanwalt Vogel solle »auf allen entsprechenden Kanälen« den Protest der DDR anbringen, der Minister drohte, die »anwaltliche Unterstützung« könne »gegenstandslos« werden, wenn die seiner Ansicht nach völkerrechtswidrige Einmischung der Bundesrepublik in die inneren Angelegenheiten der DDR nicht aufhörte.[195] Mielke befürchtete, die Ständige Vertretung würde die »Ausnahmefälle« zur Regel machen und einen »Ausreisemechanismus installieren«. Ihn erboste zudem, dass die Flüchtlinge nicht unter Hinweis auf die alleinige Zuständigkeit der DDR aus den diplomatischen Einrichtungen verwiesen wurden, vielmehr unterstützten die bundesrepublikanischen Diplomaten kriminelle Handlungen.

Das MfS hatte zwar seine Einsatzbereitschaft mit Blick auf die sprunghaft angestiegene Zahl von Übersiedlungsanträgen noch im Januar erhöht,[196] doch konnte sie die Besetzungen kaum verhindern. Viele Besucher der StäV kamen trotz der demonstrativen Bewachung immer wieder. Eine Frau und ihre Tochter wurden »außerhalb des Einsichtsbereichs der Ständigen Vertretung mit der Begründung einer Fahndungskontrolle zugeführt«, so ein Protokoll der HA II/12. Sie wurden wieder auf freien Fuß gesetzt, da außer einem Übersiedlungsersuchen nichts gegen sie vorlag. Die beiden versuchten erneut, in die StäV zu gelangen, obwohl sie dem Uniformierten gerade erklärt hatten, einen Einkaufsbummel unternehmen zu wollen.[197] Der MfS-Offizier vermerkte: »Beide wurden erneut zugeführt«, und betonte, »keine Öffentlichkeitswirksamkeit« erzielt zu haben. Selbst der BGS-Mann an der Pforte der StäV habe kein näheres Interesse an der Szene bekundet.

Mit der ungewöhnlich raschen »Entlassung« der Botschaftsflüchtlinge in den Westen hatte die SED-Spitze einen Präzedenzfall und sich selbst ein Problem geschaffen. Bisher hatte dem Weg über das Terrain der Botschaften ein mahnendes und abschreckendes Beispiel entgegengestanden: 1956, nach der Niederschlagung des Aufstands in Ungarn, war Kardinal Josef Mindszenty in die US-amerikanische Botschaft geflohen und musste dort 15 Jahre aushar-

195 BStU MfS ZAIG 15345, Bl. 29 ff.
196 BStU MfS ZAIG 4677, Bl. 14 f., und BArch B 136/21256, o. P.
197 BStU MfS HA II 25001, Bl. 2

ren. Nun waren gerade einmal 56 Stunden vergangen und die DDR hatte in eine Ausreise ohne den üblichen Umweg eingewilligt – sie hatte sich erpressen lassen. Erich Honecker fürchtete um die Souveränität seiner DDR, die außenpolitischen Aspekte wogen für ihn schwerer als der nun absehbare Zulauf in die westlichen Missionen in Ost-Berlin. Die finanzielle Abhängigkeit seiner schwächelnden Volkswirtschaft von einem neuen Milliardenkredit der bundesdeutschen Banken wuchs, die eigenmächtige Außenpolitik der DDR irritierte zudem die Sowjetunion – da konnte der Partei- und Staatschef nicht noch die ohnehin labilen Beziehungen zu seinem westlichen Nachbarn strapazieren, sondern war mehr denn je auf eine »stille Lösung« heikler Situationen angewiesen.

Der spektakuläre Fall der Familie Berg nährte neuerlich die Hoffnung, dass über die diplomatischen Vertretungen die ersehnte Ausreise beschleunigt werden könnte: Ingrid Berg, Nichte des DDR-Ministerpräsidenten Willi Stoph, hatte sich mit ihrer Familie in die Botschaft der Bundesrepublik in Prag begeben, um die Ausreise zu erzwingen. Eine so prominente Ausreisewillige fand natürlich große Resonanz in der Presse. Familie Berg erhielt zwar nicht die Erlaubnis, direkt von Prag in die Bundesrepublik weiterzureisen. Aber kaum drei Wochen nach ihrer Rückkehr in die DDR wurde den vier Personen ein regelrechter Umzug gen Westen gestattet.

Im Sommer des Jahres 1984 trat ein, was Bräutigam schon lange befürchtet hatte: Immer mehr DDR-Bürger kamen, um über die StäV ihre Ausreise zu erzwingen. Und die Lösung ließ sich nicht mehr im Geheimen organisieren. Die Vertretung hatte – wie in solchen Fällen seit langem üblich – die akkreditierten Korrespondenten gebeten, nicht über die Asylanten zu schreiben, um die Chancen für ihre Ausreise zu erhöhen. Die DDR sollte ihr Gesicht wahren. Doch die *Bild-Zeitung* berichtete über die Zufluchten, damit war auch von anderen Medien keine Zurückhaltung mehr zu erwarten. Die Presse verfolgte das Geschehen in der Hannoverschen Straße aufmerksam und stellte die Zuspitzung der Lage in unmittelbaren Zusammenhang mit den Verhandlungen um weitere Kredite für die DDR.

Hatte bereits eine Ärztin gedroht, sich und ihr Kind zu vergiften,[198] wenn sie keine Zusage für ihre Ausreise erhielte, so machte ein anderer abgewiesener Besucher der StäV mit dem Versuch der Selbstverbrennung auf seine verzweifelte Lage aufmerksam: Der Mann hatte die StäV am Vortag aufgesucht, enttäuscht, aber nicht entmutigt kam er zurück und übergoss sich auf den Stufen zum Eingang der Vertretung mit Benzin. Dank des beherzten Eingreifens von Mitarbeitern der StäV und Besuchern, die im Vorraum ausharrten und das Geschehen beobachtet hatten, konnte ein Unglück verhindert werden. Die

198 Gespräch mit Wolfgang Vogel am 15. Juli 2005 in Schliersee

Verzweiflung des Mannes übertrug sich auf die Insassen der Vertretung, der psychische Druck wuchs, die DDR jedoch hielt zunächst still. Hans Otto Bräutigam hegte keine Illusionen. Nach diesem Vorfall stand ihm vor Augen, »dass wir am Ende waren. Der Kampf, den wir in den letzten Tagen gekämpft hatten, war sinnlos geworden.«[199]

Zuletzt hatten die Mitarbeiter der StäV ihre Sprechstunden in den Pförtnerraum verlegt, um ihre Dienste anbieten zu können, ohne weitere Besucher in das Gebäude einlassen zu müssen – mit sehr zwiespältigen Gefühlen, wie sich der Ständige Vertreter erinnert.[200] Ein junger Mann, der sich von den »Organen« der DDR auf seinem Weg in die Vertretung nicht kontrollieren lassen wollte, wurde vor aller Augen von Volkspolizisten zusammengeschlagen. Schließlich hockten sich auch noch zehn jüngere DDR-Bürger fast 30 Stunden in den Windfang vor der Pförtnerloge, bis auch sie von Bräutigam aufgenommen wurden. »Eine bedrückende, menschenunwürdige, auch für die Vertretung demütigende Situation«, schreibt Bräutigam, der noch darum kämpfte, den Zugang offenzuhalten. Doch schließlich ersuchte er in einem Telefonat mit Philipp Jenninger, dem Kanzleramtschef, als Ultima ratio den Kanzler um Zustimmung, die Vertretung schließen zu können.

Ein kleines Schild erklärte, dass die Ständige Vertretung vorübergehend leider keine Besucher mehr empfangen könne, die Mitarbeiter jedoch telefonisch zu erreichen seien. Damit war zum ersten Mal eine westliche Vertretung geschlossen worden. Der Aufschrei in der westdeutschen Presse war vernehmlich: Einsperren und Vergittern sollten Instrumente bleiben, derer sich die DDR, nicht aber die Bundesrepublik bediente.

Als die Rollgitter an der Hannoverschen Straße für unbestimmte Zeit heruntergingen, befanden sich 55[201] Männer, Frauen und Kinder in dem Gebäude, einige von ihnen campierten bereits seit Wochen in improvisierten »Gästezimmern«. Im Innern der Vertretung herrschte qualvolle Enge, schließlich war das Bürohaus nicht auf bleibende Gäste und Einquartierungen eingestellt. Der normale Betrieb war heruntergefahren. Es galt, die heterogene Gruppe der Flüchtlinge zu versorgen, 15 Kinder zu beschäftigen und Konflikte unter den angespannten Eingesperrten zu schlichten. Notdürftig hatten die Mitarbeiter der StäV die Flüchtlinge einquartiert und betreuten sie umschichtig. Die fünfte Etage, die eigentlich dem Hausordnungsdienst vorbehalten war, wurde geräumt und Schlafquartiere eingerichtet. Einige Büros in der darunterliegenden Etage standen ebenfalls zur Verfügung, zwei Duschen und zwei

---

199 Bräutigam: Ständige Vertretung, S. 338
200 vgl. ebenda, S. 337
201 Die Zahlen schwanken, meistens ist von 55 Flüchtlingen die Rede, Ludwig Rehlinger nennt die Zahl 59; vgl. Rehlinger: Freikauf, S. 133 und S. 135.

Toiletten – es herrschte Ausnahmezustand. Die zumeist jungen Flüchtlinge waren angesichts ihrer höchst ungewissen Zukunft nervös und reizbar. Das ungewollte Miteinander verlangte hohe Disziplin. Die Ehefrau des Ständigen Vertreters betreute als Allgemeinmedizinerin die zumeist emotionsgeladenen Zufluchtsuchenden, die unter der Hitze, unter ihrer Lage und mehr oder minder offen unter Stimmungsschwankungen litten. Nicht alle hatten Verständnis für die Bedürfnisse der Kinder oder die Gebete und Ernährungsgewohnheiten der kleinen Gruppe Ost-Berliner Buddhisten, die sich unter ihnen befand. Die Stimmung war schlecht, das Warten auf eine Lösung zermürbend. Die Eingesperrten konnten keinen Kontakt »nach draußen« aufnehmen. Ein paar auf Bettlaken geschriebene Botschaften spannten sie am Fenster zum Hof auf – in der Hoffnung, dass Freunde oder Verwandte diese – zum Beispiel von der schräg gegenüberliegenden Anwaltskanzlei von Lothar de Maizière – entziffern konnten.

Unter den Ausreisewilligen befanden sich drei besonders problematische Fälle, Geheimnisträger, die der Staat, dem sie gedient hatten, nicht ohne weiteres ausreisen lassen würde: ein Reservist der NVA, ein Deserteur, der bereits seit Monaten ausharrte, und ein Funktionär. Die Lage schien hoffnungslos, denn Rechtsanwalt Wolfgang Vogel hatte mehrfach kurz angebunden erklärt, er habe kein Mandat. Zu allem Überfluss kursierte auch noch ein Zitat von Philipp Jenninger. Der Kanzleramtsminister hatte nach der Schließung der Vertretung im *Deutschlandfunk* erklärt: »Wir müssen um Verständnis dafür bitten, dass wir kein Hotel sind, in dem unentwegt Bürger der DDR übernachten können.«[202]

Auf der Straße patrouillierte nun ein noch größeres Aufgebot an Sicherheitskräften, die Stimmung in der Vertretung war aufgeheizt. Und der politische Druck nahm zu, die DDR bewegte sich nicht. In der Bundesrepublik entbrannte eine Diskussion, die Empathie für DDR-Flüchtlinge ebenso vermissen ließ wie Sensibilität für die politisch heikle Situation. In westdeutschen Zeitungen wurden Forderungen laut, die Ausreiseerpresser müssten mit Gewalt aus der StäV entfernt und der DDR ausgeliefert werden. Öffentlich waren Überlegungen, die der Funktionstüchtigkeit einer Behörde Vorrang vor dem Schutz Einzelner einräumten, in dieser Deutlichkeit noch nicht angestellt worden. Die Vertretung müsse Ausreisewilligen deutlicher klarmachen, dass sie Unrecht begingen, man müsse sie von Besetzungen abhalten, abschrecken, lauteten die Forderungen bundesdeutscher Politiker. Ein Beamter aus der StäV beschrieb die Besetzung als »merkwürdigen Einfall« und empörte sich darüber, dass die Besetzer geregelte Arbeitsabläufe zum Beispiel bei der Visumvergabe störten: »Ob es nun rechtlich Hausfriedensbruch oder Nötigung oder

---

202 Philipp Jenninger am 26. Juni 1984 im DLF

sonst etwas darstellte, es war jedenfalls eine Unverschämtheit«, schreibt er in seinen romanhaft angelegten Erinnerungen.[203]

Die Zeit widmete der Besetzung einen Beitrag, in dem andere DDR-Bürger über die Blockade der Vertretung schimpften und die von der SED verbreiteten Diffamierungen der asylsuchenden »Gesetzesbrecher« weitergetragen wurden:

>»›Ist ja klar, daß das nicht die Sensibelsten und politisch Vernünftigsten aus unserem Land sind‹, sagte nachdenklich ein Bekannter. ›Ich kann zum Beispiel nicht verstehen, wie man diese netten Leute in der Vertretung in solche Schwierigkeiten bringen kann.‹«[204]

Hinter den Kulissen wurde unterdessen nicht allein über die Zufluchtsfälle verhandelt: Die Reise Honeckers in die Bundesrepublik und Staatsbesuche des italienischen Bettino Craxi und des griechischen Ministerpräsidenten Andreas Papandreou standen bevor, die Verlängerung der Kredite sollte ausgehandelt werden. Die Flüchtlingsfrage würde sich mit dem Ende der Besetzung in Ost-Berlin nicht erledigt haben, bevor nicht spürbare Reiseerleichterungen zugesichert würden. Der greisen SED-Spitze konnte nicht entgangen sein, dass sie insbesondere den Rückhalt der jüngeren DDR-Bürger verlor: Es war die Generation der im Sozialismus Geborenen, die sich abwandte. Das Institut für Jugendforschung in Leipzig hatte ermittelt, dass fast ein Drittel aller Lehrlinge, ein Viertel der jungen Arbeiter und 15 Prozent der Studenten sich nicht mehr mit der DDR verbunden fühlten.[205] Die Staatssicherheit hatte eine genaue Analyse der im Januar 1984 aus den Botschaften übergesiedelten Menschen erstellt, aus der hervorgeht, dass diese überwiegend aus Berlin stammten, mehrheitlich zwischen 25 und 40 Jahre alt waren und eine Facharbeiterausbildung absolviert hatten. Seit mehreren Jahren hatten sie sich vergeblich um eine legale Ausreise bemüht, drei von 18 waren wegen versuchten illegalen Grenzübertritts vorbestraft.[206] Ihr Freiheitsdrang überwog die ihnen anerzogene »DDR-Identität« oder Staatstreue. Nicht allein Jugendliche, die sich der konformen Gesellschaft nicht beugen wollten, verweigerten sich, sondern auch verheiratete Paare, gut ausgebildete Bürger aus dem Bau- und Gesundheitswesen, der Industrie – ein Alarmsignal, das nicht gehört wurde.

Über die verfahrene Lage in der Hannoverschen Straße führten Schalck-Golodkowski und Rehlinger Gespräche, schließlich wurden auch Bräutigam und Vogel einbezogen. Die DDR bot eine Zusage für die Flüchtlinge an, aus-

203 vgl. Kaysers: Sieben Tage im November, S. 112
204 Die Zeit vom 6. Juli 1984
205 vgl. Pötzl: Erich Honecker, S. 299
206 BStU MfS Z 3352, Bl. 2–4

reisen dürften jedoch nicht die drei »problematischen Fälle«, und für alle übrigen sollte Geld fließen – in Analogie zu den Häftlingsfreikäufen. Hans Otto Bräutigam fand die Sprache wieder: »Die Krise der Vertretung darf nicht zu einer Krise der Politik werden«,[207] erklärte der Leiter der StäV der Presse und insistierte gegenüber seinen Verhandlungspartnern, dass für *alle* Übersiedlungswilligen, die sich unter seiner Obhut fanden, Lösungen gefunden werden müssten. Wenig später stellte sich heraus, dass sich hinter einem der drei »Problemfälle« ein *agent provocateur* verbarg, der die »Hausgäste« in der Vertretung ausspionieren sollte. Westliche Geheimdienste verbreiteten, dass sie den Namen des Mannes auf einer Liste mit Namen von Mitarbeitern der Staatssicherheit entdeckt hätten.[208] Diesen Vorwurf wies die DDR umgehend zurück. Das bestätigte die Nachrichtenagentur dpa mit dem ausdrücklichen Hinweis darauf, dass auch der Bundesregierung keine Anhaltspunkte für Verdächtigungen vorlägen.[209] Die zentrale Koordinierungsgruppe der Staatssicherheit jedoch hatte festgelegt, wie in den drei »Fällen« zu verfahren sei: Auf jeden Fall sollten sie »zurückgewonnen« werden, was insbesondere bei einem der drei aussichtslos schien: Dieser Mann wollte weder über seine Vergangenheit in der DDR noch über seine Zeit in der StäV mit dem MfS sprechen. Offenbar war er mit technischen Hilfsmitteln ausgestattet worden, aber auch über den Verbleib des Geräts schwieg er sich seinem einstigen Auftraggeber gegenüber aus. Wolfgang Vogel hatte auch ihm die »Ausreise in spätestens acht Wochen« zugesagt, diese schien er anzustreben, ohne weitere Verpflichtungen mit der Staatssicherheit eingehen zu wollen. »Angebot DDR abgelehnt«, schrieb das MfS, »will in ›Freiheit‹ ein neues Leben beginnen«.[210]

Schließlich konnte den Flüchtlingen eine Lösung angeboten werden – und zwar allen: Sie wurden darüber in Kenntnis gesetzt, dass die DDR entschieden habe, ihnen nach Verlassen der StäV Straffreiheit zu gewähren, und dass sie Ausreiseanträge stellen könnten, sofern das nicht bereits geschehen war. Rechtsanwalt Vogel sagte ihnen Unterstützung zu und versicherte den misstrauischen Wartenden, dass ihre Anträge in ihrem Sinne beschieden würden.

Wolfgang Vogel hatte nach der Abstimmung mit der SED-Spitze ein Papier dabei, das die Paraphe E. H. und das Wort »einverstanden« trug. Doch Vogel durfte nicht jedem Einzelnen schriftlich eine Zusage geben. Die Betroffenen vertrauten ihm nicht. Viele von ihnen hatten schlechte Erfahrungen gemacht,

207 zitiert in: Die Welt vom 27. Juni 1984
208 vgl. Die Welt vom 13. Juli 1989
209 vgl. dpa-Meldung vom 13. Juli 1984
210 BStU MfS Archiv der Zentralstelle 14144, Absprache ZGK vom 4. Juli 1984 und Beratung ZKG/IX vom 7. Juli 1984, Bl. 314–316

mehrfach waren ihre Ausreiseanträge abgelehnt worden, entsprechend tief war ihr Misstrauen. Die Erwartung, dass sie aus der StäV direkt in den Westen gelangen könnten, hatte sich nicht erfüllt. Entsprechend problematisch waren die Auseinandersetzungen, die nun in der fünften Etage der überfüllten und überhitzten Vertretung geführt wurden: »Warum soll ich Vogel eine Zusage auf Ausreise glauben?«, »Was haben wir zu verlieren, wenn wir weiter hier ausharren und auf Zeit spielen?«, »Irgendwann kommt ihr mit einem besseren Vorschlag!«

Schockiert waren die Ausreisewilligen von Berichten über einen neuerlichen Zwischenfall in der Botschaft der Vereinigten Staaten von Amerika. Die US-Amerikaner hatten einer zufluchtsuchenden Familie die Hilfe verweigert und sie der Volkspolizei ausgeliefert. Die Eltern wurden sofort verhaftet und wenige Wochen später nach Paragraph 214 des Strafgesetzbuches der DDR zu 18 Monaten Gefängnis verurteilt, die beiden Kinder wurden bei den Großeltern untergebracht. Die Bundesregierung hatte stets darauf bestanden, dass niemand vor die Tür gewiesen werden durfte. Entweder verließen die Flüchtigen das Gebäude freiwillig oder gar nicht. Bei einigen aber steigerte sich die Furcht vor Verhaftung oder Unvorhersehbarem, sie sahen sich zur weiteren Erpressung geradezu genötigt und plädierten dafür, die Vertretung weiter zu blockieren.

Am 30. Juni schließlich wagte eine erste Gruppe von Flüchtlingen, die StäV zu verlassen. Mit Spannung verfolgten die in der Hannoverschen Straße ausharrenden Übersiedlungswilligen, ob die Mitglieder dieser ersten Gruppe in Schwierigkeiten gerieten. Sie sollten anrufen und die Zurückgebliebenen auf dem Laufenden halten. Unterdessen wurden weitere Gespräche geführt. Schließlich konnte ein weiteres Angebot zur Güte auch die skeptische Gruppe derer überzeugen, die bereits sämtliche Brücken zu ihren vormaligen Wohnorten abgebrochen hatten. Die kirchliche Stephanus-Stiftung war bereit, Antragsteller zu beherbergen, bis deren Übersiedlungsanträge genehmigt waren. Am 5. Juli schließlich verließen die letzten Hilfesuchenden die StäV. Ende August waren sie alle in der Bundesrepublik angekommen – und die »schwerste Krise der Ständigen Vertretung seit ihrem Bestehen«[211] überwunden.

Die Bundesrepublik gewährte der DDR kaum drei Wochen später, am 25. Juli 1984, einen zweiten Milliardenkredit. Der Vermittler dieser Unterstützung für die marode Staatswirtschaft, Kanzleramtsminister Philipp Jenninger, erwartete ebenso wie die Bundesregierung für die gewährte Bürgschaft in Höhe von 950 Millionen DM Gegenleistungen von der DDR, meint Hans Otto Bräutigam. Selbstverständlich legte sich weder die eine noch die andere Seite schrift-

---

211 Bräutigam: Ständige Vertretung, S. 333

»1961 in Mini-Ausgabe«. Karikatur von Hans Geisen, 1977

lich fest, doch musste sich die DDR erkenntlich zeigen – und gezählt habe vor allem der Reiseverkehr, den die Parteispitze großzügiger regeln sollte.[212] Bereits in den Verhandlungen mit Franz Josef Strauß über den ersten großen Kredit hatte Erich Honecker der Bundesregierung über seinen Mittelsmann Schalck-Golodkowski signalisiert, dass er zu Gegenleistungen wie dem Abbau der Selbstschussanlagen, Erleichterungen im Reiseverkehr oder Familienzusammenführungen bereit wäre.[213] Dieses Versprechen aber wurde nur zögerlich eingelöst, bei den Ausreisewilligen jedenfalls kam die Bereitschaft zum Entgegenkommen nicht an – vielen galt die Hannoversche Straße weiterhin als erste Station auf dem Weg in die Bundesrepublik, wenn ihre Ausreiseanträge abgelehnt wurden.

Oberst Niebling, Leiter der Zentralen Koordinierungsgruppe des Ministeriums für Staatssicherheit, zog seinerseits eilig Konsequenzen und beauftragte den Leiter der Bezirksverwaltung des MfS, die »Kontaktaufnahmen überwiegend hartnäckig übersiedlungsersuchender DDR-Bürger zur Ständigen Vertretung«, die sich schon wieder häuften, zu unterbinden. Prävention war sein Ziel: Es sollten dringend auch in den Bezirken Auskunftsberichte über potentielle Besucher der westlichen Vertretungen erstellt werden. Und auf aus-

212 Gespräch mit Hans Otto Bräutigam am 19. Februar 2009 in Berlin
213 vgl. Pötzl: Erich Honecker, S. 244 f.

drücklichen Wunsch des Ministers sollte geprüft werden, ob »strafprozessuale Maßnahmen« möglich seien.[214]

Die Besetzung im Jahr 1984 hatte zur Folge, dass die StäV ihren Besucherverkehr neu regelte und nicht nur eine Renovierung, sondern auch einen Umbau veranlasste. Der Zugang zum Hauptteil des Gebäudes wurde erschwert – wofür die Vertretung viel Schelte von der Presse einstecken musste. Regierungssprecher Peter Boehnisch hatte vor der Bundespressekonferenz Mühe, die neuen getrennten Eingänge als zusätzliche »Sicherheitsvorkehrung« zu rechtfertigen. Er sah sich der Frage ausgesetzt, ob der Umbau nicht vielmehr verhindern sollte, dass »unkontrolliert Leute in das Gebäude kommen«.[215] Allen Protesten zum Trotz gab es fortan einen separaten Besuchereingang, der in einen abgeschlossenen Trakt führte, und das Hauptportal als Eingang zu den übrigen Büroräumen, das nicht mehr jedem DDR-Bürger offenstand.

Dennoch suchten auch in den folgenden Jahren DDR-Bürger in der StäV Zuflucht. Und nicht in jedem Fall stand ihnen »der Anwaltsweg« offen. Immer wieder entstanden »schwierige Situationen«, in denen Rechtsanwalt Vogel die Hände gebunden waren. Dann konnte er die Zusage der Straffreiheit und der baldigen Ausreise nach Rückkehr der Betroffenen in ihre Heimatorte nicht geben – vor allem aber durfte der DDR-Anwalt die dahinterstehende Entscheidung nicht begründen. Auch die am 30. November 1988 erlassene Reiseverordnung, die eine formale Regelung von Ausreisebegehren sowie ein Einspruchsrecht für Abgewiesene enthielt, brachte keine substantielle Veränderung. Hans Otto Bräutigam äußerte gegenüber dem Kanzleramt die Befürchtung, dass sich erneut eine Krise wie 1984 entwickeln könnte.[216]

Ein Präjudiz für die Flüchtlinge stellte – ganz wie Erich Mielke es Jahre zuvor prophezeit hatte – eine Botschaftsbesetzung dar, die mit der Auslieferung der Zufluchtsuchenden tragisch endete. Im Jahr 1988 – wenige Tage vor dem geplanten DDR-Besuch des dänischen Ministerpräsidenten Poul Schlüter – entbrannte ein Konflikt zwischen der Botschaft des Königreichs und einer Gruppe dort zufluchtsuchender Thüringer. Der dänische Botschafter Erik Krog-Meyer hatte angesichts der Standfestigkeit der Besetzer in seinem Haus entschieden, den 18 Flüchtlingen den Schutz der diplomatischen Vertretung zu verweigern. Alle Vermittlungsversuche, auch über die Ständige Vertretung, scheiterten. Zwar sicherte ein Sozius von Rechtsanwalt Vogel den DDR-Bürgern Straffreiheit zu, ein Gespräch mit DDR-Funktionären aber wurde ihnen verweigert,

214 BStU MfS ZKG 9897, Bl. 1
215 BArch B136/21256, Bd. 2, o. P., Telex mit Protokoll der BPK vom 2. Juli 1984, S. 2
216 BArch B 136/19356, 2. Bd., o. P., Unterrichtung vom Leiter Arbeitsstab Deutschlandpolitik an den Chef des Bundeskanzleramts vom 26. August 1988

und sie erhielten keine schriftliche Zusage für die Ausreise in den Westen.[217] Die Botschaftsflüchtlinge glaubten dem Anwalt nicht. Nachts um drei bei der Zwangsräumung der Botschaft wurden sie festgenommen und gerieten in die Fänge der Justiz – ein innenpolitischer Skandal in Dänemark war die Folge. Dem Botschafter wurden von der Presse schwere Vorhaltungen gemacht. Er habe schutz- und asylsuchenden Ostdeutschen nicht nur die Hilfe versagt, sondern sie der politischen Strafverfolgung der DDR ausgeliefert. Die männlichen Besetzer der dänischen Botschaft wurden angeklagt, verurteilt und im folgenden Jahr freigekauft. Der dänische Botschafter musste sich später vor einem Untersuchungsausschuss in Kopenhagen verantworten.[218]

Vor der Ständigen Vertretung wurden weiterhin Besucher kontrolliert, insbesondere wer sich länger in der Hannoverschen Straße aufhielt, erregte den Verdacht der Bewacher von der Staatssicherheit. Ein DDR-Bürger, der im Frühjahr 1989 erfolglos seine Ausreise erzwingen wollte, wurde nach dem Verlassen der StäV inhaftiert und vom MfS bei laufendem Tonband verhört. Wie der überlieferte Mitschnitt[219] zeigt, interessierte sich der Offizier der Staatssicherheit für sämtliche Details des fast vierwöchigen Aufenthalts des Ausreisewilligen in einem »Gästezimmer« im oberen Stockwerk der Vertretung. Aber er erfuhr wenig, das ihm »operativ« weitergeholfen hätte. Immer wieder, berichtete der Verhörte, hätten Beamte der StäV ihn dringend aufgefordert, die Vertretung doch zu verlassen und ganz offiziell den Antrag auf Ausreise, den er sechs Jahre zuvor zum ersten Mal gestellt hatte, zu erneuern. In den ersten Tagen bereits sei er darauf aufmerksam gemacht worden, wie gering seine Chancen wären: Das Politbüro akzeptiere die erzwungene Ausreise nicht mehr, habe ihm die StäV mitgeteilt. Der Stasi-Offizier wurde neugierig: »War man böse mit Ihnen, dass Sie die StäV nicht verlassen haben?« Der Verhörte:

»Das will ich Ihnen ganz offen und ehrlich sagen – wir sprechen ja hier über alles: Der Umgang mit den Menschen ist in der Ständigen Vertretung bedauerlicherweise ein besserer als in der DDR in irgendeiner Ausreiseangelegenheit. [...] Bei den Staatsorganen hat man immer das Gefühl des Ausgeliefertseins und der Entmündigung. [...] Das dürfen Sie nicht in der geringsten Weise als kränkend [empfinden], man fühlt sich dort als Mensch behandelt.«[220]

217 BStU MfS ZKG 101, Bl. 4–19, und aus der Sicht eines Flüchtlings: Wolfgang Mayer: Flucht und Ausreise. Botschaftsbesetzungen als Form des Widerstands gegen die politische Verfolgung in der DDR, Berlin 2002, S. 391 ff.
218 vgl. FAZ vom 8. November 1988 und 1. April 1989
219 BStU MfS HA IX Tb/196, NK 1/2, Mitschnitt
220 ebenda

Dreimal am Tag habe er Verpflegung bekommen, konnte fernsehen und westdeutsche Zeitungen lesen – meist ohne den Politikteil. Die ihm zur Verfügung gestellte Zahncreme stammte »interessanterweise von uns«, erklärte er dem Vernehmer. Auch die Nahrungsmittel kamen nach seiner Beobachtung zweifellos aus heimischer Produktion: »Unsere Wurst erkennt man ja am Fettgehalt.« Der Verhörte nannte offensichtlich bewusst keine Namen und umschiffte politische Fragen geschickt – kurz: Er verweigerte verwertbare Auskünfte über Details aus der StäV und ärgerte seine Vernehmer. Ganz offensichtlich sperrte er sich gegen jegliche Kooperation und zeigte keinerlei Neigung, sich dem MfS anzubiedern. Die Ausreise in die Bundesrepublik wurde ihm schließlich aus anderen Gründen verweigert: Gegen den Mann war ein Strafverfahren anhängig, das er verheimlicht hatte.

Im Frühjahr 1989 stieg die Zahl der Besucher mit Übersiedlungsbegehren in der Hannoverschen Straße erneut immens an. 1152 Zufluchten registrierte die StäV bis Mitte des Jahres. Und nicht in jedem Fall konnten die Beteiligten zu einer »Bo-Fall-Lösung« nach dem bewährten Muster finden, immer wieder erklärte Rechtsanwalt Vogel, er habe kein Mandat. Die neue Reiseverordnung der DDR eröffnete Ausreisewilligen andere, vor allem legale Wege, daher blockierten die DDR-Behörden das eingespielte Prozedere – so lautete die Vermutung des Bundes der Evangelischen Kirchen der DDR.[221] Die Ständige Vertretung intervenierte beim MfAA. Hans Schindler sah sich mit einer diplomatisch vorgebrachten Drohung seines westlichen Gegenübers konfrontiert: Weder zum Neujahrsempfang von Erich Honecker noch bei der Akkreditierung von Franz Bertele als neuem Leiter der Vertretung sollte es »ungelöste Fälle« geben. Genosse Schindler entgegnete, dass die StäV für Anliegen der DDR-Bürger »keinerlei Zuständigkeit besitze. Sie soll deshalb umgehend dafür sorgen, daß die DDR-Bürger das Gebäude der Vertretung verlassen.« Unverhohlen bot er Unterstützung durch »die Organe der DDR« an, um die Menschen aus dem Gebäude zu entfernen.[222]

Die Lage spitzte sich erneut zu. »Nur in äußersten Situationen kann die Vertretung so weit gehen, daß den Leuten eine Übersiedlung noch 1989 [zugesagt] wird. Das natürlich alles auf der Basis von Gegenleistungen«, klagte ein Beamter der StäV gegenüber einem seiner Ansprechpartner in Bonn.[223] 75 Menschen harrten im Januar in der Vertretung aus. Schließlich verdankten sie der offiziellen Hasenjagd mit dem Generalsekretär der SED ihre Befreiung:

221 »Angeblich kein Vorzug mehr für DDR-Bürger in Botschaften – Kirchenvertreter sehen Kündigung eines angeblich stillschweigenden Arrangements«, meldete ap am 10. Januar 1989.
222 BStU MfS ZKG 101, Bl. 351, Vermerk vom 4. Januar 1989 über Gespräch StäV – Schindler
223 BStU MfS ZKG 101, Bl. 24, Vertrauliche Information vom 12. Januar 1989

Erich Honecker gab seine Zustimmung zur Übersiedlung der Flüchtlinge, weil die westdeutschen Vertreter ihre Teilnahme an der Jagd mit dem wichtigsten Mann im Staat nicht nur abgesagt, sondern ihre Absage auch in aller Öffentlichkeit begründet hatten: »Abends war das Haus leer«, bemerkte der Beamte mit Bitterkeit. Der humanitäre Akt und die Freilassung der Ausreisewilligen waren der Furcht der Parteispitze vor einem Prestigeverlust geschuldet. Es konnte wie geplant zur Diplomatenjagd geblasen werden. Die Parteispitze wurde auch in der westlichen Presse mit Fotos belohnt, die selbstbewusste Waidmänner umgeben von Diplomaten aus aller Welt zeigten.

Exkurs: Durchbruch Schranke

Zu Beginn der Amtszeit von Franz Bertele als Leiter der StäV ereignete sich ein heikler Zufluchtsfall. Am 16. Februar 1989 durchbrach mittags plötzlich ein Autofahrer mit seinem Lada den Schlagbaum an der Hofeinfahrt zur Ständigen Vertretung. Abrupt bog der Wagen von der Hannoverschen Straße in die Einfahrt der StäV ein und überfuhr dabei einen diensthabenden Angehörigen des Wachkommandos Missionsschutz, der sich ihm in den Weg stellte und die Zufahrt zur StäV blockieren wollte. Der Oberwachtmeister »hatte objektiv keine Möglichkeit, dem unvermittelt entgegenkommenden Fahrzeug auszuweichen. Er wurde erfaßt und zu Boden geschleudert«[224] und erlitt schwere Verletzungen. In den Ermittlungsakten der DDR ist von einer Schädelverletzung die Rede. Wie schwer der Mann tatsächlich verletzt war, konnte die Ständige Vertretung indes nicht feststellen, ihrem Leiter wurde auch in den folgenden Tagen kein Krankenbesuch gestattet, nicht einmal Blumen durfte der Vertreter der Bundesregierung dem Verletzten schicken.[225]

Als Franz Bertele von seinem Antrittsbesuch beim Doyen des Diplomatischen Korps zurückkehrte, bemerkte er die Unruhe unter den Wachhabenden, die zerstörte Schranke an der Einfahrt und einen demolierten, in der DDR gemeldeten Wagen mit gesprungener Windschutzscheibe auf dem Hof der StäV.

Diesem waren vier Personen entstiegen: eine Familie aus Brieselang im Bezirk Potsdam. Der Vater hatte das Auto gefahren, auf der Rückbank versteckt waren seine Frau und der 14 Jahre alte Sohn, im Fußraum der Beifahrerseite hatte sich die elfjährige Tochter zusammengekauert. Die aufgeregte Familie wurde im Dienstgebäude der StäV betreut, der angefahrene Polizist ins Krankenhaus gefahren. Bertele rief sofort seinen Ansprechpartner im MfAA an, informierte ihn über den Vorfall und drückte offiziell sein Bedauern aus. Ein

---

224 BStU MfS AU 9148/89, Bl. 30
225 ebenda, Bl. 130

diplomatischer Schlagabtausch begann, und das MfS als Ermittlungsbehörde eröffnete einen aufwendigen, schließlich neun Akten umfassenden Vorgang zu dem Ereignis und den beteiligten Personen.

Selbstverständlich verlangte die DDR unverzüglich die Auslieferung der flüchtigen Familie, schließlich hatte zumindest der Fahrer des Wagens, den ZK-Mitglied Herbert Krolikowski sofort öffentlich als »Schwerverbrecher« bezeichnete, sich in mehrfacher Hinsicht schuldig gemacht: Nicht nur eine versuchte »Republikflucht«, das gewaltsame Eindringen auf den Hof der Vertretung und vor allem die Körperverletzung waren eindeutig Straftaten.

Bertele sah sich in einer Zwickmühle:

>»Ich habe eingeräumt, dass auch die Bundesregierung das in Frage stehende Verhalten nicht billigen könne. Dennoch käme eine Überstellung gegen den Willen des Zuflüchtigen nicht in Betracht; denn auch die DDR trüge Verantwortung in diesem Fall, da er überhaupt erst denkbar wurde, weil die DDR ihren Bürgern das Recht zum Verlassen der DDR verweigere, obwohl sie sich hierzu in den Menschenrechtspakten der Vereinten Nationen und in anderen multilateralen Verträgen verpflichtet habe.«[226]

Der Ständige Vertreter wollte die Familie nicht ausliefern, zugleich stand aber auch fest, dass der Fahrer des Wagens einen Menschen überfahren hatte, also in der DDR eine Straftat begangen hatte, die auch in einem Rechtsstaat strafrechtliche Konsequenzen nach sich gezogen hätte. Dass sich der Schuldige einem westdeutschen Gericht stellen würde, galt es aus Sicht der um ihre Souveränität fürchtenden DDR unbedingt zu verhindern. Und auch die Bundesregierung wollte der DDR den Strafanspruch nicht streitig machen.

Da Bertele sich darauf verlassen konnte, dass Wolfgang Vogel bevollmächtigt war, auch in besonders schwierigen Fällen einzugreifen, wurde »der Rechtsanwalt« gerufen – man erreichte ihn auf einer Dienstreise in Österreich. Er habe das Mandat sofort übernommen, erinnert sich Vogel Jahre später. Er setzte sich mit den Flüchtigen in der StäV zusammen: »Ich habe nie versucht, die Leute umzustimmen, auch diese Mandanten nicht. Ich hätte meine Glaubwürdigkeit aufs Spiel gesetzt.«[227]

Die Familie weigerte sich hartnäckig, die StäV zu verlassen. Vogel erläuterte ihnen nicht nur das übliche Verfahren der Ausreise, die bei der Abteilung Inneres zu beantragen war und über die allein die DDR zu befinden habe, sondern er sicherte dem der schweren Körperverletzung beschuldigten Fahrer schließlich Strafmilderung zu, wenn er sich freiwillig stellte. Der Druck erhöhte sich,

226 Franz Bertele: Hintergründe zum Fall der Mauer, Manuskript S. 9 f.
227 Gespräch mit Wolfgang Vogel am 25. Juli 2005 in Schliersee

als in der Presse und im Radio über den Fall berichtet wurde. Der *Deutsch-landfunk* sah in dem dramatischen Vorfall einen Beweis für die sich deutlich verschlechternde Stimmung in der Bevölkerung, denn die Flüchtlingszahlen im Jahr 1989 waren weiter gestiegen: 1988 kehrten etwa 12 000 Menschen von Besuchsreisen in die Bundesrepublik nicht zurück. Bis zum Frühsommer des folgenden Jahren suchten insgesamt 800 DDR-Bürger in den bundesrepublikanischen Botschaften in Prag, Warschau und Budapest Zuflucht – diesem Beispiel war auch die Familie aus Brieselang gefolgt.

Die Staatssicherheit fand heraus, dass es sich bei dem Fahrer des Wagens um einen selbständigen, gut verdienenden Champignonzüchter handelte. Das französische Wort übte der Protokollant erst einmal, bevor er dem Ehepaar in seinem Bericht »kleinbürgerliche Denk- und Verhaltensweisen«[228] unterstellte. Die Familie hatte kein Übersiedlungsersuchen gestellt, aber kurz zuvor war ihr Antrag auf eine Besuchsreise in die Bundesrepublik abgelehnt worden. Das MfS durchsuchte und fotografierte das Haus der Familie, fand es »unordentlich« und kam zu der Erkenntnis, dass die Bewohner von »Raffgier« getrieben und »Schmarotzer« seien, die Champignonzucht belaste das Grundwasser, was die Nachbarn verärgert habe. Diffamierende Details wurden zusammengetragen. Schließlich kam ein Bild von rücksichtslosen Übeltätern zustande. Der Vater der Familie war, wie sich herausstellte, vorbestraft, weil er während seiner Zeit bei der NVA Funkmessstationen »sabotiert« hatte. Ein Schreibblock, auf dem die Umgebung der StäV skizziert worden war, konnte sichergestellt werden – Indiz für »intensive Erkundungshandlungen« und ein gezieltes Vorgehen nach Plan.[229]

Viele Gespräche wurden mit der Familie geführt. Sie konnte nicht erwarten, dass ihre Ausreise nach dem herkömmlichen Verfahren garantiert würde, sie konnte auch nicht in der Vertretung ausharren. Am 25. Februar 1989 verließ die Familie in Begleitung der Anwälte die StäV, der Vater ließ sich festnehmen – mit der Zusage Vogels, auch er würde nach seiner Verurteilung und nach Ablauf eines Teils seiner Strafe in den Westen abgeschoben.

Am 2. März 1989 wurde der Lada-Fahrer vom Stadtbezirksgericht Berlin-Lichtenberg zu einer Freiheitsstrafe von fünf Jahren und sechs Monaten verurteilt. Minister Mielke unterrichtete unverzüglich den Generalsekretär Erich Honecker[230] und die Leiter aller Diensteinheiten über das Geschehen mit dem ausdrücklichen Hinweis, die Fakten

228 BStU MfS AU 9148/89, Bl. 91 und 30
229 ebenda, Bl. 34
230 BStU MfS ZAIG 15345, Bl. 6

»in der Argumentation im Rahmen der Öffentlichkeitsarbeit und in der Gesprächsführung der Mitarbeiter der Bereiche Inneres mit Antragstellern auf ständige Ausreise wirksam zu nutzen. Die 1. Sekretäre der Bezirks- und Kreisleitungen der SED
sind über den Inhalt dieses Schreibens persönlich zu informieren.«[231]

Zuspitzung der Lage

Die meisten Übersiedlungswilligen blieben zu Beginn des Jahres 1989 kaum
länger als drei Tage in der Vertretung, und es war dem Staatssekretär im Bundesministerium für innerdeutsche Beziehungen, Walter Priesnitz, in Verhandlungen mit Wolfgang Vogel gelungen, den Preis, den die DDR von der
Bundesregierung für ihre Ausreise verlangte, »beträchtlich zu reduzieren«.[232]
Erich Honecker wollte den Freikäufen ein Ende machen, er war um sein Image
besorgt und versuchte, den Wert der neuen Reiseverordnung von 1988 zu un-
terstreichen. Doch da die DDR für jeden freigekauften DDR-Bürger 96 000
DM erhielt, gab es durchaus Befürworter des Freikaufs in der SED-Spitze – die
Flüchtlinge dienten als Devisenbringer. Andererseits fehlten sie der ohnehin
strauchelnden DDR-Volkswirtschaft merklich. Die StäV war in den Besitz einer internen Kombinatsordnung gelangt. Aus dem Papier ging – laut Bertele –
hervor, dass die Betriebe der DDR angesichts der abwandernden Arbeitskräfte
gehalten waren, Antragsteller von ihrem Ausreisewunsch abzubringen. War
das Motiv der Übersiedlungswilligen beispielsweise die Unzufriedenheit über
ihre beengten Wohnverhältnisse, so sollte dem abgeholfen werden.[233] Der Kriminalisierung der Antragsteller sollte offenbar ein Ende gesetzt werden, inwieweit solche Anweisungen jedoch die Aggressivität der »Organe« und Kader
gegenüber den Ausreisenden dämpften, sei dahingestellt.

Angesichts des Ansturms auf die Botschaften in anderen Ländern des Warschauer Paktes befürchtete das Kanzleramt, dass die Sicherheit der Mitarbeiter
und der Flüchtlinge mit friedlicher Ansicht nicht mehr gewährleistet werden
könne. Die Aggressivität unter den »Gästen« in der Vertretung in Ost-Berlin
hatte erheblich zugenommen, berichteten Mitarbeiter. Konkret sei niemand
gefährdet, aber die Ministerialbeamten in Bonn erörterten ausdrücklich die
Möglichkeit von Geiselnahmen. Unter den DDR-Bürgern, die provisorisch im
Gartenhaus der StäV und in der fünften Etage untergebracht waren, tauchten immer mehr Kriminelle auf, wie der DDR-Vize-Außenminister gegenüber

---

231 BStU MfS ZAIG 7577, Bl. 1 f.
232 Duisberg: Das deutsche Jahr, S. 32
233 BArch B 288/562, Bd. 8, o. P., Schreiben vom 20. März 1989, S. 2

dem Leiter der Vertretung bestätigte.[234] Bei zeitweise 60 beherbergten Personen sei der Hausordnungsdienst der Vertretung »nicht in der Lage, spontanen Angriffen wirksam entgegenzutreten«.[235]

Angriffen anderer Art war die Vertretung von offizieller Seite ausgesetzt: So zitierte Vize-Außenminister Kurt Nier den neuen Leiter der Vertretung im Februar 1989 »mit einstündigem Vorlauf« zu einem Gespräch ins Außenministerium. Bertele – nicht einmal drei Wochen im Amt – sah sich schweren Vorhaltungen ausgesetzt. Kurt Nier verlas ein dreiseitiges Papier, in dem es hieß, dass die Ständige Vertretung sich in der Flüchtlingsfrage völkerrechtswidrig verhalte. Sie dürfe sich einzig und allein für die Anliegen von Bürgern der Bundesrepublik einsetzen, maße sich jedoch eine Obhutspflicht auch gegenüber den Bürgern der DDR an. Da sie diese berate und ihnen Aufenthalt in der StäV gewähre, sei sie für die sehr zugespitzte Situation verantwortlich – Bertele ermuntere DDR-Bürger geradezu, ihr Land zu verlassen.

Bertele wies, wie er dem Kanzleramt umgehend kabelte, die Vorhaltungen der DDR entschieden zurück.[236] Insbesondere die Behauptung, die StäV fordere DDR-Bürger zum Verlassen des Staates auf, sei nicht zutreffend. Das gehörte zum üblichen Prozedere. Der neue Vertreter ging jedoch darüber hinaus: Er machte seinem Gegenüber deutlich, dass die StäV jedem Ausreisewilligen empfahl, sich an die zuständigen DDR-Stellen zu wenden. »In der Bevölkerung«, so zitierte Bertele sich selbst in seinem Telex, »gebe es jedoch offenbar eine große Zahl von Menschen, denen dies nicht mehr zumutbar erscheine.«[237] Bertele, dem Nier persönlich unterstellt hatte, DDR-Bürger abzuwerben, gab seinem Befremden darüber Ausdruck, dass der Vize-Außenminister ihn mit Vorwürfen konfrontierte, die Beweise jedoch schuldig blieb. Er versicherte, er habe in Interviews stets geäußert, an einer Vertiefung der Beziehungen zwischen beiden deutschen Staaten interessiert zu sein, die Verbesserung der Beziehungen aber müsse letztlich für die Menschen erfahrbar werden. Unmissverständlich bezog sich Bertele hier auf eine Lockerung des Reiseverkehrs. Damit nicht genug: Zugleich erkundigte er sich bei seinem Gegenüber danach, ob die DDR die Öffentlichkeit zu informieren gedenke. »Falls sie dies beabsichtige, so könne ich ihm vorhersagen, daß zwei Stunden nach der Veröffentlichung die Vertretung randvoll sei. Die Verantwortung hierfür läge dann bei der DDR.«[238] Bertele äußerte gegenüber dem Kanzleramt bereits

234 BArch B 136/21859, o. P., VS-Fernschreiben der StäV an das Kanzleramt vom 8. Februar 1989, S. 3
235 BArch B 288/11, o. P., VS-Vermerk vom 31. Juli 1989, S. 2 f.
236 BArch B 136/21859, o. P., VS-Fernschreiben der StäV an das Kanzleramt vom 8. Februar 1989, S. 1
237 ebenda, S. 2
238 ebenda

im Februar 1989 die Befürchtung, »falls die DDR in den nächsten Tagen zur Regelung solcher Fälle nicht mehr bereit sein sollte, werden wir sehr schnell an den Punkt kommen, wo wir die Vertretung für den Publikumsverkehr schließen müssen«.[239]

In der Hannoverschen Straße spitzte sich die Lage im turbulenten Sommer 1989, den in seiner Komplexität darzustellen hier nicht möglich ist, weiter zu: Immer mehr Menschen drängten in den bundesdeutschen Botschaften in Prag, Warschau und Budapest sowie in der StäV in Ost-Berlin auf Ausreise. Obgleich der Weg in die Botschaften keine Lösung des grundsätzlichen Problems bringe, warb Kanzleramtsminister Rudolf Seiters im *Deutschlandfunk* um Verständnis für die Flüchtlinge:»Wir müssen schon immer wissen, daß Menschen, die mit dem Gedanken spielen, bei uns anzuklopfen, dies ja tun vor dem Hintergrund, dass ihnen in der DDR Freizügigkeit und Menschenrechte vorenthalten werden.«[240] Der Minister forderte die DDR-Führung dringend auf, Reformen nicht länger zu verweigern und sich dem KSZE-Prozess anzuschließen, statt in der Isolation zu verharren.

Inzwischen hatte sich der Kreis derer, die über besondere Bemühungen und Ausreisemodalitäten verhandelten, erheblich erweitert: Der stellvertretende Außenminister der DDR Kurt Nier traf sich mit Claus Jürgen Duisberg, dem Leiter des Arbeitsstabs Deutschlandpolitik im Kanzleramt; der Leiter der Vertretung Franz Bertele bemühte sich bei Hans Schindler, dem geschmeidigen Stellvertreter von Karl Seidel, über die Abteilung BRD im MfAA in regelmäßigen Gesprächen um eine Lösung; und der andere stellvertretende Außenminister Werner Krolikowski wiederum versuchte in Gesprächen mit Kanzleramtsminister Rudolf Seiters, den Flüchtlingen eine Perspektive zu geben. Seiters konnte auch nach einem Gespräch mit ZK-Sekretär Günter Mittag keine guten Nachrichten verkünden, als er in die StäV zurückkehrte. Im Gartenhaus habe er sich auf einen Hocker gestellt und sich den Fragen der ungeduldig wartenden Flüchtlinge gestellt – Hoffnung aber konnte er ihnen nicht machen. Doch die Bundesregierung blieb bei ihrem ehernen Vorsatz, dass die Vertretung niemanden ausliefern werde.

Am Morgen des 8. August 1989 suchten 117 Menschen in der Ständigen Vertretung Zuflucht, im Laufe des Tages waren es nach Angaben, die im Kanzleramt eintrafen, 130.[241] Die Bundesregierung sprach von »menschenunwürdigen

239 ebenda
240 Rudolf Seiters am 21. Juli 1989 im Deutschlandfunk (»Informationen am Morgen«)
241 BArch B 136/21256, Bd. 3, o. P., Schreiben Arbeitsstab Deutschlandpolitik vom 8. August 1989

Bedingungen«, schließlich war auch das Gartenhaus, in dem die DDR-Bürger campieren mussten, nicht zum Daueraufenthalt gedacht. Franz Bertele war im Urlaub in Norwegen, sein Stellvertreter Franz Jürgen Staab versuchte weiterhin mit Rechtsanwalt Vogel Regelungen zu finden, um den Menschen aus der Hannoverschen Straße den Weg in den Westen zu öffnen. »Es kam ein Anruf von Vogel: Die DDR nimmt niemanden mehr!«, erinnert sich der Sprecher der StäV, Eberhard Grashoff. Staab war entsetzt, und angesichts des nicht enden wollenden Zustroms von Ausreisewilligen in Haus und Garten der Vertretung entschied er schließlich ohne offizielle Erlaubnis aus dem Kanzleramt, die Schließung der StäV bekanntzugeben. Der Sprecher der Vertretung informierte die Presse, was in Bonn zähneknirschend zur Kenntnis genommen wurde. Wohl hatte Kanzleramtschef Rudolf Seiters bereits am Vorabend entschieden, dass die StäV zu schließen sei. Doch dass der Bundeskanzler aus dem Fernsehen erfuhr, wie in der StäV zum zweiten Mal das Rollgitter heruntergelassen wurde, war den sich überschlagenden Ereignissen geschuldet[242] – und erzürnte Helmut Kohl. Die Ansprechpartner der Vertretung im Kanzleramt erklärten noch Tage später in internen Vermerken, dass die StäV nicht ermächtigt war, die Schließung öffentlich bekanntzugeben.[243]

In den heißen Sommertagen, bei etwa 30 Grad Celsius, waren die Zufluchtsuchenden in ihrer Ungewissheit höchst angespannt und nervös. Sie waren einander fremd, durchaus nicht alle einer Meinung, angeblich auch von der Staatssicherheit unterwandert, und sie saßen in der StäV wie in einer Falle. Auf dem überfüllten Gelände konnten sie einander nicht aus dem Weg gehen und waren zu Tatenlosigkeit verdammt, das Warten zerrte an den Nerven. Das Gartenhaus der Vertretung war nicht eingerichtet auf einen Ansturm von mehr als 100 Dauergästen, die sich ihrerseits nicht alle auf die Widrigkeiten eines improvisierten Miteinanders unter schwierigen Bedingungen einstellen konnten. Im Gartenhaus standen für 19 Einzelpersonen und 39 Familien zwei Waschräume zur Verfügung mit jeweils zwei Toiletten und zwei Waschbecken, sie konnten zwei weitere WC sowie Duschen im Garagentrakt nutzen. Aus Sicherheitsgründen wurde der Kontakt zu Verwandten oder Freunden in der DDR wie auch im Westen untersagt. Wieder malten einige in großen Buchstaben kurze Botschaften auf Bettlaken, die sie aus den rückwärtigen Fenstern hängen ließen – aus dem Büro von Rechtsanwalt Lothar de Maizière und den übrigen Gebäuden der Nachbarschaft konnten die knappen Mitteilungen gelesen werden. Sie paarten sich mit den ungewohnten Meldungen der Westmedien über systemkritische Veranstaltungen, während die DDR ihrerseits in offiziellen Verlautbarungen einen härteren Ton gegenüber Ausreisewilligen anschlug.

---

242 Gespräche mit Franz Bertele, Franz Jürgen Staab und Eberhard Grashoff
243 BArch B 136/21256, Bd. 3, o. P., u. a. Vermerk Vfg. vom 10. August 1989

Die überwiegend jüngeren Eingeschlossenen waren gehalten, ihren qualvoll ereignislosen Alltag selbst zu organisieren – nicht zuletzt, um sich sinnvoll zu beschäftigen. Unter den Flüchtlingen befand sich ein Koch, der deutlich unter der Situation litt, aber in seiner Aufgabe aufging, für die inzwischen 139 Eingeschlossenen das zuzubereiten, was die Fahrer der StäV eingekauft hatten. Andere beschäftigten sich mit den anwesenden Kindern oder versuchten, einen Englischkurs auf die Beine zu stellen oder Skatturniere zu veranstalten.

»Einige joggten um das Gästegebäude mit der Stoppuhr in der Hand, die Gymnastik wird dankbar erwähnt, Mannschaftssportarten wie Basket- oder Volleyball werden diskutiert. Gegen Fußball, Handball usw. haben sich die Ärzte ausgesprochen, die Verletzungsgefahr sei zu groß«,[244]

berichtete der psychologische Betreuer, den die Vertretung damals kommen ließ. Vier Ärzte waren unter den Besetzern, sie übernahmen provisorisch die medizinische Versorgung der Wartenden, unter denen sich auch eine Frau mit einem Liegegips befand.

Am Abend der Schließung versuchten zwei Ausreisewillige zu einem Hungerstreik aufzurufen, was ein Mitarbeiter des Hausordnungsdienstes ihnen ausreden konnte.[245] Nicht alle verhielten sich so, dass es dem Miteinander zuträglich gewesen wäre. Die Stimmung im Hof und im überfüllten Gartenhaus war gereizt: Wohl hatte man versucht, die großen Veranstaltungsräume im Gartenhaus mit Hilfe von Zwischenwänden zu teilen und die Zufluchtsuchenden so unterzubringen, dass Raucher von Nichtrauchern getrennt waren oder Familien mit Kleinkindern beieinander blieben. Doch brachen Konflikte auf zwischen den kleinen Gruppen, die einander nicht unbedingt wohlgesonnen waren, nicht einig zumal über die Verhandlungen, die sie mit den westdeutschen Beamten führten. Die einen forderten ungeniert Kosmetika, Schokolade oder Kondome, andere schämten sich ihrer allzu hemmungslosen Schicksalsgenossen. Die einen nahmen Rücksicht, bemühten sich, Streit zu vermeiden oder zu schlichten, andere wähnten sich in einer rechtsfreien Zone und verhielten sich entsprechend. Der Streit zwischen denen, die darauf bestanden, auf direktem Weg in den Westen gebracht zu werden, und jenen, die sich auf Verhandlungen einlassen wollten, drohte zu eskalieren. Gerüchte über Erich Honeckers Krankheit, seine Machtlosigkeit und damit auch Wolfgang Vogels mögliche Entmach-

244 BArch B 288/355, o. P., Gutachten eines offiziell bestellten psychologischen Betreuers
245 BArch B 136/21859, Ref. 222 im Kanzleramt an den Leiter des Arbeitsstabs Deutschlandpolitik über die Lage in der StäV vom 8. August 1989 (hier ist von drei Ärzten unter den Flüchtlingen die Rede)

tung kursierten und machten die Lage unübersichtlich; Nachrichten über die sich formierende Opposition verstärkten die Unsicherheit. Eine Lösung war nicht in Sicht. Die Verhandlungen mit der DDR brachten ein unbefriedigendes Ergebnis: Den Besetzern wurde Straffreiheit beim Verlassen der Vertretung zugesichert, auf ihre Ausreisewünsche sollte jedoch nicht eingegangen werden, wie das Kanzleramt besorgt feststellte. Es klingt wie ein Vorwurf, was der Leiter des Arbeitsstabs Deutschlandpolitik Duisberg zunächst hausintern und der stellvertretende Regierungssprecher dann öffentlich mitteilten:

>»Die Bundesregierung hat wiederholt darauf hingewiesen, daß eine Festsetzung in der Ständigen Vertretung oder einer Botschaft kein geeigneter Weg zur Lösung von Ausreiseproblemen ist. Die Entscheidung über eine Ausreise liegt ausschließlich bei der DDR. Die Bundesregierung wird weiterhin bei der Regierung der DDR darauf dringen, für eine Lösung im Sinne der Ziele der KSZE zu sorgen.«[246]

Die Besetzungen rückten die Ständige Vertretung in Ost-Berlin ins Licht der Öffentlichkeit. Es war überdeutlich: In der Hannoverschen Straße ging es nicht mehr um Nuancen in den schwierigen deutsch-deutschen Verhandlungen, um innerdeutsche Transferleistungen oder die Transitwege. Die Ständige Vertretung wurde Austragungsort eines höchst ungleichen Wettkampfes zwischen der DDR und ihren Bürgern, die nicht so behandelt wurden, wie es den Vereinbarungen von Helsinki entsprochen hätte. Die Besetzer, so sehr sie auch im Westen als »Unruhestifter« gebrandmarkt wurden, forderten entschlossen genau jene »Erleichterungen«, die die DDR in Verhandlungen oft versprach, die sie in den Korb-III-Vereinbarungen anerkannt hatte und doch nur zögerlich oder willkürlich gewährte.

Die Ständige Vertretung wurde ohne ihr eigenes Zutun erneut zum realen Schutzraum für DDR-Bürger. Nicht sie wurde erpresst, sondern die DDR. Doch die Bundesregierung scheute sich, den Konflikt auszutragen. Sie durfte die Schutzsuchenden nicht instrumentalisieren, zumal die Bedingungen für die Menschen in der Vertretung entwürdigend waren. Die DDR bestand auf ihrer Souveränität und beanspruchte ihrerseits die Entscheidungsgewalt über die Flüchtlinge. Wie in den Jahren zuvor strebten beide Seiten aus unterschiedlichen Gründen eine rasche und »stille Lösung« an, kein Konflikt sollte länger als unbedingt nötig das deutsch-deutsche Verhältnis belasten – schließlich floss zur Lösung der Krise nach dem Muster der Häftlingsfreikäufe wiederum Geld in die Kassen der DDR. Sie hatte in der Flüchtlingsfrage das letzte Wort,

---

246 BArch B 136/21256, Bd. 3, o. P., Claus Jürgen Duisberg am 8. August 1989, so auch der Wortlaut der Pressemitteilung der Bundesregierung Nr. 371/89 über die Schließung der Vertretung

während die Bundesregierung sich weiterhin in Zurückhaltung übte. Der Arbeitsstab Deutschlandpolitik im Kanzleramt empfahl, den Forderungen nach einer härteren Gangart gegenüber der DDR nicht nachzugeben: Verlangte die Bundesregierung die strikte Einhaltung der KSZE-Vereinbarung über die Menschenrechte oder übte sie stärkeren Druck aus, so

>könnte ein solcher Kurs allerdings das bisher Erreichte eher gefährden als fördern. Wir können praktische Politik gegenüber der DDR mit Aussicht auf Erfolg nur betreiben, solange die Führung dort nicht die Basis ihrer Macht bedroht sieht, insofern haben wir kein Interesse an einer Destabilisierung der DDR.«[247]

Für die DDR stand ihr Bemühen um Anerkennung von *außen* im Vordergrund – längst hätte die Partei- und Staatsführung erkennen müssen, dass es um Anerkennung von *innen* ging, wollte man den Ausreisestrom stoppen. Immerhin deutete Erich Honecker beim Besuch von Kanzleramtsminister Rudolf Seiters an, dass es den Schießbefehl nicht mehr gebe – womit der Generalsekretär indirekt zugab, dass ein solcher überhaupt existiert hatte.

Nicht ahnend, dass deutsch-deutsche Botschaftsbesetzungen so bald der Vergangenheit angehören würden, lud der Justizminister der DDR, Hans-Joachim Heusinger, im September 1989 »die Anwälte«, also die mit Ausreisefragen betrauten Rechtsanwälte der DDR, zu einem Gespräch: »Wenn überhaupt etwas Positives erreicht werden kann, muß der anwaltliche Weg [...] für jetzt und für die Zukunft richtig organisiert werden«, forderten die Rechtsanwälte[248] – allen voran Wolfgang Vogel. Das bisher allein auf mündlichen Zusagen basierende Versprechen einer »Rückkehr ohne strafrechtliche Folgen« müsse konkretisiert werden. Sie beklagten, dass sowohl sie selbst als auch die Antragsteller von der Abteilung Innere Angelegenheiten oft nicht ernst genommen würden: Es sei eine »bittere Wahrheit«, dass Antragsteller sich wie Angeklagte vorkommen müssten, da sich ihre Ansprechpartner in der Abteilung Inneres wie Staatsanwälte gebärdeten. Auch er selbst werde als »Störenfried« angesehen. Wolfgang Vogel versuchte dem Minister nahezulegen, dass die DDR von verlässlichen Ausreiseregeln profitieren und die Ständige Vertretung ihr bei der Rettung ihrer stets erstrebten Souveränität sogar dienlich sein könne. Vogel verknüpfte die DDR-»Außenpolitik« mit den Ausreisefragen, die offiziell als innerstaatliche Angelegenheit betrachtet wurden, obwohl sie längst zum wichtigsten zwischenstaatlichen Thema avanciert waren. »Bertele, Seiters und andere müssen überzeugt sein, daß der anwaltliche Weg funktioniert.«[249]

247 BArch B 136/20223, o. P., Claus Jürgen Duisberg am 21. April 1989
248 BStU MfS ZAIG 22488, S. 2–7; Gespräch mit Gregor Gysi am 5. Mai 2009 in Berlin
249 BStU MfS ZAIG 22488, S. 2–7; Gespräch mit Wolfgang Vogel am 25. Juli 2005 in Schliersee

Wegen Überfüllung geschlossen. Ausreisewillige DDR-Bürger vor dem Gartenhaus der StäV

Nach der Schließung der Vertretung trat Stillstand in den deutsch-deutschen humanitären Erleichterungen ein. Die Lage blieb enorm angespannt, doch die eingefahrenen Wege zur Lösung der »Bo-Fälle«, wie die Verwaltung die Zufluchten in den Botschaften nannte, waren zum Erliegen gekommen, die innen- wie außenpolitischen Koordinaten, die die DDR berechenbar gemacht hatten, stimmten nicht mehr: Es war offenkundig, dass die greise Parteispitze sich von Michail Gorbatschows Perestroika bedroht fühlte und distanzierte: Politbüromitglied Kurt Hager, Sekretär des Zentralkomitees, hatte in einem Interview mit dem *Stern* im März 1987 die Reformunwilligkeit der SED-Spitze in eine Frage gekleidet, die an Deutlichkeit nicht zu überbieten war: Man wolle nicht alles, was in der Sowjetunion geschah, kopieren: »Würden Sie, wenn Ihr Nachbar seine Wohnung neu tapeziert, sich verpflichtet fühlen, ebenfalls neu zu tapezieren?«[250]

Im Sommer 1989 – angesichts wachsender innen- und wirtschaftspolitischer Schwierigkeiten und einer anwachsenden Flucht- und Protestwelle – war die ohnehin nicht bewegliche Führung der DDR mehr und mehr paralysiert: Der SED-Generalsekretär musste sich einer Operation unterziehen, im Kranken-

---

250 zur Genese des gern zitierten Ausspruchs von Hager im Interview mit dem Stern vgl. Peter Pragal: Der geduldete Klassenfeind. Als West-Korrespondent in der DDR, Berlin 2008, S. 279 ff.

haus wurde Erich Honecker abgeschirmt, an eine Lösung aktueller Probleme war nicht zu denken. Die Westseite versuchte Kontakt zur Parteispitze aufzunehmen, Zusagen aber wurden von den SED-Funktionären jetzt nicht gegeben. Die Lage spitzte sich weiter zu, unzählige Bürger der DDR versuchten die Reise in den Westen über die nicht mehr von Sperranlagen blockierte Grenze in Ungarn anzutreten. Obgleich dort formal ein Auslieferungsabkommen bestand und Flüchtlinge hätten ausgeliefert werden sollen, war zum Ärger der DDR-Führung ein Loch im Eisernen Vorhang aufgerissen: Mehrere Tausend DDR-Bürger nutzten es zur Flucht. Die Botschaften in Prag und Budapest waren von Flüchtlingen belagert, der klägliche Versuch des *Neuen Deutschlands*, die Flüchtlinge zu diskreditieren als Menschen, denen niemand eine Träne nachweinen sollte, konnte nicht darüber hinwegtäuschen, dass gut ausgebildete Ingenieure, Facharbeiter und Ärzte die DDR verließen. »Die Stimmung war explosiv«,[251] Staatssekretär Walter Priesnitz beschrieb die Lage in Prag – doch lag diese Explosivität längst auch über der DDR.

Der Staatsführung war das Heft des Handelns entglitten: Sie nutzte Ausreisewillige und Häftlinge, um sich Devisen zu beschaffen. Geregelte Reisen in den Westen zu erlauben, wie es die Bevölkerung forderte, widersprach ihrem Verlangen nach Geld: Fast 100 000 DM kassierte die DDR pro Person. Je restriktiver aber Ausreisefragen behandelt wurden, umso mehr Menschen entschlossen sich zu Handlungen, die nach geltendem Recht illegal waren: Sie versuchten über die Ständige Vertretung, über die Botschaften oder nach Abbau der Grenzanlagen über die grüne Grenze in Ungarn zu fliehen. Die gefürchtete massenhafte »Abstimmung mit den Füßen« delegitimierte die greise Staatsspitze: Hilflos und isoliert stand die SED-Führung im 40. Jahr nach der Staatsgründung da.

Vor der Bundespressekonferenz am 9. August 1989 sprach Kanzleramtsminister Rudolf Seiters unüberhörbar von der »Überwindung der deutschen Teilung«.[252] Anders als bei den alljährlichen ritualisierten Reden zum 17. Juni tat er dies in einer Situation, mit der zum ersten Mal seit den siebziger Jahren wieder Bewegung in die deutsch-deutsche Starre kam: Es waren die Menschen in der DDR, die Veränderung einforderten – diese Forderung aufzunehmen, fiel den Beamten der StäV wie auch westdeutschen Politikern sichtlich schwer. Gedankenspiele über eine Veränderung des Status quo hatte man sich selbst zu lange untersagt, das Primat der Politik lag längst auf anderen Feldern. Auch wenn Seiters nun klang, als wollte die Bundesregierung der Agonie der DDR nicht mehr tatenlos zuschauen, ohne ihrerseits über Perspektiven nachzuden-

251 Whitney: Advocatus Diaboli, S. 293
252 vgl. Presse- und Informationsamt der Bundesregierung, Pressemitteilung Nr. 373/89 vom 9. August 1989

ken – es dauerte noch bis zum Spätherbst, bis die westliche Seite den Mut zum Handeln fand. Die Ständige Vertretung tat, was sie immer tat: Sie widmete sich ihren Alltagsgeschäften – ihre große Chance jedenfalls witterte sie nicht. Auch wenn der Fortgang der friedlichen deutsch-deutschen Annäherung bis zu einer Wiedervereinigung noch längst nicht absehbar war, lag die politische Arbeit in den Händen des Kanzleramts.

Franz Bertele tat als Hausherr das Naheliegende: Er kümmerte sich zunächst um das Schicksal der Wartenden in der Vertretung. Deren Schicksal jedoch war an das ihrer Leidensgenossen in Prag, Warschau und Budapest gekoppelt. Bertele: »Wir brauchten die Zusicherung, dass sie straffrei blieben.« Aber das war längst keine Sache mehr, die zwischen beiden deutschen Staaten, zwischen Erich Honecker, Rechtsanwalt Vogel und der Staatssicherheit auszumachen war. Ende August hätte man sich einverstanden erklärt, den Flüchtlingen in der Vertretung in Ost-Berlin Straffreiheit zu gewähren und ihre Ausreiseanträge zu genehmigen. »Bonn zog die Sache in die Länge«, meint Karl Seidel.[253] Rechtsanwalt Wolfgang Vogel und der westdeutsche Staatssekretär Priesnitz traten erst am 8. September vor die Flüchtlinge – an dem Tag, an dem Ungarn die Sowjetunion über die bevorstehende Grenzöffnung informierte. Die DDR-Führung verlangte eine Sondersitzung der Staaten des Warschauer Paktes und musste statt der erwarteten Solidarität unter Brüdern erleben, wie sie von ihrer einstigen Schutzmacht fallengelassen wurde. Die Ausreisewilligen in der Hannoverschen Straße konnten von all dem nichts ahnen. Sie erlebten Wolfgang Vogel, der ihnen im Beisein der westdeutschen Beamten versicherte, dass ihren Anträgen stattgegeben würde. Die StäV leerte sich, blieb aber zunächst für den Publikumsverkehr geschlossen – um die Räumlichkeiten nach dem Ansturm zu renovieren, lautete die offizielle Begründung.

Die Rechtsabteilung der Ständigen Vertretung kam wiederum in eine Situation, in der die Ausreisefälle sie beanspruchten und mit Problemen konfrontierten, die ihr Aufgabenspektrum sprengten: Im Briefkasten der Vertretung in Ost-Berlin fanden sich vermehrt Dokumente von Ausgereisten, und aus dem Bundesgebiet erbaten parallel dazu ehemalige DDR-Bürger die Überstellung persönlicher Akten, die sie an ihren ostdeutschen Heimatorten zurückgelassen hatten – westdeutsche Behörden hätten ihnen diesen Weg ausdrücklich empfohlen. Die StäV wurde mit der Bitte konfrontiert, Material bis zur Ausreise der Besitzer aufzubewahren, um Gefährdendes vor dem Zugriff der Staatssicherheit zu schützen.

Die direkte Übergabe oder Weiterleitung privater Dokumente an Behörden im Bundesgebiet, zum Beispiel an die Bundesversicherungsanstalt für Angestellte, an Rentenkassen oder auch die Übermittlung medizinischer Gutach-

---

253 Seidel: Berlin-Bonner Balance, S. 391

ten widersprach jedoch dem offiziell mit der DDR vereinbarten Modus: Nicht private Emissäre, sondern das MfAA war das Nadelöhr, durch das offizielle Dokumente von Ost nach West hätten gehen müssen. Die Rechtsabteilung der StäV machte am 2. November 1989 das Kanzleramt darauf aufmerksam, dass sie genötigt werde, geltende Vorschriften zu brechen und einen »Mißbrauch unserer Kurierwege« zu begehen. »Im Hinblick auf diese Rechtslage wurden die Petenten nachdrücklich gebeten, die Dokumente wieder mitzunehmen«, bemerkt der Leiter der Rechtsabteilung, der das Kanzleramt um Klärung und um »baldige Weisung« bat. »Im Hinblick auf den nach wie vor anhaltenden Flüchtlingsstrom und die große Zahl ohne Genehmigung ausgereister DDR-Bürger ist [...] ein gravierender Anstieg dieser Fälle zu befürchten.«[254] Aus der handschriftlichen Notiz des Bonner Bearbeiters der Vorgänge geht hervor, dass der Chef des Kanzleramts sich am 20. November 1989 von Willi Stophs Nachfolger Hans Modrow eine »Generalbereinigung« des Problems hat zusagen lassen – ein Wort, das angesichts der historischen Veränderungen mehr Wahrheit enthält, als der Ministerialbeamte oder auch der Ministerpräsident der DDR damals ahnten.

Die Spuren vieler Botschaftsbesetzer und Übergesiedelten indes verlieren sich – Ausreise und Integration von Flüchtlingen aus der DDR waren ein weitgehend tabuisiertes Thema in der Bundesrepublik. Verschrottet wurden noch in den letzten Tagen der DDR die Nummernschilder jener Autobusse, in denen freigekaufte DDR-Häftlinge über Jahre aus dem Gefängnis Karl-Marx-Stadt in den Westen gefahren worden waren. Die Busse verfügten über zweierlei Kennzeichen und nutzten diese im Wechsel: Von Chemnitz bis zur Grenze fuhr einer der Busse unter IA 48-32, kurz vor dem Grenzübergang Herleshausen betätigte der Busfahrer den eigens konstruierten Mechanismus, und der Bus erreichte den Westen mit dem gewechselten Kennzeichen HU-X 3.[255]

254 BArch B136/21256, Bd. 3, o. P., Telex ans Kanzleramt vom 31. Oktober 1989
255 vgl. Spiegel 35/2004, S. 18

Die Ständige Vertretung im Visier
des Ministeriums für Staatssicherheit

Bettina Gaus, die Tochter des ersten Ständigen Vertreters, war 17 Jahre alt, als ihre Eltern die Residenz in der Kuckhoffstraße in Niederschönhausen bezogen. Bei einem ihrer ersten Besuche nutzte sie die Mittagsruhe der Eltern für einen Spaziergang. Gar nicht weit war die Abiturientin gegangen, schon sprach ein vielleicht dreißig Jahre alter Mann sie an. »Ich war ja neugierig, auch arglos und wusste wenig von der DDR«, bekennt Bettina Gaus. Als der Fremde sie in sein Auto bat, stieg sie ein.

> »Wir haben uns im Auto weiter unterhalten. Ich habe ihn gefragt, ob er schon mal in West-Berlin gewesen sei, er sagte ja, alles war ganz nett und kam mir normal vor – bis ich meinen Eltern davon erzählte. Mein Vater glaubte, er höre nicht richtig ... Ich dachte dasselbe, als er erklärte, er müsse in Bonn von meiner Begegnung berichten.«[1]

Wie Bettina Gaus erinnern sich auch die Mitarbeiter der Ständigen Vertretung und ihre Angehörigen, Besucher oder Freunde an den DDR-Geheimdienst. Die Staatssicherheit war allgegenwärtig, man war daran gewöhnt, machte sich über die Herren mit den Handgelenktäschchen lustig, fühlte sich aber auch bedroht:

> »Es war unangenehm bedrückend.«

> »Die Unbefangenheit ist uns in Ost-Berlin verlorengegangen. Oft schienen Situationen nicht kontrollierbar, wir lebten in einem Ausnahmezustand.«

> »In geschlossenen Räumen wurden eben heikle Themen nicht angesprochen. Wenn wir etwas unter uns zu besprechen hatten, trafen wir uns zum Reden auf dem Dorotheenstädtischen Friedhof.«

> »Man gewöhnt sich schnell ab, im Restaurant offen zu reden oder Kontoauszüge offen in der Wohnung auszubreiten.«

1 Gespräch mit Bettina Gaus am 30. Juni 2005 in Berlin

»Wir hatten zu Hause eine Kassette mit Partygeräuschen, die lief ordentlich laut, wenn wir ungestört etwas miteinander besprechen wollten.«

»Wir wussten doch genau, dass die Wohnung und die Telefonate abgehört wurden, darauf waren wir eingestellt.«

»Wir mussten uns danach verhalten.«

»Mich hat es nicht belastet.«

»Es konnte einen auch wütend machen, die albernen Verfolgungen im Auto.«

»Ich habe irgendwann angehalten, bin aus dem Wagen gestiegen und habe sie fotografiert. Da waren sie ganz schnell weg.«

»Wir haben mit den Abhörern gespielt: Im Hotel zum Beispiel musste man gar nicht an die Rezeption, man beklagte sich einfach im Zimmer laut darüber, dass Handtücher oder Zahnputzbecher fehlen – und kaum verlässt man kurz das Haus, sind die Sachen plötzlich da!«

»Meine Frau kam in unsere Wohnung und fand ihr Tagebuch aufgeblättert irgendwo herumliegen – das kann nur eine bewusst hinterlassene Spur gewesen sein«

Die Staatssicherheit machte mit Drohgebärden auf sich aufmerksam. Ein unter Druck geratener Mitarbeiter berichtet, wie seine Frau mit den Kindern im Hochhaus in der Leipziger Straße auf den Fahrstuhl wartete, die Fahrstuhltür sich wie gewohnt öffnete: »Sie konnte die Kinder in letzter Sekunde zurückhalten, beinahe wären sie durch die geöffnete Tür ins Nichts getreten: Die Fahrstuhlkabine hing auf einer anderen Etage fest.« Die Ständige Vertretung protestierte im Namen ihrer Mitarbeiter gegen die unzureichende Wartung der Häuser in der Leipziger Straße – wohl wissend, dass sie gegen Einschüchterungen durch das MfS nichts ausrichten konnte. Verdächtige Einbrüche, bei denen offenkundig nicht gestohlen, aber die Privatsphäre verletzt wurde, gab es immer wieder. Der Stellvertretende Leiter der StäV drohte gegenüber dem MfAA, dass die Betroffenen überlegten, mit ihren Einbruchserlebnissen an die Öffentlichkeit zu gehen.[2]

Genosse Hans Schindler aus dem Außenministerium konterte. Nach dem ungeschriebenen Komment im deutsch-deutschen Schlagabtausch wies er den Verdacht zurück, dass der Geheimdienst bei seinem Tun überrascht worden sei: »Derartige Dinge gibt es in der DDR nicht.«[3] Schindler empfahl, unverzüglich Anzeige zu erstatten. Wenn der Verdacht bestünde, Schlüssel zu den Privatwohnungen könnten in den Besitz »krimineller Elemente« gelangt sein, werde das Dienstleistungsamt für Ausländische Vertretungen (DAV) die Schließanlagen natürlich auswechseln.

»Konsequenter und personalintensiver als dieses Ministerium hat keine andere Institution in West- und in Ostdeutschland die ganze Nation im Auge

2 BStU MfS HA II 4368, Bl. 1
3 ebenda, Bl. 2

Hannoversche Str. 1–4
gegenüberliegende Seite der BRD-Vertretung

Im unsichtbaren Visier: Häuserfront gegenüber der Ständigen Vertretung, gekennzeichnet sind u. a. die Wohnung von Wolf Biermann und die Wohnungen von IM des MfS

behalten«,[4] schreibt der Historiker Jochen Staadt. Der Umgang mit dem Klassenfeind im eigenen Land setzte beim Ministerium des Innern wie auch beim Ministerium für Staatssicherheit eine »hohe revolutionäre Wachsamkeit« voraus[5] – als Konzession für die Öffnung der DDR wurden die Aktivitäten des Geheimdienstes ausgeweitet, denn der Gegner in Gestalt der sozial-liberalen Koalition betrieb mit der neuen Haltung gegenüber den kommunistischen Staaten im Osten eine »politisch-ideologische Aufweichungs- und Zersetzungstätigkeit«. Die Bundesregierung verfolge »das Ziel der Organisierung einer schleichenden Konterrevolution«, vor der Staatssicherheits-Minister Erich Mielke das ZK der SED bereits 1969 gewarnt hatte.[6] Am 12. August 1974 erteilte er einen mehr als 40 Seiten langen Befehl,[7] nach dem die Rechte der Vertretung nach außen zu gewährleisten, zugleich jedoch sämtliche Pläne, Absichten und »Maßnahmen des Gegners« aufzudecken seien. Dazu war fast jedes Mittel recht.

4 Jochen Staadt: Schneisen im Stasi-Dschungel, in: FAZ vom 5. Juli 2000
5 BStU MfS – Büro der Leitung, Dok. Nr. 011781, S. 6
6 Redebeitrag Mielkes auf der ZK-Tagung vom 13. Dezember 1969, dokumentiert bei Wilfriede Otto: Erich Mielke. Biographie. Aufstieg und Fall eines Tschekisten, Berlin 2000, S. 594 f.
7 Befehl Nr. 16/74 BStU MfS – Büro der Leitung, Dok. Nr. 001919, S. 3

Die Ständige Vertretung stand von Anfang an unter Generalverdacht. Erich Mielke und seine Strategen zweifelten nicht daran, dass die bundesdeutsche Vertretung als Außenposten westdeutscher Geheimdienste agieren würde, dass alle ihre Mitarbeiter in konspirative Machenschaften verwickelt wären und sie ihre besonderen Rechte zum Schaden der DDR auszunutzen gedachten. Der Chef der Staatssicherheit erwartete »subversive, staatsfeindliche andere kriminelle Handlungen« und wies seine zu diesem Zeitpunkt etwa 55 000 hauptamtlichen Mitarbeiter an, diese aufzudecken und zu bekämpfen: »Für die Lösung dieser politisch-operativen Aufgaben sind alle Diensteinheiten des MfS verantwortlich.«[8]

Da sich der Gegner nun im eigenen Land aufhielt, war für die operative Arbeit nicht die Auslandsspionageabteilung HV A des Ministeriums zuständig, sondern in erster Linie die 1953 gebildete Hauptabteilung II des MfS, die in den folgenden Jahren intern erheblich aufgewertet und vergrößert wurde. Mit der Spionageabwehr fiel ihr eine der zentralen Aufgaben des Geheimdienstes zu, wobei das MfS den Begriff »Spionage« sehr weit fasste: Selbst die Veröffentlichung des parteikritischen »Manifests« im *Spiegel* beschäftigte die Hauptabteilung, obgleich sich nicht ausländische Agenten, sondern Dissidenten zu Wort gemeldet hatten. Die Leitung der Spionageabwehr oblag Generalmajor Günther Kratsch, der sich auch wissenschaftlich auf dem Terrain profilierte: 1977 legte Kratsch an der Juristischen Hochschule des MfS Potsdam-Golm zusammen mit vier Offizierskollegen eine Arbeit zur Überwachung von diplomatischen Vertretern in der DDR vor und promovierte zum Dr. jur.[9]

Mit der geheimdienstlichen Bearbeitung der Ständigen Vertretung waren die knapp 30 hauptamtlichen Mitarbeiter der HA II/12 unter Oberstleutnant Reiner Oertel betraut, die ihrerseits eine kaum zu beziffernde Zahl Inoffizieller Mitarbeiter (IM) führten. Aus den Akten bei der Bundesbeauftragten für die Unterlagen des Staatssicherheitsdienstes der DDR geht hervor, dass 579 IM auf westliche Botschaften angesetzt waren, 367 von ihnen traten in Kontakt mit der Ständigen Vertretung der Bundesrepublik:[10] Deren Mitarbeiter und ihre Familien wurden von Hausangestellten oder Handwerkern, der Ärztin und dem Friseur, von Künstlern und auch von vermeintlich guten Freunden bespitzelt.

---

8 ebenda, S. 3
9 Hauptautor war Oberst W. Burkert, die Arbeit trägt den Titel: »Die sich aus der außenpolitischen Strategie und Taktik der sozialistischen Staatengemeinschaft ergebenden politisch-operativen Aufgaben zum Schutz diplomatischer Vertretungen und bevorrechteter Personen anderer Staaten in der DDR. Grundfragen und Lösungswege zur Aufklärung und Bearbeitung von subversiven Mißbrauchshandlungen durch bevorrechtete Personen nichtsozialistischer und politisch-operativ interessierender Staaten«; BStU GVS JHS 001 - 30/77
10 BStU MfS HA II 4312, Bl. 27

Unter Beobachtung standen alle Mitarbeiter der Ständigen Vertretung, insbesondere natürlich die Leiter, ihre Stellvertreter und die Abteilungsleiter – sowie deren Familien, die Besucher, Bekannte und Freunde. Die Spitzel registrierten ihre Gewohnheiten, Interessen sowie Schwächen und Stärken, ihre Autos wurden verfolgt. Stets lagen in der Normannenstraße komplette Adresslisten und aktuelle Verzeichnisse der Wagen der StäV vor.[11] Derlei Informationen mögen eine den Diensten immanente Neugier befriedigt haben. Doch dem Gros der aufgehäuften Details fehlte der operative Nutzen, der Apparat nährte sich selbst: Der harmlose Ausflug zum Tierarzt gab Anlass zur aufwendigen konspirativen Beobachtung, die Beschwerden über freche westdeutsche Schulkinder beschäftigten den Minister, der Abschiedsempfang des Mitarbeiters der Politischen Abteilung im Christlichen Hospiz Albrechtshof wurde mit der Videokamera aufgezeichnet. In diesem IM-Bericht fehlt nicht der »geheimdienstlich« ermittelte Hinweis, dass an jenem Abend die Bundesrepublik Gastgeber Mexiko im Elfmeterschießen besiegte und das laufende Viertelfinale der Fußball-Weltmeisterschaft die Gespräche der geladenen Diplomaten beherrschte.[12]

Bereits vor Inkrafttreten des Grundlagenvertrags hatte die Rechtsstelle des MfS nach einer Dienstbesprechung mit Teilnehmern verschiedener Abteilungen eine »Anweisung für das Verhalten gegenüber Vertretungen der BRD«[13] gegeben. Das MfS holte weit aus, die Autoren der Anweisung warnten grundsätzlich vor der westdeutschen Haltung zur nationalen Frage und erklärten, dass der »Berliner Vertrag über die Grundlagen der Beziehungen« keine Interpretation zulasse, die den Beziehungen zwischen beiden Staaten einen vom Völkerrecht abweichenden »Sondercharakter« zuweise. Aus dem die westdeutsche Position überspitzenden Postulat »Die DDR ist kein Inland der BRD und umgekehrt«[14] spricht die existentielle Furcht der staatlichen Repräsentanten, die ihre sozialistische Republik bedroht sahen und befürchteten, vereinnahmt zu werden – und eine grundsätzliche Fehlinterpretation der Position der Bundesregierung. Wohl galt die DDR aus westlicher Sicht nicht als Inland, aber Ausland konnte sie unter Beibehaltung des Einheitsgedankens eben auch nicht sein. Die Juristen in der Rechtsstelle des MfS schienen nicht überzeugt davon, dass der Grundlagenvertrag beiden Seiten die jeweils eigene Interpretation zugestand – obgleich die Parallelität beider Auffassungen aus westlicher Sicht Grundlage für die angestrebte Annäherung war.

---

11 z. B. BStU MfS ZOS 2579, Bl. 425–472
12 BStU MfS AIM 4016/89, Bd. 2
13 BStU MfS-Rechtsstelle 0128/2
14 ebenda, Bl. 3

Die zentrale Anweisung spiegelt – wie auch die Befehle Mielkes – die kollektive Paranoia und das ständige Bedürfnis der Staatssicherheit wider, sich selbst zu legitimieren. Solange an der Einheit der Nation festgehalten und das Bekenntnis zur kulturellen Identität aller Deutschen abgelegt wurde, sah sich die Staatssicherheit gefordert. Ihre Mission war es, die Existenz des Staates zu stabilisieren, Gegner jeglicher Couleur zu identifizieren und zu bekämpfen. Dazu zählten sie auch die Repräsentanten der Bundesrepublik, denn diese verfolgte, so Minister Mielke,»neorevanchistische« Absichten, da sie den Gedanken an die Einheit der Nation wachzuhalten gedachte:

»Die Regierung der BRD strebt eine Erweiterung der Beziehungen mit der DDR in der erklärten Absicht an, dadurch mehr Kontakte und Verbindungen zwischen den Bürgern, staatlichen Organen und Einrichtungen sowie gesellschaftlichen Organisationen beider deutscher Staaten zu ermöglichen, um ein weiteres Auseinanderleben der Deutschen in Ost und West zu verhindern.«[15]

Die Suche nach Kontakten zu DDR-Bürgern beschreiben viele Mitarbeiter der Ständigen Vertretung als wichtigsten Teil ihrer Arbeit. Das MfS konnte von dieser Kontaktsuche profitieren, seine Mitarbeiter hefteten sich an die Fersen der westdeutschen Beamten. Dass beispielsweise die Kulturreferenten der StäV Künstler aufsuchten, sich intensiv mit ihnen, ihren Werken, aber auch mit der Situation in den Künstlerverbänden der DDR auseinandersetzten, verfolgte das MfS mit Interesse – nicht ohne das MfAA in Kenntnis zu setzen über die »subversive Einflußnahme auf die Kulturszene der DDR«. Der aus dem Bundesbildungsministerium stammende damalige Kulturreferent der StäV, Georg Girardet, knüpfte nach eigenem Bekunden ohne Rücksprache mit dem Sicherheitsbeauftragten der StäV Kontakte, organisierte Veranstaltungen mit Künstlern aus dem Westen und versuchte, Maler oder Bildhauer aus der DDR an Galeristen und Ausstellungskuratoren in der Bundesrepublik zu vermitteln. Girardet selbst erinnert sich daran, dass ein Verbandsfunktionär dem MfS über Treffen berichtete, jedoch Namen bewusst verschwieg und versuchte, zu schützen statt zu kompromittieren. Die Staatssicherheit beschuldigte den Kulturreferenten seinerseits, er »überschreitet seine Funktionsmerkmale und nutzt seine bisher durch Abschöpfung seiner Kontaktpartner gewonnene umfassende Sachkenntnis im Kulturbereich der DDR zu weiteren subversiven Aktivitäten aus«.[16] Anhand der Informationen des MfS wurde ihm verschiedentlich unterstellt, er mische sich in die inneren Angelegenheiten des Gast-

---

15 BStU MfS Büro der Leitung 4927, S. 8
16 BStU MfS HA II 4003, Bl. 3 und 35, und Gespräch mit Georg Girardet am 14. Februar 2005 in Leipzig

landes ein, schmuggele Kunstwerke in den Westen und gefährde heimische »Kulturschaffende«, von denen einige in ihrem Nonkonformismus dem Geheimdienst ohnehin suspekt waren.

Dass diese Ansprechpartner im Westen hatten, alarmierte die Staatssicherheit,[17] die sich auf Machtdemonstrationen verstand: Ein westdeutscher Kulturmanager, der sich auf Vermittlung des Kulturreferenten der StäV für DDR-Kunst begeisterte, verunglückte in einer Winternacht auf der Transitstrecke, sein Wagen rutschte von der Fahrbahn. Dass sein Fahrer und er bis zum Morgengrauen in ihrem Auto auf einen Abschleppwagen warten mussten, führt er auf sein Interesse an Künstlern aus dem Realsozialismus zurück.

Auf politischer Ebene beschränkte sich die Staatssicherheit nicht auf derartige Schikanen – Minister Mielke, der das Rentenalter längst erreicht hatte, nahm selbst Einfluss. Mit Hilfe der 1976 gegründeten Zentralen Koordinierungsgruppe wollte er die ansteigende Zahl von Ausreiseanträgen bekämpfen[18] und die Abwanderung eindämmen. Doch auch in die Außenpolitik der DDR war Mielke stets involviert: So sah sich das MfS beispielsweise dazu berufen, die Strategie der Bundesregierung zu unterlaufen, die den Westteil der geteilten Hauptstadt der Bundesrepublik zurechnete. Insbesondere das 1974 gegründete Umweltbundesamt, das seinen Sitz in »Berlin (West)« nahm, provozierte die DDR-Außenpolitiker, wollten sie doch »Westberlin« als selbständige politische Einheit mit einem Sonderstatus etablieren.[19]

Minister Erich Mielke erlaubte seinem Ministerium ausdrücklich den Zugriff auf alle anderen staatlichen Stellen, die mit der StäV in Berührung kamen. Das Wachkommando Missionsschutz der Volkspolizei, das für Diplomaten zuständige Zollamt Berlin I und das Dienstleistungsamt für Ausländische Vertretungen kooperierten mit der Zentralen Auswertungs- und Informationsgruppe. Selbstverständlich war auch der Kontakt zum MfAA und zu den Bezirksverwaltungen der Staatssicherheit. Der Diplomatenclub und die Poliklinik für Angehörige diplomatischer Vertretungen, der Versorgungsbetrieb Versina, die Staatsjagden, Hotels und Freizeiteinrichtungen wurden »gesichert« und standen den Offizieren der Staatssicherheit jederzeit für die »operative Nutzung«[20] offen. Seinem Bündel möglichst allumfassender »Aufklärungsmaßnahmen« gab Mielke die Bezeichnung »Kabinett«. Die Mitarbeiter sollten sich den Fremden nähern, aber auch ihr Umfeld auskundschaften,

17 BStU MfS HA II 4003, Bl. 3 ff.
18 vgl. Bernd Eisenfeld: Die zentrale Koordinierungsgruppe zur Bekämpfung von Flucht und Ausreise, Berlin 1995
19 Auf die Berlin-Problematik kann hier nicht im Einzelnen eingegangen werden, die Analyse, die der SED-Spitze zugeschickt wurde, beschreibt das Verständnis der HV A: Information 775/74 »Probleme der gegenwärtigen politischen und wirtschaftlichen Lage Westberlins«; BStU MfS HV A 112, Bl. 247–254.
20 BStU MfS Büro der Leitung 1919, S. 5 f.

wozu Mielke die »Persönlichkeitsaufklärung, vor allem im Wohn- und Freizeitbereich [und] die Feststellung von politisch-operativ bedeutsamen Verbindungen und Kontakten« befahl. Beobachten allein reichte nicht, interessanter noch waren Anwerbungen: »Die Gewinnung von bevorrechteten Personen für eine inoffizielle Mitarbeit ist ständig zu prüfen.«[21]

Akribisch entwickelte der Minister ein Szenario vom »Einsatz zuverlässiger IM, [die] durch schöpferische Legenden und Kombinationen sowie operative Spiele zu qualifizieren« seien, und behielt sich selbst den Zugriff auf alle erhobenen Daten und die Entscheidung über Einsätze vor: »[Die] Einleitung politisch-operativer Maßnahmen gegenüber Vertretungen oder bevorrechteten Personen [...] bedürfen meiner Zustimmung bzw. der meines 1. Stellvertreters.« Mielke machte seinen Leuten bewusst, dass sie stets in höherem Auftrag handelten: »Die Arbeitsergebnisse müssen abrufbereit der Parteiführung und der Regierung zur Verfügung gestellt werden können.«[22]

Das MfS konnte nicht vorhersehen, wie sich die Westdeutschen in der DDR verhalten würden. Bereits in den ersten Jahren muss den »Tschekisten« deutlich geworden sein, dass Bundesbürger mit Diplomatenpass nicht von ihren Gewohnheiten abgingen, sich nicht ohne weiteres einschüchtern ließen und dass viele von ihnen selbstbewusst gegenüber Uniformierten und staatlichen Stellen auftraten. Ihre Vorrechte als Diplomaten, vor allem aber die ihnen offiziell zugesicherte Bewegungsfreiheit in den Bezirken der DDR, nutzten viele dienstlich und privat weidlich aus, aber dabei waren sie nie unbeobachtet. Und sie suchten, von Gaus ausdrücklich ermuntert, Kontakt zu Bürgern der DDR. Die Staatssicherheit sah sich provoziert, und ihre Mitarbeiter neigten zur Überinterpretation ihrer geheimdienstlich ermittelten Informationen: Bereits die simple Tatsache, dass einige Mitarbeiter der Ständigen Vertretung im »Oranienquell«, der Kneipe gegenüber dem Dienstgebäude in der Hannoverschen Straße, zu Mittag aßen, registrierte das MfS als unverhohlenen »Aufruf zur Kontaktsuche«.[23] Den Aufklärern konnte es nur recht sein: Mit geringem Aufwand ließen sich die Westbeamten hier beobachten oder belauschen. Das wussten ebenso die übrigen Gäste des in der StäV »Schmutziger Löffel« genannten Etablissements. Ein Veterinär von der Humboldt-Universität, der private Kontakte zu einem hochrangigen StäV-Mitarbeiter unterhielt, bat um Verständnis: »Im ›Oranienquell‹ kennen Sie mich bitte nicht.«

»Wir wussten, das MfS war überall präsent«, meint einer der Stellvertretenden Leiter der StäV, Franz Jürgen Staab.[24] Natürlich blieben die Verfolger

21 ebenda, S. 8
22 ebenda, S. 10 f.
23 BStU MfS Büro der Leitung 4927, S. 117
24 Gespräch mit Franz Jürgen Staab am 24. Juli 2005 in Neusäß

unsichtbar, bei einem seiner Hausmeister aber sei er stutzig geworden. Dieser war der Sohn eines DDR-Ministers und – wie sich später herausstellte – Offizier des MfS. »Wir lebten mit Vorsicht, aber nicht konspirativ«,[25] resümiert Max Dehmel, von 1979 bis 1984 Leiter der Wirtschaftsabteilung in der StäV. Wie alle Kollegen rechnete er immer damit, dass Telefongespräche aus dem Dienstgebäude und private Anrufe wie auch Gespräche in der Wohnung mitgehört und mitgeschnitten wurden – wie ernst vor allem die HA II, die Postkontrolle M und die Abteilung 26 des MfS ihren Auftrag nahmen, offenbarte sich erst nach Öffnung der Archive.[26] Selbst die allgemein als sicher erachtete Telefonzelle auf der westlichen Seite des Grenzüberganges Chausseestraße wurde abgehört. »Wir wehrten uns nicht gegen die offenkundige Überwachung«, bekennt Hans Otto Bräutigam, man nahm sie »unter den gegebenen Umständen als unvermeidlich hin«.[27]

Vierzehn »operative Stützpunkte« unterhielt die Hauptabteilung II/12 allein in den Plattenbauten an der Leipziger Straße, in denen die meisten der westlichen Diplomaten und Journalisten wohnten. Die Staatssicherheit war auf verschiedenen Etagen verteilt, sie nutzte unterschiedliche Objekte von der Einraumwohnung bis zum Dreizimmerapartment – alle mit Telefon ausgestattet.[28]

Die Mitarbeiter des Geheimdienstes hatten die Residenz in der Kuckhoffstraße und die Privatwohnungen der StäV-Mitarbeiter im Blick, sie konzentrierten sich aber auf das Dienstgebäude in der Hannoverschen Straße, das rund um die Uhr »bewacht« wurde. Der Besucherverkehr wurde scharf kontrolliert. Die Staatssicherheit hatte eigens die Straßenbeleuchtung auf der Verkehrsinsel an der Kreuzung Chausseestraße für ihre Zwecke verändert. Rund um die Uhr tauchte ein gewaltiger Laternenmast die Straße, die metallverkleideten Wachhäuschen und den Fußweg in gelbes Licht. »Dadurch wird die operativ-technische Kontrolle der BRD-Vertretung unabhängig«, bemerkte Oberst Kratsch zufrieden.[29] Von den zahlreichen Stützpunkten des MfS rings um das Gebäude in der Hannoverschen und den benachbarten Straßen ließ er fotografieren, abhören und beobachten. Besucher und Mitarbeiter der StäV konnten den Objektiven der installierten Kameras nicht entgehen, wobei die Aufnahmen natürlich keinen Rückschluss auf den Zweck des Besuchs in der bundesrepublikanischen Vertretung zuließen. Demonstrativ wurden die als DDR-Bürger zu erkennenden Besucher der Mission kontrolliert und registriert, um Neugierige abzuschrecken. Offiziere ließen sich von Besuchern die Ausweispapiere zeigen und lasen die Namen laut vor – über ein verstecktes Mikrophon wurden die

25 Gespräch mit Max Dehmel am 5. April 2005 in Berlin
26 zur Postkontrolle und HA II vgl. z. B. BStU MfS HA II 4512, Bl. 66
27 Hans Otto Bräutigam: Ständige Vertretung. Meine Jahre in Ost-Berlin, Hamburg 2009, S. 105
28 BStU MfS HA II 4295, Bl. 53 ff.
29 BStU MfS HA II 4573, Bl. 91

Angaben zur Person aufgenommen. Vor der StäV wurden DDR-Bürger verhaftet. Die Staatssicherheit wollte insbesondere ihr bereits bekannte Ausreisewillige am Besuch der Vertretung hindern, denn sie standen unter dem Verdacht, ihre Ausreise erzwingen zu wollen.[30] Auf einige verdächtige Besucher war die HA II konkret vorbereitet: Sie fing Übersiedlungswillige an der Ständigen Vertretung ab und vereitelte mögliche »Demonstrativ-Handlungen«.[31]

Was die Staatssicherheit auf ihrem Posten vor der StäV, die sie zu sichern vorgab, auch bemerkte, war ein Vorkommnis, das ein diplomatisches Nachspiel hatte: Im April 1983 wollte ein Ehepaar mit Kind die Vertretung aufsuchen. Hauptmann Hundt nahm eine Anzeige auf, aus der hervorgeht, dass die Familie »entsprechend einer Weisung« einer Personenkontrolle unterzogen wurde. Das Wachkommando Missionsschutz erklärte, dass »diese diplomatische Mission nicht für Bürger der DDR, sondern nur für Bürger der BRD zuständig« sei. Die junge Mutter ließ sich nicht abwimmeln, drängte sich an den Uniformierten vorbei und betrat die Vertretung, während ihr Mann und das Kind in sicherer Entfernung warteten. Zur Verblüffung selbst seiner Mitarbeiter schritt nun der Leiter der Vertretung ein. Bräutigam vergaß die ihm eigene diplomatische Zurückhaltung und fuhr den Wachposten an, woher er das Recht nehme, die Familie abzuweisen: »Wir sind hier die Hausherren und wir empfangen die Leute, nicht Sie! Teilen Sie das bitte Ihrem Vorgesetzten mit!«[32] Hans Otto Bräutigam war aufgebracht, er lief zu dem abseits wartenden Vater mit dem Kind und bat auch ihn in die Vertretung. Während sich die StäV erneut offiziell über den versperrten Zugang und die Kontrollen vor dem Haus beschwerte, wies das MfS die Angehörigen des Wachkommandos ausdrücklich an, konsequent gegen Besucher vorzugehen – besonders gegen jene mit Kindern.

Das Wachkommando Missionsschutz (WKM), das die Aufgabe hatte, die StäV zu »sichern«, und sorgfältig das Umfeld beobachtete, lebte nicht zuletzt von Zufallsfunden und von Beobachtungen, deren Nutzen für die »Aufklärung« der Aktivitäten im Objekt 499 denkbar gering ausfiel. Was in den Akten breiten Raum füllt, nimmt sich als Erkenntnis oftmals minimal aus: So konnte ein Volkspolizist am 8. Februar 1982 stolz vermelden, dass gegen 22.40 Uhr, als er seinen Dienst am Haupteingang der Ständigen Vertretung mit »tschekistischer« Wachsamkeit versah, »an der Vorderfront die Jallousie [sic] am Fenster A 4 nicht ganz bis unten heruntergelassen war. So hatte man Einsicht auf das Fensterbrett in der Pförtnerloge.« Der Polizist entzifferte handbeschriebene

30 BStU MfS HA II 4531, »Zuführungen«
31 BStU ZKG 131, Bl. 357
32 BStU MfS Archiv der Zentralstelle 14144, Bl. 335

Seiten – die offensichtlich keine Geheimnisse bargen. Es handelte sich schlicht um vorbereitete, formalisierte Notizzettel für eingehende Telefonate – blanko, wohlgemerkt.[33]

Dreizehn konspirative Stützpunkte umgaben das Kanzleigebäude der StäV, teilweise bezogen die MfS-Mitarbeiter ihren Posten direkt in Sichtweite, in der Friedrichstraße, in der Hannoverschen Straße selbst, aber auch im weiteren Umkreis. Anwohner berichten noch heute davon, wie die Herren in ihrer »auffällig unauffälligen« Kleidung ihren Dienst begannen. Die einen patrouillierten auf der Straße, auf der auch das Wachkommando Missionsschutz postiert war, und die anderen bezogen Stellung in den präparierten Wohnungen, die Tarnnamen trugen wie »Front«, »Flügel«, »Merkur« oder auch »Hinterhof«. Der Stützpunkt »Fenster« wurde von einem Genossen Klaus der HA II/16 sogar privat bewohnt, was die »Legendierung« erheblich erleichterte. Von den fünf Zimmern der Wohnung an der Chausseestraße vermietete er zwei klandestin an seinen Arbeitgeber, der als Untermieter Falkenberg auf dem Klingelschild auftauchte.[34] Ein weiteres Objekt konnten die Geheimdienstler gleich mit in den Blick nehmen: Schräg gegenüber der StäV an der Chausseestraße wohnte bis zu seiner Ausbürgerung 1976 der in Ungnade gefallene Liedermacher Wolf Biermann, dessen Wohnung gleichfalls unter Beobachtung stand.

Die Aktivitäten des MfS konzentrierten sich nicht nur auf die Observierung der Gebäude. Auch die deutsch-deutschen Verhandlungen blieben nicht unbeobachtet: Der Diplomat Michael Kohl verfasste im Anschluss an die Gespräche mit den Verhandlungspartnern aus dem Kanzleramt neben Berichten für das Politbüro der SED eigens Vermerke für den Genossen Mielke.[35] Auch Kopien der Protokolle von Gesprächen mit sowjetischen Diplomaten, die Seidels Originalunterschrift tragen, landeten in der Rechtsstelle des MfS.[36] Seine Ausführungen vom 21. Januar 1974 versah Günter Gaus mit der ausdrücklichen Aufforderung, die hinzugefügte Anlage zu prüfen. Dort fand sich eine Sammlung persönlicher Briefe, die er seinem Partner übergeben hatte. Es handelte sich um Schreiben von Bürgern der Bundesrepublik, die Gaus um Hilfe ersuchten: Eine Familie hatte vergeblich beantragt, ihre Toten in Familiengräbern in der DDR beerdigen zu dürfen, anderen war die Umbettung ihrer Vorfahren auf Friedhöfe im Westen oder die Teilnahme an einem 100. Geburtstag versagt geblieben. Im Fall einer westdeutschen Schule, die über Gaus Kontakt

33 BStU MfS HA II 4512, Bl. 27 f.
34 BStU MfS HA II 4305, Bl. 54
35 Die Historikerin Mary Elise Sarotte, Cambridge, Mass., wirft die Frage auf, ob Michael Kohl als IM »Koran« geführt wurde, was sich nicht belegen lässt, aber letztlich unerheblich ist, da unzweifelhaft Informationen flossen (vgl. Mary Elise Sarotte: Nicht nur Fremde ausspioniert, in: DA 30/1997, Bd. 4, S. 407–411).
36 BStU MfS-Rechtsstelle 129 I, Bl. 47 ff.

zu einer polytechnischen Oberschule in der DDR aufbauen wollte, formulierte der Leiter der Rechtsstelle, Oberst Filin, umgehend eine Ablehnung.[37]

Bereits bei den Verhandlungen zwischen Gaus und dem stellvertretenden Außenminister Nier war immer auch das MfS eingeschaltet, genau unterrichtet, und in Detailfragen um Stellungnahmen gebeten worden. Ob Nachfolgeverhandlungen zum Beispiel über das Post- und Fernmeldeabkommen oder das Abkommen zum Gesundheitswesen, über den Rechtsverkehr – stets sollten auch die politischen Köpfe der Staatssicherheit ihre »Einschätzungen« abgeben, die nicht zwangsläufig im Zusammenhang mit den ureigenen Aufgaben des Sicherheitsdienstes standen. So mahnte ein Bearbeiter aus der Rechtsstelle im Vorfeld der Verhandlungen über den deutsch-deutschen Postverkehr an, unbedingt zu verhindern, dass die in beiden Staaten verwendeten Postleitzahlen etwa »im ›innerdeutschen‹ Sinne mißdeutet werden«.[38]

Die Rechtsstelle des MfS verfügte über die Mitschriften der Verhandlungen, wertete diese aus und fragte offensiv Mielkes Stellvertreter Bruno Beater, ob er »Wünsche hat für die weiteren Verhandlungen bzw. Vertragsformulierungen«.[39] Auch der Chef der Auslandsspionage, Markus Wolf, erhielt selbstverständlich Kopien der Verhandlungsprotokolle, denen er offenbar nichts hinzuzufügen hatte, wie der handschriftliche Vermerk belegt: »Seitens der HV A keine Bemerkungen«.

Je weiter die Bemühungen der Verhandlungsführer in den deutsch-deutschen Gesprächen zu Beginn der achtziger Jahre gediehen, umso intensiver wurden die Einschränkungen, die Erich Mielke zu verordnen versuchte. Vor dem Treffen von Helmut Schmidt und Erich Honecker im Sommer 1981 hatte er ein *non-paper* vorbereitet, das »zwar keine sensationellen Dinge« enthielt, wie der Diplomat Karl Seidel feststellte, aber immerhin den »guten Willen« der DDR gezeigt habe.[40] Es enthielt insbesondere Ankündigungen, die das Reisen erleichtern würden, wobei das Reisealter nicht gesenkt werden sollte. Das Papier wurde angesichts der allgemeinen Verschlechterung des deutsch-deutschen Klimas nicht Verhandlungsgegenstand, die Treffen verschoben, der Mindestumtausch erhöht und auf Rentner ausgedehnt. Die Chance, dass der furchtsame Sicherheitsminister angesichts der sich zuspitzenden Lage in Polen Lockerungen zulassen würde, sank.

In Mielkes Augen war Kommunikation verdächtig, der Informationsaustausch bedrohlich – für Günter Gaus aber war der Austausch die entschei-

37 BStU MfS-Rechtsstelle 129 I, Bl. 124 f., 134 ff.
38 BStU MfS-Rechtsstelle 129 I, Bl. 69
39 BStU MfS-Rechtsstelle 129 I, Bl. 124 f.
40 vgl. Karl Seidel: Berlin-Bonner Balance, Berlin 2000, S. 245

Westautos mit Diplomatenkennzeichen: Blick auf den Garagenhof der Ständigen Vertretung

dende Voraussetzung für eine Annäherung der beiden deutschen Staaten, er verstand sich persönlich in diesem Sinne als Katalysator. Anhand der Analysen der HA II, die Generalleutnant Günther Kratsch verfassen ließ, zeigt sich, wie wenig den Mitarbeitern des MfS eine auf Verständigung zielende deutschlandpolitische Strategie einleuchtete. Kommunikation konnte nur Infiltration feindlicher Ideen bedeuten. Man fürchtete einerseits den schädlichen Einfluss westlichen Gedankenguts und war andererseits schlichtweg ratlos: Die Vorhaben der Ständigen Vertretung erschlossen sich den Geheimdienstlern nicht. Sie erkannten keine große Linie im Tun der westdeutschen Regierungsdependance auf dem Gebiet der DDR, gleichzeitig aber kriminalisierten sie deren Aktivitäten. Die Analysen dienten ihren Verfassern in erster Linie als Selbstbestätigung – und sie legitimierten immer wieder aufs Neue den aufwendigen Einsatz von Angehörigen des Ministeriums, die damit beschäftigt waren, Tag für Tag unzählige, zumeist völlig banale Beobachtungen zu sammeln.

Minister Mielke hatte alle Einheiten des MfS zum »zielgerichteten und zweckbestimmten Einsatz der notwendigen tschekistischen Kräfte, Mittel und Methoden« aufgerufen – und er beschwor den »wirkungsvollen Einsatz der Hauptkraft des MfS, der IM«.[41] Die Staatssicherheit bemühte sich, DDR-Bürger als Zuträger im Dunstkreis der Vertretung zu platzieren und deren Mitarbei-

41 BStU MfS BdL 004927, Bl. 101

ter zur Kollaboration zu überreden. Letzteres gelang dem Geheimdienst nicht. Dennoch arbeitete zwischen 1986 und 1989 ein langjähriger Inoffizieller Mitarbeiter der Auslandsspionage HV A in der Hannoverschen Straße: IM »Töpfer« (auch IM »Hanson«) war 1966 von Markus Wolfs Abteilung angeworben worden[42] und kooperierte aus Überzeugung mit der Staatssicherheit: »In den Fragen der Beziehungen, des Verhältnisses DDR–BRD ist er offener Vertreter der ›deutschlandpolitischen‹ Linie von Brandt, Bahr und Gaus«, stellte das MfS fest.[43] Der Jurist Knut Gröndahl war seit 1972 im Bundesministerium für innerdeutsche Beziehungen beschäftigt. Dem Geheimdienst galt er als Spitzenquelle an herausragender Stelle, er übermittelte Berichte und Originaldokumente:[44] Das inhaltliche Spektrum der 502 in der SIRA-Teildatenbank aufgeführten Informationen, die Gröndahl lieferte, ist breit und reicht von Auskünften über die »westdeutsche und westberliner Haltung« zum Transitabkommen bis zu Reaktionen des Bundesministeriums für innerdeutsche Beziehungen auf die Ausbürgerung Biermanns, Interna aus dem Ministerium, vorbereitendem Material zu Politikerreisen und deutsch-deutschen Verhandlungen sowie Analysen aus der StäV selbst. »Knut Gröndahls politischen [sic] Intentionen stimmen mit unserer nachrichtendienstlichen Absicht nahezu überein«, lobte Werner Großmann, Chef der HV A im Rückblick. Der Nachfolger von Markus Wolf war mit dem IM offenkundig zufrieden. Konspirative Treffen hätten mehr und mehr den Charakter von »Beratungen« angenommen, der Führungsoffizier habe nicht nur vertrauliche Informationen entgegengenommen, sondern auch »aktuelle Materialien der DDR-Politik bis hin zu Politbüro-Vorlagen« übergeben.[45]

Auch auf westdeutscher Seite ist das Engagement des Beamten aus dem BMB nicht vergessen: Detlef Kühn, Präsident des Gesamtdeutschen Instituts (Bundesanstalt für gesamtdeutsche Aufgaben), meint, Gröndahl versuchte sich gelegentlich als »Einfluss-Agent« zu bewähren: Offensiv habe er die politischen Interessen der DDR verteidigt und beispielsweise der Kultusministerkonferenz in einer Debatte über den Geschichtsunterricht mangelnde Bereitschaft vorgeworfen, »zugunsten des Friedens eigene nationale Interessen zu relativieren«.[46] Auf eigenen Wunsch wurde Gröndahl 1986 nach Ost-Berlin versetzt. Der Regierungsdirektor übernahm die Leitung eines von drei Referaten in der Politischen Abteilung der Ständigen Vertretung und war verantwortlich für die Analyse der Innenpolitik und für allgemeine Fragen der Be-

---

42 BStU: registriert in F16/HV A und F22/HV A unter der Reg. Nr. XV/821/66; außerdem in den SIRA-Teildatenbanken 21 und 12 (502 Informationen)
43 BStU MfS HA II 4319, Bl. 226
44 ebenda sowie Ausdruck SIRA-Teildatenbank 12
45 Werner Großmann: Bonn im Blick. Die DDR-Aufklärung aus Sicht ihres letzten Chefs, Berlin 2007, S. 68
46 Detlef Kühn: Das Gesamtdeutsche Institut im Visier der Staatssicherheit (Schriftenreihe des Landesbeauftragten für die Unterlagen der Staatssicherheit, Bd. 13), Berlin 2001, S. 18

ziehungen zwischen beiden deutschen Staaten. »Ich habe ihn als Mitarbeiter geschätzt«, bekennt Hans Otto Bräutigam. Der Referatsleiter habe nicht den leisesten Verdacht erregt. Manchmal, so der Stellvertretende Leiter der StäV, Franz Jürgen Staab, hätte er sich schon bisweilen gewundert, wenn im *Neuen Deutschland* stand, was tags zuvor intern in der »Morgenlage« besprochen worden war.[47]

Mit Gröndahls Versetzung an die Ständige Vertretung habe die HV A die operative Zusammenarbeit mit ihrem langjährigen Vertrauten eingestellt, »wenn auch mit großem Bedauern«, behauptet der Chef der Auslandsspionage Großmann.[48] Gröndahl sei in Berlin »abgeschaltet« worden, um das Risiko, dass der Agent dem Verfassungsschutz auffiele, zu minimieren. Der Skandal infolge einer möglichen Enttarnung hätte das deutsch-deutsche Verhältnis erheblich getrübt und den Besuch Erich Honeckers in der Bundesrepublik gefährdet, so Großmann. Richtig ist, dass Gröndahl in Ost-Berlin elementare Sicherheitsvorgaben seines offiziellen Dienstherrn missachtet hatte und diesem so einen Grund gab, ihn zurückzuversetzen. Der Beamte unterhielt private Kontakte zu DDR-Bürgern, er war befreundet mit der Ehefrau eines Nationalpreisträgers, die wiederum als Inoffizielle Mitarbeiterin der Spionageabwehr HA II zuarbeitete.[49] Gröndahl versäumte es, die Vertretung über seine Kontakte zu informieren. Erst als Beschwerden des Nationalpreisträgers in der StäV eingingen, wurden sie bekannt. Damit wurde Gröndahl als Sicherheitsrisiko erkannt und nach Bonn zurückgesandt – ohne dass seine konspirativen Aktivitäten bekannt geworden wären.

Der DDR-Geheimdienst habe angeblich wegen des hohen Risikos einer Enttarnung auf seine zuverlässige Quelle verzichtet. Das ist eine Schutzbehauptung, vielmehr versorgte Gröndahl auch in seiner Zeit in der StäV den Geheimdienst fortlaufend mit Material, wie die SIRA-Datenbanken der BStU belegen. Den Zugriff auf vertrauliche Verschlusssachen hatte er nach seinem Verstoß gegen die Sicherheitsvorschriften in der Vertretung allerdings verloren.[50] Dennoch: Am 8. März 1996 verurteilte ihn das Oberlandesgericht Düsseldorf wegen geheimdienstlicher Agententätigkeit zu einer Freiheitsstrafe von drei Jahren.[51]

---

47 Gespräche mit Hans Otto Bräutigam am 22. August 2005 in Berlin, mit Franz Jürgen Staab am 24. Juli 2005 in Neusäß
48 Großmann: Bonn im Blick, S. 68. Auch als Zeuge im Prozess vor dem Bundesgerichtshof vertrat Werner Großmann diese Position; vgl. Urteil des 6. Strafsenats OLG Düsseldorf vom 8. März 1996.
49 Urteil des 6. Strafsenats OLG Düsseldorf vom 8. März 1996, S. 8
50 vgl. Georg Herbstritt: Bundesbürger im Dienst der DDR-Spionage. Eine analytische Studie, Göttingen 2007, S. 359
51 Das Urteil des OLG Düsseldorf vom 8. März 1996, VI 8/95 (2/95), liegt der Autorin in anonymisierter Form vor.

Vielen eingesetzten IM gelang es mühelos, die westdeutschen Beamten unmerklich abzuschöpfen, manche plauderten mit ihren neuen Bekannten arglos auch über Interna. Dankbar nahmen die IM Äußerungen zur Politik oder den Verhältnissen in der StäV auf. Was ihre Berichte widerspiegeln, sind nicht selten Interpretationen. Erst recht zielgerichtet, wichtigtuerisch oder haltlos sind die Schlussfolgerungen der hauptamtlichen Mitarbeiter der Staatssicherheit. 1987 berichtete ein IM, er habe im Gespräch mit einem ehemaligen Mitarbeiter der StäV erfahren, dass die Bundesregierung aus Sicherheitsgründen einen Wechsel an der Spitze der StäV vollziehen wollte, da sich die Fälle von »Frauen- und Schmuggelgeschichten« in der Vertretung häuften.[52] Unbestritten sind die Verfehlungen einzelner Beamter in den achtziger Jahren, die jedoch nicht dem Leiter der Vertretung angelastet wurden. Tatsächlich wechselte Hans Otto Bräutigam zum Jahreswechsel 1988/89 auf den Botschafterposten bei den Vereinten Nationen in New York, nicht jedoch im Zusammenhang mit dem nicht immer untadeligen Benehmen einiger StäV-Beamter.

Die Staatssicherheit konnte sich durch IM-Berichte und das Reinigungspersonal vom DAV auch ein Bild vom Innern des Gebäudes, von den Büros und den alltäglichen Gepflogenheiten in der StäV machen. Selbstverständlich war sie über die Existenz der abhörsicheren »Laube« auf der Leitungsetage informiert. Die Observateure verfügten über Organigramme oder interne Telefonlisten. Auch Mietverträge und Korrespondenzen über verschiedene interne Belange lagen in der Originalversion in der Normannenstraße vor.[53] Mitunter verhalf pure Unachtsamkeit der westdeutschen Beamten dem MfS zu Material: Aus einem Müllcontainer in der Leipziger Straße konnte ein Hauptamtlicher aktuelle Dienst- und Bereitschaftspläne der StäV herausfischen.[54]

Spätestens seit Mitte der achtziger Jahre war die Staatssicherheit auch im Besitz eines Schlüssels zum Haus in der Hannoverschen Straße 30: »Durch eine nicht überprüfte Quelle besteht Zugriff zum Generalschlüssel und Hauptgruppenschlüssel der Ständigen Vertretung. Diese Schlüssel könnten zur Anfertigung von Duplikaten für ca. 1 Woche zur Verfügung gestellt werden.« Diese Erfolgsmeldung seiner operativen Arbeit schickte HVA-Chef Markus Wolf im Mai 1983 dem Genossen Generalmajor Günther Kratsch.[55]

Im Februar 1985 übersandte die Leitung der HV A sieben Schlüssel nebst Lageplan des Objekts und »Erkenntnisse zur Raumaufteilung« – nicht ohne den Hinweis, dass »beim Umgang mit den Informationen [...] strengster Quellenschutz zu gewährleisten« sei.[56] Die Tatsache, dass die für Auslands-

---

52 BStU MfS HA II 4303, Bl. 2
53 z. B. BStU MfS ZOS 2579, Bl. 425–472
54 BStU MfS HA II 4512, Bl. 87
55 BStU MfS HA II 4532, Bl. 6
56 BStU MfS HA II 5432, Bl. 11

spionage verantwortliche HV A die kopierten Schlüssel zur StäV in Umlauf brachte, nährt den Verdacht, dass ein westdeutscher Zulieferer das Original zugänglich gemacht haben könnte. Fraglich bleibt, welchen Vorteil der Besitz des Schlüssels den Kräften der Staatssicherheit tatsächlich bescherte – neben der Tatsache, dass er »tschekistischen« Stolz und Allmachtsphantasien nährte. Das alarmgesicherte Haus wurde vom zumeist sechs- bis achtköpfigen westdeutschen Hausordnungsdienst rund um die Uhr bewacht, ein Alarmsystem war installiert, eine Reihe von Sicherheitskameras montiert, sowohl die Eingangstür wie auch die Hofeinfahrt waren gesichert, und in der fünften Etage wohnten Hausmeister und Hausordnungskräfte. Einbrüche wären zwecklos gewesen und unnötig, da das Reinigungspersonal des DAV regulär Zutritt zu den Büroräumen hatte.

Während ihrer Arbeit standen die DAV-Reinigungskräfte keineswegs ständig unter Beobachtung des Hausordnungsdienstes. Diese Beobachtung hatte das MfS bereits 1978 in seiner ausführlichen Analyse der »Regimeverhältnisse und Sicherungsmaßnahmen in der Ständigen Vertretung«[57] niedergelegt. Die Brigade der Glas- und Gebäudereiniger reinigte werktags Kanzleigebäude und Gartenhaus, ab 1977 täglich zwischen 6 und 9 Uhr morgens. Den Reinigungskräften war der Zutritt zur vierten Etage, zu den Büros der Leiter sowie zur »Laube« und anderen sicherheitsrelevanten Räumen untersagt – hier putzte hauseigenes westdeutsches Personal. Im Übrigen sollte die DAV-Reinigungsbrigade vom Hausordnungsdienst (HOD) beaufsichtigt werden. Die Stasi beobachtete, dass sich die Mitarbeiter des HOD nicht zuverlässig an die Sicherheitsbestimmungen hielten: Sie schlossen die Räume nicht einzeln auf, sondern gewährten den Reinigungskräften großzügig Zugang zu ganzen Fluren. Die Staatssicherheit wusste auch zu berichten, dass derlei Vertrauensseligkeit innerhalb der StäV gerügt wurde und die Hausordnungsleute dann wieder eine »distanziertere Haltung gegenüber dem Reinigungspersonal« einnahmen.[58] Die Details, die der Staatssicherheit vorgelegt wurden – von der Zahl der Knöpfe auf den Telefonen oder der Gegensprechanlage an der Sicherheitstür zur vierten Etage bis zum Hersteller des Videogerätes, das im Fahrstuhlraum aufgestellt war und ausschließlich für Aufzeichnungen diente –, zeigen, wie gering die Putzkräfte die ihnen auferlegte »Schweigepflicht« achteten.

Dass sich die Staatssicherheit zur Mitte der achtziger Jahre auf eine krisenhafte Zuspitzung der Lage im Innern der DDR vorbereitete, schlug sich auch in der aufgeblähten HA II nieder: 1984 entstand unter der Regie von Generalmajor Kratsch ein »Plan der Informationstätigkeit im Verteidigungszustand« – auf

57 BStU MfS HA II 4445, Bl. 12 f.
58 ebenda, Bl. 12

Geheiß des Ministers sollte die Bewegungsfreiheit bevorrechteter Personen aus Feindstaaten eingeschränkt, die diplomatischen Missionen abgeriegelt, Diplomatenfahrzeuge stillgelegt und von jeglichen Kommunikationswegen abgekoppelt werden. Die »Internierung von Diplomaten« oblag Oberstleutnant Reiner Oertel, der seine Leute in Alarmbereitschaft halten sollte. Sie sollten sich nötigenfalls mit Sturmgepäck und in Uniform einfinden.[59] Für den Krisenfall verfügte die HA II auf Geheiß des Genossen Minister über persönliche Daten der StäV-Mitarbeiter, ihrer Familien und anderer »bevorrechteter Personen«, um diese sofort isolieren zu können.

Selbstverständlich war eine ganze Reihe auch prominenter IM auf die einzelnen Mitarbeiter der StäV und ihre Leiter angesetzt. Anhand der Unterlagen der Staatssicherheit lässt sich nicht beziffern, wie viele Zuträger über die westdeutschen Diplomaten sporadisch oder kontinuierlich berichtet haben. Das MfS verfolgte auch gegenüber dem »Staatsfeind« im eigenen Lande verschiedene, nicht miteinander abstimmte Strategien: So sammelten die Mitarbeiter der HA II geradezu besessen Material von oft denkbar geringer Aussagekraft, sie organisierten eine Post- und Telefonkontrolle und Observationen in der Erwartung, zu oppositionellen DDR-Bürgern geführt zu werden, die Kontakt zu StäV-Mitarbeitern hatten. Auch in der Häftlingsbetreuung gab es eine lückenlose Beobachtung der Besucher und ihrer Schützlinge – selbst über den veränderten Inhalt der Weihnachtspäckchen, die von der StäV an westdeutsche Häftlinge in der DDR geschickt wurden, ließ sich Minister Erich Mielke nicht nur persönlich informieren – er durfte auch über den Wert der Geschenksendung entscheiden: Waren im Wert von 45 DM sollten es 1977 sein – so viel, wie den inhaftierten DDR-Bürgern im Westen zustand.[60]

Die Offiziere der Staatssicherheit übten Druck aus und bemühten sich, einzelne Beamte zu erpressen, in die Enge zu treiben, einzuschüchtern und Schwächen ihrer »Zielobjekte« für ihre Zwecke ausnutzen. So wurde in den achtziger Jahren versucht, einen StäV-Mitarbeiter zur Kollaboration zu zwingen, nachdem sein Sohn mit einer DDR-Bürgerin ein Kind bekommen hatte und die junge Familie angeblich illegal bei den westdeutschen Großeltern in der Leipziger Straße wohnte. Die Anwerbung folgte dem Muster, nach dem auch DDR-Bürger gefügig gemacht wurden: Ein Kontaktmann versprach, über ein angebliches Vergehen großzügig hinwegzuschauen, und verlangte dafür seinerseits ein »Entgegenkommen« des Betroffenen, der anderenfalls den Strafverfolgungsbehörden ausgeliefert würde. Dem MfS schien der Kontakt zu dem Amtsrat der StäV vielversprechend, da dieser für die Codierung der Fernschreiben nach Bonn verantwortlich war. Zunächst habe er noch versucht, sich

59 BStU MfS HA II 4295, Bl. 1, 42 und 25
60 BStU MfS Zentralstelle 14144, Bl. 47 f.

selbst aus der Affäre zu ziehen, weil ihm die Sache unangenehm war, wie Hans Otto Bräutigam berichtet. Dann aber offenbarte der Angeworbene sich gegenüber seinem Dienstherrn. Dekonspiration fürchtete die Staatssicherheit, hier drohten gar diplomatische Verwicklungen, wenn auch die Öffentlichkeit von der versuchten Anwerbung eines westlichen Diplomaten erfahren würde. Das mag dazu beigetragen haben, dass die Sache rasch bereinigt wurde. Der Amtsrat und der westdeutsche Teil der Familie wurde an den Rhein zurückversetzt, und wenig später durften die ostdeutsche Mutter und das Kind folgen.[61] Dieser Fall spricht von der besonderen Schamlosigkeit des MfS: Nicht persönliche Schwächen, Ehebruch oder Betrügereien boten Anlass zur Erpressung – wie in anderen Fällen –, sondern eine familiäre Situation, die nur deshalb prekär war, weil die DDR ihren Bürgern die Freizügigkeit verwehrte und nicht genügend Wohnraum zur Verfügung hatte.

Die nach Aktenlage überwiegende Zahl der Anwerbungsüberlegungen, die die Staatssicherheit mit Blick auf die Westdeutschen in ihrem Lande anstellte, basierten auf Frauengeschichten, unappetitliche Affären, die initiiert waren oder beobachtet wurden und die das MfS zu Erpressungszwecken fotografisch dokumentierte.[62]

Exkurs: IM »Gisela«

Typisch ist das Beispiel von IM »Gisela«, einer Diplomgermanistin, die 1972 angeworben wurde und sich offenbar nicht zuletzt aus Langeweile und Überdruss empfänglich für den Werbungsversuch zeigte und bis 1987 bewusst mit dem MfS kooperierte. Die Dame durfte in den Westen reisen, sie wurde mit großem Erfolg in verschiedenen diplomatischen Vertretungen eingesetzt, und auch ihr Ehemann wurde beim MfS als IM geführt.»Beide IM arbeiten seit Jahren zuverlässig und ehrlich mit dem MfS zusammen und haben dies eindeutig unter Beweis gestellt«, lobte der Leiter der HA II/9 Oberstleutnant Schierhorn und beschaffte den beiden zum Dank unter Umgehung der jahrelangen Wartefristen ein Auto.[63]

»Gisela« erhielt Geschenke von ihrem Führungsoffizier, Parfum, Geld und am 7. Oktober 1978 von Erich Mielke die »Verdienstmedaille der NVA« in Bronze. Ihrem Führungsoffizier berichtete sie ausführlich und handschriftlich, ihre Berichte schloss sie schon mal mit »ganz liebe Grüße von Gisela«.[64]

61 vgl. Bräutigam: Ständige Vertretung, S. 374 f.
62 BStU MfS HA II/Fo/143, Bl. 61
63 BStU MfS AIM 2466/88 II, Bd. 2, Bl. 244
64 ebenda, Bd. 3, Bl. 23

Die weltläufige, hübsche Spionin freundete sich mit der Frau des portugiesischen Botschafters an, begleitete sie in die Oper und erteilte ihr Deutschunterricht. »Gisela« tummelte sich auf der Leipziger Messe, parlierte mit verschiedenen Mitarbeitern der StäV, und sie nahm Kontakt mit dem Ehepaar Gaus auf. Der Führungsoffizier schrieb:

»Gaus machte den IM darauf aufmerksam, daß Besuche bei ihm unter Umständen zu bestimmten Schwierigkeiten führen könnten, und er war auch einverstanden, in die Wohnung des IM zu kommen, was auf Grund der schlechten Wohnverhältnisse sofort abgelehnt wurde.«[65]

Über verschiedene Abendessen mit »Diskussion bei Getränken bis 1.15 Uhr« berichtete IM »Gisela« und stellte fest, dass Gaus nach Journalistenart frage und bemüht sei, sich ein Bild von der Stimmung in der DDR zu machen. Er forsche nach Gründen für die steigende Zahl von Ausreiseanträgen. Zugleich schien er allerdings auch unterhaltsam aus dem Diplomatenleben zu berichten: Cocktails und Empfänge dienten ihm als Barometer für die politische Stimmung, sagte er und plauderte darüber, dass er den »Beruf des Diplomaten nach zweijähriger Praxis hochinteressant« fände, obgleich er doch »anfänglich sehr skeptisch« gewesen sei.[66]

IM »Gisela« registrierte auch politische Äußerungen von Gaus. Im November 1977 hatte der Ständige Vertreter mit einem Interview im *Spiegel* für Aufregung gesorgt, legte er doch nahe, die Staatsbürgerschaftsfrage großzügiger zu handhaben. »Gisela« gegenüber bemerkte er laut Treffbericht: »Er glaubte eine Zeitlang, daß seine Position aufgrund dieses Interviews in Frage stehe.« Grundsätzlich jedoch sei der Regierung der Inhalt des Interviews bekannt gewesen, er hätte allerdings »kein grünes Licht« gehabt, es in dieser Form an die Öffentlichkeit zu bringen.[67]

Nach der Festnahme Rudolf Bahros und dem im *Spiegel* um die Jahreswende veröffentlichten »Manifest« – einer Kritik an der Einparteiendiktatur, die von einem vermeintlichen »Bund Demokratischer Kommunisten Deutschlands« stammen sollte, für das wiederum 1986 der Dissident Hermann von Berg verantwortlich gemacht wurde, während die Veröffentlichung zugleich einen willkommenen Anlass bot, das Ost-Berliner Büro des *Spiegel* zu schließen[68] – zeigte sich Gaus in Anwesenheit der charmanten und geschwätzigen Berichterstatterin für das MfS empört und entsetzt: Das »Manifest« richte sich gegen die Politik der Entspannung und widerspräche seiner Grundauffassung.[69]

65 ebenda, Bd. 2, Bl. 60 f.
66 ebenda, Bl. 115
67 ebenda, Bl. 225
68 vgl. Dominik Geppert: Störmanöver. Das »Manifest der Opposition« und die Schließung des Ost-Berliner »Spiegel«-Büros im Januar 1978, Berlin 1996
69 BStU MfS AIM 2466/88 II, Bd. 2, Bl. 248

IM »Gisela« und ihr Ehemann IM »Hans« berichteten regelmäßig und mehrmals im Monat über ihre Beobachtungen. Sie lernten auch Gaus' Nachfolger Klaus Bölling kennen, der »außergewöhnlich diszipliniert, in seinen Äußerungen durchdacht, sehr ausgewogen, humorlos und pastoral auftritt. Er unterscheidet sich diesbezüglich wesentlich von seinem Vorgänger Gaus, den er als Funktionär und als Mensch ablehnt.«[70]

Die erfolgreich eingesetzte Inoffizielle Mitarbeiterin war kein Einzelfall, aber eine außergewöhnlich fleißige Zuträgerin. Sie handelte nicht als politischer Mensch, mit ihren Beobachtungen mischte sie sich nicht ein, jede Form der Hybris, auf politische Vorgänge Einfluss nehmen zu können, war ihr fremd. Sie berichtete schlicht und wahllos, was ihr zu Ohren kam: Das war der Preis dafür, dass sie sich interessant machen durfte – sowohl gegenüber ihrem Zuhörer vom MfS wie auch gegenüber den Diplomaten, mit denen sie vertraut war und in deren Kreisen sie nun wie selbstverständlich verkehrte. »Gisela« genoss offenbar das Leben auf der Bühne, die ihr die Staatssicherheit bot.

Ende das Jahres 1984, nach zwölf Jahren zuverlässiger konspirativer Zusammenarbeit mit dem MfS, aber verstieß IM »Gisela« eklatant gegen die Regeln: »Gisela«, 36 Jahre alt, nahm »im Auftrag des MfS« Verbindung zu einem Mitarbeiter der Politischen Abteilung der StäV auf – und beide verliebten sich ineinander. Dem Führungsoffizier war sofort klar, dass er nicht mehr auf seine Kontaktfrau zählen konnte, er versuchte aber, sich als persönlicher Ansprechpartner für Notlagen anzudienen. Der StäV-Mitarbeiter seinerseits verschwieg entgegen den Sicherheitsbestimmungen die Bekanntschaft in der Vertretung zunächst. Einige wenige Vertrauenspersonen weihte er schließlich ein, als ihm die Sache über den Kopf zu wachsen drohte: Ohne genaue Anhaltspunkte dafür zu haben, war er überzeugt, vom MfS beobachtet worden zu sein. »Gisela« wie auch ihr Freund waren verheiratet und gewillt, sich aus den alten Beziehungen zu lösen. Sie legten schließlich ihre Scheidungstermine auf denselben Tag und beschlossen zu heiraten. Den Plan aber, gemeinsam in der DDR zu leben, gaben sie auf. »Dem IM wurde klar zu verstehen gegeben, daß dies nur mit Hilfe und Kenntnis des MfS möglich ist«, schrieb der Führungsoffizier,[71] der seinerseits nervös wurde, da sein Einfluss auf »Gisela« schwand. Erfolglos blieb sein Versuch, »Gisela« davon abzubringen, sich ihrem künftigen Ehemann gegenüber zu dekonspirieren.

Oberst Schierhorn, der Führungsoffizier, der »Gisela« stets als »Fred Rosenberg« gegenübertrat, mühte sich drei Jahre lang, seine ertragreiche Quelle umzustimmen, um sie nicht zu verlieren. »Gisela« aber folgte ihrem bereits zurückversetzten neuen Ehemann in die Bundesrepublik, sie reiste 1987 mit

70 ebenda, Bd. 3, Bl. 184
71 ebenda, Bd. 4, Bl. 47

ihrem minderjährigen Sohn aus der DDR aus. Oberst Schierhorn schloss den IMB-Vorgang »Gisela« mit der Registriernummer XV 3280/72 am 10. Februar 1988 und versicherte seinen Vorgesetzten: »Es wurden Vorkehrungen getroffen, wie der IM das MfS im Bedarfsfall erreichen kann.«[72]

Der Einfluss des MfS

Nicht unerheblich war der Einfluss des MfS auf deutsch-deutsche Ausreisefälle und Freikaufgeschäfte. Die 1976 gegründete Zentrale Koordinierungsgruppe des MfS sollte ursprünglich gegen Fluchtwillige und gegen »unrechtmäßige« Übersiedlungsersuchen zu Werke gehen. Angesichts der in den achtziger Jahren sprunghaft ansteigenden Zahlen von Ausreisewilligen bekam ihr auf Repression und Kriminalisierung der Betroffenen gerichtetes Tun eine besondere Bedeutung. In den Freikauf von insgesamt mehr als 33 000 politischen Gefangenen war das MfS im Hintergrund ebenso involviert wie in die rund 250 000 deutsch-deutschen Familienzusammenführungen.

Das MfS sah einen Zusammenhang zwischen Ausreise und Opposition, der enge Kontakte zu den westlichen Repräsentanzen und in die Bundesrepublik unterstellt wurden – mehr als tatsächlich existierten. Mit einiger Berechtigung allerdings fürchtete Erich Mielke den Einfluss der inzwischen zahlreichen regimekritischen Ausgebürgerten und Ausreisewilligen auf die angeblichen Staatsfeinde im Inland. Für den Minister konnte es nicht anders sein: Die »feindlich-negativen Kräfte« in der Friedens- und Umweltbewegung und dem kirchlichen Umfeld konnten nur vom Westen gesteuert sein. Auch der StäV und den Korrespondenten gestand er in seinem Verschwörungsszenario eine bedeutende Rolle zu: Mielke nahm an, dass die »bevorrechteten Personen« ihre Immunität und Privilegien systematisch für Untergrundaktivitäten missbrauchten. In seiner Dienstanweisung vom 20. Februar 1985 rief der Minister zur »Durchführung aktiver Maßnahmen zur Zersetzung« auf.[73]

Das MfS reagierte in seiner operativen Praxis sensibel auf das politische Klima: So bemerkte die StäV, dass im Vorfeld der Westreise von SED-Generalsekretär Honecker die Bewachung des Hauses in der Hannoverschen Straße etwas gelockert wurde: Weniger MfS-Leute patrouillierten vor dem Haus, nachdem der Reisetermin bestätigt worden war, während der Abwesenheit von Honecker zogen wieder mehr Bewacher vor der Mission auf, und nach seiner Rückkehr waren wieder weniger im Einsatz.[74] Doch das MfS wurde nervös:

72 BStU MfS AIM 2466/88 II, Bd. 1, Bl. 497
73 zitiert bei Karl Wilhelm Fricke: Stasi intern, Köln 1991, S. 156
74 BArch B 136/ 21256, o. P.

Aus dem Vermerk über eine Beratung der hochrangigen MfS-Kader Kratsch, Niebling und Coburger am 31. August 1987, eine Woche vor dem Besuch Honeckers in der Bundesrepublik, geht hervor, dass auch Staatssekretär Ludwig Rehlinger mit weiteren Besetzungen der Vertretung rechnete, wie er offenbar über Rechtsanwalt Vogel mitteilen ließ.[75]

Entsprechend rabiat gingen die Sicherheitsorgane vor: Franz Jürgen Staab, stellvertretender Leiter der StäV, musste wiederum beim MfAA vorstellig werden, um sich darüber zu beschweren, dass ein DDR-Bürger gewaltsam aus dem Windfang der Vertretung herausgedrängt worden war. Die Volkspolizisten waren dem Besucher widerrechtlich gefolgt,[76] ohne dass der westdeutsche Hausordnungsdienst sie daran gehindert hätte.

Es wird ein beiderseitiges Einvernehmen darüber gegeben haben, dass die Reise Honeckers nicht gefährdet werden durfte. Für die DDR wäre der Schaden im Falle des erneuten Scheiterns der Reise größer gewesen als für die Bundesrepublik, die Position der Stärke aber nutzte die westliche Seite auch diesmal nicht aus. Sie ließ sich von der DDR vor Zufluchtsfällen schützen.

Ein Vermerk über ein Gespräch zwischen Rechtsanwalt Wolfgang Vogel und dem Ständigen Vertreter gibt darüber Auskunft, dass dieser sich – vorbehaltlich der Zustimmung von Kanzleramtsminister Wolfgang Schäuble – einverstanden zeigte »mit der Verlegung des Standorts des Funkstreifenwagens« und der »Verdoppelung des WKM-Postens am Haupt- und Besuchereingang der StäV«. Allerdings formulierte Hans Otto Bräutigam zwei Bedingungen: Zum einen bestand er darauf, dass die verschärfte Bewachung nach dem Honecker-Besuch wieder eingestellt werden müsse, zum anderen dürften keine Besucher aussortiert werden und der freie Zugang zur StäV müsse gewährleistet bleiben.[77]

Obgleich der »Maßnahmeplan Dialog 1987« unter allen Umständen Spannungen und Konfliktsituationen vor der Honecker-Visite verhindern sollte, gelangte am 28. August 1987 ein Flüchtling in die StäV und drohte, in den Hungerstreik zu treten, falls seinem Ausreisewunsch nicht entsprochen würde. Am 1. September folgten zwei weitere Ausreisewillige. Ost und West waren sich einig: Die Fälle wurden streng geheim gehalten. »Dialog 1987« forderte die Bezirksverwaltungen des MfS auf, Ausreisewillige vorsorglich in den Bezirken festzunehmen und Verdächtige unter Beobachtung zu nehmen, »insbesondere Personen, die Kontakte zur Internationalen Gesellschaft für Menschenrechte unterhielten«.[78]

75 BStU MfS ZKG 131, Bl. 357, 359
76 ebenda, Bl. 28
77 ebenda, Bl. 41, und Gespräch mit Wolfgang Vogel am 25. Juli 2005 in Schliersee
78 BStU MfS ZKG 131, Bl. 402 ff.

Die abschließende Frage lautet: Was konnte der Geheimdienst mit den Regal-kilometer füllenden akribisch angehäuften Informationen anfangen, worin lagen Erkenntnisgewinn oder gar politischer Nutzen der mit gewaltigen An-strengungen zusammengetragenen Daten?

Obgleich Minister Mielke selbst auf politischer Ebene stets präsent war, konnte er die Deutschlandpolitik der DDR nicht bestimmen, wohl aber in Ein-zelfragen Einfluss nehmen. Zum Ende der DDR waren die Diensteinheiten, die sich gegenseitig in die Quere kamen, durcheinandergeraten und erstickten an der unkoordiniert aufgehäuften Materialfülle. Politisch konnte die Parteifüh-rung, vor allem aber der um die Souveränität der DDR kämpfende Staats- und Parteichef Erich Honecker, keinen Vorteil aus konspirativ zusammengetrage-nen Informationen aus dem Umfeld der Westvertretung ziehen. Der Geheim-dienst hob die Zentrifugalkräfte innerhalb der DDR nicht auf.

Die Abteilungen des MfS bespitzelten sich zuletzt gegenseitig, der Apparat lähmte sich in seinem übergroßen Argwohn selbst, wie Werner Claus aus dem Außenministerium der DDR bemerkte, der nach eigener Aussage einst »be-reit [gewesen war], mit dem Dienst zusammenzuarbeiten, der zum Schutz der DDR gegründet worden war«.[79]

Versorgungsmängel legten wichtige Wirtschaftszweige lahm, die Öffnung in anderen Staaten des Warschauer Pakts wurde zur Konterrevolution stili-siert, berechtigte Kritik der eigenen, mehrheitlich loyalen Bevölkerung nieder-gemacht, die Kirchenopposition kriminalisiert und unterwandert. Zur eigenen Legitimation gab es für die Parteispitze im Jahr 1989 kaum mehr als den An-tagonismus zur Bundesrepublik. Die von der Partei konstruierte ideologische Feindschaft zur Bundesrepublik Deutschland wurde von der Staatssicherheit überhöht und geriet zum Selbstzweck. Ohne diese vermeintliche Bedrohung von außen und die angeblich fremdbestimmte Opposition im Lande hätte sich die Staatssicherheit selbst nicht mehr erklären können. In dieser Agonie ließ sich die StäV als »Brückenkopf« der Bundesrepublik in der DDR trefflich ins-trumentalisieren.

Das MfS ließ sich in den Berichten der IM stets selbst bestätigen in seinen Verdächtigungen. Daraus zu schließen, die Berichte seien wertlos, zielgerich-tet gefärbt, bewusst geschrieben und übertrieben, weil die Verfasser ihrerseits unter Erfolgsdruck standen, wäre falsch. Gerade am »Objekt 499« und seiner extrem aufwendigen »Bearbeitung« zeigt sich, dass die Staatssicherheit eben gerade nicht nur dem Sicherheitsbedürfnis des SED-Staats diente, sondern weit darüber hinaus auch Politik machte. Das Ausmaß der Bespitzelung der

79 Werner Claus zitiert in: Eberhard Grashoff; Rolf Muth (Hg.): Drinnen vor der Tür. Über die Arbeit von Korrespondenten aus der Bundesrepublik in der DDR zwischen 1972 und 1990, Berlin 2000, S. 105 f.

westlichen DDR-Bewohner mit all ihren skurrilen, auch unappetitlichen Geschichten ist erschreckend, das Ausmaß der Einflussnahme des Geheimdienstes gewaltig. Aber er bleibt doch konzeptionslos, da die Grundmotivation in der Stilisierung eines Gegners bestand, den es so gar nicht gab.

»Mit der Macht darf man meines Erachtens nicht spielen lassen«, sagte Erich Mielke am 7. April 1989. »Wir dürfen niemandem gestatten, die Macht zu untergraben.«[80] Der Vertretung der Bundesrepublik diese Absicht zu unterstellen, basierte auf einer grundsätzlichen Fehleinschätzung. Westdeutsche Spione jedenfalls konnte das MfS in den Reihen der StäV-Mitarbeiter nicht überführen.

Die DDR wurde grundsätzlich von den westdeutschen Beamten nicht delegitimiert, auch wenn diese die Zweistaatlichkeit dem Grundgesetz entsprechend nicht so definierten wie die DDR. Doch auf dieser Basis konnte die inzwischen nicht nur für das Renommee, sondern vor allem aus finanziellen Gründen wichtige Annäherung betrieben werden, wie das MfAA und Alexander Schalck-Golodkowski wussten. Das Außenministerium konnte sich offenkundig nicht gegen den Rest des alten Herrschaftsapparats behaupten, der sich vom MfS stützen ließ. Die Arbeit des MfS behinderte die Vertretung und ihre Mitarbeiter, doch Opfer von brutaler Repression wurden diese – anders als DDR-Bürger – nicht. Der Diplomatenstatus machte die Westbeamten verdächtig, aber er schützte sie ebenso wie die Furcht vor einem möglichen Eklat. Wohl trafen die Methoden der Staatssicherheit einzelne Mitarbeiter, die Arbeit der Einrichtung insgesamt aber konnte vom Geheimdienst nicht lahmgelegt werden, an der politischen Aufgabe und dem Bemühen um humanitäre Erleichterungen änderte das Vorgehen des MfS nichts. Das Auftreten der StäV-Mitarbeiter war harmloser als erwartet, sie zeigten sich geschmeidig und agierten weniger als Feinde der DDR, als das MfS unterstellte. Die DDR-Spitze wollte stets als souveräner Staat anerkannt werden – ihr Geheimdienst erwies sich jedoch als nicht souverän im Umgang mit dem »Gegner im eigenen Land«.

Die Altherrenriege an der Spitze der Partei stellte sich taub gegenüber den Reformern in ihren eigenen Reihen; Günter Mittag und andere Weichensteller der maroden Planwirtschaft ließen sich – auch im Westen anerkannte – Trugbilder von der angeblich zehntgrößten Wirtschaftsmacht der Welt präsentieren, während Versorgungsmängel wichtige Wirtschaftszweige lahmlegten.

Das alltägliche Wirken der StäV konnte die Staatssicherheit zwar behindern, aber nicht grundsätzlich beeinflussen. Die Arbeitskontakte ins MfAA, zur nächsten Generation der SED-Kader, zu SED-Funktionären von der Akademie

80 Walter Süß: Erich Mielke (MfS) und Leonid Schebarschin (KGB) über den drohenden Untergang des sozialistischen Lagers. Protokoll eines Streitgesprächs am 7. April 1989, in: DA 9/1993, S. 1022

für Gesellschaftswissenschaften, zu Intellektuellen wurden mit Akribie beobachtet, aber nicht beeinträchtigt. Die StäV ihrerseits operierte tatsächlich – anders als die Ideologen im MfS annahmen – nicht *gegen* die Existenz der DDR, sie akzeptierte deren Führung, sie richtete sich im Kontakt auf bestimmten Ebenen ein und ignorierte andere Gesprächspartner. Die DDR an sich aber wurde von den westdeutschen Beamten im Alltagsgeschäft nicht grundsätzlich in Frage gestellt, denn damit wäre ihre eigene Existenz gefährdet gewesen. Dem MfS war somit die Möglichkeit genommen, schärfer gegen unliebsame Westdeutsche vorgehen zu können. Eine ernsthafte Gefährdung des deutschdeutschen Verhältnisses ließ Erich Honecker nicht zu, er hatte lange dafür gekämpft und brauchte ein halbwegs intaktes Verhältnis zur Bundesrepublik, auch wenn es ein labiles blieb und starken Schwankungen ausgesetzt war.

Die massiven Eingriffe in die Verhandlungen, die mit dem MfAA in ständigem Wechsel wie selbstverständlich ausgetauschten Informationen, die Entscheidungsgewalt bei den Übersiedlungsersuchen oder Besetzungen, die Versuche, westliche Journalisten oder Politiker zu beeinflussen – all dies zeigt, dass auch über den Apparat der Staatssicherheit Entscheidungen in der DDR gelenkt und exekutiert wurden.

Auch befand sich das Ministerium natürlich in einer Interdependenz zur Partei: Diese wollte die Beobachtung der Ständigen Vertretung. Im MfAA wurde zwar die Notwendigkeit einer Reform nach sowjetischem Vorbild erkannt und von Karl Seidel und anderen auch die stabilisierende Wirkung der Beziehungen zur Bundesrepublik erwogen – aber der Aktivismus des Sicherheitsapparates war stärker. Das Machtgefüge blieb starr, Reformer konnten sich auch nicht gegen eingespielte Herrschaftsmechanismen behaupten, die vom MfS geschützt wurden. Der KSZE-Prozess als Schritt zur Durchsetzung der Menschenrechte hatte keine Chance.

Das Ausmaß der tatsächlichen Einflussnahme war weniger gewaltig, was an der Konzeptionslosigkeit der hysterischen »Tschekisten« lag. Es reichte nicht, den Klassenfeind als solchen zu stilisieren. Dieser hatte sich – dem Bonmot Otto Winzers folgend – zur Konterrevolution auf Filzlatschen entschlossen, und in diesen steckten, anders als Mielkes Mannen annahmen, keine Kassiber.

Die westdeutschen Korrespondenten in Ost-Berlin

Ein wichtiges Kapitel der deutsch-deutschen Vereinbarungen vom Beginn der siebziger Jahre betraf die Zulassung von Korrespondenten. Dem Grundlagenvertrag war am 8. November 1972 ein »Briefwechsel über die Arbeitsmöglichkeiten für Journalisten« mit Protokollerklärungen beider Seiten und einer mündlichen Vereinbarung über die Ausdehnung auf Berlin (West) vorausgegangen,[1] die am Tag ihrer Unterzeichnung bereits in Kraft traten. Noch bevor also mit dem Austausch offizieller Vertreter zwischenstaatliche Beziehungen aufgenommen wurden, hatte die DDR im Streben nach staatlicher Anerkennung durch den Westen die Bereitschaft bekundet, sich Journalisten aus der Bundesrepublik zu öffnen. Egon Bahr, selbst früher Journalist, hatte in den Verhandlungen stets darauf gedrungen, dass es verbindliche Vereinbarungen über den Austausch von Korrespondenten geben müsse; für ihn gehörte zum Prozess der Normalisierung und Annäherung auch die Akkreditierung von Korrespondenten westlicher Medien in der DDR, die Informationen über den zweiten deutschen Staat aus erster Hand liefern, das gesamtdeutsche Bewusstsein aufrechterhalten und der beschönigenden, rosarot gezeichneten Selbstdarstellung der DDR etwas entgegensetzen sollten. Nicht zuletzt sollten in der Bundesrepublik antikommunistisch geprägte Feindbilder korrigiert werden, um die Akzeptanz der Ostpolitik zu erhöhen. Günter Gaus, selbst gelernter Journalist, setzte sich in den Verhandlungen intensiv für die Interessen der künftigen Berichterstatter in der DDR ein. Der offizielle Briefwechsel über die Arbeitsmöglichkeiten für westdeutsche Journalisten bildete formal das Fundament für den grenzüberschreitenden Informationsfluss aus dem jeweils anderen Teil Deutschlands durch residenzpflichtige, ständig akkreditierte Mitarbeiter von Zeitungen, Nachrichtenagenturen und Hörfunk- sowie Fernsehsendern. Damit war ein Grundstein gelegt, auch wenn Egon Bahr mit der Vereinbarung nicht zufrieden war: »Das war die schlechteste, die ich je verhandelt habe.«[2]

---

1 vgl. Benno Zündorf: Die Ostverträge. Die Verträge von Moskau, Warschau, Prag, das Berlin-Abkommen und die Verträge mit der DDR, München 1979, S. 298 ff.
2 Gespräch mit Egon Bahr am 5. Oktober 2007 in Berlin

Westdeutsche Journalisten konnten zuvor nur von zweckgebundenen Reisen aus der DDR berichten, wie sich nicht zuletzt während der Verhandlungen zwischen Kohl und Bahr über die Ständige Vertretung und die Eröffnung von Korrespondentenbüros gezeigt hatte. Allein, dass westdeutsche Reporter von Egon Bahr regelmäßig über den Fortgang der Gespräche oder den Stillstand in den Verhandlungen unterrichtet wurden, missfiel dem Verhandlungsführer der DDR, ihrem Botschafter Michael Kohl, ebenso wie nicht abgesprochene Fragen von Journalisten, berichtet Lothar Loewe, der erste Fernsehkorrespondent der Ersten Programme in Ost-Berlin. Die ARD hatte im Oktober 1971 erstmals eine Drehgenehmigung für die DDR erhalten, die allerdings ausschließlich Berichte über die deutsch-deutschen Verhandlungen erlaubte.[3]

Die beiderseitige Übereinkunft verhieß nun Erleichterung für die Berichterstatter – die Bedingungen jedoch blieben restriktiv und wurden weiter verschärft. Zu unterschiedlich waren die Vorstellungen von der Funktion eines Journalisten in Ost und West, zu groß das Sicherheitsbedürfnis der SED und ihrer Organe. Zensur, der gezielte Einsatz von Informationen oder Fehlinformationen und die Kontrolle der Medien im eigenen Land waren und blieben Herrschaftsinstrumente der Staatspartei, derer sie sich gerade in Zeiten der vorsichtigen Öffnung gen Westen bediente. Die SED rechnete damit, dass das bundesrepublikanische Pressekorps eng mit der Ständigen Vertretung kooperieren würde und diese »ihre Journalisten« unter Kontrolle hätte. Wie groß die Spielräume der einzelnen Korrespondenten sein würden, ahnten die Funktionäre nicht, tatsächlich war die Berichterstattung sehr heterogen – geprägt von Sympathie für den sozialistischen Staat oder eben von Ablehnung der Diktatur ebenso wie von einer grundsätzlichen Distanz zu offiziellen Stellen oder dem Bedürfnis nach Nähe zu staatlichen Repräsentanten. »Wir haben für die DDR geschrieben«, bezeugen Korrespondenten, die lange in der DDR gelebt haben. »Wir wollten den Bürgern der DDR eine Stimme geben.« Ihre persönlichen Motive waren so unterschiedlich wie ihre Haltungen gegenüber dem Gastland und der Vertretung des eigenen Staates.

Die Annäherung beider deutscher Staaten war von Beginn an eng mit dem Bemühen um eine Öffnung für die Berichterstattung verknüpft. Sowohl Bahr als auch Gaus hatten sich für die Anliegen der westlichen Medienmacher, die ständig und nicht nur durch Reisekorrespondenten über die DDR berichten wollten, eingesetzt und die DDR-Verhandlungsführer gedrängt, sie mögen sich zur Anmeldung westdeutscher Journalisten äußern.[4] Es war offenkundig, dass die Zahl der westlichen Korrespondenten aus Sicht der DDR-Führung

---

3 vgl. Lothar Loewe: Abends kommt der Klassenfeind. Eindrücke zwischen Elbe und Oder, Frankfurt am Main, Berlin, Wien 1977, S. 13
4 vgl. PA AA Bestände MfAA GA 138, S. 37 ff.

nicht ins Unermessliche wachsen sollte: Zum einen fürchtete man die Berichterstattung, zum anderen geriete die DDR in Zugzwang. Im Vergleich fiel die Zahl der fünf DDR-Berichterstatter in Bonn blamabel niedrig aus.

Schwierigkeiten bei der Zulassung in der DDR beklagten verschiedene westdeutsche Zeitungen. Die Anträge des Kölner *Express*, des *Mannheimer Morgen*, der *Augsburger Allgemeinen*, des *Donaukurier*, der *Vereinigten Wirtschaftsdienste Frankfurt/Main* u. a. wurden 1974 zunächst abgelehnt.[5] Auch die Akkreditierung eines ständigen Korrespondenten des als feindlich betrachteten *Deutschlandfunk* lehnten die Verhandlungspartner der DDR immer wieder hartnäckig ab. Egon Bahr verwendete sich mehrfach zugunsten des Senders aus Köln und stieß bei seinem Gegenüber Michael Kohl regelmäßig auf Abwehr, »da sich die Konzeption dieses Senders gegen die sozialistischen Staaten richte. Bahr erwiderte, der *Deutschlandfunk* habe doch aber einen neuen Intendanten, der sich für eine andere Gestaltung der Sendung [sic] einsetzen würde.«[6] Michael Kohl hatte sich in Moskau beim Leiter der 3. Europäischen Abteilung des sowjetischen Außenministeriums Alexander Bondarenko eingehend nach den dortigen Gepflogenheiten erkundigt und erlaubte sich den Hinweis, dass dem *Deutschlandfunk* auch in der Sowjetunion die Akkreditierung verweigert würde.

»Mit dem Abschluß des Grundlagenvertrages zwischen der DDR und der BRD, der die Existenz von DDR und BRD in völkerrechtlich verbindlicher Form darstellt, ist der bis heute unveränderte Programmauftrag des ›Deutschlandfunk‹ und damit der Sender selbst eine permanente Provokation gegen den Geist der Entspannung«,[7]

lautete die östliche Lesart. Auch gegen den Springer-Verlag hatte die DDR aus ideologischen Gründen Vorbehalte. Zudem weigerte sie sich, drei ständige Korrespondenten der *Frankfurter Allgemeinen Zeitung* zuzulassen. Die *FAZ* wollte ihre in West-Berlin ansässigen Mitarbeiter für Wirtschaft, Politik und Kultur mit der Berichterstattung über die DDR und West-Berlin betrauen und bei der DDR-Regierung akkreditieren. Erst 1977 wurden Peter Jochen Winters sowie der Wirtschaftskorrespondent Hans-Herbert Götz akzeptiert, obwohl sie ihren Wohnsitz in West-Berlin behielten und nur pro forma eine Wohnung im Ostteil der Stadt anmieteten. Der Feuilletonistin Sibylle Wirsing

5 vgl. Eberhard Grashoff; Rolf Muth (Hg.): Drinnen vor der Tür. Über die Arbeit von Korrespondenten aus der Bundesrepublik in der DDR zwischen 1972 und 1990, Berlin 2000, S. 170
6 PA AA Bestände MfAA GA 286, S. 15, und GA 138, S. 95
7 Georg Grasnick; Wolfram Neubert: Verantwortung der Massenmedien und Regierungen für ein internationales Klima des Vertrauens, in: IPW-Berichte 4 (1979), S. 19, zitiert in: Karl Wilhelm Fricke: Der Deutschlandfunk als Medium politischer Gegnerschaft, in: Ehrhart Neubert; Bernd Eisenfeld (Hg.): Macht Ohnmacht Gegenmacht. Grundfragen zur politischen Gegnerschaft in der DDR, Bremen 2001, S. 189 ff.

wurden Einreisen zu kulturellen Veranstaltungen erlaubt. Anlässlich der Akkreditierung von Winters gab einer der Verleger der *FAZ* im MfAA »sozusagen amtlich zu Protokoll«, dass die Korrespondenten des Blattes die Journalistenverordnung nur insoweit anerkannten, als sie sich an die allgemeinen Gesetze der DDR hielten. Sollte die DDR einen der Korrespondenten ausweisen, werde die Zeitung keinen neuen Korrespondenten schicken, vielmehr würde der betreffende Kollege von West-Berlin aus die Berichterstattung weiterführen. Diese Drohung mag gewirkt haben, Peter Jochen Winters jedenfalls blieb als kritischer wie kenntnisreicher Korrespondent der *FAZ* unbehelligt. Seine Zeitung wahrte stets Distanz zur Ständigen Vertretung: Sie hatte auch die von Gaus angebotene Unterstützung bei den Verhandlungen mit der DDR nicht angenommen, erklärt Winters: »›Staatliche Begleitung‹ mochten wir nie.«[8]

Die *Frankfurter Rundschau* instruierte ihren Korrespondenten Karl-Heinz Baum, der ab 1977 sein Büro auf der Fischerinsel im Zentrum Ost-Berlins hatte, und gab ihm Verhaltensregeln mit auf den Weg: Die ständige Berichterstattung über den Alltag in der DDR sei wichtiger als die einmalige Sensation. Konkret hieß das, wie Baum selbst sagte, er möge Situationen vermeiden, die seine Ausweisung zur Folge hätten.[9] Baum bewies mit seiner Berichterstattung, dass eine solche Vorgabe keinesfalls unweigerlich in die Schönfärberei münden musste.

Der Hörfunkkorrespondent des damaligen *Süddeutschen Rundfunks* (SDR) Gerhard Rein beschreibt sein Verständnis von journalistischer Arbeit in der Diktatur:

»Von dem renommierten Kollegen Hans-Joachim Friedrichs gibt es ja den häufig zitierten Satz: ›Ein Journalist macht sich mit keiner Sache gemein, auch nicht mit einer guten.‹ Ein kluger Satz, der einem auf Sylt schon mal einfallen kann. Vor Ort, als Korrespondent […] in der DDR, erweist er sich als grober Unfug, als dummes Zeug. Distanz zu den Mächtigen, zur Nomenklatura allemal, aber doch nicht zu denen, die das System an den Rand gedrängt hatte und stumm machen wollte.«[10]

Die Berichterstatter waren in ihrer Freiheit eingeschränkt – sowohl in ihren Arbeitsmöglichkeiten wie auch in ihrem Privatleben in der DDR, das dem der StäV-Mitarbeiter ähnelte, zumal die Korrespondenten, auch mit einer Grenzempfehlung ausgestattet, die Übergänge am Bahnhof Friedrichstraße, Heinrich-Heine-Straße und Bornholmer Straße in beide Richtungen passieren

---

8 Interview mit Peter Jochen Winters, in: Grashoff; Muth (Hg.): Drinnen vor der Tür, S. 88 ff., Zitat S. 103
9 Interview mit Karl-Heinz Baum, in: Grashoff; Muth (Hg.): Drinnen vor der Tür, S. 122
10 Gerhard Rein: Diamonds are girls best friends oder Korrespondenten lieben Dissidenten, in: Neubert; Eisenfeld (Hg.): Macht Ohnmacht Gegenmacht, S. 216

durften und »bevorzugt abzufertigen« waren. Zudem genossen sie steuerliche Privilegien, denn sie unterlagen in der DDR einer besonderen Steuerfreiheit – das hatten die Bundesregierung und die DDR-Führung im Zusammenhang mit dem Grundlagenvertrag ausgehandelt, um die im Westen angestellten Korrespondenten vor der DDR-Steuer zu schützen. Die DDR hatte ein Lockmittel für zunächst zögerliche Verleger gefunden, in der DDR Büros zu eröffnen. Günter Gaus suchte die Nähe zu den akkreditierten Journalisten. Angesichts der staatlicherseits limitierten Daten über Wirtschaft, Finanzen oder soziale Entwicklungen waren sowohl die StäV-Mitarbeiter wie auch die Pressevertreter auf Quellen aller Art und auf einen Dialog angewiesen. »Ich habe die StäV als Ort betrachtet, an dem Meinungen ausgetauscht wurden«, erinnert sich der einstige Korrespondent der *Süddeutschen Zeitung* und des *Stern*, Peter Pragal.[11] Und sein britischer Kollege Mark Brayne, einst bei *Reuters,* sagt über die Ständige Vertretung: »Es war wie eine Insel im feindlichen Meer. Wir haben uns ständig ausgetauscht über Neuigkeiten und Gerüchte, das war wichtig in einem System, in dem Informationen so spärlich flossen.«[12] Bei den Begegnungen in der »Laube« wurde über Ereignisse und Erfahrungen beraten. Gaus lud nur die ständig akkreditierten Korrespondenten zu Gesprächen in die »Laube« ein. Diese Runden »unter drei« seien mäßig ergiebig gewesen, berichten einige DDR-Korrespondenten, während andere die offene Atmosphäre und den Austausch überschwenglich loben.

Gaus hatte die Angewohnheit, sich bei den Korrespondenten direkt nach ihren Erlebnissen zu erkundigen: »Was habt ihr erfahren?«, lautete eine seiner Routinefragen. Auch sein Nachfolger Klaus Bölling behielt die Gewohnheit bei, Journalisten zu Gesprächen in die »Laube« zu bitten. Er selbst sagt, er habe dort eine »begrenzte Offenheit« zu den Journalisten gepflegt, verwundert allerdings habe ihn, dass etwa vier Monate nach seinem Amtsantritt von einer neuen Kühle in der Hannoverschen Straße die Rede war.[13] Bräutigam schließlich lud auch Reisekorrespondenten, die regelmäßig über die DDR berichteten, zu Hintergrundgesprächen in die »Laube«. Karl Feldmeyer, bis 2005 politischer Redakteur der *FAZ*, erinnert sich: »In dieser Laube kam Hans Otto Bräutigam mit erhobenem Zeigefinger auf mich zu mit den Worten: ›Auch Sie werden Ihren Glauben an die Wiedervereinigung aufgeben!‹«[14]

Der Kreis der Bundesbürger, die sich dauerhaft in der DDR aufhielten, war überschaubar. In der kleinen Gruppe der privilegierten Pendler zwischen Ost

11 Buchvorstellung Peter Pragal, Der geduldete Klassenfeind, am 24. September 2008 in Berlin
12 Telefonat mit Mark Brayne, London, am 16. Januar 2009
13 Gespräch mit Klaus Bölling am 12. September 2005 in Berlin
14 Gespräch mit Karl Feldmeyer am 20. Januar 2009 in Berlin

und West tauschte man sich aus, es entwickelte sich eine gewisse Nähe zwischen einem Teil der Korrespondenten und einem Teil der Beamten in der StäV. Die Mitarbeiter der StäV und die Korrespondenten sowie ihre Familien kannten sich zumeist, waren Nachbarn oder doch in ähnlichen Lebenslagen und als Westmenschen im Osten mit ähnlichen Problemen konfrontiert – auch mit der Fremdheit gegenüber der Umgebung. Nicht allein der Schutz, den die offizielle bundesdeutsche Repräsentanz versprach, zog die Korrespondenten an. Viele von ihnen teilten, insbesondere in der ersten Zeit, mit Gaus die politische Absicht, zwischen Ost und West eine Annäherung zu versuchen. Er sei dem innerlichen Prinzip gefolgt, trotz der Existenz zweier Staaten die Einheit erhalten zu wollen, bekundet Lothar Loewe[15] – ein Anliegen, dem viele Korrespondenten etwas abgewinnen konnten. Was sie nicht zwangsläufig daran hinderte, die DDR kritisch zu betrachten. Gaus aber wollte sein Projekt der deutsch-deutschen Annäherung nicht gefährden. Auf dem Empfang anlässlich des ersten Jahrestages der Eröffnung eines *Spiegel*-Büros in Ost-Berlin notierte ein IM, dass Gaus sich nicht nur interessiert gezeigt hätte, die Meinung der anwesenden Vertreter der DDR-Regierung über das Verhalten von westdeutschen Korrespondenten zu erfahren. Vielmehr wollte der Ständige Vertreter verhindern, dass durch »taktloses Auftreten einzelner BRD-Journalisten die politische Situation belastet würde«.[16]

Die Korrespondenten stießen trotz der ihnen zugesicherten Arbeitsfreiheit bei ihren Recherchen auf erhebliche Hindernisse; sie zu umgehen, stachelte den Ehrgeiz der Betroffenen an. Die Betreuer waren allgegenwärtig: So wurde Kamerateams bei Dreharbeiten ein Begleiter an die Seite gegeben. Bei heiklen Themen wurden die offiziellen Genehmigungsverfahren verschleppt oder Projekte ohne Begründung abgelehnt. Bei genehmigten Interviewvorhaben waren die offiziell vermittelten Gesprächspartner erkennbar präpariert, redeten also nicht offen. Für Nomenklaturkader galt ohnehin ein Kontaktverbot. Beliebt waren Umfragen unter der Bevölkerung. So wurde dem Reisekorrespondenten des *Deutschlandfunk*, Harald Kleinschmid, eine Straßenumfrage anlässlich der Arbeiterfestspiele 1984 in Gera gestattet. Dass die befragten Arbeiter offenherzig nicht nur ihrer Freude über die Festspiele Ausdruck gaben, sondern auch über Versorgungsmängel klagten, missfiel Kleinschmids »Betreuer«, und noch bevor die Umfrage gesendet worden war, erhob er Einspruch gegen die Befragung – ohne Erfolg. Die Umfrage war genehmigt worden, allein die Regie hatte versagt: Die Befragten hatten offen geredet und die Staatslenker nicht mit ihrer Kritik verschont.

---

15 Lothar Loewe auf einer Veranstaltung der BStU zu den Westmedien in der DDR in der Landesvertretung des Freistaats Thüringen am 30. Oktober 2008
16 BStU MfS ZAIG 2359, Bl. 3

Zunächst habe man all die Eingriffe in die Arbeit der westdeutschen Journalisten als Kinderkrankheiten der neuen relativen Freizügigkeit verstanden; die »Verkrampfung«, so glaubten nicht wenige, würde sich lösen – eine Erwartung, die in der Ständigen Vertretung genährt wurde, sich jedoch nicht erfüllte. Sechs Jahre nach dem ersten Erlass wurden die Arbeitsbedingungen für die Westkorrespondenten noch einmal erheblich eingeschränkt. Am 11. April 1979, kurz vor Ostern, führte die DDR überraschend eine neue Durchführungsverordnung ein – in der Hoffnung, dass sie in der Berichterstattung nach den Feiertagen nicht mehr viel Wirbel verursachen würde. Weit gefehlt – stand doch die neue Verordnung unübersehbar im Widerspruch zum Briefwechsel von 1972. Die DDR-Spitze legte noch strengere Regeln für die Berichterstattung fest und erschwerte die Arbeit der Korrespondenten zusätzlich. So waren nun Straßenumfragen untersagt. Außerdem mussten Recherchen in den Bezirken 24 Stunden vor Reiseantritt beantragt werden. Die Reportagen über aktuelle, unvorhersehbare Ereignisse, bei denen sich Korrespondenten selbstverständlich einen eigenen Eindruck verschaffen wollten, wurden somit unterbunden.

Die westdeutschen Korrespondenten beklagten sich empört über den »Maulkorb-Erlaß«, für den nach Ansicht des langjährigen Pressesprechers der StäV, Eberhard Grashoff, nicht zuletzt kritische Berichte in den Westmedien verantwortlich waren. Die Ständige Vertretung legte zugunsten der Berichterstatter beim Auswärtigen Amt der DDR offiziell Protest ein – die Verschärfung der Arbeitsbedingungen wurde in Bonn auch politisch als Affront gesehen. Die ad hoc getroffene Entscheidung der DDR war symptomatisch für die deutsch-deutsche Beziehung zum Ende der siebziger Jahre: Der eine Partner agierte und trieb den anderen vor sich her.

Die Korrespondenten knüpften auf eigene Faust und ohne Genehmigung Kontakte, sie erarbeiteten sich ein Netz von Informanten, sofern sie sich nicht auf die offiziellen Darstellungen, Dementis und Inszenierungen verlassen wollten. Sie suchten das Gespräch, vertieften das Vertrauensverhältnis mit ihren Quellen und waren zugleich darum bemüht, ihre Gesprächspartner nicht zu offenbaren und sie zu schützen. Je länger sie im Lande lebten, umso größer ihre Empathie für die Bürger der DDR. Karl-Heinz Baum von der *Frankfurter Rundschau* hat – wie viele seiner Kollegen – Geschichten bisweilen verfremdet, um seine Quellen nicht preiszugeben. Sorgsam wurde darauf geachtet, keine Spuren zu den Gesprächspartnern zu legen, um diese nicht zu gefährden. Telefonnummern wurden nicht notiert, sondern auswendig gelernt, ohnehin wurde Wichtiges nicht am Telefon besprochen, der Wagen nicht vor dem Haus, sondern an unverfänglichen Orten geparkt, Notizen nicht unbeobachtet liegengelassen.

»Über Ulrich Schwarz erhielt ich den *Spiegel*«, erinnert sich der Berliner

Pfarrer Rainer Eppelmann.[17] Viele Korrespondenten nutzten ihre Freiheiten, um DDR-Bürgern zu helfen: Peter Pragal berichtet, wie seine Frau und er sich in einem ihn besonders berührenden Fall immer wieder für die Ausreise eines DDR-Bürgers verwendeten. Vor allem schmuggelten die »bevorrechteten Personen«, zu denen die Korrespondenten gehörten, Post in den Westen, Manuskripte von Autoren, die der DDR-Post zu Recht misstrauten, illegal aufgenommene Tondokumente, Fotos oder anderes Material, das im Westen veröffentlicht werden sollte. Sie brachten Geld von Westkonten mit, schafften Literatur, Medikamente und Nachrichten von Ausgereisten an der Postkontrolle des MfS vorbei ins Land, schmuggelten aber auch Kopiergeräte.[18] Wobei die »Organe« in einigen Fällen über illegale Transaktionen informiert waren, aber nicht eingriffen.

Exkurs: Ost-Korrespondenten beginnen in Bonn

Auch am Rhein war die Akkreditierung der Korrespondenten aus dem anderen Teil Deutschlands ein Politikum – umso mehr, als die Pressevertreter der DDR in staatlichem Auftrag agierten. Anfang Mai 1973 kursierte zunächst das Gerücht, der DDR-Chefkommentator Karl-Eduard von Schnitzler sollte in das Reich des Klassenfeinds entsandt werden. Am Rande einer Ortsbesichtigung in Berlin räsonierte Horst Grabert aus dem Kanzleramt über die innenpolitischen Folgen einer solchen Entscheidung und gab der Ostseite zu bedenken, »ob eine solche Entscheidung der Opposition nicht unnötige Reibungsflächen eröffne«.[19]

Die DDR kämpfte auch auf dem Feld der Journalistenakkreditierung um ihre Anerkennung als souveräner Staat. Die vier ostdeutschen Korrespondenten, die am 29. Juni 1973 ihr Akkreditierungsersuchen übergeben hatten, verstanden sich als Auslandskorrespondenten, die Bundesrepublik betrachtete sie selbstverständlich als Deutsche. Der Konflikt war vorprogrammiert: Die Korrespondenten bestanden darauf, dass in den Presseausweisen klare Angaben zu ihrer »DDR-Staatsbürgerschaft« gemacht werden müssten, und beantragten die Mitgliedschaft im Verein der Ausländischen Presse (VAP), was dieser ablehnte. Michael Kohl ließ in den Verhandlungen sein Gegenüber Egon Bahr wissen, dass er von der Bundesregierung ein Eingreifen in beiderseitigem Interesse erwarte. In einem Vieraugengespräch versicherte Bahr, dass »die BRD ›im Rahmen ihrer Möglichkeiten‹ positive Entscheidungen im VAP fördern werde«, er dies jedoch in großer Runde bei den Verhandlungen nicht habe

17 Gespräch mit Rainer Eppelmann am 7. Juli 2004 in Berlin
18 BStU MfS HA IX 14143, Bl. 116
19 PA AA Bestände MfAA GA 285, S. 2, sowie GA 460, S. 106

ausführen wollen.[20] Der Leiter des Bundespresseamts, Rüdiger von Wechmar, versicherte seinerseits dem von Michael Kohl und Politbüromitglied Hermann Axen instruierten künftigen Bonner Korrespondenten des *Neuen Deutschlands,* dass die Bundesregierung einem unabhängigen Verein nicht vorschreiben könnte, wen er aufzunehmen habe. Der Verein der Ausländischen Presse änderte schließlich seine Satzung und nahm die DDR-Kollegen als ordentliche Mitglieder auf.[21]

Von Wechmars Vorschlag, die Journalisten aus der DDR mögen doch bei der Bundespressekonferenz einen Gaststatus beantragen, bis der Auslandsverein entschieden habe, wurde vom Korrespondenten des *Neuen Deutschlands* Dieter Wolf empört und »entsprechend der Direktive« zurückgewiesen.[22] Der sich wochenlang hinziehende Vorgang und die Befassung hoher Beamter mit Details wie Presseausweisen ist symptomatisch für das wechselseitige Misstrauen, die unterschiedlichen Erwartungen und Interessen der ungleichen Partner. »Rasch waren sie mit ihrem Deutsch am Ende«, kommentierte der *Spiegel.*[23] Die Auseinandersetzungen um die »Erklärungen zu Protokoll«, die Egon Bahr und Michael Kohl abgegeben hatten, brachten beide Seiten in Verlegenheit.

Von Wechmar sah sich weiterer Nachfragen des unter Druck stehenden *ND*-Korrespondenten ausgesetzt, der sich nach unterstützenden »Maßnahmen« der Bundesregierung erkundigte. Obwohl von Wechmar ihm keinen Presseausweis ohne die aus DDR-Sicht falsche Angabe zur deutschen Staatsbürgerschaft versprochen hatte, teilte Dieter Wolf anschließend seinen Vorgesetzten pflichtschuldig mit: »Das Gespräch fand in einer aufgeschlossenen, sachlichen Atmosphäre statt.« Michael Kohl wiederum belohnte den Genossen für seine Hartnäckigkeit mit der an Erich Honecker gerichteten Empfehlung, dem »Genossen Wolf den Dank für seine Gesprächsführung auszusprechen«. Handschriftlich setzte »E. H.« seine Paraphe unter das Schreiben.

Die Arbeit der West-Korrespondenten

Die Parteiführung war nicht nur in die Festlegung involviert, welche Korrespondenten akkreditiert wurden, sondern regelte auch die Bedingungen, unter denen sie arbeiten durften. In ihrem Briefwechsel hatten sich die Unterzeichner zunächst der Mühe unterzogen, in knapp 60 Worten Journalisten beson-

20 PA AA Bestände MfAA GA 138, S. 38 und 49
21 vgl. Zündorf: Die Ostverträge, S. 299
22 PA AA Bestände MfAA GA 284, S. 37 ff., auch S. 43 ff.
23 Der Spiegel 18/1973 vom 18. April 1973

dere Rechte zuzusichern und Bedingungen für die Akkreditierung festzulegen: Die freie ungehinderte Arbeit sollte den Korrespondenten möglich sein, sie sollten sich unbehelligt im jeweiligen Gastland bewegen, die Grenze passieren und Informationen zusammentragen dürfen – all dies im Rahmen der jeweils geltenden Rechtsordnung. In der DDR schränkte eine restriktive Durchführungsbestimmung vom 21. Februar 1973 diese Möglichkeiten ein: Die Korrespondenten wurden verpflichtet, Interviews und Recherchen außerhalb der Stadtgrenzen von Ost-Berlin beim DDR-Außenministerium anzumelden, sie durften Kontakte zu staatlichen Einrichtungen, Wirtschaftsbetrieben oder Genossenschaften nicht ohne Genehmigung der Abteilung »Journalistische Beziehungen« im Außenministerium aufnehmen und mussten Interviews mit »führenden Persönlichkeiten« über das MfAA »anbahnen« lassen. Diese Genehmigungsverfahren waren durchaus nicht als Formalien zu verstehen, vielmehr dienten sie als Filter und gaben der im MfAA vertretenen Staatssicherheit die Möglichkeit, die Informationswege zu registrieren. In Paragraph 5 der Verordnung schließlich lauerte eine echte Falle für westdeutsche Journalisten: Die Korrespondenten wurden verpflichtet, »wahrheitsgetreu, sachbezogen und korrekt zu berichten sowie keine böswillige Verfälschung von Tatsachen zuzulassen«[24] – damit konnten die akkreditierten Korrespondenten auch für Berichte aus ihren Heimatredaktionen, die sie gar nicht selbst verfasst hatten, in Haftung genommen werden.

Die Ständige Vertretung, zu deren Aufgaben die Betreuung der Journalisten aus der Bundesrepublik zählte, wurde immer wieder mit Klagen konfrontiert. Das MfAA wies unzählige Rechercheanträge von Journalisten zurück. Rolf Muth, in der Hauptabteilung Presse im MfAA seinerseits für die Korrespondenten aus dem Westen zuständig, schätzte, dass etwa die Hälfte aller beantragten Vorhaben offiziell abgelehnt wurde: »Wir wußten natürlich, daß manche Anträge – und dies war sowohl abhängig vom Zielobjekt wie vom Antragsteller – von der Obrigkeit von vornherein abgelehnt werden würden. Aber man konnte manches ›umlenken‹ auf ähnliche Themen.«[25] Die DDR versuchte, Einfluss auf die Berichterstattung zu nehmen, wobei sich die Korrespondenten entweder in sehr unterschiedlicher Weise dieser Einflussnahme entzogen oder arglos auf die Gängelung durch die DDR-Führung hereinfielen. Die Durchführungsverordnung eröffnete der DDR die Möglichkeit, gegen unliebsame Korrespondenten mit Restriktionen vorzugehen. Nach einer Verwarnung konnte dem betreffenden Korrespondenten die Akkreditierung entzogen werden, ihm drohte die Ausweisung aus der DDR und schlimmstenfalls die »Schließung des Büros des Publikationsorgans« – keine leere Drohung, wie sich zeigen sollte.

24 vgl. FAZ vom 9. März 1973, Abdruck nach dem Gesetzblatt der DDR vom 1. März 1973
25 Grashoff; Muth (Hg.): Drinnen vor der Tür, S. 82

Die SED-Spitze sah sich in ihrer Skepsis gegenüber den Neulingen im Land bestätigt. Hier kamen Störenfriede – und so wurden sie nicht eben wohlwollend empfangen. Lothar Loewe berichtet, dass die Abteilung »Journalistische Beziehungen« im MfAA zwei Jahre benötigte, bis das ARD-Korrespondentenbüro in der Schadowstraße schließlich wunschgemäß ausgestattet war.[26] Zur Leipziger Herbstmesse 1973 wurden die ersten Akkreditierungen an Dietmar Schulz von der *dpa,* an die *Westfälische Allgemeine,* den *Vorwärts,* den *Spiegel* und andere Medien ausgegeben, und auch die Korrespondenten von ARD und ZDF nahmen ihre Arbeit auf. Und selbstverständlich berichteten die von der Staatssicherheit und der Abteilung »Journalistische Beziehungen« beim Außenministerium streng kontrollierten Korrespondenten nicht nur für das Publikum im Westen. Dort stießen, wie der *FAZ*-Korrespondent Peter Jochen Winters nicht zuletzt vor der Enquetekommission des Deutschen Bundestages beklagte, die Geschichten aus und über die DDR vielfach ohnehin auf Desinteresse.[27] Insbesondere die Berichte der öffentlich-rechtlichen Fernseh- und Radiosender strahlten in das Berichtsgebiet zurück und wurden trotz mannigfaltiger Verbote von den Bürgern der DDR aufmerksam verfolgt. »Abends ab 20 Uhr haben wir im Westen gelebt«, meint Roland Jahn, der als Student in Jena in den achtziger Jahren mit der Staatsmacht in Konflikt geraten war und nach einer Haftstrafe ausgebürgert wurde. Die Berichterstattung über die DDR in den Westmedien prägte die Weltanschauung insbesondere jugendlicher DDR-Bürger. Das Westfernsehen und die Hörfunkprogramme aus der Bundesrepublik und aus West-Berlin waren fast flächendeckend terrestrisch zu empfangen, die Reichweite aber war zu gering – bis ins »Tal der Ahnungslosen« in Sachsen und eine Region im Nordosten der DDR reichten die Senderstärken des Fernsehens nicht.

»Die Wirkung unserer Arbeit war im Westen eher gering, in der DDR dagegen enorm«, sagt der *FAZ*-Korrespondent Peter Jochen Winters. »Das allgemeine Vorurteil der Westdeutschen konnten wir Korrespondenten nicht revidieren [...] und das Ende der DDR haben wir auch nicht vorhergesehen.«[28] Doch über Ereignisse, die von den offiziellen Medien der DDR verschwiegen wurden, berichteten die Westkorrespondenten in aller Ausführlichkeit: Dass sich Pfarrer Oskar Brüsewitz in Zeitz aus Protest selbst in Flammen setzte, Hausarrest den Dissidenten Robert Havemann isolieren sollte oder Zwischenfälle an den Grenzübergängen zunahmen – alles Themen, über die in der Pres-

---

26 vgl. Loewe: Abends kommt der Klassenfeind, S. 25
27 vgl. Deutscher Bundestag (Hg.): Materialien der Enquete-Kommission »Aufarbeitung von Geschichte und Folgen der SED-Diktatur in Deutschland« (12. Wahlperiode), Bd. V/1, Baden-Baden, Frankfurt am Main 1995, S. 629
28 Peter Jochen Winters auf dem Festakt 30 Jahre nach Eröffnung der StäV am 19. Juni 2004 im BMBF in Berlin

se der DDR geschwiegen oder verfälschend berichtet wurde. An der Veröffentlichung im tragischen Fall Brüsewitz hatte auch die Ständige Vertretung Anteil. Sie trug dazu bei, die Strategie des MfS zu durchkreuzen, das den Fall kaschieren und Brüsewitz als psychisch krank darstellen wollte. Zwei mit Brüsewitz befreundete Pfarrer wandten sich an die bundesdeutsche Vertretung und informierten Gaus über die öffentliche Verzweiflungstat ihres Amtsbruders. Von der StäV wurden sie ausdrücklich an die ARD vermittelt.[29] Die Partei fürchtete die westdeutschen Programme als wichtigste Munition der gegnerischen Seite, wie die DDR-Publizistik festhielt: Nicht nur manipulierten sie die Zuhörer und Zuschauer in der Bundesrepublik; »zugleich spielt das Fernsehen die zentrale Rolle im Konzept des deutschen Imperialismus zur ideologischen Diversion gegen den realen Sozialismus der DDR«.[30]

Die DDR-Führung nahm an, die Journalisten erfüllten »weitestgehend zentral gelenkte Aufgaben«[31] und handelten auf höhere Weisung gegen die DDR. »Von der Ständigen Vertretung wird zu den akkreditierten Journalisten ein enger Kontakt unterhalten. Einmal wöchentlich fanden intern Gespräche in einem abhörsicheren Raum, in der sogenannten Laube, statt.«[32] Es schien naheliegend, dass in der StäV bei Hintergrundgesprächen Direktiven ausgegeben wurden. Dass Pressevertreter unabhängig voneinander arbeiteten, in einem Konkurrenzverhältnis zueinander standen, dass sich einige von ihnen von der StäV fernhielten, während andere die Nähe zum offiziellen Vertreter der Bundesregierung suchten und dort keine Weisungen in Empfang nahmen, sondern Informationen sammelten, diese aber durch eigene Recherchen ergänzten – all dies war der SED-Spitze fremd und undurchsichtig.

Die StäV wie auch die Korrespondenten galten insbesondere dem MfS als »legale Basen des Gegners in der DDR«.[33] So hieß es in einer 162 Seiten umfassenden Information von Minister Erich Mielke aus dem Jahr 1976:

»Vor allem die Ständige Vertretung der BRD in der DDR entfaltete und verstärkte in Koordinierung und arbeitsteiligen [sic] Vorgehen mit den in der DDR ständig akkreditierten und Reisekorrespondenten von Massenmedien der BRD ihre Aktivitäten auf dem Gebiet der Kontaktfähigkeit.«

---

29 so auch die Erinnerung von Brüsewitz' Tochter Esther Fröbel, vgl. Freya Klier: Oskar Brüsewitz. Leben und Tod eines mutigen DDR-Pfarrers, Berlin 2004, S. 120
30 so Klaus Preisigke, Leiter des Wissenschaftsbereichs Journalistische Methodik an der Sektion Journalistik der Karl-Marx-Universität Leipzig am 16. November 1983, zitiert in: Gunter Holzweißig: Klassenfeinde und »Entspannungsfreunde«. Westmedien im Fadenkreuz von SED und MfS (Schriftenreihe des Landesbeauftragten für die Unterlagen des Staatssicherheitsdienstes der ehemaligen DDR), Bd. 2, Berlin 1995, S. 23
31 BStU MfS BdL 4927, Bl. 13
32 BStU MfS HA II 28367, Bl. 33
33 BStU MfS BdL 4927, Bl. 17

Der Minister zitierte einen Korrespondenten des ZDF, der es für notwendig hielt, »auf Sicht zu arbeiten, persönliche Kontakte zu knüpfen, Trends zu beobachten, zwischen den Zeilen der DDR-Zeitungen zu lesen und sich schließlich aus all diesen Informationen ein Mosaik zusammenzusetzen«.[34] Dieses Vorgehen wollte das MfS für sich nutzen, indem es Informationen streute und Fährten legte.

Das MfAA fungierte, wie Gunter Holzweißig, ehemals Dienststellenleiter der Berliner Abteilung des Gesamtdeutschen Instituts, und Peter Jochen Winters formulierten, lediglich als »Briefkasten«. Die Abteilung »Journalistische Beziehungen« unterstand unmittelbar dem Sektor »Arbeit mit ausländischen Korrespondenten« der ZK-Abteilung Agitation. Im ZK der SED wurde über die beantragten Vorhaben der Journalisten befunden. Politisch brisante Projekte gingen dem ZK-Sekretär Joachim Herrmann oder Erich Honecker direkt zu. Daneben beobachtete auch die Spionageabwehr des MfS, deren Abteilung 13 mit der »Bearbeitung westlicher Korrespondenten« betraut war,[35] die Korrespondenten und versuchte, sie zu steuern. Doch nur einem geringen Teil ihrer Beiträge über die DDR sei tatsächlich ein Genehmigungsverfahren vorausgegangen – so verschiedene Korrespondenten. Informationen erhielten sie nicht auf dem offiziell genehmigten Weg. Die Kirchen, Oppositionelle, auch Parteifunktionäre und ganz normale Bürger erwiesen sich als auskunftsfreudige Quellen – sofern sie sich sicher waren, nicht aufgrund der Kontakte zu ihren westlichen Gesprächspartnern in Schwierigkeiten zu geraten. Auch hier mussten die Quellen in der DDR unbedingt geschützt werden. Spürten eventuelle Ermittler inkriminierenden Geschichten aus den West-Medien nach, so sollten sie keine Hinweise auf Informanten finden.[36]

Mit Beginn der Berichterstattung der West-Korrespondenten war das Informationsmonopol der SED gebrochen, die Autorität der Staatspartei untergraben. Sie konnte das Land nun nicht mehr selbst erklären, ihr staatliches Fernsehen und der Hörfunk sahen sich der Konkurrenz aus der Bundesrepublik ausgesetzt. Nahezu jedem Artikel im *Neuen Deutschland* standen Interpretationen der großen westdeutschen Nachrichtensendungen und die Kommentare der Tageszeitungen gegenüber. Mit Akribie exzerpierte die tägliche Presseschau des *Deutschlandfunk* Passagen aus den Parteizeitungen, las politische Schwankungen ab, die in die DDR zurückstrahlten. Die Bundesregierung hatte einen nicht unerheblichen, aber sie selbst überraschenden politischen Erfolg zugunsten der Bürger der DDR erzielt. Und doch war es ihren Vertretern in Ost-Berlin nicht unbedingt recht, wie aus der DDR und über die Diktatur be-

---

34 ebenda, Bl. 86 und 88
35 Holzweißig: Klassenfeinde und »Entspannungsfreunde«, S. 25 f.
36 vgl. Winters in Grashoff; Muth (Hg.): Drinnen vor der Tür, S. 92 f.

richtet wurde. Kritik an der Partei- und Staatsführung sollte sich – so die Ansicht der Bonner Vertreter in Ost-Berlin – in Grenzen halten, um die sensible deutsch-deutsche Annäherung nicht zu gefährden. Das Motto, dem Günter Gaus von Anfang an folgte, lautete Hans Otto Bräutigam zufolge: »Nur wenn wir die DDR nicht verteufeln, können wir sinnvolle Kontakte aufbauen!«[37]

Die an der Verständigung mit der SED-Spitze interessierte Vertretung goutierte allzu kritische Töne in der Berichterstattung nicht – was wiederum den SED-Funktionären nicht verborgen blieb. So intervenierte Günter Gaus, wenn ihm die Berichterstattung zum Beispiel des ZDF-Magazins die eigene Entspannungspolitik zu durchkreuzen schien und zu hart mit der DDR ins Gericht ging.[38] Werner Claus, Sektorleiter im MfAA und dort zuständig für »Journalistische Beziehungen«, fiel auf, dass der Ständige Vertreter Bonns die Berichterstattung des ARD-Korrespondenten Lothar Loewe nicht billigte, »weil er sie als störend für seine eigene Mission empfand«.[39] Bizarr genug, aber mit dieser Beurteilung erregte Claus den Unmut seines eigenen Vorgesetzten: Auf Geheiß des stellvertretenden Außenministers Kurt Nier wurde diese These in einer offiziellen Analyse zurückgenommen, und fortan hieß es in hausinternen Papieren, Gaus deckte die »Aktivitäten« des profilierten Korrespondenten der ARD.

Der Ständige Vertreter griff präventiv ein, wenn er »böse Folgen« einer geplanten Sendung erwartete. Mit diesen Worten empfahl Gaus dem ZDF im März 1976, auf einen Bericht über die Absichten und Schwierigkeiten eines ausreisewilligen DDR-Bürgers zu verzichten: »Es ist meine feste Überzeugung, daß Ihre Sendung in jedem Fall mehr Schaden anrichtet als hilft.«[40] Die heiklen Ausreisefälle sollten nicht durch »spektakuläre publizistische Aktionen belastet und gefährdet werden«. Ein anderer Ausreisewilliger wurde nach der Veröffentlichung seiner Leidensgeschichte in der Sendung »ZDF-Magazin« inhaftiert und von der Staatssicherheit verhört und bedroht. Er wandte sich hilfesuchend an die Ständige Vertretung, die sich zwar für sein Ausreisebegehren beim Bundesministerium für innerdeutsche Beziehungen verwenden, nicht aber antikommunistische Solidaritätsschreiben unterbinden konnte, die den Betroffenen nach der Sendung aus dem Westen erreichten und seiner Sache nicht eben dienlich waren.[41]

Tatsächlich reagierte die DDR-Führung sensibel auf kritische Beiträge, immer wieder bezichtigte sie die Westpresse der Einmischung in innere Ange-

37 Gespräch mit Hans Otto Bräutigam am 22. August 2005 in Berlin
38 BArch B 288/560, Bd. 2, o. P. Das ZDF berichtete über Ausreisewillige, denen Konsequenzen drohten.
39 Grashoff; Muth (Hg.): Drinnen vor der Tür, S. 114
40 BArch B 288/560, Bd. 2, o. P., Fernschreiben vom 22. und 23. März 1976 an den Intendanten des ZDF, Karl Holzamer
41 BArch B 288/560, Bd. 2, o. P., Schreiben StäV ans Kanzleramt vom Juli 1976

legenheiten, beschwerte sich bei den jeweiligen Chefredaktionen und bei der Ständigen Vertretung. Man bezichtigte sich gegenseitig der Lüge. Auch auf die Personalpolitik der Zeitungen oder Sender versuchte die Abteilung »Journalistische Beziehungen« Einfluss zu nehmen. Besonders von Lothar Loewe fühlte sich die DDR-Führung provoziert, aber nicht nur von ihm. So verschleppte man Anfang 1976 die Anträge auf Genehmigung »journalistischer Vorhaben«, und schließlich entfiel der sonst übliche Empfang für die Journalisten anlässlich der Leipziger Messe. Bonn habe tatenlos zugesehen, lautete der Vorwurf Lothar Loewes.[42] Bei der Frühjahrsmesse gab es schließlich einen Eklat: Drei westdeutschen Reisekorrespondenten vom DLF und der Deutschen Welle war die Einreise verweigert worden – mit der Begründung, ihre Sender hätten sich in die inneren Angelegenheiten der DDR eingemischt. Daraufhin reiste Bundeswirtschaftsminister Hans Friderichs empört ab, und der niedersächsische Wirtschaftsminister Walther Leisler Kiep tat es ihm gleich. Günter Gaus protestierte »in gewohnter Weise« gegen die Nichtzulassung der Reisekorrespondenten. Der stellvertretende DDR-Kulturminister Klaus Höpcke seinerseits erklärte: »Wir halten den Kampf gegen Antikommunismus und Antisowjetismus [...] für einen Beitrag zur internationalen Entspannung.«[43]

Doch Gaus und seine Nachfolger hatten immer wieder Grund, sich über die Berichterstattung in den Medien der DDR zu beschweren: So beklagte sich der erste Ständige Vertreter beispielsweise im Außenministerium über eine ADN-Meldung im Neuen Deutschland vom 11. Februar 1977, die unter der Überschrift stand: »Bonn bereitet sich auf den Krieg vor«. Der Vize-Außenminister der DDR verteidigte die staatliche Nachrichtenagentur und das Zentralorgan der SED, wie das MfS notierte: »Auch in der DDR gebe es Pressefreiheit. Welche Überschrift eine Zeitung für ihre Meldung wähle, sei ihre Angelegenheit.«[44]

Zum Ende der DDR waren 22 westdeutsche Medien mit Korrespondenten in der DDR vertreten. Selbstredend standen sie wie die Mitarbeiter der Ständigen Vertretung unter Generalverdacht. Die misstrauische DDR-Führung hielt sie für gefährlich, kriminalisierte sie, legte Dossiers an und ging gegen Journalisten als Klassenfeinde vor, sobald sich ein Anlass fand. Die Abteilung 13 der für Spionageabwehr zuständigen Hauptabteilung II des MfS wurde 1976 zur »Sicherung und Bearbeitung der in der DDR akkreditierten Büros und Publikationsorgane ausländischer Staaten und deren ständige und Reisekorrespondenten« aufgebaut. Zum Ende der DDR beschäftigte sie

---

42 vgl. Loewe: Abends kommt der Klassenfeind, S. 58
43 zitiert in: ebenda, S. 59
44 BStU MfS ZAIG 15570, Bl. 18

41 Hauptamtliche.[45] Eine nicht unbedeutende Rolle spielte für das MfS das Internationale Pressezentrum (IPZ) in Berlin: Die Leitung des für die Betreuung westlicher Journalisten gegründeten IPZ lag zwischen 1976 und 1989 in den Händen von Fred Müller, der als Inoffizieller Mitarbeiter der HV A geführt wurde.[46] Die Staatssicherheit begleitete ihre Arbeit stets auch »akademisch« – wie wichtig ihr die Korrespondenten waren, verdeutlicht die 1983 an der Juristischen Hochschule des MfS vorgelegte Arbeit über die »Grundfragen der politisch-operativen Abwehrarbeit der Korrespondenten und Journalisten des nichtsozialistischen Auslandes«, die Oberstleutnant Ulrich Wollermann zu einem Doktortitel verhalf.[47]

Einerseits polemisierte beispielsweise Chefkommentator Karl-Eduard von Schnitzler in seiner Propagandasendung »Der schwarze Kanal« im DDR-Fernsehen gegen die angebliche Hetze und Verleumdung durch »entspannungsfeindliche« westdeutsche Journalisten, andererseits setzte die Staatsmacht mehr als nur propagandistische Mittel gegen Korrespondenten ein. »Abschreckung erhöhen«, hieß 1987 die Devise des MfS vor dem Besuch Erich Honeckers in der Bundesrepublik, als die Zentrale Koordinierungsgruppe des MfS eine zusätzliche »Mediengruppe« plante, um »Provokateure und andere feindlich-ideologische Kräfte zu identifizieren«.[48] Für den Krisen- oder Kriegsfall lagen Pläne vor, westliche Journalisten ebenso wie Diplomaten und deren Familien zu internieren.[49]

DDR-kritische westdeutsche Korrespondenten gerieten zwangsläufig in Konflikt mit der Staatsmacht – und sie sollten von der Ständigen Vertretung verteidigt werden, galt es doch, verbriefte Rechte von Bundesbürgern gegen Rüffel aus dem MfAA, gegen ungerechtfertigte Angriffe oder Schikanen in Schutz zu nehmen. Selbstverständlich protestierten die Vertreter gegen die Ausweisung einzelner Korrespondenten oder die Schließung des *Spiegel*-Büros in Ost-Berlin, doch wirksam schützen konnte die StäV sie nicht. Am 13. August 1975 bestellte das MfAA den ab 1972 über die DDR berichtenden *Spiegel*-Korrespondenten Jörg-Rainer Mettke zum ersten Mal ein und ermahnte ihn wie auch den ARD-Korrespondenten Lothar Loewe. Am 16. Dezember wurde Mettke förmlich ausgewiesen. Der *Spiegel* hatte über Zwangsadoptionen von

---

45 BStU HA II AGL, Bl. 35
46 Hanna Labrenz-Weiß: Bearbeitung von Geheimdiensten, Korrespondenten und anderen »feindlichen Zentren« – Die Hauptabteilung II, in: Hubertus Knabe: West-Arbeit des MfS. Das Zusammenspiel von »Aufklärung« und »Abwehr« (Wissenschaftliche Reihe des Bundesbeauftragten für die Unterlagen des Staatssicherheitsdienstes der ehemaligen DDR), Berlin 1999, S. 203
47 BStU JHS 0001/251/83
48 BStU MfS ZKG 131, Bl. 333
49 BStU MfS HA II 4295, S. 25; vgl. auch das Kapitel »Die Ständige Vertretung im Visier des Ministeriums für Staatssicherheit«

Kindern geflüchteter DDR-Bürger in Eisenhüttenstadt recherchiert und berichtet.[50] Der Bericht tangierte ausgerechnet das sensible Ressort der Ministerin für Volksbildung, Margot Honecker, das ebenso zu den Tabuthemen für Westberichterstatter gehörte wie die Nationale Volksarmee, die in der DDR stationierten Truppen der Sowjetarmee, die großen Industriebetriebe und die Kirchen,[51] über die keine Informationen nach außen dringen sollten. Mettke wurde für ein vermeintliches Vergehen bestraft, das ihm selbst gar nicht anzulasten war. Der nicht namentlich gezeichnete Artikel über die Zwangsadoptionen in seinem Blatt stammte von einem anderen Autor, dennoch wurde Mettke ausgewiesen.

Mit diesem ersten radikalen Eingriff versetzte die DDR den Korrespondenten wie auch den Mitarbeitern der Ständigen Vertretung einen schweren Schock: Wer geglaubt hatte, die DDR werde eine kritische Berichterstattung der Westmedien dulden, sah sich eines Besseren belehrt – die Strafandrohungen der Journalistenverordnung waren ernst gemeint. Der von Beamten der Ständigen Vertretung eingelegte Protest der Bundesregierung gegen die Ausweisung Jörg-Rainer Mettkes ließ die DDR-Spitze ebenso unberührt wie die Protestnote, die Mettkes Westkollegen in der DDR verfassten und dem MfAA übergaben. Es deutete alles darauf hin, dass sie gelesen worden war, und doch wurde sie offiziell zurückgeschickt.[52]

Besonders provoziert fühlte sich die DDR-Führung von Lothar Loewe. Seit seiner Akkreditierung 1974 mache er sich der »groben Einmischung in die inneren Angelegenheiten der DDR« schuldig und daher seien aus »der werktätigen Bevölkerung« Klagen gegen ihn laut geworden,[53] das jedenfalls teilte ihm das MfAA mit. Selbst über eine Intervention bei Loewes Intendanten Martin Neuffer hatte das Ministerium versucht, die Ablösung des prominenten Fernsehkorrespondenten zu erwirken. Der NDR, als in Ost-Berlin federführende ARD-Anstalt, hatte sich darauf nicht eingelassen. Doch der Intendant erkannte die Geste als ernsthafte Drohung der DDR und unterrichtete den Ständigen Vertreter Günter Gaus. In der »Laube« in der Hannoverschen Straße beriet man sich. Empört über die Forderung nach Loewes Abberufung zeigte sich Hans Otto Bräutigam als Gaus' Stellvertreter: »Das ist ein Schlag in das Gesicht des Bundeskanzlers.«[54] Gaus intervenierte bei Vize-Außenminister Kurt Nier, dieser jedoch bestätigte nur in dürren Worten, was der Leiter der Haupt-

---

50 Der Spiegel vom 15. Dezember 1975, S. 36 ff.
51 vgl. Rein: Diamonds are girls best friends oder Korrespondenten lieben Dissidenten, S. 213, und Grashoff; Muth (Hg.): Drinnen vor der Tür, S. 83 ff.
52 vgl. Loewe: Abends kommt der Klassenfeind, S. 53
53 ebenda, S. 48
54 ebenda, S. 94

abteilung Presse und Information, Botschafter Wolfgang Meyer, Neuffer bereits mitgeteilt hatte: Die ARD solle einen anderen Mitarbeiter nach Ost-Berlin schicken und Loewe ablösen.

Lothar Loewe stand, wie er selbst immer wieder bestätigte, unter erheblicher Anspannung, als er den DDR-Behörden am 21. Dezember 1976 den Vorwand für seine Ausweisung lieferte. Nicht nur die Verwarnung machte ihm zu schaffen – an jenem Tag war seine Ehefrau in Ost-Berlin in einen dubiosen Autounfall verwickelt worden. Verdächtig schien ihr und ihrem Mann, dass nicht nur Volkspolizisten zur Stelle waren, um den Verkehrsunfall aufzunehmen. Vielmehr bat auch eine Person in Zivil um ihre Papiere, und diese Person weigerte sich ihrerseits, sich auszuweisen. Für Lothar Loewe lag der Verdacht nahe, mit der Staatssicherheit zu tun zu haben. Die Nervosität beeinträchtigte seine Professionalität – der ARD-Korrespondent, der ohnehin nie ein Blatt vor den Mund genommen hatte, endete seinen Bericht in der »Tagesschau« mit den berühmt gewordenen Worten: »Hier in der DDR weiß jedes Kind, dass die Grenztruppen den strikten Befehl haben, auf Menschen wie auf Hasen zu schießen.«

Am 22. Dezember 1976 verlor Loewe seine Akkreditierung und musste binnen 48 Stunden die DDR verlassen. Es war der Stellvertretende Leiter der StäV, Hans Otto Bräutigam, der Loewe am Vormittag des Heiligabends im ARD-Studio aufsuchte. Bräutigam ging die Ausweisung Loewes persönlich nahe, doch er konnte nichts mehr für ihn tun. »Wir leerten noch ein Glas Wodka.« Dann brach Loewe zu einem abschließenden Spaziergang in Berlins Mitte auf, verabschiedete sich von seinem Team und passierte in einem Dienstwagen der Ständigen Vertretung schließlich die salutierenden DDR-Grenzposten.[55] Gaus' Pressesprecher Johannes Rieger ließ gegenüber dem stellvertretenden Abteilungsleiter im MfAA, dem für Journalistenkontakte zuständigen Hans-Joachim Kobert, später allerdings Bemerkungen über Lothar Loewes »rabaukenhaftes Auftreten« fallen und kündigte an, dass der neue ARD-Frontmann Fritz Pleitgen »von anderem Schlage« sei als sein Vorgänger. »Obwohl ihnen Pleitgen politisch mehr schaden könnte als Loewe.«[56]

Als unliebsame Berichterstatter verloren in den folgenden Jahren auch der ZDF-Korrespondent Peter von Loyen und der *Stern*-Korrespondent Dieter Bub ihre Akkreditierungen. Lösten Ausweisungen unmittelbare Proteste der StäV und Solidaritätsbekundungen der Kollegen aus, so verweigerten einige dem *Stern*-Mitarbeiter die Unterstützung. Dieser hatte zu seiner eigenen Verteidigung die Namen von Kontaktpersonen in der DDR preisgegeben und damit gegen den ungeschriebenen Komment der Korrespondenten

55 vgl. ebenda, S. 115, und Bräutigam: Ständige Vertretung, S. 180
56 zitiert in: Holzweißig: Klassenfeinde und »Entspannungsfreunde«, S. 51

verstoßen, die darauf bedacht waren, ihre Informanten in der DDR stets zu schützen.[57]

Pflichtgemäß intervenierte der Ständige Vertreter auch, als das Ost-Berliner *Spiegel*-Büro geschlossen wurde. Im Januar 1978 hatte ein »Bund Demokratischer Kommunisten« mittlerer und höherer Funktionäre der SED, die anonym bleiben wollten, in dem Nachrichtenmagazin ein kritisches »Manifest« gegen die autokratische Herrschaft in der DDR veröffentlicht. Verfasser war, wie sich nach 1989 herausstellte, der SED-Historiker Hermann von Berg von der Berliner Humboldt-Universität. In den sechziger Jahren hatte er auf dem Wege der Geheimdiplomatie Ost-West-Kontakte hergestellt, im Presseamt des Ministerrates der DDR westdeutsche Reisekorrespondenten betreut und zugleich als Inoffizieller Mitarbeiter der Hauptverwaltung Aufklärung dem MfS gedient.[58] Von Berg war in Ungnade gefallen und hatte dem Ost-Berliner Korrespondenten des *Spiegel*, Ulrich Schwarz, seine Abrechnung mit der »politbürokratischen Orthodoxie in Moskau«, aber auch in den Bruderländern, namentlich der DDR, in zwei Teilen in die Feder diktiert. Die Philippika erschien dann auch in zwei Ausgaben, weil die Hamburger Redaktion ungeduldig geworden war und die Abrechnung mit der Macht so rasch wie möglich ins Blatt heben wollte:

> »Die Clique an der Spitze schadet der sozialistischen Idee in Deutschland und Europa mehr als alle sogenannte Feind-Propaganda [...]. Keine herrschende Klasse Deutschlands hat so schmarotzt und sich jemals so gegen das Volk gesichert wie jene zwei Dutzend Familien, die unser Land als einen Selbstbedienungsladen handhaben.«[59]

Die Veröffentlichung des Manifestes beantwortete die »Clique an der Spitze« umgehend. Hermann von Berg verlor seine Professur und wurde später in die Bundesrepublik ausgewiesen. Im *Spiegel*-Büro ging ein Telex des MfAA ein, in dem das Magazin beschuldigt wurde,

> »in den letzten Monaten in ständig steigendem Maße die Deutsche Demokratische Republik und ihre Verbündeten böswillig verleumdet und vorsätzlich den Versuch

---

57 vgl. Grashoff; Muth (Hg.): Drinnen vor der Tür, S. 103, und Deutscher Bundestag (Hg.): Materialien der Enquete-Kommission, Bd. V/1, S. 628
58 vgl. Hubertus Knabe: Der diskrete Charme der DDR. Stasi und Westmedien. München 2001, S. 97
59 zitiert in: Dominik Geppert: Störmanöver. Das »Manifest der Opposition« und die Schließung des Ost-Berliner »Spiegel«-Büros im Januar 1978 (Forschungen zur DDR-Gesellschaft), Berlin 1996, S. 46

unternommen [zu haben], durch erfundene Nachrichten und Berichte die Beziehungen zwischen der Deutschen Demokratischen Republik und der Bundesrepublik Deutschland zu vergiften«.[60]

Der Protest der Bundesregierung gegen die Schließung des Korrespondentenbüros sei »lau« ausgefallen, befindet der Korrespondent Ulrich Schwarz im Rückblick und erklärt dies zugleich damit, dass Gaus nach seinem »Seitenwechsel« ein gespaltenes Verhältnis zu seinem ehemaligen Arbeitgeber gehabt habe.[61] Da die StäV nicht vehementer protestiert hatte, distanzierte sich Schwarz nach eigenem Bekunden von den offiziellen Vertretern: »Hätte ich mich mit der StäV solidarisiert, hätte mir das auch nicht geholfen.«

Leutnant Schierhorn von der Hauptabteilung II/9 des MfS hielt in einem IM-Bericht zu Gaus' Haltung zur Strafe für den *Spiegel* fest: Sein Spitzel berichtete am 24. Januar 1978, der Leiter der StäV zeigte sich entsetzt über die Veröffentlichung des »Manifests« im *Spiegel*. Die Schrift sei gegen die Politik der Entspannung gerichtet, äußerte Gaus gegenüber Dritten, und widerspreche seiner Grundauffassung.[62] Bis zur Wiedereröffnung des *Spiegel*-Büros in Ost-Berlin und der erneuten Akkreditierung von Ulrich Schwarz vergingen sieben Jahre.

Bei aller Nähe zwischen einigen Korrespondenten und der Ständigen Vertretung – das Verhältnis war ambivalent. Einerseits verteidigten die westdeutschen Beamten selbstverständlich die von der DDR zugesicherte freie Berichterstattung, zum anderen jedoch waren sie stets um das fragile deutsch-deutsche Verhältnis besorgt. Der langjährige Pressesprecher der Ständigen Vertretung, der in Berlin geborene Journalist Eberhard Grashoff, versuchte einen Vergleich mit diplomatischen Vertretungen im Ausland, die üblicherweise ihr Land gegenüber dem Gastland eindeutiger hätten vertreten dürfen: »Hier hieß es nicht selten: ›Tut der DDR nicht weh, das könnte das deutsch-deutsche Verhältnis stören.‹«[63] Gaus hat nach Grashoffs Beobachtung versucht, auf die Arbeit der Korrespondenten Einfluss zu nehmen, sobald er eine »Störung« seiner diplomatischen Bemühungen um Einvernehmen befürchtete. Es missfiel ihm, wenn die Korrespondenten »brisante Themen« behandelten.[64]

Doch setzte sich Gaus auch für die Belange von Korrespondenten ein, beispielsweise 1980, als es Schwierigkeiten bei den Zulassungen für Korres-

60 ebenda
61 Gespräch mit Ulrich Schwarz am 12. Juli 2006 in Berlin
62 BStU MfS AIM 24 66/88 II, Bd. 2, Bl. 248
63 Peter Jochen Winters; Peter Nöldechen: Eberhard Grashoff – Journalist in diplomatischer Mission, in: Grashoff; Muth (Hg.): Drinnen vor der Tür, S. 29
64 vgl. Loewe: Abends kommt der Klassenfeind, S. 101, und vgl. Gespräch mit Eberhard Grashoff am 20. April 2005 in Berlin

pondenten zur Synode des Bundes der Evangelischen Kirchen gab. Werner Claus, Zuarbeiter der HVA in der Abteilung »Journalistische Beziehungen« im MfAA,[65] musste den Korrespondenten zunächst die Berichterstattung verweigern. »Ich hatte es kaum dem ersten Korrespondenten gesagt, waren sie natürlich bei Gaus«, erinnert sich Werner Claus. »Gaus nahm mich beiseite: ›Sie müssen Ihre Leitung informieren. Das geht nicht!‹«[66] Gaus' Bemühen war vergebens, der Kontakt blieb offiziell untersagt. Die Korrespondenten allerdings ließen sich davon nicht beirren und besuchten die Synode.

Die Vertreter intervenierten in vielen Fällen auch mit Erfolg: Nachdem Harald Kleinschmid, österreichischer Staatsbürger und Reisekorrespondent des *Deutschlandfunk,* in den achtziger Jahren signalisiert worden war, er möge von Reisen in die DDR absehen, setzte sich Hans Otto Bräutigam beim Ministerium für Auswärtige Angelegenheiten für ihn ein. Wie sich herausstellte, war Kleinschmid zu Unrecht verdächtigt worden, in eine Republikflucht verwickelt zu sein – dem Ständigen Vertreter gelang es, die Anschuldigung auszuräumen.[67]

Zweiundzwanzig westdeutsche und West-Berliner Korrespondenten waren in den achtziger Jahren akkreditiert, die meisten lebten und arbeiteten allen Widrigkeiten zum Trotz permanent in Ost-Berlin. Nicht alle erwiesen sich als kritisch gegenüber der DDR und ihren Repräsentanten. Pfarrer Rainer Eppelmann zeigte sich vor der Enquetekommission des Deutschen Bundestages irritiert darüber, wie positiv am Ende der achtziger Jahre das Urteil einiger westdeutscher Journalisten über SED-Generalsekretär Honecker ausgefallen war:

»Da habe ich gedacht, der Honecker, von dem die schreiben, das muß ein anderer sein, als der, den Du kennengelernt hast. Ich kann mir vorstellen, so mancher, wenn er sich heute anschaut, was er 1987 über Honecker geschrieben hat, kriegt eine rote Birne.«[68]

Nahezu permanent erhob das MfAA – gefüttert von den Beobachtern der Staatssicherheit – Vorwürfe gegen die Korrespondenten, die angeblich ihre diplomatischen Vorrechte ausnutzten. Andererseits gab es gerade in den späteren Jahren westdeutsche Korrespondenten, die leicht- oder gutgläubig in die DDR kamen und auf inszenierte Propagandageschichten eingingen. Hinlänglich bekannt ist der Bericht des ARD-Fernsehkorrespondenten Hans-Jürgen Börner,

65 vgl. Grashoff; Muth (Hg.): Drinnen vor der Tür, S. 105
66 Interview mit Werner Claus in: Grashoff; Muth (Hg.): Drinnen vor der Tür, S. 112
67 Gespräch mit Harald Kleinschmid am 8. April 2005 in Schwante und Telefonat am 9. März 2009
68 Deutscher Bundestag (Hg.): Materialien der Enquete-Kommission, Bd. V/1, S. 633

der in Bad Elster eine wohlwollende Reportage über Kuren gedreht hatte und einräumen musste, dass die Dame, die sich dekorativ im Schlammbad räkelte und ihm viel Gutes über das Gesundheitswesen im Arbeiter-und-Bauern-Staat berichtete, auf Geheiß des MfS in die westdeutsche Kamera blickte.[69]

Das schändlichste Produkt westdeutscher Liebedienerei gegenüber der DDR lieferte die Redaktion der *Zeit:* Zweimal, im Abstand von 22 Jahren, bereisten Chefredakteur Theo Sommer und eine Reihe prominenter Mitstreiter der Hamburger Wochenzeitung die DDR – interessanterweise ohne den für die DDR zuständigen Redakteur. Sie berichteten anschließend über ihre erfreulichen Eindrücke von der »Reise in ein fernes Land«. Dem MfAA war ein unübertroffener Propagandacoup geglückt, denn die Redakteure beschrieben den exotischen Osten in den herrlichsten Farben. Die DDR, die ihnen Wolfgang Meyer als Hauptabteilungsleiter Presse im MfAA gezeigt hatte und die sie als die einzig wahre empfanden, hatte wenig mit der Wirklichkeit im Realsozialismus zu tun. Dafür sprachen aus dem schönfärberischen Text umso mehr Selbstgerechtigkeit und Überheblichkeit. Theo Sommers Urteil stand fest:

»Es herrscht Bewegung statt Stagnation, die Zaghaftigkeit hat einer selbstbewußten Gelassenheit Platz gemacht, das Grau weicht überall freundlichen Farben, die niederdrückende Trübsal ist verflogen. Keine Spur von Kontaktscheu bei den Funktionären.«[70]

Das Gefühl, »ich bin in Feindesland«, das den langjährigen Leiter des Ost-Berliner *Spiegel*-Büros Ulrich Schwarz nicht losließ,[71] kannten die von der DDR-Spitze hofierten Verfasser der »Reise in ein fernes Land« nicht.

Sie übersahen auch geflissentlich die Verstöße gegen die Vereinbarung über Arbeitsmöglichkeiten für Journalisten, die sich zum Ende der achtziger Jahre verschärften. Die Nervosität der Sicherheitsorgane und der Genehmigungsbehörden nahm zu: So wurde den Korrespondenten zum einen die Berichterstattung über die Synoden und Treffen der Evangelischen Kirche nicht erlaubt und den Reisekorrespondenten des *Deutschlandfunk* die Einreiseerlaubnis verweigert. Der Büroleiter des *Spiegel* Ulrich Schwarz war 1987 nächtlichen Telefonanrufen ausgesetzt, nachdem er berichtet hatte, wie der Bürgerrechtler Wolfgang Templin von der Staatssicherheit terrorisiert worden war. Er vermutete, das MfS wollte am Autor der inkriminierenden Geschichte Rache nehmen, und er stellte sich die Frage, ob er die StäV informieren sollte. Seine bisherige Erfahrung hatte ihn desillusioniert: »Die tun doch nichts.«

---

69 Gespräch mit Hans-Jürgen Börner am 2. Dezember 2008 in Berlin
70 Theo Sommer (Hg.): Reise ins andere Deutschland, Reinbek 1986, S. 19
71 Gespräch mit Ulrich Schwarz am 12. Juli 2006 in Berlin

Als dann Kamerateams mit Gewalt an ihrer Arbeit gehindert wurden,[72] protestierten die Bundesregierung sowie die Chefredaktionen der betroffenen Journalisten und diese selbst gegen das rabiate Vorgehen der Sicherheitskräfte, das der Vereinbarung über die Arbeitsmöglichkeiten für Journalisten aus dem Jahr 1972 nicht entspräche und die KSZE-Schlussakte verletze. Die Angriffe auf die Korrespondenten und Kameraleute widerlegten nicht zuletzt Staats- und Parteichef Erich Honecker, der noch anlässlich seines Besuchs in der Bundesrepublik ein Kommuniqué verbreiten ließ, in dem von »größtmöglicher Unterstützung« für Journalisten bei der Ausübung ihrer Tätigkeit die Rede gewesen war.

Am 19. Juni 1988, anlässlich eines Konzerts von Michael Jackson, wurden westliche Journalisten Unter den Linden erneut von Sicherheitskräften in Zivilkleidung gezielt angegriffen. Die Korrespondenten formulierten eine Beschwerde und verlangten die Aufklärung der gewaltsamen Aktion, »die eine neue besorgniserregende Qualität erreicht« hätte und zeige, dass ihre körperliche Unversehrtheit nicht mehr garantiert sei. Sie waren sich jedoch nicht darüber einig, wie mit ihrem Protestbrief zu verfahren sei. Die Ansprechpartnerin der Korrespondenten im Außenministerium hatte geraten, die Betroffenen mögen sich direkt an Staats- und Parteichef Honecker wenden und die Übergriffe der Westöffentlichkeit vorenthalten. Mit einem solchen Verzicht auf die Veröffentlichung aber war ein Teil der Korrespondenten nicht einverstanden und verweigerte daher die Unterschrift auf der Protestnote, die schließlich der Staatssicherheit in die Hände fiel.[73]

Wie ein Seismograph registrierten die westdeutschen Korrespondenten auch kleinste Nuancen im Verhalten der DDR. Wohlwollen gegenüber beantragten »journalistischen Vorhaben« ließ Rückschlüsse auf die politische Großwetterlage zu und war eine Antwort auf politisch verzwickte Situationen. Doch die DDR-Regierung ließ nicht nur die Muskeln spielen, sie signalisierte über die Nuancen in ihrer Pressepolitik bisweilen auch Verständigungsbereitschaft – sie genehmigte Recherchevorhaben großzügig, wenn sie für gute Stimmung sorgen wollte oder einzelne Themen aus taktischen Gründen aufgegriffen werden sollten: Als Peter Pragal, 1987 für den *Stern* in Ost-Berlin, zusammen mit Kollegen von der *Bunten* das Gefängnis Brandenburg besuchen durfte, um eine Reportage über den Strafvollzug in der DDR zu verfassen, wurde ihm diese ungewöhnliche Recherche erlaubt, weil dem Politbüro daran gelegen war, eine Entgleisung von Bundeskanzler Helmut Kohl absurd erscheinen zu lassen: Kohl hatte behauptet, die DDR sperre ihre Häftlinge in

72 vgl. Frankfurter Rundschau vom 15. November 1988
73 Kopie BStU aus den persönlichen Akten von Karl-Heinz Baum, der zu den Nicht-Unterzeichnern zählte

»Konzentrationslager«. Da konnte eine Reportage über die »wahren« Verhältnisse in den Strafanstalten nur hilfreich sein. Peter Pragal war unwohl – über das tatsächliche Ausmaß der Inszenierung, die den Westjournalisten in der Brandenburger Haftanstalt aufgeführt wurde, konnte er sich erst im Nachhinein anhand der Stasi-Akten ein Bild machen.[74]

Bestand seit Beginn der deutsch-deutschen Annäherung ein Interesse der offiziellen westdeutschen Seite an einer Berichterstattung über die DDR, so entwickelten sich zugleich zwischen Korrespondenten und StäV ungewöhnlich enge Beziehungen, die weit über das übliche Maß von Kontakten zwischen Presse und Behörden hinausgingen. Dass die Leiter der Vertretung zu regelmäßigen Gesprächen in die »Laube« baten, sich Dinge aus Sicht der Korrespondenten beschreiben ließen, mag neben dem professionellen Interesse auch die Eitelkeit des einen oder anderen Journalisten bedient haben. Zugleich konnten auch die Ständigen Vertreter in bestimmten Situationen darum bitten, dass nicht jede Neuigkeit veröffentlicht werden sollte: Tabu waren Zufluchtsfälle, um die Verhandlungen mit der DDR über die heikle Rückkehr der Flüchtlinge in ihre Heimatorte und ihre anschließende Ausreise nicht zu gefährden. Über einige Botschaftsbesetzungen waren einzelne Korrespondenten im Voraus von verzweifelten DDR-Bürgern informiert worden: So riss Ulrich Schwarz den Pressesprecher der StäV mit den Worten »Ihr habt Probleme« aus dem Osterurlaub. Diese »Fälle« ließen sich nur geräuschlos klären, es wurde also dringend an die Korrespondenten appelliert, die Informationen zurückzuhalten und nicht über die Identität der Betroffenen zu berichten. In den meisten Fällen hielten sich die Korrespondenten an diese Verabredung – zur Sicherheit der Flüchtlinge. Einmal habe »ein Kollege das Wasser nicht gehalten«. Sein Bericht im SFB habe prompt Nachahmer animiert,[75] und ihn selbst wiederum hätten die Kollegen geächtet.

Das Verhältnis zwischen StäV und einzelnen Vertretern der Westpresse war eng und symbiotisch. Brauchten die westdeutschen Korrespondenten in der DDR offizielle Informationen aus der StäV wirklich, bekamen sie unter der Hand nützliche Hinweise? Angesichts der Tatsache, dass die DDR-Presse der staatlichen Zensur unterlag und dieser Staat über Daten und Statistiken intensiv wachte, unliebsame Ereignisse schlicht leugnete und gezielte Falschmeldungen in Umlauf brachte, also »Desinformation« betrieb, war der Austausch wichtig. Informationen konnten unter den Kollegen verifiziert, Gerüchte erhärtet

<hr />

74 vgl. Peter Pragal: Der geduldete Klassenfeind. Als West-Korrespondent in der DDR, Berlin 2008, S. 194 ff.
75 Gespräch mit Eberhard Grashoff am 20. April 2005 in Berlin

werden. Der zunächst für die Nachrichtenagentur Reuters akkreditierte Brite Mark Brayne berichtete 1977 über eine Auseinandersetzung zwischen Jugendlichen und der Polizei am Alexanderplatz, bei der mehrere Demonstranten verletzt wurden. Angeblich kam bei dem Einsatz ein Volkspolizist ums Leben. Der Korrespondent selbst war nicht Zeuge der Krawalle, über sein Büro waren ihm jedoch Informationen zugetragen worden, die aus der Charité stammten. Von offizieller Seite erhielt Brayne keine Bestätigung für die Nachricht von einem Toten. Brayne und seine Redaktion in London entschlossen sich, eine Meldung zu veröffentlichen – schließlich hielt die Presseabteilung des ZK oft genug brisante Details geheim und ließ Anfragen dementieren. In diesem Fall reagierte das Außenministerium prompt: »Ich musste eine scharfe Rüge einstecken«, so Brayne, der bezichtigt wurde, Behauptungen verbreitet zu haben, die erlogen waren. Der Korrespondent bestand auf seiner Version, obgleich er sich, jung und relativ unerfahren, ziemlich unsicher gefühlt habe.

Auch in der Ständigen Vertretung wurde der Vorfall unter den Korrespondenten thematisiert: Mark Brayne wurde eingeladen, und auf sehr kollegiale Weise wollte Pressesprecher Johannes Rieger ihn ermuntern, noch mehr preiszugeben. »Aber alles, was ich wusste, stand in meiner Agenturmeldung.« Rückblickend bedauert Brayne, keine zweite Quelle gehabt zu haben: »Es kann sein, dass ich in diesem Fall unrecht hatte.«[76]

Viele der langjährigen Korrespondenten erinnern sich an ein kollegiales Miteinander mit den Beamten der StäV, das sich nicht nur aus der gemeinsam erlebten Distanz zur mehrheitlich gleichgültigen Bundesrepublik speiste und sich längst nicht nur im gemeinschaftlich vorgebrachten Protest gegenüber den offiziellen Stellen der DDR bewies. »Die Journalistencrew war sehr angenehm«, findet auch Erika Gaus: »Da wollte keiner uns in die Pfanne hauen.«[77] Man respektierte, dass bestimmte Dinge zum Schutz einzelner DDR-Bürger verschwiegen oder zurückgehalten werden sollten. Man arbeitete an der gleichen Aufgabe, das Ziel war die Annäherung zwischen Ost und West, aber auch die Aufklärung über die Diktatur.

Ein Teil der zuletzt 22 akkreditierten Korrespondenten hielt sich dem Mikrokosmos der Westdeutschen im Osten bewusst fern, erschien allenfalls zu den Empfängen in der StäV, nahm aber Einladungen zu regelmäßigen Gesprächen in der »Laube« nicht an. »Die StäV brauchte ich nicht«, sagt der ARD-Korrespondent Wolfgang Klein. »Sie machte mir die DDR nicht transparent.« »Wolfgang Vogel war ein verlässlicher Informant, viel eher als die Leiter der StäV«, meint Ulrich Schwarz, der sowohl vor der von der DDR verlangten Schließung wie auch nach der Wiedereröffnung das *Spiegel*-Büro in Ost-Berlin leitete. Er

76 Telefonat mit Mark Brayne, London, am 16. Januar 2009
77 Gespräch mit Erika Gaus am 2. Mai 2005 in Reinbek

machte die Erfahrung, dass die offizielle Vertretung keinen Schutz vor willkürlicher Einschränkung der journalistischen Arbeit oder vor gezielter Bestrafung bieten konnte. »Was die DDR mehr beeindruckte und viel tiefer schmerzte als Protestnoten aus der Hannoverschen Straße, waren Veröffentlichungen in den Westmedien.«[78]

Vor der Enquetekommission des Deutschen Bundestages warf der Historiker Manfred Wilke den westdeutschen Korrespondenten in der DDR pauschal und implizit Hofberichterstattung vor, sie hätten die Diktatur anerkannt, und viele von ihnen hätten in ihrer Berichterstattung rücksichtsvoll respektiert, dass die SED darüber bestimmte, wer in die DDR einreisen durfte und wer nicht.[79] Der pauschale Vorwurf der Staatsgläubigkeit gegen alle Westkorrespondenten ist nicht berechtigt. Es gab die naive Verharmlosung, auch ließen sich einzelne Korrespondenten verblendet von Eitelkeit auf die Nähe zur SED-Führung ein und verloren die kritische Distanz – für alle indes galt dies nicht.

Der langjährige Pressesprecher der StäV Eberhard Grashoff, der enge Beziehungen in die DDR unterhielt und von Bekannten bespitzelt wurde, beobachtete, dass sich die Korrespondenten der ersten Jahre – mit einigen Ausnahmen – als Verfechter der Entspannungs- und Annäherungspolitik verstanden hätten. Die ihnen nachfolgenden Kollegen ließen vielfach eine emotionale Bindung an die DDR vermissen und wären mehr auf ihr eigenes Fortkommen fixiert gewesen.[80]

Die DDR vermutete stets eine enge Zusammenarbeit zwischen Korrespondenten und Ständiger Vertretung. Dass ein Team des ZDF am 15. August 1988 in der StäV war, als »Provokateure« auf der gegenüberliegenden Straßenseite ein Transparent enthüllten, hielt das MfAA nicht für bloßen Zufall, wie die Abteilung für konsularische Angelegenheiten dem Vertreter der Ständigen Vertretung mitteilte. »Bettlakengroß« hingen Plakate »staatsfeindlichen Inhalts« an der Häuserfront – vom ZDF natürlich gefilmt. Franz Jürgen Staab als bundesdeutscher Vertreter zeigte gegenüber dem MfAA Verständnis für die Dreharbeiten, die DDR hingegen sah in der Aktion einen »eklatanten Mißbrauch journalistischer Arbeitsmöglichkeiten«.[81]

Immer wieder erreichten die Korrespondenten – wie auch die StäV – Hilfeersuchen von Ausreisewilligen, und auch in den Büros der westdeutschen Presse gingen immer wieder Hinweise auf sogenannte Demonstrativhandlungen ein: So registrierte das MfS im Juli 1983, dass DDR-Bürger die ARD informier-

78 Gespräch mit Ulrich Schwarz am 12. Juli 2006 in Berlin
79 vgl. Manfred Wilke in: Deutscher Bundestag (Hg.): Materialien der Enquete-Kommission, Bd. V/I, S. 74 ff.
80 Gespräch mit Eberhard Grashoff am 20. April 2005 in Berlin
81 BStU MfS HA IX 763, Bl. 45

ten, bevor sie am Alexanderplatz, Unter den Linden oder direkt in der Hannoverschen Straße öffentlich für ihre Ausreise demonstrierten. Ihrer Verzweiflung machten die Ausreisewilligen auf Plakaten Luft: Seit sieben Jahren liefen ihre Übersiedlungsersuchen,[82] beklagten sie – eine Szene, die sich westdeutsche Kamerateams natürlich nicht entgehen ließen. In Fällen wie diesen machte das MfS keinen Unterschied mehr zwischen der staatsoffiziellen Vertretung der Bundesrepublik und der Westpresse. Das bedeutete, dass sowohl die StäV wie auch die westliche Presseöffentlichkeit eine Schutzfunktion für vermeintlich delinquente DDR-Bürger ausübten, wenn sie Kenntnis von Festnahmen oder Eingriffen bekamen. Aus Sicht der DDR machte sich der Westen damit wieder einmal der unzulässigen Einmischung in deren innere Angelegenheiten schuldig.

Vielfach haben sich die Berichterstatter an die Tabus, die von der ZK-Abteilung Agitation indirekt diktiert wurden, gehalten. Die NVA war ein Thema, zu dem der Zugang offiziell verwehrt war und sich kaum ein inoffizieller Informationsweg öffnen ließ. Doch mussten die Korrespondenten nicht willfährig nach der Pfeife der SED tanzen oder sich – anders als die bundesdeutsche Vertretung – in Zurückhaltung üben, wie die teilweise ausführliche Berichterstattung über Kirche und Opposition zum Ende der achtziger Jahre belegt. »Korrespondenten lieben Dissidenten«, überschrieb der langjährige *SWR*-Korrespondent Gerhard Rein einen Aufsatz,[83] aber dieser Grundsatz galt keineswegs für alle. Dennoch trugen die Korrespondenten dazu bei, das Selbstbewusstsein der Oppositionellen zu stärken, ihren Bekanntheitsgrad zu erhöhen und ihre Ansätze einem Publikum vertraut zu machen, das sie angesichts der blockierten Informationswege im Innern der DDR ohne die Westmedien nie erreicht hätten. Viel offener als die Ständige Vertretung gingen die Korrespondenten auf die Opposition zu, die in ihrer Haltung gegenüber den westlichen Medien gespalten war: Ob die Berichterstattung die Protagonisten schützte und unterstützte – oder nicht vielmehr weitere Risiken brachte, wurde unter Oppositionellen kontrovers diskutiert. Langjährig in der DDR ansässige Korrespondenten, die das Vertrauen ihrer Quellen erworben hatten, konnten ihrem Publikum ein Bild der DDR zeigen, das nicht dem offiziellen entsprach und zugleich auch ein Gegenbild zu dem prinzipiell staatsloyalen Ansatz der StäV entwarf. »Vermutlich hat die Arbeit der ständig akkreditierten sowie der Reisekorrespondenten aus dem Westen in den letzten der insgesamt 41 Jahre existierenden DDR den Zusammenbruch des SED-Staates beschleunigt«, resümierte Peter Jochen Winters von der *FAZ* vorsichtig die Arbeit der Korrespondenten.

82 BStU MfS HA II 25001, Bl. 15
83 Rein: Diamonds are girls best friends oder Korrespondenten lieben Dissidenten, in: Ehrhart Neubert; Bernd Eisenfeld (Hg.): Macht – Ohnmacht – Gegenmacht. Grundfragen zur politischen Gegnerschaft in der DDR, Bremen 2001

»Ihre Absicht war das nicht. Sie waren keine ›Kampfgruppe gegen die DDR‹, sondern engagierte Beobachter, die mit den ihnen zur Verfügung stehenden Mitteln Anspruch und Wirklichkeit im ›real existierenden Sozialismus‹ des deutschen ›Arbeiter- und Bauernstaates‹ darstellten.«[84]

In einem Land ohne eigene kritische Medien hatten Korrespondenten, die diesem Ansatz folgten, eine politische Waffe in der Hand. Als Gerhard Rein 1988 nicht nur über Wanzenfunde bei Pfarrer Eppelmann berichtete, sondern Wochen später auch noch in einem Kommentar nachfragte, was wohl aus der von Eppelmann »gegen unbekannt« erstatteten Anzeige geworden sein mochte,[85] war das ein unverhohlener Aufruf an alle Hörer in der DDR, sich auch Auseinandersetzungen mit der Staatsmacht zu stellen. »Das Echo freilich, das diese miese Abhörpraxis in den westlichen Medien findet, wird die DDR ärgern und stören. Wenigstens das erreicht die Nachricht von den Wanzen in Eppelmanns Pfarrei.«[86]

»Ich glaube, nur mit Hilfe der Journalisten haben wir uns freigeschwommen«, erklärt Rainer Eppelmann – als Vorsitzender der Enquetekommission des Deutschen Bundestages und als Zeitzeuge. Damit spricht der damals oppositionelle Pfarrer aus Berlin den Korrespondenten, die gegenüber der unter dem Dach der Kirche versammelten Opposition in der DDR keine Berührungsängste hatten, ein Lob aus. Viele Korrespondenten suchten nicht die Nähe zur Macht, sie erlagen weder dem vorsichtig-beschwichtigenden Diplomatenton der StäV, noch gingen sie der DDR-offiziellen Seite auf den Leim. Vielmehr gaben viele von ihnen DDR-Bürgern eine Stimme, ließen sie über ihren Staat berichten und vermittelten ihren Lesern, Hörern oder Zuschauern beiderseits der Mauer ein DDR-Bild, das die deutsche Öffentlichkeit auf offiziellem Weg nicht erreicht hätte. Auf diese Korrespondenten konnten sich die Bürger- und Menschenrechtler, die vielfach Misstrauen gegen westliche Massenmedien hegten, verlassen. Die Ständige Vertretung pflegte ihre Kontakte auf staatlicher Ebene, zu staatstragenden Vertretern der Verbände und der Kirchenleitung. Trotz der Nähe und des symbiotischen Verhältnisses zu den akkreditierten Journalisten hat sie diese nicht zu kritischen Tönen animiert – das fragile Projekt der deutsch-deutschen Annäherung war ihr stets wichtiger als das Bedürfnis, die Schwäche des Staates DDR offenbar werden zu lassen.

84 Peter Jochen Winters: Neue Herrlichkeit, in: FAZ vom 6. Juli 2005
85 vgl. Gerhard Rein: Die protestantische Revolution 1987–1990. Ein deutsches Lesebuch, Berlin 1990, S. 128 f.
86 ebenda S. 129

Staatssekretäre auf besonderem Posten:
die Leiter der Ständigen Vertretung

Günter Gaus: 12. Juni 1973 bis 23. Januar 1981

»Günter Gaus hat die DDR mehr gemocht als wir«, konstatiert Lothar de Maizière.[1] Dieses Urteil des letzten und einzigen frei gewählten Ministerpräsidenten der DDR beschreibt die Haltung von Günter Gaus in zutreffender Weise. Die Einstellung des ersten Leiters der Ständigen Vertretung der Bundesrepublik zur DDR wurde mit den Jahren immer milder. Mit Vehemenz verteidigte er schließlich den Staat und plädierte für einen neuen, kompromissbereiten Umgang mit dem »Staatsvolk der kleinen Leute«,[2] wie er es in Ost-Berlin erlebt hatte. In Bezug auf die nationale Frage entwickelte Günter Gaus, Jahrgang 1929, seine eigene Rationalität. Lockerungen im Reiseverkehr forderte er beharrlich ein, andere Anzeichen der Unfreiheit in der Diktatur aber überging Gaus stillschweigend. Die Annäherung an den zweiten deutschen Staat, für die er sich verantwortlich sah, ließ ihn gegenüber der Diktatur nicht blind, aber stumm werden.

Verärgert war Gaus über das Desinteresse der westdeutschen Gesellschaft an den Vorgängen im Osten – einem Teil des Landes, der vielen Menschen in der Bundesrepublik immer obskurer erschien, ohne sie emotional zu berühren. Ihr Mann habe stets den Hochmut im Westen zu dämpfen versucht, sagt Erika Gaus.[3] Wie weit er sich dabei auf die Nähe zur DDR einließ, mutet heute seltsam an – etwa, wenn er einen strukturellen Vorteil beschreibt, den die DDR in den Verhandlungen gegenüber der Bundesrepublik genossen habe. Die Disziplin der SED-Funktionäre sei »um so vieles größer [...] als hierzulande«. Auch gebe es bei ihnen keine Indiskretionen, und Entscheidungen würden auf DDR-Seite viel rascher getroffen: »Dies ist zum Teil der Preis, den wir für den Parlamentarismus zu entrichten haben.«[4]

Neben aller Loyalität, die Gaus gegenüber der DDR entwickelte, zeigte er seine durchaus nicht unkritische Haltung gegenüber den Ansprechpartnern auf der politischen Ebene. In den Verhandlungen trieb der redegewandte und

---

1 Gespräch mit Lothar de Maizière am 22. Februar 2005
2 Günter Gaus: Wo Deutschland liegt. Eine Ortsbestimmung, Hamburg 1983, S. 37
3 Gespräch mit Erika Gaus am 2. Mai 2005 in Reinbek
4 Gaus: Wo Deutschland liegt, S. 254 f.

geschickte westdeutsche Verhandlungsführer die Gegenseite oft vor sich her. Seine sprachliche Virtuosität traf nicht auf ebenbürtige Gegenspieler. Günter Gaus war Journalist. Bevor er 1969 vom Programmdirektor des *Südwestfunk* zum Chefredakteur des *Spiegel* wurde, hatte er sowohl bei verschiedenen Zeitungen als auch beim noch jungen Fernsehen der Bundesrepublik gearbeitet. Hier setzte Gaus in den sechziger Jahren Maßstäbe: Seine Erfindung war eine fernsehtaugliche Gesprächsform. Im Dialog und vor laufender Kamera porträtierte Gaus Hunderte Prominente aus Politik, Wissenschaft und Kultur. Bis in seine letzten Lebensjahre konnte er die TV-Sendereihe »Zur Person – Porträts in Frage und Antwort« immer wieder neu aufnehmen. Im Gespräch lag, wie aus diesen Dokumenten abzulesen ist, seine unübertroffene Stärke. Dieses Talent konnte sich die Bundesregierung im deutsch-deutschen Dialog zunutze machen.

Als Gaus seinen Dienst in Ost-Berlin antrat, konnte der 45-Jährige nicht ahnen, was ihn erwartete. Doch rasch war deutlich: »von der Seite der ›Merker‹ auf die Seite der ›Täter‹ zu wechseln«, befriedigte ihren Mann, bestätigt Erika Gaus.[5] Wohl hatte er bereits in den deutsch-deutschen Verhandlungen über den Austausch von Repräsentanten Erfahrungen in Ost-Berlin sammeln können. Doch für die neue Institution gab es weder Muster noch Vorbild, es blieb ihm ungewöhnlich viel Gestaltungsspielraum. Günter Gaus war alles andere als ein Behördenmensch, und in der kurzen Übergangsphase als Staatssekretär in Bonn fiel es ihm nicht leicht, sich in die vorgegebene Hierarchie einzufügen. Als es später zu seinen Pflichten gehörte, einmal in der Woche als Ständiger Vertreter nach Bonn zu reisen, um an der Staatssekretärsrunde im Kanzleramt teilzunehmen, sei ihm das zuwider gewesen, erinnern sich Weggefährten von Gaus. In Berlin habe es ihm besser gefallen – nicht zuletzt, weil er dort eine herausragende Position einnahm und nicht als einer unter mehreren auftrat.

Und doch verstand sich Günter Gaus immer als Mittler. Im Interesse der Sache, die er als unbedingt richtige erkannt hatte und in deren Auftrag er in Ost-Berlin verhandeln sollte, ließ er sich auch auf »Apparatschiks« ein. Seine Sympathien für die Funktionäre waren zunächst nicht eben ausgeprägt. Doch dominierte er rasch die Verhandlungen und übernahm ambitioniert die Verhandlungsführung. Es mag Gaus zugute gekommen sein, dass er wenig Schlaf brauchte – Weggefährten behaupten, er brauchte überhaupt keinen Schlaf! Horst Grabert, dem Chef des Kanzleramts, der zeitweise den erkrankten Egon Bahr in den Verhandlungen vertreten musste, gefielen die unkonventionelle Form der Gespräche und die Zusammenarbeit mit Gaus jedenfalls nicht.

5 Gespräch mit Erika Gaus am 2. Mai 2005 in Reinbek

Grabert, zuvor Senator für Bundesangelegenheiten in Berlin, warf Gaus mangelnde Teamfähigkeit vor.[6]

Mit der Aufnahme der besonderen Beziehungen oblag es dem ersten Leiter der StäV, die rund neunzig Mann starke Einrichtung in Ost-Berlin aufzubauen und mit Leben zu erfüllen. Richtschnur bot ein Organisationserlass, demzufolge die Ständige Vertretung dem Kanzleramt direkt zugeordnet war. Wohl hatte der Ständige Vertreter gegenüber dem Kanzler stets ein Immediat-Vortragsrecht und unterstand unmittelbar dem Regierungschef. Doch der neue Bundeskanzler, Helmut Schmidt, interessierte sich wenig für die DDR. Nach der Bundestagswahl 1976 übertrug er seinem Vertrauten Hans-Jürgen Wischnewski nicht nur das Amt des Staatsministers im Kanzleramt, er erklärte ihn zudem zum Bevollmächtigten der Bundesregierung für Berlin. Damit hatte er Wischnewski eine Verantwortung zugesprochen, die auch Gaus gern für sich reklamiert hätte – weniger formal als vielmehr seinem Selbstverständnis nach. Dass es erhebliche Spannungen zwischen Helmut Schmidt und Günter Gaus gab, war kein Geheimnis, und diese übertrugen sich auf das Verhältnis zum Chef des Kanzleramts. »Ben Wisch« war indes klug genug, Misshelligkeiten nicht nach außen dringen zu lassen. Doch offenkundig war: Günter Gaus wollte die Maximen seines Handelns gegenüber der DDR selbst formulieren – er sah sich als Erbe von Willy Brandt.

Dieser hatte Gaus, der sich in einer prominent besetzten Wählerinitiative mit Arnulf Baring, Kurt Sontheimer, Siegfried Lenz, Günter Grass und Eberhard Jäckel für Brandts Kanzlerschaft engagiert hatte, ursprünglich zum Regierungssprecher ernennen wollen, dann schien er dem Kanzler der geeignete Mann für den neuen Posten in Ost-Berlin. Günter Gaus entsprach, wie Gregor Schöllgen beschreibt, in vielem den übrigen engen Vertrauten Willy Brandts. Egon Bahr, Günter Gaus und auch Klaus Harpprecht, oberster Redenschreiber im Kanzleramt, waren Autodidakten wie Brandt selbst, »auch sie wiesen alle Merkmale des Aufsteigers auf«.[7] Eigenwilligkeit und ein Hang zur Selbstdarstellung zeichneten die Mitstreiter des sozialdemokratischen Kanzlers in den frühen siebziger Jahren ebenso aus wie ihre große rednerische Begabung und journalistische Brillanz. Zu ergänzen ist, dass sie von einer unbeirrbaren politischen Überzeugung und Überzeugungskraft getrieben waren, die sich bei Bahr in Wendigkeit und bei Gaus in einem Eifer ausdrückte, der ihn auch noch an den eigenen Positionen festhalten ließ, als diese nicht mehr uneingeschränkt tauglich waren. Schöllgen charakterisiert Brandt, Bahr und Gaus

---

6 vgl. Horst Grabert: Wehe, wenn du anders bist! Ein politischer Lebensweg für Deutschland, Dössel 2003, zitiert in der Rezension von Detlef Nakath, in: H-Soz-u-Kult, 4. August 2004 (Website www.hsozkult.geschichte.hu-berlin.de)

7 Gregor Schöllgen: Willy Brandt. Die Biographie, Berlin, München 2001, S. 196

als Menschen, die ungeeignet waren zur konstruktiven Zusammenarbeit in einer auf Effizienz und straffe Personalführung angewiesenen Behörde, wie es das Kanzleramt 1973 war. Schöllgen erspart sich nicht den Hinweis: »Irgendjemand hat immer ein Glas in der Hand – mit Wein oder auch mit Stärkerem.«[8]

So wie Brandt junge Adepten um sich scharte, sammelte auch Gaus eine Gruppe von engagierten, jungen Mitstreitern in der StäV um sich. Diese waren vielfach in administrativen Abläufen ebenso wenig bewandert wie ihr Chef selbst. Er machte es mit seinem Ideenreichtum und seiner ansteckenden Neugier wett. »Gaus' ganz eigenen Paternalismus ließen wir, die mit einer 68er Mentalität in der Vertretung anfingen, uns gefallen«, erinnert sich einer der Referenten der ersten Stunde.[9]

Ab 1974 hatte Gaus das Mandat für die Verhandlungen mit der DDR. Siebzehn Verträge handelte er in seiner Zeit als Ständiger Vertreter und Chefunterhändler der Bundesrepublik mit der DDR aus. Die überwiegende Zahl dieser Abkommen diente – wie die Transitabkommen – in erster Linie der Insel West-Berlin, sie waren überhaupt nur notwendig, um die Lebensfähigkeit Berlins zu erhalten. Zugleich jedoch banden diese Verträge die ungleichen Partner in finanzieller, staatsrechtlicher und in ideeller Hinsicht aneinander. Über finanzielle Aspekte der Zusammenarbeit beriet Gaus mit dem DDR-Unterhändler für besondere Angelegenheiten, Alexander Schalck-Golodkowski. Diese Konstellation zeigt, wie deutsch-deutsche Verbindungen auf Nebenpfaden »abgewickelt« wurden: Auf westlicher Seite hatte Gaus – in Absprache mit dem Kanzleramt – Prokura, namens der DDR aber verhandelte weder der Leiter der Ständigen Vertretung am Rhein noch das MfAA, sondern eine einzige bevollmächtigte Person. Schalck genoss das Vertrauen Honeckers und unterhielt einen direkten Draht zu ihm wie auch zur Staatssicherheit. Wortreich im berlinischen Idiom und ebenso blitzgescheit wie hart trat er in den Gesprächen mit Gaus auf, vorzugsweise beim Gabelfrühstück. Sie verständigten sich über die großen Verkehrsprojekte, beispielsweise trafen sie die Vereinbarungen über die Grunderneuerung der Autobahn Berlin – Helmstedt oder den Bau der Autobahn zwischen Berlin und Hamburg. Der DDR brachten diese Vorhaben vor allem harte Valuta: Sie bot Arbeitskräfte und Logistik auf, während die Bundesrepublik in DM zahlte. Anders als Gaus, der verhandelte und hinterher auch für das Ergebnis öffentlich einstand – die Strecke zwischen Hamburg und Berlin gar insgeheim mit dem eigenen Namen schmückte –, übergab Schalck das Zepter am Ende dem Außenministerium, das für die Vertragsabschlüsse verantwortlich war. Die Aura des Konspirativen, die Schalck umgab und die er selbst nach Kräften nährte, mag Gaus fasziniert haben,

8 ebenda
9 Gespräch mit Axel Schmidt-Gödelitz am 17. Januar 2005 in Berlin

ebenso die unkonventionelle, wenig förmliche Art des Finanzjongleurs in Diensten Erich Honeckers.

Alles, was dieses Land braucht, ist Zuneigung – dieser Maxime folgte Gaus und wandte sich neugierig und offen der Bevölkerung zu. Gaus hatte in der DDR einen gänzlich anderen Zugang zu den Bürgern, er war hier zwar privilegiert, aber nicht Chef, einflussreich, aber eben auch Zuhörer für jene, die sich trauten, ihm ihre Geschichte zu erzählen. Gaus empfand diese Begegnungen zu Recht als bereichernd, sie öffneten ihm den Blick auf Welten, die ihm verborgen waren: Unverbraucht, authentisch kam ihm das Gehörte vor. Tatsächlich fand Günter Gaus, der sich durch die DDR wie ein Naturforscher mit der Botanisiertrommel bewegte und Geschichten sammelte, hier etwas, was er im Westen nicht fand – und dort auch nicht finden konnte. Der *Spiegel*-Chefredakteur, der Fernsehjournalist, der Staatssekretär kam in der DDR mit unterschiedlichen Menschen in Berührung, denen er weder in seinen Redaktionen noch auf dem Sessel im Studio noch im Umfeld der SPD oder des Kanzleramtes begegnet war. Gaus, stets eine brennende Zigarette zwischen Ring- und Mittelfinger, rauchte mehrere Packungen pro Tag, er öffnete sein Haus für Gäste und sprach großzügig Einladungen in die Residenz aus. Zugleich hatte er einen Hang zum großbürgerlichen Lebensstil, liebte das Reiten und genoss auch offizielle Vergnügungen wie die Hasenjagd mit Erich Honecker. Gaus traf vier Hasen, und die Schlagzeile in der *Bild* lautete: »Erich Honecker beim Abendessen: Wir treten weiter für die Beendigung des Wettrüstens ein.«[10]

Bei einem Besuch bei der Schauspielerin Gisela May teilte deren damaliger Lebensgefährte Wolfgang Harich dem MfS »offiziell« mit, dass Gaus Kontakt zu ihm, dem Philosophen, suchte. Gaus, so notierte das MfS nach Auskünften von Wolfgang Harich über einen Besuch des Ehepaars Gaus am 26. November 1974 in der Wohnung von Gisela May, habe sich gegenüber der DDR sehr loyal gegeben. Er wünschte sich, mindestens zehn Jahre in der DDR bleiben zu können. Wörtlich wird Gaus zitiert: »Ich wünsche mir so viele Kontakte wie möglich, und zwar auf allen Ebenen. Aber diese Leute müssen selber wissen, ob sie das wollen oder nicht und wo die Grenze ist. Ich nehme es nicht übel, wenn jemand diesen Kontakt nicht wünscht.«[11]

Geradezu schwärmerisch wurde Gaus' Vorliebe für Menschen und Kultur im anderen deutschen Staat. Ihr Vater habe in der DDR ein »versunkenes Deutschland« entdeckt, sagt Bettina Gaus. Als er sein Amt in Ost-Berlin antrat, bereitete sie ihr Abitur vor. Die Familie entschied sich gegen einen Schulwechsel, so dass ihre Mutter zwischen Reinbek und Berlin pendelte, bis die

---

10 Bild vom 23. Dezember 1978
11 BStU MfS ZAIG 2359, Bl. 6 f.

Tochter in München zu studieren begann. Als Abiturientin und später während des Studiums sei ihr das privilegierte Diplomatenleben ihrer Eltern in der DDR wie das Dasein in einer »Raumstation« vorgekommen.[12]

Wie offen war der erste Leiter der Ständigen Vertretung wirklich? Ein Geflecht von DDR-Bürgern hatte sich gebildet, die gern und oft in der StäV und im besten Fall auch bei ihrem Leiter und seiner Frau privat zu Gast waren. Es zeigte einen Ausschnitt der DDR-Gesellschaft, der nicht repräsentativ war: Künstler und Wissenschaftler, Kirchenobere, Schriftsteller, Schauspieler – Menschen, die es sich erlauben konnten, gegenüber dem Ehepaar Gaus offen aufzutreten und offen zu sprechen. In der ersten Zeit, Mitte der siebziger Jahre, kam es genau darauf allerdings an. Um den Gesprächsfaden zwischen Ost und West neu zu knüpfen, traf Gaus den richtigen Ton. Es scheint absurd, doch der Westdeutsche Gaus fühlte sich in der DDR frei.

Günter Gaus' Auftreten in der DDR war durchaus ambivalent: Beim Empfang zum einjährigen Bestehen des Ost-Berliner *Spiegel*-Büros am 25. November 1974 im Berliner Ermeler-Haus war Gaus im Beisein aller akkreditierten bundesrepublikanischen Korrespondenten

> »interessiert an Meinungen der am Empfang teilnehmenden offiziellen Vertreter der Regierung der DDR zum Verhalten und Auftreten der BRD-Korrespondenten in der DDR, um zu verhindern, daß durch taktloses Auftreten einzelner BRD-Journalisten die politische Seite belastet würde«,

wie das MfS sich von einem IM berichten ließ. Auf der anderen Seite aber forderte der Leiter der StäV auch dort gegenüber Kurt Blecha, dem Leiter des Presseamts beim Vorsitzenden des Ministerrats, erneut ausdrücklich, dass die DDR ständige Korrespondenten vom *Deutschlandfunk* und der *Deutschen Welle* akkreditieren solle.[13]

Den Korrespondenten brachte Gaus stets Interesse entgegen. Als der Fernsehkorrespondent Lothar Loewe ob seiner kritischen Berichterstattung in Bedrängnis geriet, seien Gaus und er »enger aneinandergerückt«, um den Journalisten Loewe demonstrativ zu schützen. Zugleich aber seien sie nie ein »leichtes Gespann gewesen«. Sie unterschieden sich nicht nur im Temperament, sie vertraten auch unterschiedliche Interessen. Günter Gaus hatte den Rollenwechsel vom Journalisten zum Staatssekretär komplett vollzogen: »Er, der Diplomat, in erster Linie an einem reibungslosen Verlauf der offiziellen Beziehungen zwischen Bonn und Ost-Berlin interessiert, pflegte eine

---

12 Gespräch mit Bettina Gaus am 30. Juli 2005 in Berlin
13 BStU MfS ZAIG 2359, Bl. 3

Geheimniskrämerei, die uns Korrespondenten manchmal auf die Nerven ging.«[14]

So offen Günter Gaus in der DDR auch auftrat – die evangelische Kirchenopposition blieb ihm wesensfremd. »Günter Gaus wollte damit nichts, aber auch gar nichts zu tun haben. Er war in die DDR und in den Status quo verliebt [...]. Christa Lewek, Manfred Stolpe und Albrecht Schönherr waren seine Gewährsleute«,[15] so der DDR-Korrespondent Gerhard Rein. Bischof Albrecht Schönherr bestätigte dies, wobei er Günter Gaus lobte und doch nur ein einziges Mal in seiner umfangreichen Biographie erwähnte.[16] Gaus war auch dort präsent, wo er nicht physisch anwesend war, seine Mission war allgegenwärtig und von enormer Symbolkraft.

Im November 1977 hatte der Ständige Vertreter mit einem Interview im *Spiegel* für Aufregung gesorgt, als er nahelegte, die bundesrepublikanische Seite müsse sich in der Staatsbürgerschaftsfrage bewegen:

> »Wir können von der DDR mit größerem Nachdruck und mit größerer Erfolgsaussicht verlangen, daß sie bestimmte Dinge tut, wenn auch wir – durchaus im Einklang mit dem Grundgesetz – für die Staatsangehörigkeitsfrage Lösungen und Verhaltensweisen finden, die nicht immer wieder neue Konflikte zwischen den beiden Staaten heraufbeschwören.«[17]

IM »Gisela« notierte, dass Gaus nach Erscheinen des Interviews seine Abberufung befürchtete. Grundsätzlich habe die Bundesregierung Kenntnis gehabt vom Inhalt des Interviews, er hätte allerdings »kein grünes Licht« bekommen, es in dieser Form an die Öffentlichkeit zu bringen.[18]

Der Bundeskanzler war hochgradig verärgert, der Bruch mit dem Kanzleramt war offensichtlich. Gaus sei ein Botschafter, weiter nichts, stutzte der zuständige Bundesminister Egon Franke den Leiter der Vertretung zurecht.[19] Die Auseinandersetzung um die Staatsbürgerschaft war eine Machtfrage. Gaus beanspruchte, Vordenker und Motor der deutsch-deutschen Beziehungen zu sein, während sich der Kanzler verständlicherweise die Richtlinienkompetenz in einer so grundsätzlichen, auch wahlentscheidenden Frage vorbehielt. Fort-

---

14 Lothar Loewe: Abends kommt der Klassenfeind. Eindrücke zwischen Elbe und Oder, Frankfurt am Main, Berlin, Wien 1977, S. 101
15 Gerhard Rein: Diamonds are girls best friends oder Korrespondenten lieben Dissidenten, in: Neubert; Eisenfeld (Hg.): Macht – Ohnmacht – Gegenmacht, S. 216
16 vgl. Abrecht Schönherr: ... aber die Zeit war nicht verloren. Erinnerungen eines Altbischofs, Berlin 1993, S. 296
17 Interview in: Der Spiegel 6/1977, S. 23
18 BStU MfS AIM 2466/88 II, Bd. 2, Bl. 225
19 vgl. Der Spiegel 7/1977

an gingen Noten von Helmut Schmidt an Erich Honecker an der StäV vorbei,[20] der Bundeskanzler traf sich mit Rechtsanwalt Wolfgang Vogel in West-Berlin, ohne dass der als eigenmächtig und vorlaut betrachtete Vertreter informiert war. Helmut Schmidt hatte seinen Brief mit 18 Forderungen an Erich Honecker übermitteln lassen, nun telefonierte er direkt mit dem SED-Chef. Die politischen Drähte liefen in diesem Moment an Gaus vorbei. Mit der telefonischen Kontaktaufnahme aber war eine neue Qualität der deutsch-deutschen Beziehungen erreicht, Gaus musste in diesem Stadium als *lame duck* erscheinen.

Der erste Leiter der Vertretung polarisierte. Hellmuth Karasek beschrieb ihn als Mensch,

> »der den ›s-pitzen S-tein‹ (er war ja in Wahrheit kein Hanseat, sondern aus Braunschweig) am schneidendsten artikulierte, so als wolle er sich durch die Kälte der Diktion auf das Schärfste von dem unterscheiden, was sich, zumindest in seinen Ohren, süddeutsch verschwiemelt, gar bayerisch oder hessisch oder pfälzisch anhörte. Er war, das Klischeebild sei gestattet, ein norddeutscher Herrenreiter, schmal, so schmal wie sein Intellekt, an dem man sich schneiden konnte. Und so war seine Sprache.«[21]

Und der Staatssekretär im Bundesministerium für innerdeutsche Beziehungen, Ludwig Rehlinger, aufseiten der Bundesrepublik maßgeblich an den Familienzusammenführungen und den Freikäufen beteiligt, hielt Gaus für einen »politischen Träumer«. Die StäV habe zwar im Blickfeld gestanden, aber sie habe »humanitär nichts erreicht«.[22] Aus Rehlingers Sicht zählten die jenseits der StäV verhandelten Ausreisefälle, Familienzusammenführungen und Häftlingsfreikäufe mehr als die Vermittlungsbemühungen der Politischen Abteilung der StäV und die ausgehandelten Verträge. Dass diese zumeist in aller Stille und im Verborgenen bearbeitet wurden (wie die über Rehlinger organisierten Übersiedlungen auch), mag sein hartes Urteil begründen.

Tatsächlich fiel Gaus' Urteil über die DDR schon früh moderat, aber differenziert aus. Die DDR sei nach innen ein stabilisierter Staat, befand der Leiter der Vertretung in seinem offiziellen Bericht zum 30. Jahrestag der Staatsgründung. Ein zwiespältiges Verhältnis zu ihrem Staat bescheinigte er der Bevölkerung. Einerseits bezweifelten die DDR-Bürger die Legitimation ihrer Führung und seien auf den Westen fixiert. Andererseits »nehmen sie den Staat letztlich illusionslos hin« und kultivierten ihren Stolz auf Erreichtes – insbesondere,

---

20 vgl. Karl Seidel: Berlin-Bonner Balance, Berlin 2002, S. 220
21 Hellmuth Karasek: Auf der Flucht. Erinnerungen, Berlin 2006, S. 496
22 Gespräch mit Ludwig Rehlinger am 26. April 2005

wenn es »von außen her abgewertet« werde. Dieses Psychogramm der Mehrheit der DDR-Bürger antizipierte bereits die Stimmung nach der Vereinigung. Gaus gelang es, eine hohe Sensibilität für die Menschen in seinem Gastland zu entwickeln. Er bemerkte im Jahr 1979 geradezu seherisch, dass bestimmte gesellschaftspolitische Charakteristika der DDR »vermutlich erst dann als ›Errungenschaften‹ ins Bewußtsein rücken und verteidigt werden, wenn sie in Frage gestellt würden«.[23] Zugleich enthält seine knapp 50 Seiten umfassende Analyse die Feststellung, dass die DDR »weite Bereiche von Rechtsstaatlichkeit aufzuweisen« habe. Sie sei »weder Rechts- noch reiner Willkürstaat«, obgleich der Rahmen wesentlich enger als in einem liberalen System gesteckt sei. Er kritisierte polizeistaatliche Elemente und eine erschreckende Intoleranz gegenüber allen jenen, die sich nicht der allgemeinen Norm entsprechend verhalten. »Wer fleißig und intelligent ist und sich dem vielfältigen Anpassungsdruck frühzeitig beugt, dem wird beim beruflichen und gesellschaftlichen Aufstieg nur wenig im Wege stehen«, beschrieb Gaus Karrierewege im Osten und räumte ein, dass Voraussetzungen für den Erfolg des Einzelnen »gesellschaftspolitische Aktivität und unbedingte Treue seien – auch dann, wenn er sein Gewissen vergewaltigen muß«.[24] Wieso Günter Gaus sich später für diesen Staat erwärmte, mutet angesichts seiner damaligen Beschreibung umso fragwürdiger an: »Die DDR ist nicht der Staat derer, die ihre Individualität bewahren wollen.«[25]

Zur politischen Lage berichtete Günter Gaus dem Kanzleramt, dass sich Erich Honecker als Nachfolger Walter Ulbrichts in Staat und Partei etabliert habe. Auch innerhalb der Kaderpartei gebe es Kritik und Konflikte zwischen jungen idealistischen Parteimitgliedern und ideologischen Puristen, doch sei die Masse der zwei Millionen Parteimitglieder »fest eingebunden in die Parteidisziplin und wird der jeweils vorgegebenen Parteilinie, so schwankend und unverständlich sie auch sein mag, ohne Widerspruch folgen«.[26] Ein Kurswechsel, so Gaus' Fazit, sei nicht in Sicht.

Gaus reiste nach seiner Ablösung noch oft in die DDR, wohnte mit Vorliebe im Palasthotel in Ost-Berlin, beobachtet von der Staatssicherheit, die festhielt, dass er Herbert Häber und Karl Seidel traf. Im Januar 1989 wurde ein weiterer »Prominenzaufenthalt« des Ehepaares Gaus registriert, das Kontakt zu einer Reihe respektabler Persönlichkeiten pflegte, darunter Günter Schabowski, der stellvertretende Minister für Kultur Klaus Höpcke, wiederum das Ehepaar

---

23 Bericht über die Entwicklung der inneren Situation der DDR vom 10. Oktober 1979, S. 3 (privater Handapparat)
24 ebenda, S. 5
25 ebenda, S. 11
26 ebenda, S. 30

Seidel aus dem MfAA, Otto Reinhold, der Rektor der Akademie für Gesellschaftswissenschaften beim ZK, der pensionierte Chef der Auslandsspionage Markus Wolf, aber auch zu Oppositionellen wie Bärbel Bohley oder Sebastian Pflugbeil, zu Künstlern wie Barbara Thalheim, Christa Wolf oder zu Konsistorialpräsident Manfred Stolpe.[27] Im Sommer 1989 war Gaus – wie die Sozialdemokraten Jürgen Schmude oder Erhard Eppler – Gast auf dem Kirchentag in Leipzig. Dass sie nicht offiziell begrüßt wurden, veranlasste zumindest Schmude als Präses der Synode der Evangelischen Kirche in Deutschland zu einer Beschwerde. Gaus wiederum war der einzige namhafte westdeutsche Teilnehmer, dem ein öffentlicher Auftritt vor Kirchentagspublikum in der Thomaskirche gestattet wurde. Der einstige Ständige Vertreter attestierte der SED bei dieser Gelegenheit öffentlich Reformwillen. In seinem Bericht für den *SDR* zitiert Gerhard Rein die Analyse von Gaus, der zufolge die SED längst vor Gorbatschow Reformen in Gang gesetzt habe, »und daß es ein Irrtum sei, davon auszugehen, daß ringsrum in den sozialistischen Ländern sich vieles zum Positiven verändere, nur in der DDR nicht«. Rein kommentierte: »Hier argumentiert jemand gegen den herrschenden Trend«, doch bekämen die »DDR-Analysen von Günter Gaus zunehmend etwas Apologetisches zugunsten der jetzigen SED«.[28]

»Im Westen dominierten unter den Beobachtern der DDR seit den frühen siebziger Jahren die ›Idylliker‹«, stellt auch der Historiker Stefan Wolle zugespitzt fest. In Gaus erkennt Wolle den prägnantesten Vertreter dieser überaus wohlwollenden Haltung gegenüber der »Heilen Welt der Diktatur«, wie der Wissenschaftler eine seiner Analysen der patriarchialisch organisierten DDR betitelte.[29] Im Jahr 1994 verfasste Günter Gaus einen Nachruf auf Erich Honecker:

> »Die huldvolle Ausreisepraxis per Gnadenakt war eine der hellen Seiten einer Entwicklung, an der vor allem die ehrlich von ihrer Sache überzeugten Männer und Frauen in der SED mehr und mehr verzweifelten. [...] Wahrhaftig, der hier skizzierte, er war kein Unmensch.«[30]

Günter Gaus, der über eine so lange Zeit deutsch-deutsche Pionierarbeit geleistet hatte, der einem ganz kleinen, aber doch wichtigen Teil der DDR-Bevölkerung ein Fenster in den Westen geöffnet hatte, dessen Mitarbeiter der west-

---

27 BStU MfS ZOS 2235, Bl. 22 und 99
28 Gerhard Rein: Die protestantische Revolution 1987–1990. Ein deutsches Lesebuch, Berlin 1990, S. 188
29 vgl. Stefan Wolle: »Es geht seinen sozialistischen Gang«. Alltagsverhalten und Systemkonformität in der DDR der achtziger Jahre, in: Neubert; Eisenfeld (Hg.): Macht – Ohnmacht – Gegenmacht, S. 307 ff.; Stefan Wolle: Die heile Welt der Diktatur. Alltag und Herrschaft in der DDR, Berlin 1998
30 Volksstimme vom 30. Mai 1994

deutschen Linken vorgemacht hatten, was es hieß, nicht nur den Sozialismus zu idealisieren, sondern tatsächlich die DDR zu menschlichen Erleichterungen im Kleinen zu bewegen, musste erleben, wie wenig sein Engagement in Bonn honoriert wurde: Es war für ihn doppelt tragisch, dass sein Dienstherr Helmut Schmidt ihn nicht würdigte und dass sein vorheriger Dienstherr, der *Spiegel,* ihn nicht zurückkehren ließ, obgleich dem einstigen Chefredakteur ursprünglich ein Rückkehrrecht eingeräumt worden war. Hellmuth Karasek berichtet von Gaus' Bitterkeit, »wie ihm Helmut Schmidt und dessen Eitelkeit sein Amt verleidet hätten, bis, ja bis er, Gaus, den Dienst quittiert habe«. Schließlich hätten auch Rudolf Augstein und Erich Böhme ihn im Stich gelassen und ihm in der Chefetage des *Spiegel* keinen Platz eingeräumt. »Auch dieser Zug war abgefahren«,[31] so Karasek lakonisch. Nachdem Gaus auch noch aus der Zeitung hatte erfahren müssen, dass seine Nachfolge in der Hannoverschen Straße geregelt sei und der Kanzler ihm seit langem misstraute, war er tief verletzt.

Das Angebot, zum Journalismus zurückzukehren, um als Intendant die *Deutsche Welle* zu führen, schlug Gaus aus. Auch der ihm angetragene Botschafterposten in Ägypten reizte den Deutschlandpolitiker nicht. Er wollte von seinem Thema nicht lassen und strebte das Amt des Senators für Bundesangelegenheiten in Berlin an, musste sich jedoch schließlich mit dem Posten als Wissenschaftssenator zufriedengeben.

»Gaus war unser Schussfahrer«, bekundet Egon Bahr. »Sein Tempo war enorm und er konnte sich der Rückendeckung von Willy Brandt sicher sein.« Mit Helmut Schmidts Amtsantritt – zumal nach der Enttarnung des Spions Günter Guillaume – war das Ende von Gaus schon zu Beginn seiner schwierigen Mission besiegelt. Und so brauchte der Leiter der Vertretung und Verhandlungsführer von Beginn an Hans Otto Bräutigam als verlässlichen Vermittler zum Kanzleramt. Dessen Wechsel 1977 nach Bonn in den Arbeitsstab Deutschlandpolitik war für Gaus nützlich. »Denn Bräutigam fuhr Slalom, er fand den Kurs zwischen Hindernissen und Interessen und beherrschte die Kunst, sämtliche Möglichkeiten auszuloten.«[32] Hatte Willy Brandt mit seiner neuen Ostpolitik den Grundstein für die Ständige Vertretung gelegt, so war es Günter Gaus, der das Projekt ausführte – eigenwillig und nach einem Bauplan, der ihm schließlich aus der Hand genommen wurde. Günter Gaus, der im Jahr 2004 einem Krebsleiden erlag, betrachtete seine Zeit an der Ständigen Vertretung in Ost-Berlin als beste seines Lebens.

31 Karasek: Auf der Flucht, S. 510
32 Gespräch mit Egon Bahr am 5. Oktober 2007 in Berlin

Klaus Bölling: 1. Februar 1981 bis 28. April 1982

Klaus Böllings Zeit als Ständiger Vertreter in Ost-Berlin stand von Anfang an unter keinem guten Stern. Umso aufmerksamer registrierten die Medien, dass Erich Honecker den Nachfolger von Günter Gaus im Anschluss an die Übergabe des Beglaubigungsschreibens am 9. Februar 1981 zu einem ausführlichen ersten Meinungsaustausch empfing. Fast eine Stunde dauerte das Gespräch mit dem Staatsratsvorsitzenden, über dessen Inhalt Bölling schwieg. Es war ein Wiedersehen nach mehr als dreißig Jahren. Denn Klaus Bölling, geboren 1928 in Potsdam, ist der einzige Ständige Vertreter, dessen Biographie vor seinem Amtsantritt in Ost-Berlin Berührungspunkte mit der DDR aufwies. Als junger Mann hatte er sich nach dem Ende des Nationalsozialismus der KPD angeschlossen und sich wenig später bewusst von der SED wieder abgewandt.

Das Kriegsende hatte der knapp 17-Jährige als Befreiung wahrgenommen: Seine jüdische Mutter hatte die Deportation nach Auschwitz überlebt, der Vater war nach 1933 aus dem Staatsdienst entlassen worden und mehrmals Verhören der Gestapo ausgesetzt gewesen. 1945 fand sich Klaus Bölling mit anderen antifaschistischen Jugendlichen zusammen und schloss sich zunächst enthusiastisch der KPD an. Als Jungredakteur arbeitete er bei der Jugendzeitung *Neues Leben*. Diese erschien im gleichnamigen Verlag, den Erich Honecker 1946 mit Gleichgesinnten gegründet hatte. Klaus Bölling hatte sein Büro im nichtzerstörten Teil des Hotel Adlon unter den Linden.[33] Er begleitete den FDJ-Gründer Honecker durchs Land, um anschließend über dessen Auftritte zu schreiben. Bereits 1947 aber trat Bölling enttäuscht aus der SED aus und elf Jahre später in die SPD ein – nicht zuletzt aus Begeisterung für Herbert Wehner. In einem ausführlichen Brief an die Parteileitung der jungen SED hatte er damals seine Entscheidung begründet: »Die SED hat den Boden der innerparteilichen Demokratie verlassen [...]. Die SED hat das gute Erbteil ihrer proletarisch-revolutionären Tradition zugunsten einer Politik der bürgerlichen Mittelmäßigkeit aufgegeben.«[34] Die Partei archivierte die Austrittserklärung sorgsam. Und so konnte Erich Honecker den neuen Leiter der Ständigen Vertretung bei einem der ersten offiziellen Besuche überraschen. Der inzwischen zum Parteichef aufgestiegene Honecker gab seinem einstigen Schützling den Brief zurück – als Erinnerung an eine, so Bölling, »kurze und periphere Bekanntschaft«.

Böllings Verhältnis zu seinen Gesprächspartnern in der DDR konnte bei dieser Vorgeschichte nicht ungetrübt sein. Erich Honecker wusste aber auch,

---

33 vgl. Fritz Klein: Drinnen und Draußen. Ein Historiker in der DDR, Frankfurt am Main 2000, S. 116
34 Klaus Bölling: Die fernen Nachbarn. Erfahrungen in der DDR, Hamburg 1984, S. 22

dass Bölling das Vertrauen von Bundeskanzler Helmut Schmidt genoss. Der Staats- und Parteichef war daher gewillt, sich auf Klaus Bölling einzulassen, obgleich dieser der DDR gegenüber wenig konziliant auftrat. Schwierig war Böllings Verhältnis zu den Vertretern des DDR-Außenministeriums. Karl Seidel, üblicherweise diplomatisch und zurückhaltend, spricht von »Gespreiztheit« im Auftreten des Gaus-Nachfolgers. Erich Honecker blieb nicht verborgen, dass seine Außenpolitiker Vorbehalte gegenüber dem wortgewandten Emissär aus Bonn hatten. Anlässlich des DDR-Besuchs von Helmut Schmidt im Dezember 1981 – dem Höhepunkt von Böllings kurzer Amtszeit an der Spree – bemerkte Honecker recht unverblümt schon beim Begrüßungsumtrunk: »Der Herr Bölling lernt jetzt, Diplomat zu sein.«[35] Der ansonsten bei der Begegnung auf Schloss Hubertusstock eher zurückhaltende DDR-Außenminister Oskar Fischer strahlte.

Nach schwierigen ersten sieben Jahren der Vertretung und angesichts des wenig fruchtbaren Verhältnisses zwischen Gaus und dem Kanzler schien ein Wechsel an der Spitze opportun. Es war kein Geheimnis: Der Bundeskanzler hatte Gaus nicht länger als Leiter der Vertretung in Ost-Berlin halten wollen, er misstraute dem Quereinsteiger. Dessen Eigenmächtigkeit widersprach Helmut Schmidts Verständnis vom Berufsbeamtentum zutiefst.

Klaus Bölling war – wie sein Vorgänger Gaus – Journalist. 1974 hatte er seinen Intendantenposten bei *Radio Bremen* aufgegeben, um Chef des Bundespresseamtes zu werden. Bölling war ein hochpolitischer Mensch, Intimus von Helmut Schmidt, und in seiner Absicht lag es, das direkte Gespräch zwischen Honecker und dem Bundeskanzler in Gang zu bringen. Anders sein Vorgänger: Gaus reklamierte den Dialog mit der DDR für sich – und in Bezug auf die auszuhandelnden Verträge und Abmachungen zum Verkehr und Transit hatte er dazu auch das Mandat. Doch eine weitergehende Form von Gesprächen auf höherer Ebene bedurfte der Vermittlung durch eine Person, die des Kanzlers Vertrauen genoss – diese Logik sprach für Bölling, Gaus hatte diese Stellung nie inne.

Die äußeren Umstände verhießen Bölling keine einfache Mission: Zum einen hatten die deutsch-deutschen Beziehungen zu Beginn der achtziger Jahre einen Tiefpunkt erreicht. Nach der Invasion der sowjetischen Truppen in Afghanistan und angesichts der Lage in Polen sagte Bundeskanzler Helmut Schmidt ein Treffen mit Staats- und Parteichef Erich Honecker ab. Wohl begegneten sie sich in Belgrad am Rande der Trauerfeierlichkeiten für den jugoslawischen Präsidenten Josip Broz Tito, doch das Verhältnis war nach der Anhebung des Mindestumtauschsatzes für Besucher aus dem Westen ange-

---

35 Bölling: Die fernen Nachbarn, S. 192

spannt. Und dass dann noch jemand, der SED und DDR den Rücken gekehrt hatte, nach Ost-Berlin entsandt wurde, hatte zunächst wenig Verbindliches. Zum anderen traf Bölling als Gaus' Nachfolger auch in der Vertretung nicht auf offene Arme – zu sehr war die Kernmannschaft in der Hannoverschen Straße auf Günter Gaus eingespielt. Der neue Chef schien vielen im Vergleich zu Gaus unzugänglich. Die Atmosphäre in der Hannoverschen Straße habe sich jäh verändert, meinen Mitarbeiter aus der Gaus-Ära. »Bölling in seiner Art war gänzlich unerträglich für die DDR!«[36] Eberhard Grashoff, Pressesprecher der Vertretung, macht kein Hehl daraus, dass mit der Entsendung Böllings ein Klima-Umschwung einherging, der das auf politischem Wege Erreichte zu gefährden schien. Die Klimaveränderung schlug sich auch in der Vertretung nieder. Die Staatssicherheit versuchte ebenfalls, daraus Kapital zu schlagen. Es blieb dem MfS nicht verborgen, dass ein Mitarbeiter der StäV, der mit seinem neuen Chef in Streit geraten war, sich für dessen Vorleben als Kommunist interessierte und Böllings Artikel aus der Zeitschrift *Neues Leben* in Umlauf brachte – mit welchem Ziel, konnte das MfS nicht feststellen.[37] Doch als Zeichen der Loyalität war die Verbreitung von Texten aus Böllings kommunistischer Jugend sicherlich nicht gedacht.

Klaus Bölling war der DDR-Spitze schon lange als scharfzüngiger Kritiker der Diktatur bekannt. Bereits vor seinem Amtsantritt in der Hannoverschen Straße hatte er sich im *Spiegel* für die Wiederaufnahme der Gespräche ausgesprochen und zugleich erklärt, »die anderen können nicht erwarten, daß wir Deutschlandpolitik zum Nulltarif machen«.[38] Mit Böllings Entsendung nach Ost-Berlin setzte Helmut Schmidt ein unmissverständliches Zeichen. Der stellvertretende Außenminister der DDR, Kurt Nier, hatte sich bereits am 16. Dezember 1974 gegenüber Gaus über den Sprecher der Bundesregierung beschwert:

> »Bölling habe es erst jüngst wieder für notwendig gehalten, eine Stellungnahme zu einem Treffen Honecker/Schmidt abzugeben. Wie bekannt, entbehrten Spekulationen darüber jeder Grundlage, ganz zu schweigen von dem Versuch Böllings, in diesem Zusammenhang der DDR wiederum irgendwelche Bedingungen stellen zu wollen. Solche Äußerungen dienen nicht der Normalisierung der Beziehungen.«[39]

Günter Gaus empfahl damals, nicht alles auf die Goldwaage zu legen: »Sie müssen auch mal weghören können.«[40]

36 Gespräch mit Eberhard Grashoff am 20. April 2005 in Berlin
37 BStU MfS ZAIG 16346, Bl. 215 ff.
38 Der Spiegel 52/1980, S. 17
39 BStU MfS Rechtsstelle 0129/4, S. 378 f.
40 ebenda

Klaus Bölling im Eingang zum Dienstgebäude an der Hannoverschen Straße

Klaus Böllings Zeit in Ost-Berlin ist mit 14 Monaten zu kurz, um sie mit der von Gaus oder Bräutigam vergleichen zu können. Doch ein Grundmuster zeichnet sich ab: Bölling ließ sich nicht auf die DDR ein. Während sich Günter Gaus mit Erich Honecker bei der Hasenjagd filmen ließ, verweigerte Bölling zwar nicht die Teilnahme an den protokollarisch wichtigen waidmännischen Vergnügungen der Staatsspitze mit geladenen Diplomaten. Die Einladung zum Schießen aber lehnte er unmissverständlich ab – nicht ohne deutliche Spitze: »Ich nehme kein Gewehr in die Hand, weil ich weder auf Menschen noch auf Hasen schieße!«[41]

Äußerungen wie diese verärgerten die DDR. Vor allem aber verunsicherte Klaus Bölling die Funktionäre, indem er einen anderen Ton anschlug; er blieb für sie unberechenbar. In scharfen Worten setzte er sich für die Belange der Bundesrepublik ein, verteidigte die immer wieder zulasten der Korrespondenten gebrochene Vereinbarung über die Berichterstattung aus der DDR, forderte »kleine Schritte zum Beispiel auf dem Gebiet der Kultur«, machte sich für eine von der SED-Spitze mit Misstrauen betrachteten Reise der CDU-Fraktion der Hamburger Bürgerschaft stark, der es nicht auf eine »Politshow«, sondern auf Informationen ankäme, und verwahrte sich »mit Nachdruck gegen jede Art von Zugangsbehinderung« zum Portal der Vertretung. »Seidel räumte ein,

---

41 zitiert in: Stern 7/1982

daß seine Position ungünstig sei.«[42] Formulierungen wie letztere tauchen in Berichten des MfAA über Gespräche mit Gaus oder Bräutigam nicht auf. Die Protokolle lassen erkennen, dass Klaus Bölling weniger versöhnlich auftrat. Gerade weil bekannt war, dass er zu den Vertrauten Helmut Schmidts zählte, befürchtete die DDR-Nomenklatura, der Vertreter könne den Bundeskanzler beeinflussen und zu einer härteren Gangart gegenüber dem SED-Regime bewegen. Bölling näherte mit seiner klaren Haltung gegenüber der DDR die von Gaus eingeschlagene Gangart der StäV gegenüber der DDR dem Kurs des Kanzlers an: Helmut Schmidt hatte stets mehr Interesse an Verhandlungen mit der Sowjetunion als am Gerangel mit dem »kleinen Bruder«. Die DDR galt es zu bändigen, in ein Geflecht von Verträgen einzuschnüren und ihr »humanitäre Erleichterungen« abzuringen, aber ein Herzensanliegen war die Deutschlandpolitik dem Hamburger Sozialdemokraten nicht. Der Briefwechsel zwischen Honecker und Schmidt aus dem Jahr 1974 blieb das markanteste Zeichen, das der Kanzler bis zu seinem Besuch am Werbellinsee setzte. Helmut Schmidt hatte Gaus die Verhandlungen mit der DDR überlassen und ihm nicht mehr als einen Rahmen vorgegeben. An den emotional geführten öffentlichen Debatten um die Deutschlandpolitik hatte Helmut Schmidt allerdings ablesen können, wie wenig sich dieses Politikfeld zur einfachen Profilierung eignete.

Zu Beginn der achtziger Jahre war offenkundig, dass sich Erich Honecker an der Staats- und Parteispitze freigeschwommen hatte und offensiv eine stärkere Abgrenzung gegenüber der Bundesrepublik vertrat: Wohl hatte er den von Gaus ausgehandelten Verträgen zugestimmt, nun aber blockierte die DDR weitere »menschliche Erleichterungen« und ließ die Restriktionen im Reiseverkehr wieder aufleben. Die Bundesregierung musste reagieren, das von Gaus verwaltete Erbe Willy Brandts verlangte nun auch vom Kanzler ein stärkeres deutschlandpolitisches Engagement. Ein erstes Zeichen setzte Helmut Schmidt mit der Personalentscheidung für Bölling: War hinlänglich bekannt, dass zwischen ihm und Gaus wenig Sympathie herrschte, so konnte schon die Ernennung von Klaus Bölling als Zeichen verstanden werden: Schmidt und Bölling waren einander vertraut, das würde die StäV näher an das Kanzleramt heranrücken lassen. Was zunächst so positiv wirkte, bescherte der StäV allerdings auch einen neuerlichen Personalwechsel: Der neue Ständige Vertreter sollte nach kaum mehr als einem Jahr in Ost-Berlin wieder an die Seite des Kanzlers an den Rhein zurückkehren. Der Kanzler benötigte seinen vertrauten Regierungssprecher – wobei auch die Frage aufkam, ob Bölling »desertierte«.[43] Seine politische Wirksamkeit wie sein rhetorisches Geschick konnte er nach

---

42 BArch B 136/18651, Bd. 1, o. P., Gespräch Bölling mit AL Seidel im MfAA am 30. April 1981 von 10 bis 11.15 Uhr, S. 1–5
43 vgl. Bölling: Die fernen Nachbarn, S. 190

Ansicht des Kanzlers in der Rolle des Regierungssprechers gewinnbringender entfalten.

Unbestrittener Höhepunkt von Böllings kurzem Intermezzo als Ständiger Vertreter war das zuvor immer wieder aufgeschobene Treffen des SED-Generalsekretärs mit dem Bundeskanzler im Dezember 1981. Die DDR konnte am Werbellinsee wieder einmal Souveränität demonstrieren, in Güstrow aber entlarvte sich das System selbst: Das MfS hatte die Stadt in ein Potemkinsches Dorf verwandelt. Der Zynismus der Mächtigen, aber auch die Bedrohlichkeit der möglicherweise eskalierenden Lage in Polen wurden dem Kanzler in der mecklenburgischen Stadt unbeabsichtigt vor Augen geführt. Erich Mielke hatte die Sicherheitsvorkehrungen beim Besuch Helmut Schmidts am 13. Dezember 1981 in Güstrow selbst in Augenschein genommen, obgleich das am selben Tag in Polen ausgerufene Kriegsrecht ihn eigentlich mehr beunruhigen musste als der West-Besuch in der mecklenburgischen Kleinstadt. Maßlos erschien auch Bölling der Einsatz der Sicherheitsleute in Güstrow, den der Minister selbst überwachte. Mielke – diskret in Lodenmantel und Jagdhütchen – war nach der Verabschiedung des Gastes aus der Bundesrepublik zu Honecker in die Limousine gestiegen. Selbst Mitarbeiter des MfS habe er mit seiner Anwesenheit überrascht, angeblich stellten sie sich die Frage: »Wer ist denn der nervöse Alte?«[44]

Nicht zuletzt war Böllings Zeit in Ost-Berlin auch von privaten Turbulenzen begleitet. In dritter Ehe frisch vermählt, hatte der 51-Jährige seinen Dienst in Ost-Berlin angetreten. Doch seine junge, noch studierende Ehefrau konnte sich mit dem Leben in Pankow und auf dem Diplomatenparkett der DDR nicht anfreunden. Als offizielle Begründung für die Trennung wurde die Unvereinbarkeit der Protokollverpflichtungen mit ihrem zweiten Staatsexamen in Medizin an der Freien Universität angeführt. Dass sich Klaus Bölling dann in Ost-Berlin mit der Buchillustratorin Ruth Mossner anfreundete und die »Gigi« genannte Künstlerin ihn nach dem Ende seiner kurzen Amtszeit von Ost-Berlin nach Bonn begleitete, gab Anlass zu Gerüchten. Die Liaison währte nicht lange, und Ruth Mossner kehrte nach zwei Monaten in die DDR zurück, was weitere Spekulationen nährte. Bölling hatte den Bundeskanzler wie auch den Präsidenten des Bundesamts für Verfassungsschutz informiert und die Angelegenheit ansonsten zur Privatsache erklärt. Der Verfassungsschutz überprüfte Ruth Mossner und fand heraus, dass sie über den Regisseur Konrad Wolf Kontakt zur Familie von dessen Bruder, dem HVA-Chef Markus Wolf, unterhielt. *Die Welt* berichtete über einen Vermerk des Verfassungsschutz-Präsidenten, demzufolge der Bundeskanzler »mit seiner Zustimmung die politische Verantwortung übernommen« habe. An Bölling »liege es, Vorsorge zu

---

44 Otto: Erich Mielke, S. 432

treffen. Er könne schließlich am ehesten die Loyalität seiner Lebensgefährtin einschätzen.«[45]

Ruth Mossner selbst erklärt, das entspreche nicht den Tatsachen, sie kannte Konrad Wolf nicht persönlich und habe folglich auch keinen Kontakt zur Familie des Chefs der Auslandsspionage hergestellt. Ruth Gisela Mossner unterhielt seit ihrer Studentenzeit Kontakte zur Staatssicherheit. Im November 1972 registrierte die HA XX/2 sie als IM »Liliom«.[46] Die Überlieferung ist lückenhaft: Hinweise darauf, dass Ruth Mossner gezielt auf den Leiter der Vertretung angesetzt wurde, liegen nicht vor. Auch sind keine Indiskretionen von ihr über Bölling nachweisbar – wohl aber ein handschriftlicher Bericht des MfS über ein Treffen am 4. Mai 1982, kurz vor ihrer Abreise in den Westen.[47] Darin schlägt der Führungsoffizier vor, den Kontakt sofort abzubrechen. Die Künstlerin war keine Meisterspionin, und die Gefahr, dass nach Guillaume ein weiterer Spitzel in Bonner Regierungskreisen auffliegen und die deutsch-deutschen Beziehungen erneut strapazieren könnte, war zweifellos hoch. Erich Honecker wollte den Abbruch der fragilen Beziehungen nicht riskieren. Ruth Mossners Darstellung zufolge habe sich Klaus Bölling beim Staatsratsvorsitzenden um ihre Ausreise bemüht, die dann auch genehmigt wurde. Honeckers Kommentar: »Wo die Liebe hinfällt.«[48] Ob und in welcher Weise die Auslandsspionage der DDR eigenmächtig tätig wurde, lässt sich nicht nachvollziehen. Im Abschlussbericht zu IMV »Liliom«, der erst am 14. Dezember 1989 (!) erstellt wurde, heißt es: »Die Zusammenarbeit wurde auf zentrale Weisung eingestellt und wird nicht wieder aufgenommen. Probleme, die eine Zusammenarbeit gefährden, sind dafür ursächlich vorhanden und könnten großen politischen Schaden verursachen.«[49] Klaus Bölling wischt die Sache vom Tisch: »Sie erschien mir nicht als Mata Hari – und auch die starb ja umsonst.«[50] Sie habe nie über Klaus Bölling berichtet, sagt die Künstlerin selbst.[51] Ihre rasche Rückkehr in die DDR erklärt sie damit, dass ihre Liebe damals rasch erloschen sei und ihr das Leben in Bonn ohne lebendige, freundschaftliche Kontakte, wie sie die Künstlerin aus Berlin kannte, »armselig« vorgekommen sei – »wie aus zweiter Hand«.

45 Die Welt vom 26. Juli 1982
46 BStU MfS ZA AIM 15908/89, Bd. 1, Bl. 15 und 60 ff.; vgl. Joachim Walther: Sicherungsbereich Literatur. Schriftsteller und Staatssicherheit in der Deutschen Demokratischen Republik, Berlin 1996, S. 682; hier sind allerdings die Datumsangaben durcheinandergeraten.
47 BStU MfS ZA AIM 15908/89, Bd. 1, Bl. 412 ff. Dieser Bericht enthält konfuse Notizen über das Treffen zwischen Mossner und dem Führungsoffizier, und er wurde später noch einmal nachdatiert (5.5.1986).
48 zitiert im Schreiben an die Autorin vom 9. November 2009
49 BStU MfS ZA AIM 15908/89, Bd. 1, Bl. 412 ff.
50 Gespräch mit Klaus Bölling am 12. September 2005 in Berlin
51 Gespräch mit Ruth Mossner am 7. Oktober 2005 in Berlin

Aus Sicht des Geheimdienstes lieferte indes ein Tierarzt aus der Nachbarschaft verlässlichere Berichte über den zweiten Leiter der Ständigen Vertretung. Böllings Bernhardiner Bolle benötigte Hilfe, so entwickelte sich ein Kontakt, und der Veterinär unterhielt sich mit dem Leiter der Vertretung verschiedentlich nicht nur über den Hund. Unter anderem habe ihm Bölling – laut Protokoll des MfS – verraten, wie viel Freude ihm die Verhandlungen mit Erich Honecker unter vier Augen machten. »Mit ihm könnte man sich nach seiner Meinung ausgezeichnet verständigen. [...] Er hätte immer wieder den Eindruck, daß sich die anderen Herren – er führte Egon Krenz an – mit ihm sehr schwertun würden.«[52]

Nur 14 Monate verbrachte Klaus Bölling in der Ständigen Vertretung. Helmut Schmidt und Erich Honecker erreichten indes keinen substantiellen Fortschritt in den deutsch-deutschen Beziehungen. Erst nach seiner Rückkehr in die Bundesrepublik und den eher glücklosen Monaten in Ost-Berlin leistete Bölling der Verständigung noch einmal einen Dienst: Er legte ein Buch über die »fernen Nachbarn«[53] vor, in dem er vielen Funktionären, die zuvor in der Bundesrepublik unbekannt waren, ein Gesicht gab.

Auch Klaus Bölling mäßigte seine rigorose Haltung gegenüber der DDR im Lauf der Jahre und erlag dem Zeitgeist der Bundesrepublik. Im Frühjahr 1989 forderte der Sozialdemokrat wie viele andere westdeutsche Publizisten und Politiker jeglicher Couleur, »den alten Hut« – gemeint war die Präambel des Grundgesetzes mit ihrem Hinweis auf das Selbstbestimmungsrecht und die Einheit und Freiheit der Nation – »endlich über Bord« zu werfen.[54]

Hans Otto Bräutigam: 12. Mai 1982 bis 8. Januar 1989

»Die Wirklichkeit in der DDR kannte ich nicht, als ich das erste Mal mit Egon Bahr nach Ost-Berlin fuhr. Auch hatte ich – ebenso wie Gaus – keinerlei familiäre Bindung in die DDR – aber ein großes Interesse.«[55] Nicht zuletzt Peter Benders Texte seien es gewesen, die ihm Willy Brandts Ostpolitik nahegebracht und sein Interesse am zweiten deutschen Staat geweckt hätten, sagt Hans Otto Bräutigam.

»Als ich Bahr zu den Verhandlungen in die DDR begleitete, war alles neu für mich. In einer der langen Verhandlungspausen, die sich während der Vieraugengesprä-

52 MfS HA II 4490, Tonbandabschrift, Bl. 22
53 Bölling: Die fernen Nachbarn
54 Die Welt vom 22. Mai 1989, zitiert bei Ehrhart Neubert: Unsere Revolution. Die Geschichte der Jahre 1989/1990, München 2008, S. 58
55 Gespräch mit Hans Otto Bräutigam am 1. März 2005 in Berlin

che zwischen Michael Kohl und Egon Bahr ergaben, fiel mein Blick aus dem Fenster vom Stadthaus auf die Ruine der Nikolaikirche. Wir warteten darauf, dass die Runde wieder geöffnet würde. Konversation zu treiben, war schwierig. Mit den Delegationsmitgliedern der anderen Seite gab es nicht viel Unverbindliches zu besprechen, also fing ich an, mich nach der Kirche vor dem Fenster zu erkundigen. Antwort: ›Welche Kirche? Weiß ich auch nicht, die wird wohl bald wegkommen!‹ Spätestens in diesem Moment war mir klar: Wir hatten uns wirklich nicht viel zu sagen.«[56]

Der dritte Leiter der Ständigen Vertretung in Ost-Berlin stammt aus dem Westen Deutschlands. Er wurde im Saarland geboren, wuchs in Wetzlar und im Sauerland auf – und wollte der dörflichen Enge nach dem Abitur entkommen. Bräutigam ist Jurist. Seine Dissertation erörtert die Frage, ob sich die Neutralität Österreichs als Modell für Deutschland und für eine andere Nachkriegsordnung eignen könnte:[57]

»Ich nahm anfangs an, dass die Neutralität auch für Deutschland eine Alternative wäre. Aber es passt nicht: Die neutralen Staaten sind alle kleiner, von anderem Gewicht innerhalb Europas. Und bei Deutschlands Lage zwischen Ost und West wollen es weder die westlichen Führungsmächte noch die östliche Seite.«[58]

1962 nahm Hans Otto Bräutigam seinen Dienst im Auswärtigen Amt auf und wurde persönlicher Referent des christdemokratischen Außenministers Gerhard Schröder. Dieser schätzte seinen jungen, korrekten und verlässlichen Mitarbeiter. Bräutigams Wurzeln liegen im konservativen Milieu der Zwischenkriegszeit. Seine Mutter stammte aus einer Fabrikantenfamilie, der Vater war Sohn eines Richters, wurde Seeoffizier und ging schließlich in die Industrie. »Hanno« Bräutigam sagt von sich selbst, er sei konservativ erzogen worden. Seine liberale Haltung habe er »vielleicht« durch Willy Brandt und die Zeitumstände gewonnen.[59] Eine Parteimitgliedschaft lag ihm stets fern – im diplomatischen Dienst gehöre man keiner Partei an. Seinem Amtsverständnis nach »ziemt es sich nicht«.

Bräutigam konnte die Bemühungen des Bonner Außenministers aus der Nähe miterleben, der die deutsche Frage über Bande spielen und mit Moskau regeln wollte. Minister Schröder habe ein gutes, auch persönliches Verhält-

56 ebenda
57 Hans Otto Bräutigam: Die Neutralisation. Unter besonderer Berücksichtigung der Mitgliedschaft eines neutralisierten Staates in einem System kollektiver Sicherheit, Diss. Universität Bonn 1960
58 Hans Otto Bräutigam am 2. Dezember 2007 im Deutschen Theater in Berlin (Gregor Gysi trifft Zeitgenossen)
59 ebenda

Amtseinführung von Hans Otto Bräutigam (links). Erich Honecker empfängt die westdeutschen Beamten: Franz Jürgen Staab, Max Dehmel, Hans-Jakob Tiessen, Eberhard Grashoff

nis zu dem jungen Juristen gepflegt – »ein richtiges Vertrauensverhältnis, obwohl wir oft ganz unterschiedlicher Meinung waren«, erinnert sich Bräutigam. Gerhard Schröder respektierte die differierende Haltung seines Mitarbeiters, und sie diskutierten offen miteinander. Seiner Ansicht nach würde sich – bei aller Grundgesetztreue – ein Weg zur Annäherung an die DDR öffnen müssen. Pragmatisch schien eine konditionierte Anerkennung und damit das Ende der starren Haltung Bonns unausweichlich. Bräutigam verstand sich indes nicht als Politiker – eine Haltung, die er beibehielt, obgleich er in seiner weiteren Laufbahn, die ihn kurz nach London führte, aber stets der Deutschlandpolitik gewidmet war, in eine eminent politische Rolle hineinwuchs. Der Diplomat konnte das Vertrauen von Politikern unterschiedlichster Couleur im Westen, aber auch in der DDR erwerben. Seine Vertrauensstellung nutzte er nie zu seinem eigenen Vorteil aus, vielmehr lenkte er den ihm persönlich entgegengebrachten Respekt stets auf die Sache, für die er bis heute beharrlich eintritt: Sein unbedingtes Interesse galt der Verständigung zwischen Ost und West.

Zweimal wurde Hans Otto Bräutigam mit Aufgaben in der Ständigen Vertretung in Ost-Berlin betraut: als Leiter der Vertretung in den achtziger Jahren, davor aber, ab 1974, war er als Chef des Vorkommandos und Vertreter von Günter Gaus in den Aufbau der neuen Einrichtung eingebunden. »Berlin ist das Richtige für uns«, hatte seine Frau ihn bestärkt,[60] und so zog die Familie mit den drei Kindern in die geteilte Stadt. Im Zusammenspiel mit Günter Gaus sollte sich rasch zeigen: Beide ergänzten sich. Bräutigam blieb, wie es seinem Naturell entsprach, vornehm im Hintergrund, während Gaus das Rampenlicht genoss. Bräutigam war an die Mechanismen des hierarchischen Beamtenapparates gewöhnt, Gaus dagegen akzeptierte nur widerwillig die Strukturen in Bonn, was auch mit seinem nicht ungetrübten Verhältnis zum Bundeskanzler zusammenhing. Auch im Verhältnis zu Kanzleramtschef Hans-Jürgen Wischnewski diente Bräutigam als Vermittler:»Das gelang nicht immer«, schrieb er selbst.[61] Gaus habe schwerlich einsehen können, dass die Deutschlandpolitik für den Kanzler keine Priorität hatte.

Im Jahr 1982 übernahm der inzwischen 51-jährige Hans Otto Bräutigam die Nachfolge von Klaus Bölling und zog ein weiteres Mal in die DDR – jetzt als Leiter der Vertretung. Sein Vorgänger schildert, wie Helmut Schmidt ihn nach seiner vorzeitigen Abberufung um einen Vorschlag für einen Nachfolger bat:

> »Es war vorherzusehen, daß die DDR-Führung nach zwei gelernten Journalisten einen gelernten Diplomaten nicht ungern empfangen würde, als Abschlagszahlung auf die von uns vorerst nicht zu erfüllende Forderung nach einer Umwandlung der Vertretung in eine Botschaft.«[62]

Auch Hans-Dietrich Genscher sei von der Personalie sofort überzeugt gewesen:»Ein guter Mann, er ist ja auch Sozialdemokrat«, soll er gesagt haben – eine kleine Provokation, argwöhnt Bölling, habe Genscher doch bestens im Blick gehabt, wer welcher Partei angehörte, um »die wenigen Sozialdemokraten in den höheren Rängen des Auswärtigen Amtes unter vielerlei Lobsprüchen zu exmittieren«, so Bölling.

Auch später, als der parteilose Bräutigam Staatssekretär und Leiter der StäV war, blieb er in erster Linie Diplomat. So verstand er auch sein Amt in Ost-Berlin als ein vermittelndes. Egon Bahr hielt Hans Otto Bräutigam nicht nur für einen brillanten Beamten, sondern betrachtete dessen Einsatz als Glücksfall für die heikle Mission im Osten. Bräutigam, der bereits in die Vorverhandlungen mit der DDR eingebunden war und als intimer Kenner der Befindlichkeiten des MfAA galt, behielt auch während der Krisen des deutsch-deutschen Verhältnisses stets maßvolle Ziele im Auge:»Das Auswärtige Amt hätte keinen besseren in meine Delegation abordnen können: Am Anfang kritisch, wurde er während der Verhandlungen mit der DDR zu einem überzeugten Anhänger

---

60 vgl. Bräutigam: Ständige Vertretung, S. 83
61 ebenda, S. 204
62 Bölling: Die fernen Nachbarn, S. 191

der Ostpolitik.«[63] Bräutigam wurde nicht nur zu einem Anhänger, sondern vor allem zum Nachlassverwalter dieser Ostpolitik: Als deren Erfinder nach dem Regierungswechsel zu Helmut Kohl nicht mehr in Amt und Würden waren, oblag es ihm, die Politik der kleinen Schritte in Ost-Berlin weiterzugehen.

Als Hans Otto Bräutigam im Mai 1982 die Nachfolge von Klaus Bölling antrat, beendete er ein kurzes Zwischenspiel im Auswärtigen Amt. Zuvor hatte er drei Jahre lang den Arbeitsstab Deutschlandpolitik im Kanzleramt geleitet. Und so galt er der Presseagentur *dpa* »als einer der sachkundigsten Beamten der Bundesregierung in Fragen der deutsch-deutschen Beziehungen und des Ost-West-Verhältnisses«.[64] Das Klima zwischen beiden deutschen Staaten war 1982 nicht eben günstig, aber Bräutigam wagte sich mit vorsichtigem Optimismus vor. Es habe oft schwierige und sehr schwierige Zeiten gegeben, aber man sei aus den Niederungen immer wieder herausgekommen. Er sei »eigentlich« ganz zuversichtlich, dass es den beiden deutschen Staaten auch dieses Mal gelingen würde, zu einem Verhältnis zu finden, das »von Vernunft und Verantwortung geprägt« ist, erklärte er bei seinem Amtsantritt.[65] Während Günter Gaus das Transitabkommen und 16 weitere Verträge mit der DDR ausgehandelt hatte, gelang es Hans Otto Bräutigam im Mai 1986, das schwierige deutsch-deutsche Kulturabkommen nach 13 Verhandlungsjahren zu einem Abschluss zu bringen – ein Beispiel für die »Millimeterarbeit« in der deutsch-deutschen Annäherung, wie Helmut Kohl befand.[66] »Da zeigt sich schon der Unterschied zwischen beiden«, sagt der Journalist Harald Kleinschmid, der mit beiden Vertretern zu tun hatte. »Elegant« nennt der damalige Staatssekretär im innerdeutschen Ministerium, Ludwig Rehlinger, Bräutigams Amtsführung. Bezogen auf die Ausreisefälle bemerkt Rehlinger: »Bräutigam hielt sich an die Vollmachten, die er hatte, akzeptierte die Grenzen oder beschaffte sich Weisungen, um weitergehen zu können – bis die DDR über Rechtsanwalt Vogel mitteilen ließ, dass die Ständige Vertretung ihre Kompetenzen überschreite.«[67]

Hans Otto Bräutigam war diszipliniert, wählte seine Worte überlegt und agierte überaus vorsichtig. Es mag neben der politischen Räson auch seinem Naturell zuzuschreiben sein, dass er zum Ende der DDR ausdrücklich die Intensivierung der Kontakte zu Dissidenten ausschloss: Er habe auch die Mitarbeiter der Ständigen Vertretung immer davor gewarnt, den Widerstand gegen die

63 Egon Bahr: Zu meiner Zeit, München 1998 (1996), S. 368 f., und im Gespräch am 5. Oktober 2007 in Berlin
64 dpa, 18. Mai 1982
65 ebenda
66 vgl. Helmut Kohl gegenüber Karl-Rudolf Korte, zitiert in: Karl-Rudolf Korte: Deutschlandpolitik in Helmut Kohls Kanzlerschaft. Regierungsstil und Entscheidungen 1982–1989 (Geschichte der Deutschen Einheit, Bd. 1), Stuttgart 1998, S. 265
67 Gespräch mit Ludwig Rehlinger am 26. April 2005 in Eichwalde

SED-Vorherrschaft bewusst zu unterstützen, sagt Bräutigam. Die Friedensbewegung der DDR zum Beispiel habe ihn interessiert, »aber wir konnten den Kontakt nicht pflegen. Wir mussten darauf verzichten. Uns drohte keine Gefahr, wir konnten ausreisen, aber unsere Gesprächspartner waren gefährdet.«[68] Wie berechtigt die Vorsicht war, zeigen Bemerkungen des MfS. Missbilligend hatte die Staatssicherheit beobachtet, wie Bräutigam unmittelbar nach seiner Rückkehr in die Vertretung im Mai 1982 »erste Aktivitäten im Rahmen der Kontakttätigkeit [...] in Bezug auf ihm bereits aus seiner früheren diplomatischen Tätigkeit in der DDR bekannte Kontaktpartner aus Kirchenkreisen« aufnahm.[69] Andererseits war es für die »Organe« der DDR aus »außenpolitischen« Erwägungen nicht unproblematisch, gegen Dissidenten vorzugehen, die über Kontakte zu Westkorrespondenten in der Bundesrepublik bekannt geworden waren. Davon nahm die Öffentlichkeit in Ost und West Kenntnis, was die Reputation der DDR nicht verbesserte. Und im hypothetischen Fall ernstlicher diplomatischer Verwicklungen hätte sich die DDR-Führung in den späten achtziger Jahren, da der große Bruder Perestroika und Glasnost ausgerufen hatte, kaum mehr erlauben können, Diplomaten, die sich in »innere Angelegenheiten« einmischten, auszuweisen.

»Öffentliche Auftritte im Scheinwerferlicht des Fernsehens waren meine Sache nicht«,[70] schreibt der Diplomat in seinen Memoiren über das erste Fernsehinterview, das er nach seiner Ernennung zum Staatssekretär gab. Hans Otto Bräutigams Auftreten war von vornehmer Zurückhaltung. Dies kam ihm im alltäglichen Umgang mit seinen Ansprechpartnern in der DDR zugute. Er trat ihnen gegenüber nicht überheblich auf, wohl aber mit einer unerschütterlichen Überzeugung: »Die DDR ist nicht gegen die Bundesrepublik lebensfähig, sondern muss an geordneten und zumutbaren Verhältnissen gegenüber Bonn interessiert sein.«[71]

Ewald Moldt, einer der Leiter der DDR-Vertretung in Bonn, hatte Hans Otto Bräutigam im Blick, als dieser im Kanzleramt im Arbeitsstab Deutschlandpolitik arbeitete. Vor Bräutigams Rückkehr nach Ost-Berlin an die Spitze der bundesrepublikanischen Vertretung kabelte Moldt ans Ost-Berliner Außenministerium: Bräutigam »hat sich in allen Funktionen bisher als Diplomat betrachtet, stellt revanchistische innerdeutsche Konzeptionen nicht in den Vordergrund, vertritt sie aber auftragsgemäß«. Doch Moldt würdigte Bräutigams Pragmatismus: Er vertrete die Position, dass die Politik der Bundesrepublik nur erfolgreich sein könne, wenn sie »von Realitäten ausgeht«.[72]

68 Gespräch mit Hans Otto Bräutigam am 22. August 2005 in Berlin
69 BStU MfS HA II 27689, Bl. 84
70 Bräutigam: Ständige Vertretung, S. 283
71 Die Welt vom 13. Dezember 1988
72 BStU MfS ZAIG 16346, Bl. 198, Telegramm Ewald Moldt an Karl Seidel vom 3. Mai 1982

Hans Otto Bräutigam erweckte den Eindruck, er begreife sich als Lernender; er war ein guter Zuhörer, meint einer der Korrespondenten. Seine zurückhaltende Art und seine stille Diplomatie zugunsten der Anliegen der Bürger unterschieden ihn von seinen beiden auf unterschiedliche Art eigenwilligen Vorgängern. Bräutigams Meisterleistung war, 1982 den Übergang von Helmut Schmidt zu Helmut Kohl im Amt des Ständigen Vertreters nahtlos geschafft und damit auch die Deutschlandpolitik zur Beruhigung der DDR im Gleichgewicht gehalten zu haben. Das war für beide Seiten wichtig, weil Bräutigam das Verhältnis entscheidend zu stabilisieren vermochte. Dass er seinen schwierigen Posten behielt, war ein deutliches Zeichen: Der neuen Bundesregierung, zumindest ihrem Kanzler, war sehr an politischer Kontinuität im schwierigen Verhältnis zur DDR gelegen. Doch änderte sich die Sprache: Die Regierung von Helmut Kohl schlug teils aus Überzeugung, teils mit Rücksicht auf ihre Klientel einen anderen Ton gegenüber der DDR an. Und sie verlegte die Schauplätze politischen Handelns: Hans Otto Bräutigam handelte den Kulturvertrag aus, Franz Josef Strauß die Milliardenkredite. Die Zuwendungen an die DDR trugen mit zur Konsolidierung und Verbesserung des Verhältnisses in den achtziger Jahren bei. Bräutigam befindet im Rückblick, dass zu den klugen Entscheidungen der Regierung Kohl zählen darf, dass sie aus der gewachsenen finanziellen Abhängigkeit nicht Kapital geschlagen hat.[73]

Obgleich die Bundesregierung mehr und mehr Geld einsetzte, um Zugeständnisse zu erkaufen, ließ sie de facto die begonnene Annäherung an die DDR fortsetzen. Dass sie den Ständigen Vertreter demonstrativ im Amt beließ, war sichtbarer Ausdruck dieser Kontinuität. Die DDR-Führung, die nach dem Regierungswechsel befürchtete, die bürgerliche Bundesregierung werde einen härteren Kurs gegenüber dem sozialistischen Nachbarn einschlagen, wurde beruhigt.

Bräutigam hatte ein klares Verständnis von seinen Kompetenzen. Jemandem wie ihm, der sich in klassischer Weise als Diener seines Staates verstand, verbot es sich von selbst, die DDR zu provozieren. Geduldig versuchte er, gegen Widerstände anzugehen. Es gab indes Momente, in denen auch einem disziplinierten und ruhigen Diplomaten wie ihm der Kragen platzte: So schritt Bräutigam wütend ein, als er beobachten musste, wie ein DDR-Bürger von wachhabenden Volkspolizisten daran gehindert wurde, die Ständige Vertretung zu betreten. Bräutigam stürmte wütend aus dem Gebäude und fuhr den Uniformierten an, was ihm einfiele, einem Besucher den Zugang zur Vertretung zu verwehren![74]

---

73 Hans Otto Bräutigam auf dem Festakt 30 Jahre nach Eröffnung der StäV am 19. Juni 2004 im BMBF in Berlin
74 BStU MfS HA IX 14144, Bl. 335 f.

Bezeichnend für Hans Otto Bräutigams Grundhaltung ist sein Verständnis von den Botschaftsbesetzungen. Ihm waren diese Ausbrüche von Verzweiflung und Kompromisslosigkeit hinderlich. Es ärgerte ihn, dass die StäV geschlossen werden musste, dass einige wenige – ihr persönliches Wohl vor Augen – den Betrieb aufhalten konnten, der doch zum Wohle aller handeln sollte. Das Funktionieren zählte für Bräutigam mehr als die spektakuläre, symbolische Handlung. Und doch gab er den Botschaftsbesetzern unbedingt das Gefühl, er werde ihnen helfen. Nach der erfolgreichen Ausreise in den Westen ließ sich einer von ihnen dankbar zitieren: »Herr Bräutigam ist der feinste Mensch, den ich je kennengelernt habe!«[75]

Hans Otto Bräutigam setzte sich immer wieder zugunsten einzelner in Bedrängnis geratener Menschen ein: Ob es die Hilfe für eine Rechtsanwältin aus Jena war, die ihre Zulassung verloren hatte,[76] oder die Ausreise eines Bischofssohnes – wenn er in ausgesuchten Fällen persönlich darum ersucht wurde, verweigerte er seine Hilfe nicht, so er die Anliegen für angemessen erachtete.

Hausintern stand der zurückgekehrte einstige zweite Mann der StäV, als er Klaus Bölling nachfolgte, zunächst wieder im Schatten von Günter Gaus. Klaus Bölling hatte in der Kürze seiner Amtszeit das Haus nicht geprägt. Und er war zu eigen in seiner Haltung, als dass er die auf Gaus fixierte Belegschaft hätte für sich gewinnen können. Sprühend vor Eifer oder auch Ironie, scharfzüngig und mutig hatte sich Gaus über alles und jeden geäußert – das war die noch wache Erinnerung. Bräutigams Stil war das nicht, obwohl er urteilsmächtig war. Trotz aller persönlichen Unterschiede – Hans Otto Bräutigam orientierte sich am Gausschen Vorgehen, wenngleich er in Habitus und Charakter keinerlei Ähnlichkeit zum ersten Amtsinhaber aufwies. Bräutigam habe bisweilen vergeistigt gewirkt, war sehr eingetaucht in seine Belange, weniger den Menschen um sich herum von sich aus zugewandt. Auf manche Mitarbeiter wirkte er – gerade im Vergleich zum Kommunikator Gaus – distanziert, etwas kühl. In Gedanken versunken vergaß er schon einmal, seine Leute zu grüßen. Andererseits schien es ihm eine geradezu diebische Freude zu bereiten, die Wachposten des MfS zu »erziehen«. In seiner ersten Zeit, bevor er mit seiner Familie ein Haus beziehen konnte, war Bräutigam mit dem Vorauskommando im Hotel Unter den Linden einquartiert. Im Flur begegnete ihm tagtäglich der gleiche Uniformierte, der allerdings erst nach Bräutigams ausdrücklicher Aufforderung zu grüßen bereit war.

---

75 einer der Flüchtlinge, die aus der US-Botschaft in den Westen freikamen, zitiert in: Die Welt vom 7. Juni 1984
76 MfS HA XX Nr. 7364, Teil 1, Bl. 119

Auf eigenen Wunsch wechselte Hans Otto Bräutigam um die Jahreswende 1988/89, nach sechs Jahren an der Spitze der StäV, wieder in den diplomatischen Dienst und ging als Botschafter der Bundesrepublik bei den Vereinten Nationen nach New York. Intuitiv mag er angesichts der sich verändernden Stimmung in der DDR gespürt haben, dass die von ihm geprägte Politik der kleinen Schritte von den Zeitläufen überholt wurde. Die bisweilen qualvoll langsame Annäherung an den SED-Staat würde einen anderen Charakter annehmen müssen. Mit den sich mehrenden Anzeichen für einen Niedergang schien ihm, dass auch die Vertretung in eine Endphase überging.[77] Was wirklich passieren würde, überstieg freilich die Phantasie aller Beteiligten. In seinem letzten großen Interview mit dem *Deutschlandfunk* am 1. Januar 1989 erklärte Hans Otto Bräutigam bescheiden, es bestehe noch keine gute Nachbarschaft zwischen den beiden deutschen Staaten, er hege jedoch die Hoffnung, dass sich dies ändern möge.

Ein Vertrauensverhältnis hatte Bräutigam stets zu Konsistorialpräsident Manfred Stolpe unterhalten, der ihn als Ministerpräsident von Brandenburg schließlich im November 1990 bat, das Rechtswesen des neuen Bundeslandes aufzubauen. Hans Otto Bräutigam wurde Justizminister im neuen Bundesland Brandenburg. Mit dieser Aufgabe stand er in ganz anderer Weise im Rampenlicht als zuvor in der Ständigen Vertretung. Der Jurist war nun endgültig nicht mehr Diplomat, sondern bewegte sich zum Ende seines Berufslebens in den Niederungen der Tagespolitik. So wie Bräutigam als größte Errungenschaft für die neuen Länder bis heute das gesamtdeutsche Rechtssystem lobt, so unverständlich ist ihm, dass genau dieses von vielen Bürgern skeptisch betrachtet wird und dass die Erfahrung einer Enttäuschung tiefer prägt als das Vertrauen in das Rechtssystem und die Demokratie der Bundesrepublik.[78]

Hans Otto Bräutigam, einst gefragt, ob die Rückkehr nach Ost-Berlin 1982 eine Herausforderung oder reine Pflichterfüllung gewesen sei, antwortete: »Egon Bahr hat nach einer schwierigen Verhandlung einmal gesagt: ›Wir haben mit Freude unsere Pflicht getan.‹ Das ist auch mein Motto.«[79] Und das blieb es während seiner Jahre in Ost-Berlin.

Bräutigam bekundet selbst, ihm machten die praktischen Fragen Spaß – so hätte er gern die Verhandlungen über ein Eisenbahnabkommen mit der DDR zu Ende geführt, dafür aber hätte es weiterer Verhandlungsrunden bedurft.[80] Bräutigams vorsichtiger Pragmatismus prägte seine Amtszeit – von deutlicher Einmischung in die sich unter der Oberfläche rasant entwickelnden Strömun-

77 Gespräch mit Hans Otto Bräutigam am 1. März 2005 in Berlin
78 Gespräch mit Hans Otto Bräutigam am 22. August 2005 in Berlin
79 Meldung der Nachrichtenagentur ap am 18. Mai 1982
80 vgl. Die Zeit vom 19. Januar 1989

gen wider die Obrigkeit hielt er nichts. Wohl nahm der Diplomat Veränderungen wahr, diskutierte durchaus auch mit seinen eigenen Kontaktpersonen aus der DDR. Doch er hielt es stets für klüger, ausschließlich auf offizieller Bühne zu agieren, Zeichen in Richtung Opposition sollten nicht offiziell gesetzt werden. In Bräutigams lange Amtszeit fielen offizielle Annäherungen wie die Kranzniederlegung Richard von Weizsäckers vor der Ruine der Dresdner Frauenkirche am 13. Februar 1985, die feierliche Eröffnung der wiederaufgebauten Semperoper in Dresden oder auch die deutsch-deutschen Entkrampfungsversuche anlässlich der 750-Jahr-Feier in Berlin. Bräutigam war stets Teilnehmer, sonnte sich jedoch bei diesen Anlässen nicht in seiner Prominenz.

Der dritte Ständige Vertreter hatte sich – weniger vehement als Gaus – auf die DDR eingelassen. Mild fällt sein Urteil über die Diktatur aus. Der Erfolg seiner zurückhaltenden Politik, die in kleinen Schritten verbesserten Reisebedingungen, gaben ihm aus damaliger Sicht auch recht: Dass er zu Beginn des Jahres 1989 aber davon sprach, die Elbgrenze als einer der vier Punkte der Geraer Forderungen von Erich Honecker sei »ein Problem von der Art, das man lösen können müßte«,[81] erklärt nicht nur seine Haltung, sondern sagt viel aus über die Disposition der Bundesrepublik. Die Dogmatiker waren weitgehend verstummt, das Interesse an der DDR trotz aller Bemühungen, das gesamtdeutsche Interesse wachzuhalten, im Westen erlahmt.

»Aus dem Klassenfeind war ein Partner geworden« – und Bräutigam hatte entscheidenden Anteil daran, dass sich die Beziehungen verbesserten, im Rahmen des Möglichen sogar »normalisierten«. Angesichts der mühsam erarbeiteten Normalität war die Frage in den Hintergrund getreten, ob sich eine Demokratie darauf einlassen darf, zum »Partner« der Diktatur zu werden. Auch ein Protagonist der Annäherung wie Hans Otto Bräutigam hatte sich zwangsläufig mit der Existenz der DDR arrangiert, ihr die Härten zu nehmen versucht, aber nicht grundsätzlich, sondern im Kleinen – dort, wo die DDR es zuließ, dass man ihr Zugeständnisse abtrotzte.

Franz Bertele: 9. Januar 1989 bis 2. Oktober 1990

»Lasst euch in der Staatsangehörigkeitsfrage auf nichts ein. Macht uns nicht zu Ausländern!« Dieser Appell eines DDR-Bürgers sei ihm nie aus dem Gedächtnis gegangen, sagt Franz Bertele, der vierte und letzte Leiter der Ständigen Vertretung.[82] Im Januar 1989, unmittelbar bevor der Diplomat Bertele sein Amt in Ost-Berlin antrat, zitierte ihn die *Frankfurter Allgemeine Zeitung* mit

81 ebenda
82 Gespräch mit Franz Bertele am 24. Juni 2005 in Berlin

den Worten: »Die deutsche Frage ist offen, aber nicht aktuell.«[83] So unwahrscheinlich dies zu Jahresbeginn auch scheinen musste – in rasantem Tempo sollte die Frage der Einheit der Nation in den kommenden Monaten an Aktualität gewinnen. Der Bundesregierung konnte es im Verlauf dieser Zeit nur recht sein, an exponierter Stelle in Ost-Berlin einen Vertreter zu wissen, der sich gedanklich nicht dem Prinzip der Zweistaatlichkeit verschrieben hatte.

Franz Bertele war 57 Jahre alt, als er die Leitung der StäV in Ost-Berlin übernahm. Für ihn war es eine Rückkehr in die geteilte Stadt. Seine bis dahin beruflich interessantesten Jahre hatte er unter Günter Gaus als dessen Stellvertreter an der Vertretung erlebt. Im Jahr 1977 war Bertele als »zweiter Mann« Hans Otto Bräutigam nachgefolgt, und von ihm übernahm er nun auch den Leitungsposten in der Hannoverschen Straße. »Ich kannte also Land und Leute, und die Führungsriege der DDR war fast unverändert, nur halt zehn Jahre älter.«[84] Wie Bräutigam war auch Bertele promovierter Jurist und stammte aus dem Auswärtigen Amt. Während Bräutigam parteilos war, gehörte sein Nachfolger der CDU an. Mit Bertele trat zum ersten Mal ein Christdemokrat an die Spitze der StäV, was ebenso als Beleg für sein gutes Verhältnis zu Hans-Dietrich Genscher, dem Außenminister, gesehen werden kann wie seine weitere Laufbahn: Er ging später als Botschafter des vereinten Deutschlands nach Polen und nach Israel, zuvor allerdings oblag ihm die Auflösung des Ministeriums für Auswärtige Angelegenheiten der DDR, also die Zusammenführung mit dem Auswärtigen Amt der Bundesrepublik. Anders als sein Vorgänger hatte Bertele sich nicht allein in der Deutschlandpolitik profiliert, sondern als Konsul in Genf, in Montreal und in Lagos auch Auslandserfahrungen gesammelt. Bevor Franz Bertele die Leitung der StäV übernahm, hatte er die Zentralabteilung des Bonner Außenministeriums geführt. In dieser Funktion gab er als Personalchef des Auswärtigen Amts eine Hausmitteilung heraus, die nun in der StäV kursierte:

»Diejenigen, die in unserem Dienst Führungsaufgaben übernommen haben oder übernehmen wollen, müssen wissen, daß das AA nicht bereit ist, noch so brillante intellektuelle Leistungen als Ausgleich für Defizite im menschlichen Bereich und in der Mitarbeiterführung hinzunehmen.«[85]

Kein schlechtes Entree, erinnert sich einer der StäV-Beamten, denn sein neuer Chef hatte in dieser Mitteilung ausdrücklich erklärt, dass »auch der Vorgesetzte

83 FAZ vom 20. Januar 1989
84 Franz Bertele: Die Mauer fiel in Prag, in: Polis 50, hg. von Bernd Heidenreich, Mathias Friedel, Hessische Landeszentrale für politische Bildung, 1989/1990: 20 Jahre Mauerfall – 20 Jahre Deutsche Einheit, S. 17
85 Frankfurter Rundschau vom 14. Januar 1989

verletzlich und hin und wieder dankbar für eine positive Bestätigung seiner Bemühungen ist«.[86]

Über seine Erwartungen an die politische Wirksamkeit der Vertretung äußerte sich Bertele zu Beginn seiner Amtszeit in Ost-Berlin zurückhaltend. Gern sei er zurückgekommen. Seine Sympathie gelte nicht dem System, aber den Menschen. Seine Priorität war eindeutig, sein ceterum censeo lautete: »Ich hoffe, daß die Menschen etwas von meiner Arbeit zu spüren bekommen.«[87] Mit dieser Erwartung konfrontierte Franz Bertele auch Erich Honecker bei seinem ersten offiziellen Besuch im Staatsratsgebäude, nachdem er sein Beglaubigungsschreiben übergeben hatte. Die Verbesserung der Beziehungen auf staatlicher Ebene sollte keinem Selbstzweck dienen, sondern den Bürgern. Der Staatsratsvorsitzende habe auf diese Feststellung nicht reagiert.[88] Doch dem gesundheitlich bereits angeschlagenen Staats- und Parteichef muss deutlich geworden sein, dass Bertele gegenüber der DDR bestimmter auftreten würde als seine Vorgänger.

Ohnehin war die Stimmung in der SED zu Jahresbeginn gereizt. Neben die vom Politbüro ignorierten wirtschaftlichen Schwierigkeiten trat die innere Destabilisierung durch die rasant anwachsende Abwanderungsbewegung. Auch Erich Honecker konnte nicht entgangen sein, dass die von der Bundesregierung immer wieder erhobene Forderung nach weiteren Konzessionen bei den Reisebestimmungen angesichts der steigenden Zahl von Ausreiseanträgen eine neue Dimension angenommen hatte. Der Schießbefehl an der innerdeutschen Grenze wurde offiziell ausgesetzt, was indirekt bestätigte, dass es ihn gegeben hatte.

Bertele erschrak über die Konsequenz, mit der sich Honecker, nunmehr 76 Jahre alt, Reformen verweigerte. Eine Begegnung mit dem Parteichef auf der Leipziger Frühjahrsmesse verstärkte Berteles Befürchtung, dass die Deutschlandpolitik im Stillstand enden könnte. Der Leiter der Vertretung begleitete den Ministerpräsidenten von Nordrhein-Westfalen, Johannes Rau, über die Messe. Ihm gegenüber fand Honecker staatstragende Worte und zeichnete das Bild einer blühenden DDR. Johannes Rau erkundigte sich daraufhin, warum die Stimmung im Lande dennoch so mies sei. Zu Berteles Verblüffung berührte Honecker die forsche Frage nicht etwa unangenehm. Vielmehr lud er den Ministerpräsidenten überschwenglich zu den Feierlichkeiten zum 40. Jahrestag der Staatsgründung nach Berlin ein und versicherte: »Das Volk steht hinter der Partei.«[89] Doch der Druck von innen wurde stärker, die Unzufriedenheit der

86 ebenda
87 Franz Bertele in: Berliner Morgenpost vom 10. Januar 1989
88 Gespräch mit Franz Bertele am 24. Juni 2005 in Berlin
89 Norbert Pötzl: Erich Honecker. Eine deutsche Biographie, München 2002, S. 295

Bevölkerung wuchs, und auch im Apparat des Außenministeriums herrschte zunehmend Nervosität. Vize-Außenminister Kurt Nier bestellte den neuen Leiter der Ständigen Vertretung wenige Tage nach dessen Akkreditierung ein und machte ihm Vorhaltungen – ernst, mit monotoner Stimme und distanziert.[90] Die Bundesregierung ermuntere DDR-Bürger angeblich, ihren Staat zu verlassen, und mischte sich also in die inneren Angelegenheiten der DDR ein. Nicht nur, dass Bertele die Vorwürfe entsprechend den deutsch-deutschen Gepflogenheiten zurückwies, er kehrte den Spieß unerwartet um: Bertele machte die Gegenseite darauf aufmerksam, dass sie das gerade verabschiedete Schlussdokument der dritten KSZE-Folgekonferenz 1986 bis 1989 in Wien fehlerhaft veröffentlicht habe. Die Passagen zur Freizügigkeit und dem Mindestumtausch seien nicht korrekt wiedergegeben, monierte er. Beim Verlassen des Ministeriums musste er erkennen, wie tief der Riss durch die SED bereits ging: So gab ihm der für die Bundesrepublik zuständige Abteilungsleiter Karl Seidel, der ihn zum Portal begleitete, diskret zu verstehen, dass nicht das Außenministerium die Vorwürfe formuliert habe. Später, so Bertele, habe er Belege dafür gefunden, dass hier die Staatssicherheit in die Beziehungen zur Bundesrepublik eingegriffen habe.[91]

Franz Bertele interpretierte die Lage der DDR-Führung als Dilemma: Einerseits musste sie nicht zuletzt aus ökonomischen Erwägungen an einer intensiveren Zusammenarbeit mit der Bundesrepublik interessiert sein, andererseits aber zwang ihre eigene Logik der »sozialistischen Nation« die DDR zur Abgrenzung. Dieser Widerspruch ließ sich nicht auflösen. Doch darunter sollte nicht die Gesprächsbereitschaft zwischen beiden deutschen Staaten leiden. Dies wollte der Ständige Vertreter bei einem Diplomatenempfang auch dem stellvertretenden Außenminister der DDR signalisieren. Der Schwabe Bertele versuchte es mit einem versöhnlichen Spaß: »Ich wage gar nicht, nach Ihrem Befinden zu fragen«, sagte er ironisch zu Kurt Nier, »aus Furcht, schon wieder innere Angelegenheiten der DDR zu berühren.«

Anders als sein Vorgänger scheute Bertele vor offenen Konflikten mit den offiziellen Vertretern der DDR nicht zurück. Franz Bertele war ein zupackender Mann, er trat unprätentiös auf, weniger distinguiert als sein Vorgänger, aber auch aus seiner freundlich-verbindlichen Art sprach die Diplomatenlaufbahn. Er war erfahren, abgewogen im Urteil und dezidiert in seinen Äußerungen. Bertele knüpfte an, wo Bräutigam aufgehört hatte: Es galt, die Ver-

90 vgl. Franz Bertele: Grundlagenvertrag und Ständige Vertretung in Berlin. Notizen zum Management der deutschen Teilung, in: Jochen Frowein; Klaus Scharioth u. a. (Hg.): Verhandeln für den Frieden. Negotiating for Peace. Liber amicorum für Tono Eitel, Berlin, Heidelberg, New York 2003, S. 675
91 Gespräch mit Franz Bertele am 24. Juni 2005 in Berlin; BArch B 136/21859, o. P., VS-Fernschreiben der StäV an das Kanzleramt vom 8. Februar 1989, S. 3

handlungen mit der DDR über eine Schnellbahnverbindung zwischen dem Bundesgebiet und Berlin, über die Eindämmung der Gewässerverschmutzung und energiewirtschaftliche Fragen weiterzuführen. Als Krisenmanager musste er angesichts der weiter steigenden Flüchtlingszahlen agieren: Die Ständige Vertretung wurde erneut geschlossen, die Botschaften in den sozialistischen Nachbarländern waren überlaufen.

Der Diplomat war Politiker genug, um die Chance der Veränderung zu erkennen und in dieser Konstellation eine eigene Rolle zu finden: So war Franz Bertele beispielsweise auch in die Bemühungen um eine Lösung der Botschaftsbesetzungen in seinem eigenen, erneut geschlossenen Haus, aber auch in der ČSSR und in Polen involviert. Das deutsch-deutsche Geschehen spielte sich längst nicht mehr nur in Ost-Berlin ab: Die Botschaftsbesetzungen, die offene Grenze zwischen Ungarn und Österreich, die Umwälzungen in der Sowjetunion, die 400 000 Soldaten in der DDR stationiert hatte – das Szenario, das sich dem Diplomaten Bertele bot, geriet im Verlauf des Jahres 1989 in Bewegung. Er konnte und musste anders handeln als seine auf das deutsche Vorgärtchen konzentrierten Vorgänger – bis das Kanzleramt das Heft des Handelns in die Hand nahm.

Mit den Rechtsanwälten Wolfgang Vogel und Gregor Gysi reiste Franz Bertele im September 1989 nach Prag und Warschau, um mit den Zufluchtsuchenden in den überfüllten Botschaften vermittelnde Gespräche zu führen. Zunächst ohne Ergebnis: Rechtsanwalt Vogel wurde ausgebuht, als er den Eingeschlossenen den Vorschlag der DDR unterbreitete, sie mögen zurückkehren, blieben straffrei und dürften nach sechs Monaten ausreisen. Bertele musste unverrichteter Dinge an seinen Dienstsitz zurückkehren. Doch der Tag darauf brachte eine für die Menschen riskante Lösung: Um den Anschein aufrechtzuerhalten, die DDR treffe souverän eine Entscheidung über die Ausreise der Flüchtlinge, mussten diese in Sonderzügen die DDR durchqueren. Der Ständige Vertreter begleitete zusammen mit dem Staatssekretär im Auswärtigen Amt, Jürgen Sudhoff, die etwa 600 Ausreisewilligen aus Warschau auf ihrer dramatischen Fahrt durch die DDR. »Wir sind der Garant dafür, dass Ihnen auf der Fahrt durch die DDR nichts zustößt«, hatte Sudhoff den besorgten Passagieren versichert.[92] Um Provokationen zu verhindern, sammelten die Vertreter der Bundesregierung vor Abfahrt des Zuges Wodkaflaschen ein. Sie versuchten, ihre angespannten Schutzbefohlenen zu beruhigen. Noch vor der Grenze stiegen weitere Menschen in den Zug, der nach stundenlanger Wartezeit im gespenstisch menschenleeren Frankfurt an der Oder schließlich ihre bisherige Heimat gen Westen durchquerte. Auch gegenüber den Mitarbeitern

---

92 Jürgen Sudhoff am 4. Mai 2009 auf der Veranstaltung »Anfang und Ende – Österreich – DDR« in der österreichischen Botschaft in Berlin

der Staatssicherheit, die kurz vor der Grenze zur Bundesrepublik einstiegen, um den Flüchtigen ihre Ausweise abzunehmen, trat der sonst so freundliche Bertele autoritär auf: »Die Flüchtlinge stehen unter meinem persönlichen Schutz!« Die Ankunft in Helmstedt schließlich gehöre zu den emotionalsten und freudigsten Momenten seines Berufslebens.

Darauf, dass die Flüchtlinge unter dem Schutz der Bundesregierung standen, wies Franz Bertele auch seine offiziellen Ansprechpartner hin. Rechtsanwalt Wolfgang Vogel sollte angesichts der neuerlichen Zufluchtsfälle in der StäV offenbar sondieren, ob die Bundesrepublik nicht doch bereit wäre, Ausreisewillige aus dem Dienstgebäude auszuweisen, wenn diesen pauschal Straffreiheit zugesichert würde. Das Kanzleramt erneuerte seine Rechtsposition:

> »Ein Verbleiben in der Ständigen Vertretung ist kein geeigneter Weg zur Lösung von Ausreiseproblemen. Die Bundesregierung sieht es jedoch als ihre selbstverständliche Pflicht an, niemand aus der Ständigen Vertretung zu verweisen. Wir können und wollen niemand auf die Straße weisen, der uns um Hilfe bittet.«[93]

In das Ringen um die Ausreise der Botschaftsflüchtlinge schalteten sich schließlich auch Bundeskanzler Helmut Kohl und der Staatsratsvorsitzende Erich Honecker ein. Bertele überbrachte Honecker einen Brief von Kohl, der wiederum unverzüglich antwortete: »Es sollte vermieden werden, der anderen Seite Vorhaltungen bezüglich ihrer Verantwortung für die Perspektiven der Entwicklung zu machen. Das [...] ist der Gestaltung gutnachbarlicher Beziehungen zwischen beiden Staaten nicht dienlich.«[94] Der Staatschef nutzte wie selbstverständlich die in den siebziger Jahren mühsam erarbeiteten Floskeln für die Annäherung – eine gemeinsame politische Sprache hatte sich nicht entwickelt, ebenso wenig wie gemeinsame Perspektiven für eine dynamische Entwicklung. Stillstand herrschte in den Beziehungen, beklagte Franz Bertele: »Hier konnte man nicht einen Augenblick vergessen, dass die Grundsatzprobleme ungelöst waren.«[95]

Im September 1989 analysierte der Leiter der Ständigen Vertretung die Lage der DDR. Lähmung konstatierte er. Die Notwendigkeit von Reformen habe man erkannt, »die führenden Politiker aber bringen nicht den Mut und die Kraft auf, notwendige Reformschritte zu unternehmen und oppositionelle

93 BArch B 136/21256, Bd. 3, o. P., Vfg. vom 11. August 1989
94 ebenda, Der Generalsekretär des Zentralkomitees der Sozialistischen Einheitspartei Deutschlands und Vorsitzende des Staatsrates der Deutschen Demokratischen Republik an den Bundeskanzler der Bundesrepublik Deutschland, ohne Datum, überbracht am 17. August 1989, S. 2
95 Franz Bertele: Hintergründe zum Fall der Mauer – die Rolle der Ständigen Vertretung in Ost-Berlin, insbesondere 1989–1990, Vortrag im Uni-Club Bonn am 12. April 2007, Manuskript S. 2

Kräfte sind hierfür zu schwach«.[96] Die DDR sei zur Immobilität verurteilt, es fehle eine charismatische Führungsfigur, die nach dem Beispiel von Lech Wałęsa in Polen die Opposition einen könnte. Franz Bertele mahnte zur Zurückhaltung: Die DDR könne sich in der Krise nur selbst helfen:»Wirkungsmöglichkeiten auch durch uns sind minimal.«[97] Ausdrücklich riet Bertele davon ab, die Opposition aktiv zu unterstützen. Die Bundesregierung diene den Bürgerrechtlern am ehesten, wenn sie»im gegenwärtigen Augenblick nicht von uns genutzt« werde, um sie nicht zu gefährden.

Der Vertreter der Bundesrepublik bemühte sich in diesen Tagen, das Kanzleramt, aber auch die Öffentlichkeit im Westen über die Lage in der DDR zu informieren und aufzurütteln. Versuchten seine Vorgänger ein gesamtdeutsches Bewusstsein wachzuhalten, so klärte Bertele öffentlich über die DDR auf. Traten seine Vorgänger mäßigend auf, brach Bertele auch mit eingespielten Ritualen. Auf der Herbstmesse in Leipzig besuchte die SED-Spitze traditionell Stände von Unternehmen aus der Bundesrepublik. Erich Honecker war bereits krank, so wurde die Delegation der Gastgeber vom stellvertretenden Vorsitzenden des Staatsrates, Willi Stoph, angeführt. Dieser ergriff das Wort und rühmte in althergebrachten Floskeln die fruchtbaren Wirtschaftsbeziehungen beider Länder. Die angereisten westdeutschen Vertreter der Wirtschaft antworteten in gewohnt höflich-devoter Form, wie sie bei derlei Begegnungen eingespielt war. Als Letzter ergriff Franz Bertele das Wort. Wider alle Gepflogenheiten goss der Leiter der Vertretung Wasser in den Wein: Möge der Handel sich auch gut entwickeln, die Vertretung habe er schließen müssen, weil so viele Menschen in der DDR unzufrieden sind.[98] Die westdeutschen Manager runzelten die Stirn, und die DDR-Spitze war wütend über Staatssekretär Berteles undiplomatisch klare Worte.

Den Rückzug der SED als führende Partei im Staate und den rasch folgenden Personalwechsel an der Parteispitze betrachtete Bertele mit Misstrauen. In Egon Krenz setzte er keine Hoffnungen:»Die Arroganz der Macht war bei Egon Krenz unübersehbar.«[99] Vom Leiter der Vertretung auf die Ausreisewelle und die Demonstrationen angesprochen, antwortete ihm der Honecker-Nachfolger mit einem Achselzucken und der Bemerkung:»Solche gibt's immer.«[100]

Doch die Ereignisse überschlugen sich im Verlauf des Jahres 1989, und so bekam Berteles Amtszeit einen paradoxen Charakter: Je mehr die erodierende DDR in den Mittelpunkt der politischen Erwägungen der Bundesregierung rückte, umso mehr wurde die Vertretung an den Rand gedrängt: Die Akteure

---

96 BArch B 137/10691, Telex-Bericht vom 22. September 1989, o. P.
97 ebenda, o. P.
98 vgl. FAZ vom 5. September 1989
99 Bertele: Hintergründe zum Fall der Mauer, Manuskript S. 2
100 Gespräch mit Franz Bertele am 24. Juni 2005 in Berlin

saßen nun in Bonn. Schließlich konnte mit der neuen DDR-Führung auch direkt verhandelt werden, die Vermittlung von Gesprächen über eine quasi-diplomatische Vertretung sollte in dieser letzten, entscheidenden Phase der DDR-Geschichte eine andere Qualität bekommen. Auch wenn die Akteure auf westlicher Seite in den letzten Monaten der DDR Wolfgang Schäuble, Rudolf Seiters, Horst Teltschik oder Helmut Kohl hießen – der vertraute Ansprechpartner vor Ort blieb weiterhin Franz Bertele.

Am 2. Oktober 1990 luden Franz Bertele und seine Frau zu einem letzten Empfang in die Ständige Vertretung: »Die deutsche Einheit kommt – die Ständige Vertretung geht«. Zum letzten Mal traf sich in den Räumen eine deutsch-deutsche Gesellschaft, die mehr als 16 Jahre lang versucht hatte, politische Klippen zu umschiffen und die Sprachlosigkeit zwischen den Lagern zu überwinden. An diesem Abend in der Hannoverschen Straße hatten sich auch die Volkskammerpräsidentin, Sabine Bergmann-Pohl, als letztes amtierendes Staatsoberhaupt der DDR und der letzte Ministerpräsident des Staates, Lothar de Maizière, angekündigt. Als Rechtsanwalt hatte er einst noch Genehmigungen für seine Besuche in der Vertretung einholen und erdulden müssen, dass die Staatssicherheit ihm einen Beobachter an die Seite stellte. Die Einladungen aber habe er doch als »Ritterschlag« empfunden – nicht ahnend, dass er als Regierungschef das Ende der DDR in der Ständigen Vertretung würde feiern können.[101]

Eine abschließende, symbolträchtige Inszenierung in der Hannoverschen Straße wäre beinahe geplatzt: Franz Bertele hatte vor, die Vertretung nicht einfach abzuschließen. Vielmehr wollte er öffentlich das ovale Amtsschild der Ständigen Vertretung abschrauben. Sein Plan drohte zu scheitern, als eines Morgens plötzlich die Plakette mit dem Hoheitszeichen verschwunden war – gestohlen offenbar von einem Liebhaber politisch bedeutender Souvenirs. Berteles Versuch, auf offiziellem Weg in Bonn ein neues Schild zu beantragen, scheiterte. Schließlich ließ er auf eigene Kosten Ersatz anfertigen. Und assistiert von seinem Pressesprecher, Eberhard Grashoff, konnte der letzte Hausherr der Vertretung am 2. Oktober 1990 doch den Schraubenzieher zur Hand nehmen und den symbolträchtigen Akt zelebrieren: Wie die Deutsche Demokratische Republik hörte auch die Ständige Vertretung der Bundesrepublik bei der DDR auf zu existieren.

»Er erwies sich [...] als pflichtgetreuer Ausführer der Bonner Politik zur Aufrollung der DDR«,[102] resümierte Karl Seidel aus dem DDR-Außenministerium ein wenig bitter Franz Berteles Aktivitäten in Ost-Berlin. Bertele selbst beklagt, dass bei der Gestaltung der Einheit Fehler gemacht wurden, weist aber

101 Gespräch mit Lothar de Maizière am 22. Februar 2005 in Berlin
102 Seidel: Berlin-Bonner Balance, S. 373

Letzte Amtshandlung: Franz Bertele (rechts) und Eberhard Grashoff bringen das Hoheits-
zeichen der Ständigen Vertretung in Sicherheit

zugleich darauf hin, dass es kein historisches Beispiel gegeben habe, das als Wegweiser hätte dienen können.[103] In seinem Abschlussbericht an das Kanzleramt thematisierte Franz Bertele eine der Kardinalfragen der bundesrepublikanischen Deutschlandpolitik: Er fragte sich oft, ob auch er »dazu beigetragen habe, die Existenz der DDR zu verlängern«.[104] In seiner Antwort blieb er eng an den Erlebnissen der vergangenen Monate und berücksichtigte in erster Linie den Aspekt der Ausreisewelle. Bertele kam zu dem Schluss, dass eine frühere Schließung der StäV nicht möglich gewesen wäre. Bereits in diesem letzten Bericht über die Lage der geteilten Nation entwickelte Franz Bertele seine eigene Theorie über die Grenzöffnung und die Dynamik der Ereignisse: Die Mauer sei am 4. November 1989 in Prag gefallen, auch wenn dieser Prozess mit dem bekannten medialen Höhepunkt in der DDR erst fünf Tage später kulminierte.[105] Nach der Zusage von Egon Krenz, man werde den Botschaftsbesetzern in Prag rasch und unbürokratisch helfen und ihnen die Ausreise auf direktem Weg gestatten, hatte die innerdeutsche Grenze ihren Sinn verloren, argumentierte Bertele. Zudem sah der Diplomat einen engen Zusammenhang zwischen der Erosion des Machtgefüges der SED und dem Krankheitszustand von Erich Honecker: Wäre dieser im Herbst noch im Vollbesitz seiner Kräfte gewesen, so Bertele, hätte der Parteichef sich »mit allem, was ihm zur Verfügung stand, gegen die Wende gewehrt«. Zwar sei es die Bundesregierung gewesen, die den Prozess der deutschen Einheit zielbewusst vorangetrieben habe, »aber ein bisschen Fortune haben die Deutschen dabei durch den Ausfall Honeckers auch gehabt«.[106]

Franz Bertele schloss seinen abschließenden Bericht vom letzten Arbeitstag der Vertretung mit einer Reminiszenz an die Worte Egon Bahrs, mit denen dieser einst die Ambitionen und Schwierigkeiten von Willy Brandts neuer Ostpolitik kennzeichnete: »Heute haben wir sehr gute Beziehungen zur DDR. Morgen brauchen wir keine mehr. Der Kreis hat sich geschlossen.«

103 vgl. Franz Bertele: Die Mauer fiel in Prag, in: Polis 50, S. 14
104 BArch B 136/21256, Bd. 3, o. P., Einige Gedanken kurz vor der Schließung der Vertretung, Telex an das Kanzleramt vom 2. Oktober 1989
105 vgl. Bertele: Die Mauer fiel in Prag, S. 29
106 BArch B 136/21256, Bd. 3, o. P., Einige Gedanken kurz vor der Schließung der Vertretung, Telex an das Kanzleramt vom 2. Oktober 1990

Abwicklung:
Das Ende einer quasi-diplomatischen Einrichtung

»Ich bin am 7. Oktober 1989 von der Leipziger Straße quer durch die Stadt in die Residenz gefahren, und in den Seitenstraßen waren überall Panzerfahrzeuge – das war mehr als unheimlich. Ich bin dann mit meiner Familie in den Westen gegangen. Und wir waren nicht die Einzigen, denen die Lage brenzlig vorkam.«

Die Erinnerung von Winfried Kräckel,[1] Fahrer bei der Ständigen Vertretung, deckt sich mit den Berichten anderer Westdeutscher über die Herbsttage 1989. Die Lage in den Wochen vor dem Mauerfall und insbesondere am 40. Jahrestag der Staatsgründung der DDR war unübersichtlich, angespannt und unberechenbar. Der ehemalige Korrespondent der *Süddeutschen Zeitung* Peter Pragal schrieb:

»Tatsächlich kam das klägliche politische Ende von Honecker, Mielke und Genossen für mich und andere Beobachter vor Ort unerwartet, aber nicht weil wir blind waren, sondern weil wir das Regime kannten. Ich fürchtete damals, die regierenden Kommunisten würden nicht freiwillig ihre Macht abgeben und eher auf ihr Volk schießen lassen, als ohne Gegenwehr ihrer Herrschaft zu entsagen.«[2]

Franz Bertele als letzter Ständiger Vertreter Bonns in Ost-Berlin konstatierte in jenen Tagen eine Atmosphäre, die nach Veränderungen schrie. Es herrschte nicht etwa eine angeheizte, vorrevolutionäre Stimmung, sondern eine tiefe Beunruhigung.[3] Während Erich Honecker noch sein Dogma hochhielt – »den Sozialismus in seinem Lauf hält weder Ochs noch Esel auf«[4] –, baute der Generalsekretär der KPdSU, Michail Gorbatschow, längst das »Gemeinsame Haus Europa«.[5]

1 Gespräch mit Winfried Kräckel am 19. April 2005 in Berlin
2 Peter Pragal: Der geduldete Klassenfeind. Als West-Korrespondent in der DDR, Berlin 2008, S. 293
3 Gespräch mit Franz Bertele am 24. Juni 2005 in Berlin
4 Neues Deutschland vom 15. August 1989
5 Michail Gorbatschow: Das gemeinsame Haus Europa und die Zukunft der Perestroika, Düsseldorf, Wien, New York 1989

»Die DDR befindet sich in einer Krise, in der sie erstmals in ihrer Geschichte weitgehend isoliert ist«, lautete die Analyse der herrschenden Verhältnisse im Realsozialismus aus der Feder der westdeutschen Beamten in der Ständigen Vertretung.[6] Am 22. September 1989 schickten sie dem Kanzleramt in Bonn ein Fernschreiben, das die aktuelle Lage der DDR mit der späten Breschnew-Zeit vergleicht und ein düsteres Bild zeichnet: Die DDR sei gelähmt von regressiven Kräften innerhalb einer greisen Führungsmannschaft, die als reformunwillig und erstarrt erscheint. Die führenden Politiker wie auch die Opposition seien zu schwach, um wirksame Reformschritte zu unternehmen. Das internationale Renommee, das aufzubauen stets ein besonderes Anliegen Erich Honeckers und Triebfeder seiner Dialogpolitik gewesen sei, nehme durch die Verletzungen der KSZE-Verpflichtungen erheblich Schaden. Niemand habe ein Rezept zur Eindämmung des Ausreisestroms, hatte die Ständige Vertretung bereits zehn Tage zuvor gemeldet und sich besorgt über den Gesundheitszustand Erich Honeckers gezeigt.

> »Das Politbüro mag aus Loyalität ihm gegenüber nicht gewillt sein, hier jetzt mehr als nur administrativ zu reagieren. Vertreter einer grundsätzlich anderen Innenpolitik der DDR halten sich gegenwärtig bedeckt, möglicherweise um die Dekompositionswirkungen dieser Krise abzuwarten«,[7]

schrieb die Vertretung. Es habe sich gezeigt, dass auf die Ursachen für die innere Krise der DDR nur mit der Beschwörung »sozialistischer Werte« reagiert werde.

Angesichts der zunehmend besorgniserregenden Lage in der DDR mahnte die StäV dringend zu politischer Zurückhaltung. Ohnehin war die Bundesregierung bemüht, kein Öl ins Feuer zu gießen. Sorgsam vermied der Westen jeglichen Anflug von möglicher Einmischung. Die Bundesregierung trug nicht dazu bei, die DDR in dieser Phase der Agonie zu destabilisieren. Sowohl das Ende der Ära Honecker und den Wechsel zu Egon Krenz an der Parteispitze wie auch den Beginn der Amtszeit Hans Modrows als Vorsitzender des Ministerrats nahm die Bundesregierung ohne signifikante Veränderung ihrer Politik gegenüber dem »zweiten deutschen Staat« zur Kenntnis. Weder nutzte sie den Reformdruck innerhalb der DDR für sich aus, noch trug sie dazu bei, das Verlangen nach Veränderung anzuheizen. Auch warb sie Ausreisewillige nicht ab – obgleich dieser Vorwurf von offizieller Seite der DDR immer wieder erhoben wurde. Die Ständige Vertretung betrieb auch in dieser Zeit

---

6 BArch B 137/10691, o. P., Fernschreiben vom 22. September 1989 zur Krise der DDR
7 BArch B 137/10691, Fernschreiben vom 12. September 1989 zur Führungssituation in der DDR

kontinuierlich ihre Arbeit als Dienst an den Bürgern und half bei der Bewältigung teilungsbedingter Schwierigkeiten. Nach der Besetzung vom August 1989 hatte sich in der Hannoverschen Straße wieder eine deutsch-deutsche Routine entwickelt, die bis zum Fall der Mauer kaum durcheinandergeriet.

Und doch hatten sich die Verhältnisse stark verändert: Die Ablehnung der sowjetischen Reformpolitik hatte die DDR isoliert, ihre wirtschaftliche Lage war offenkundig desaströs, und ihre Führung übersah geflissentlich das Legitimationsdefizit, das sich in der Ausreisewelle und der aufkeimenden Opposition manifestierte: Die Montagsdemonstrationen in Leipzig wurden zu einem Ventil für den aufgestauten Unmut in der Bevölkerung. Der Ständigen Vertretung kam als Beobachter eine besondere Rolle zu: Sie registrierte die Veränderungen, welche die DDR nach dem Besuch Erich Honeckers in der Bundesrepublik in immer rasanterem Tempo erfassten. Doch sie wurden nicht alle in ihrer wirklichen Dimension erkannt, sagte der einst für Botschaftsflüchtlinge zuständige Staatssekretär im Auswärtigen Amt, Jürgen Sudhoff. Die Bundesregierung unterschätzte seiner Ansicht nach die Bedeutung der Grenzöffnung am 2. Mai 1989 in Ungarn.[8] Zudem widersprachen die Berichte des Bundesministeriums für innerdeutsche Beziehungen über die Lage in der DDR denen aus der StäV. Obgleich das Ministerium eine große Expertise mitbrachte, Kontakte zu DDR-Kennern und ehemaligen DDR-Wissenschaftlern unterhielt, speisten sich seine Erkenntnisse aus Berichten von außen auf die DDR. Die StäV konnte den Innenblick liefern, stand aber nicht in vorderster Reihe, wenn es um die Beratung des Kanzleramts ging. Je mehr die Strukturen in der DDR verfielen und je plausibler Überlegungen zur Vereinigung wurden, umso mehr geriet die StäV in den Hintergrund. Bei der Vorbereitung der Wiedervereinigung war sie nahezu ausgebootet. »Mit der deutschen Einheit kam dann das Ende, auf das wir immer hingearbeitet hatten«,[9] schrieb Franz Bertele. Der Sachverstand der Vertretung, im Kanzleramt sorgfältig gesammelt, blieb weitgehend unberücksichtigt, wie Karl-Rudolf Korte in seiner ausführlichen Analyse der Deutschlandpolitik Helmut Kohls bestätigte: »Kohl schuf sich, wie zu allen politischen Vorgängen, auch von der DDR sein eigenes Bild.«[10]

Die Schwerpunkte der Lagebeurteilungen der Ständigen Vertretung blieben in den letzten Monaten der DDR denen der Vorjahre ähnlich. Ein Hauptaugenmerk galt der Wirtschaft. »In der ›Weltrangliste‹ der Industrienationen steht

8 So der für die Botschaftsflüchtlinge in Warschau und Prag zuständige Staatssekretär im Auswärtigen Amt, Jürgen Sudhoff, Botschafter a. D., am 4. Mai 2009 auf der Veranstaltung »Anfang und Ende – Österreich und die DDR« in der österreichischen Botschaft in Berlin.
9 Franz Bertele: Hintergründe zum Fall der Mauer – die Rolle der Ständigen Vertretung in Ost-Berlin, insbesondere 1989–1990, Vortrag im Uni-Club Bonn vom 12. April 2007, Manuskript S. 20
10 Karl-Rudolf Korte: Deutschlandpolitik in Helmut Kohls Kanzlerschaft. Regierungsstil und Entscheidungen 1982–1989 (Geschichte der Deutschen Einheit, Bd. 1), Stuttgart 1998, S. 390

die DDR etwa an zehnter Stelle.« Mit dieser von der DDR gern aufgegriffenen Formulierung operierte die StäV bereits 1978 gegenüber westdeutschen Besuchern.[11] Günter Mittag und andere Weichensteller der maroden Planwirtschaft ließen sich das Trugbild von der angeblich zehntgrößten Wirtschaftsmacht der Welt vorführen. Für die StäV war die Beurteilung der wirtschaftlichen Lage stets mit besonderen Unwägbarkeiten verbunden, da ihr der direkte Einblick in die DDR-Betriebe und der Zugang zu den geheimen Daten der Staatlichen Plankommission verwehrt blieben.[12] Die Entwicklung des innerdeutschen Handels oblag der Treuhandstelle für den Interzonenhandel, die als westdeutsche Verbindungsstelle zwischen Wirtschaft und Regierung mit dem Ministerium für Außenhandel bilaterale Gespräche führte und für die Abwicklung der Geschäfte über die Mauer hinweg sorgte.

Selbst Informationen über Warenströme, Mülltransporte oder Energielieferungen, von denen beide Seiten jahrzehntelang profitierten, kamen demnach aus zweiter Hand. Obgleich die Vertretung durchaus die verdeckte Arbeitslosigkeit in der DDR, Versorgungsnöte und Energieengpässe registrierte – für Energiefragen war kurzzeitig auch der Mitarbeiter Peer Steinbrück verantwortlich –, ihre Analysen dienten der Bundesregierung nicht als Grundlage für die Vorbereitung der Wirtschafts- und Währungsunion oder der Einheit. Berichte über Betriebsbesichtigungen hätten indes durchaus Hinweise auf den Zustand der Staatswirtschaft gegeben. Selbst bei begleiteten offiziellen Besuchen entstand ein Gegenbild zu den Erfolgsmeldungen, die das Fernsehen und die Parteizeitungen über »Ernteschlachten« und Planübererfüllung verbreiteten. So erzählt der langjährige Pressesprecher der Ständigen Vertretung Eberhard Grashoff, wie entsetzt der Leiter der StäV, Franz Bertele, von einem Besuch in den Chemiewerken in Leuna zurückkehrte: »Er konnte sich gar nicht mehr beruhigen, wie verlottert es da gewesen ist!«[13]

Insbesondere die Bewertung der Opposition gibt im Rückblick Aufschluss über die Perspektive der westdeutschen Beamten. Hans Otto Bräutigam äußerte bereits 1988 warnend, dass die Kirche »nicht zu einer Opposition in diesem Staat« werden solle, »weil dann die Grundlagen des Dialogs verlassen werden«.[14] Die Ständige Vertretung hat Material über die oppositionellen Gruppierungen, aus denen sich die Bürgerrechts-, Umwelt- und Friedensbewegungen zusammensetzten, gesammelt. In ihren Berichten nach Bonn sprach die StäV allerdings noch 1989 von »Gruppierungen, die sich in den

---

11 Ständige Vertretung, Pressereferat: Stichworte für Referate vor Besuchergruppen, Berlin, 25. Juli 1978, Anhang, S. 28 (aus dem privaten Handapparat der Autorin)
12 Gespräch mit Max Dehmel am 5. April 2005 in Berlin
13 Gespräch mit Eberhard Grashoff am 20. April 2005 in Berlin
14 Freya Klier: Aktion »Störenfried«: Die Januar-Ereignisse von 1988 im Spiegel der Staatssicherheit, in: Hans Joachim Schädlich: Aktenkundig, Berlin 1992, S. 140

Vordergrund spielten«.[15] Naturgemäß fanden Widerständler in der gegängelten DDR-Gesellschaft keinen anerkannten Platz. Sie mussten Freiräume erkämpfen und begaben sich in Opposition zur Staats- und Parteiführung und rieben sich an der Mehrheit der DDR-Bevölkerung. Doch daraus zu schließen, Nonkonformisten oder Reformwillige seien schwer integrierbar, folgt einem Ansatz, der Strukturen aus sich heraus versteht und Veränderungen innerhalb des Systems erwartet. Die vielschichtige Protestbewegung aber wuchs von unten und außerhalb der festgefügten Strukturen. Sie war gespeist aus der Bevölkerung, die aus unterschiedlichen Motiven mehr Selbstbestimmung, Umweltschutz und bürgerliche Freiheiten forderte. In Sprache und Auftreten unterschied sich die Reformbewegung bewusst von denen, die sie kritisierten – was die offiziellen Vertreter der Bundesrepublik bisweilen befremdete. Ein Mitarbeiter der Ständigen Vertretung besuchte eine Veranstaltung mit Bärbel Bohley in der Gethsemanekirche und empfand diese als »amateurhaft«. Der Leiter der Vertretung beklagte das Fehlen einer zugkräftigen, allgemein anerkannten Führungsfigur im Widerstand. Die Bürgerrechtler seien »weit entfernt […] von effektiver Oppositionsarbeit«.[16]

Nach einem Besuch bei den Herrnhuter Brüdern verfasste die StäV einen Bericht, aus dem Bewunderung für die kleine christliche Gemeinde spricht, in dem allerdings die verbotenen Schwerter-zu-Pflugscharen-Aufnäher – zu Beginn der achtziger Jahre Markenzeichen der DDR-Friedensdekade und von den Herrnhuter Brüdern gefertigt – nicht erwähnt wurden. Aus einem Bericht über die »alternativen Gruppierungen im Umfeld der Kirchen« spricht zum einen Bewunderung für den Mut der Oppositionellen, dann aber machte sich die StäV die Haltung der zumeist vorsichtigen Kirchenleitung zu eigen, die Zweifel hegte, »ob es gelingen wird, die Gruppen im kirchlichen Bereich einzubinden«.[17]

Auch Schriften der Opposition, die von den Gruppen unter schwierigsten Bedingungen herausgegeben und dank des schützenden Aufdrucks »nur für den innerkirchlichen Gebrauch« erscheinen konnten, bewertete die StäV aus Sicht der Kirchenobrigkeit: Die Blätter »werden von der Kirche gelegentlich schlicht als nicht seriös gekennzeichnet«. Die Opposition unter dem Dach der Kirche war und blieb den offiziellen Vertretern der Bundesrepublik fremd. In der Diktion der Berichte ist die spätere Marginalisierung der Protagonisten der Widerstandsgruppen bereits angelegt. Mit den charakteristischen Aus-

---

15 BArch B 288/235, o. P., z. B. Bericht über alternative Gruppierungen im Umfeld der Kirchen in der DDR vom 20. April 1989
16 BArch B 137/10691, o. P., zwei Telex-Berichte Berteles an das Kanzleramt vom 20. und 22. September 1989
17 BArch B 288/235, o. P., z. B. Bericht über alternative Gruppierungen im Umfeld der Kirchen in der DDR vom 20. April 1989, S. 5

drucksformen und ihrem Idealismus erreichte das Gros der Unangepassten auch später die Mehrheitsgesellschaft nicht. Der Mut Einzelner beschämte die schweigende Mehrheit. Nur einige wenige Exponenten der DDR-Opposition hatten Kontakte in den Westen oder zu Westdeutschen in Ost-Berlin. Einzelne Mitarbeiter der Ständigen Vertretung pflegten das private Gespräch mit Oppositionellen, mit Vertretern der Kirchenleitung oder ihren Kirchengemeinden. Sie schmuggelten Literatur oder Vervielfältigungsgeräte ins Land, versorgten den Oppositionssender Radio Glasnost in West-Berlin mit Material aus der Szene im Osten und unterstützten auf eigene Verantwortung ihnen persönlich bekannte Mitglieder der Widerstandsgruppen. Doch offiziell achtete die Ständige Vertretung das strikte Verbot der Einmischung in die inneren Angelegenheiten der DDR. Und auch die Bundesregierung hielt sich beispielsweise nach den Verhaftungen im Januar 1988 mit Protesten gegen die Verhaftung Oppositioneller zurück.

»Ich halte es für einen der größten Fehler der damaligen Ostpolitik, dass der Westen die Reformströmungen ignorierte, die es auch damals schon in der DDR gab«, schrieb »der stets als Osteuropa-Experte apostrophierte«[18] Wolfgang Leonhard. Er habe sich bereits zu Beginn der Entspannungspolitik gefragt, warum nicht alle Erklärungen und Maßnahmen des Westens daraufhin überprüft würden, wem sie eigentlich nutzten: »den harten Stalinisten oder den kritischen Reformern«.[19] Die Devise der Deutschlandpolitik hätte seiner Meinung nach lauten müssen: »Annäherung bei Wandel!«

Doch bis zuletzt vermied es die Bundesregierung, die DDR bewusst zu destabilisieren. Indirekt, über die finanziellen Zuwendungen, die existentiell für die DDR-Wirtschaft geworden waren, trug sie dazu bei, die Abhängigkeit zu vergrößern und Zusagen für die Lockerung des Reiseverkehrs zu erkaufen. Der Diplomat Karl Seidel aus dem MfAA erinnert sich, wie er nach einer Beratung der DDR-Gremien über neue Grenzübergänge, die angesichts des wachsenden Ost-West-Besucherstroms geöffnet werden sollten, den Leiter der Politischen Abteilung, Hans-Jörg von Studnitz, ins Ministerium bat, um ihn über die Pläne zu informieren – schließlich betrafen die Verkehrswege beide Seiten gleichermaßen. »Ich gestehe, daß es mir schwer ankam, einem besonders bornierten Vertreter seiner Klasse unsere Niederlage offerieren zu müssen.«[20] Der fundamentale Dissens in grundsätzlichen Fragen bestand trotz aller erzielten Fortschritte nach dem Besuch Erich Honeckers in der Bundesrepublik weiter. Doch stand dieser Dissens »neben fast schon gutnachbarlicher Zusammenar-

18 Andreas Rödder: Deutschland einig Vaterland. Die Geschichte der Wiedervereinigung, München 2009, S. 174
19 Wolfgang Leonhard: Meine Geschichte der DDR, Berlin 2007, S. 196
20 Seidel: Berlin-Bonner Balance, S. 409

beit, wenn dies menschliche Erleichterungen förderte«,[21] so der Befund von Karl-Rudolf Korte. Die Normalität einer »fast gutnachbarlichen« Beziehung prägte zum Ende der achtziger Jahre auch die Sicht der Ständigen Vertretung. Sie hatte die Grenzen ihrer Aktivität und Wirksamkeit erkannt und sich darin eingerichtet.

Über die Wirkung der diversen außen- und innenpolitischen Faktoren, die vierzig Jahre nach der Gründung der beiden deutschen Staaten zum Zusammenbruch der DDR und in die deutsche Einheit führten, ist an anderen Stellen viel geschrieben worden. Es soll nicht Aufgabe dieser Untersuchung sein, die Argumente der Ursachenforscher zu gewichten oder die über Jahre parallel verlaufenden, ineinandergreifenden Prozesse zu beschreiben. Die Partei ging ihrer Macht verlustig, und dieser Machtverlust beschleunigte sich ab dem Jahr 1988. Ob die Akzeptanz des Arbeiter-und-Bauern-Staates bereits vor dem Mauerbau unwiederbringlich geschwunden war, wie viel die Ausbürgerung Wolf Biermanns dazu betrug, dass sich die intellektuelle Elite der DDR abwandte, ob die Wahl Karol Wojtyłas, eines entschiedenen Gegners der polnischen Kommunisten, zum Papst auch die Andersdenkenden in der DDR stärkte, oder inwieweit der KSZE-Prozess, Willy Brandts Ostpolitik, Solidarność oder die von Michail Gorbatschow ausgerufenen Ziele Glasnost und Perestroika Ermutigungen für kritische DDR-Bürger waren, die wieder eingeschüchtert wurden, als die Zahl der Verhaftungen von Oppositionellen zunahm und die Volkskammer das Massaker unter den Protestierenden auf dem Platz des Himmlischen Friedens in Peking verteidigte – all das soll hier nicht erörtert werden. Das Gerechtigkeitsversprechen der herrschenden Staatspartei war gebrochen, der Glaube an die wirtschaftliche Kraft des Sozialismus geschwunden und die Sorgen über Misswirtschaft und Umweltschäden gewachsen. Nicht zuletzt fühlten sich DDR-Bürger, die über Jahrzehnte auf die »unverbrüchliche« Freundschaft zur Sowjetunion eingeschworen worden waren, abgehängt, als die SED sich offenkundig weigerte, dem Vorbild Gorbatschows zu folgen. Statt ihrerseits Reformen anzuregen, ließ die Parteispitze die sowjetische Monatszeitschrift *Sputnik* von der Postzeitungsliste streichen. Die Verfechter der Bürgerrechte traten bei den Kommunalwahlen offen in Erscheinung und wiesen Wahlfälschungen nach. Die Ausreisewelle schwoll in dieser Situation an – Beleg dafür, dass die inneren Angelegenheiten der DDR durchaus auch für die Bundesrepublik relevant waren. Immer mehr DDR-Bürger verweigerten der autoritären Staatsführung offen die Gefolgschaft. In der Zeit der ins Wanken geratenen Dogmen konnte die Bürgerrechtsbewegung an Einfluss gewinnen – die Elemente griffen wie Zahnräder ineinander.[22]

---

21 Korte: Deutschlandpolitik in Helmut Kohls Kanzlerschaft, S. 376
22 vgl. Rödder: Deutschland einig Vaterland, S. 50 ff.

Die Schauplätze für die deutsch-deutsche Annäherung wechselten. Bereits etablierte Kontakte zwischen Ost und West bekamen eine neue Bedeutung. Erich Honeckers informelle Drähte in den Westen waren – mit Herbert Wehners fortschreitender Krankheit – weniger wichtig, dafür aber hatte sich der offizielle Kontakt zur Bundesregierung gefestigt: Als »Routineaufgabe« verstand der neue Kanzleramtsminister Rudolf Seiters seinen Antrittsbesuch im April 1989.[23] Zudem unterhielten verschiedene Ministerpräsidenten direkte Kontakte zur SED-Spitze. Angesichts der Botschaftsbesetzungen waren die »Anwaltsebene« sowie das Bundesministerium für innerdeutsche Beziehungen, das für Freikauf, Familienzusammenführung und Ausreise zuständig war, von erheblicher Bedeutung. Die Kontakte von Alexander Schalck-Golodkowski und Franz Josef Strauß wurden ergänzt durch immer neue Politikerreisen oder die Gespräche zwischen Walther Leisler Kiep und Herbert Häber, über die das Bundeskanzleramt sich bereits 1985 eher grimmig gezeigt hatte: »Der Chef des BK stellte fest, daß die Mitteilungen der DDR an Herrn Leisler Kiep [...] nicht [...] die Gespräche der Bundesregierung mit der DDR ersetzen können.«[24]

In dieser Gemengelage blieb der Vertretung die Rolle als Beobachter und deutsch-deutscher Vermittler – nicht zuletzt ging es dabei auch um den Meinungsaustausch unter Diplomaten. Franz Jahsnowski, der Leiter der Protokollabteilung im MfAA, beschrieb am 14. September 1989 die veränderte Atmosphäre im Diplomatischen Korps der DDR: Ein Teil der Botschaften solidarisierte sich mit der DDR, aber es gebe massive Kritik an der Ausreisepraxis: »[Die] westlichen Botschafter sind bestrebt, der DDR die Schuld für die Situation zuzuschreiben«, bemerkte er. Zudem registrierte der Diplomat, dass der Gesundheitszustand des SED-Generalsekretärs nicht allein Mutmaßungen über personelle Veränderungen im Politbüro auslöste: »Zunehmend wird über Probleme einer möglichen Wiedervereinigung Deutschlands spekuliert.«[25]

Davon aber war die Ständige Vertretung weit entfernt. Sie war entstanden in einer Zeit, da die Grundvoraussetzung für eine Annäherung die Anerkennung der Koexistenz zweier Staaten war. Dieser Gedankenwelt blieb sie lange verhaftet und warnte davor, das zum Partner mutierende einstige Gegenüber zu reizen. Schließlich hing die Elite der SED an der Zweistaatlichkeit, wie Otto Reinhold, Leiter der Akademie für Gesellschaftswissenschaften beim ZK der SED, am 19. August 1989 bekräftigt hatte:

---

23 vgl. Korte: Deutschlandpolitik in Helmut Kohls Kanzlerschaft, S. 447
24 BArch B 136/20169, o. P., Vermerk des Leiters des Arbeitsstabs Deutschlandpolitik im Kanzleramt, Hermann von Richthofen, am 6. Februar 1985 über ein Treffen Häber – Kiep vom 31. Januar 1985
25 BStU MfS ZAIG 15345

»[Die DDR] ist nur als antifaschistische, als sozialistische Alternative zur BRD denkbar. Welche Existenzberechtigung sollte eine kapitalistische DDR neben einer kapitalistischen Bundesrepublik haben? Natürlich keine. Nur wenn wir diese Tatsache immer vor Augen haben, wird erkennbar, wie wichtig für uns eine Gesellschaftsstrategie ist, die kompromißlos auf die Festigung der sozialistischen Ordnung gerichtet ist.«[26]

Werner Großmann, der letzte HVA-Chef, sieht hier eine Parallele zwischen Ost und West:

»Die von uns aus Bonner und West-Berliner Regierungs- und Parteizentren beschafften Lageeinschätzungen beschreiben zwar eine Zunahme regimekritischer Aktivitäten, stellen jedoch die DDR nie in Frage. Auch die Ständige Vertretung der Bundesrepublik nicht. Und wir schon gar nicht.«[27]

Die ablehnende Haltung zur deutschen Einheit ist auch charakteristisch für Dissidenten und Widerständler: Mehrheitlich kämpften die Oppositionellen für einen Aufbruch, für grundlegende Reformen und gegen die verkrusteten Strukturen in der DDR. Ludwig Mehlhorn, einer der Gründer der oppositionellen »Initiative Absage an Praxis und Prinzip der Abgrenzung« hatte 1986 die Überwindung des Status quo und das Ende der Abgrenzungspolitik gefordert. Auch der Theologe Edelbert Richter stellte Überlegungen zur Überwindung der deutschen Teilung an.[28] Diese aber stand nicht im Kern der diversen Konzepte und Denkmodelle der Oppositionsbewegung. Jens Reich, Mitgründer des Neuen Forums, wies darauf hin, im Gründungsaufruf hieße es ausdrücklich: »Für uns ist die Wiedervereinigung kein Thema, da wir von der Zweistaatlichkeit ausgehen und kein kapitalistisches Gesellschaftssystem anstreben.«[29] Vielmehr galt es, mit dem Bekenntnis »Wir bleiben hier!« reale Verbesserungen innerhalb der Grenzen zu erwirken und den Reiseverkehr zu erleichtern. Der Strom der Ausreisewilligen wäre gestoppt, wenn es eine alternative, reformierte DDR gebe – so die Hoffnung vieler Oppositioneller. Ein offenes Plädoyer für die deutsche Einheit lag ihnen fern, und es erhöhte zudem das Risiko, als Staatsfeind erkannt und verfolgt zu werden.

26 zitiert bei Volker Gransow; Konrad Jarausch (Hg.): Die deutsche Vereinigung. Dokumente zur Bürgerbewegung, Annäherung und Beitritt, Köln 1991, S. 57
27 Werner Großmann: Bonn im Blick. Die DDR-Aufklärung aus Sicht ihres letzten Chefs, Berlin 2007, S. 156
28 vgl. Ehrhart Neubert: Unsere Revolution. Die Geschichte der Jahre 1989/1990, München 2008, S. 50 f.
29 zitiert in: Jens Reich: Rückkehr nach Europa. Zur neuen Lage der deutschen Nation, München, Wien 1991, S. 191

Systematische Befragungen, die der BND unter Reisenden, Übersiedlern und Flüchtlingen aus der DDR über deren Grundstimmung anstellte, wiesen in den späten achtziger Jahren zumindest bei diesem besonderen Personenkreis ein waches nationales Bewusstsein nach, das sich vielfach aus dem Verlangen nach westlichem Wohlstand speiste. Im halbjährlichen Rhythmus wurden jeweils 600 Befragungen ausgewertet. Mehrheitlich lehnten die Befragten die SED ab. Etwa drei Viertel von ihnen wünschten sich die Vereinigung.[30] Begeisterung für eine demokratische Gesellschaftsordnung hat der BND nicht festgestellt. Die Ergebnisse dieser Studie, aber auch die Gesamtlageberichte gab BND-Präsident Hans-Georg Wieck dem Kanzleramt zur Kenntnis. Er beklagte jedoch im Rückblick das mangelnde Interesse und die mangelnde Akzeptanz seiner Stimmungsbilder, die sich vielfach mit den persönlichen Beobachtungen von Kanzler und Außenminister deckten.[31]

»Ab November 1989 nahm die Bedeutung der StäV von Tag zu Tag ab, das war für uns nicht angenehm«, sagt Jan Hoesch, Leiter der Rechtsabteilung 1974 bis 1981, der zwischenzeitlich ins Bundesministerium für innerdeutsche Beziehungen zurückkehrt war und 1989 erneut an der StäV wirkte.[32] Tatsächlich überholte die unvorhergesehene Maueröffnung sämtliche damaligen Überlegungen. In Bonn gab es ohnehin keinerlei strategische Planung für den Fall, der nun eingetreten war: Die Maueröffnung kam in den Gedankenspielen der Bundesrepublik nicht vor. Man hatte sich in Ost und West mit der Teilung arrangiert. Die Linie der Bundesregierung war zunächst von großer Vorsicht geprägt – und sie wurde von Helmut Kohl bestimmt.

Die Darstellung der komplexen Ereignisse in Bonn und Ost-Berlin bis zum 3. Oktober 1990 ist nicht Thema dieser Untersuchung – verwiesen sei auf die schlüssige, Ost und West gleichermaßen berücksichtigende Geschichte der Wiedervereinigung von Andreas Rödder[33] und die umfassende Darstellung der Kohlschen Deutschlandpolitik von Karl-Rudolf Korte.[34] Wie wenig die StäV direkt in Entscheidungsprozesse einbezogen war, mag sich darin widerspiegeln, dass die Namen der Bonner Vertreter in Ost-Berlin beispielsweise im Tagebuch von Horst Teltschik, dem Leiter der Außen- und Sicherheitspolitik im Kanzleramt, keine Erwähnung finden.[35] Bezeichnend für die Position der Ständigen Vertretung ist ebenso, dass Ehrhart Neubert, der die Geschichte der Friedlichen Revolution ausführlich aus Sicht des Bürgerrechtlers erzählt, die

30 vgl. Hans-Georg Wieck zitiert in: Hermann Wentker: Die DDR in den Augen des BND, in: Vierteljahreshefte für Zeitgeschichte 2/2008 S. 323–358, hier S. 328
31 vgl. ebenda, S. 356
32 Gespräch mit Jan Hoesch am 2. Juni 2005 in Berlin
33 Rödder: Deutschland einig Vaterland
34 Korte: Deutschlandpolitik in Helmut Kohls Kanzlerschaft
35 Horst Teltschik: 329 Tage. Innenansichten der Einigung, Berlin 1991

westdeutschen Vertreter mit keiner Silbe bedachte.[36] Vor der Enquetekommission des Deutschen Bundestages für die Aufarbeitung von Geschichte und Folgen der SED-Diktatur in Deutschland trat kein Leiter der Ständigen Vertretung in Ost-Berlin als Sachverständiger auf.

Dass Politik und Wissenschaft, Publizistik und Öffentlichkeit auf die Veränderungen in der DDR, auf die Friedliche Revolution und den Kollaps des zweiten Staates in Deutschland 1989/90 so wenig vorbereitet waren, sei erstaunlich, befand der Historiker Jens Hacker vor der Enquetekommission des Deutschen Bundestages.[37] Man habe sich, so Hacker, mit dem territorialen und dem politischen Status quo in Europa und damit auch mit der Teilung Deutschlands weitgehend abgefunden. Darüber hinaus seien der politische und der ökonomische Zustand der DDR, die Stimmung und der Grad des Freiheitsbewusstseins der Bürger falsch eingeschätzt worden. Dieser Vorwurf trifft die Ständige Vertretung.

Die DDR wurde grundsätzlich von den westdeutschen Beamten nicht delegitimiert, auch wenn diese die Zweistaatlichkeit dem Grundgesetz entsprechend nicht so definierten wie die DDR. Doch auf dieser Basis konnte die inzwischen nicht nur für das Renommee, sondern vor allem aus finanziellen Gründen wichtige Annäherung betrieben werden, wie das MfAA und Alexander Schalck-Golodkowski wussten. Das Außenministerium konnte sich offenkundig nicht gegen den Rest des alten Herrschaftsapparats behaupten, der sich vom MfS stützen ließ.

Der Diplomatenstatus machte die Westbeamten einerseits verdächtig, aber er schützte sie andererseits ebenso wie die Furcht vor einem möglichen Eklat. Wohl trafen die Methoden der Staatssicherheit einzelne Mitarbeiter, die Arbeit der Einrichtung insgesamt aber legte der Geheimdienst nicht lahm. Die StäV-Mitarbeiter zeigten sich geschmeidig und agierten als Kritiker, aber nicht zwingend als Feinde der DDR, wie das MfS unterstellte. Die DDR-Spitze wollte stets als souveräner Staat anerkannt werden – ihr Geheimdienst indes erwies sich als nicht souverän im Umgang mit dem »Klassenfeind im eigenen Land«.

Die Altherrenriege an der Parteispitze stellte sich taub gegenüber den Reformern in ihren eigenen Reihen. Die Weichensteller der maroden Planwirtschaft ließen sich – auch im Westen anerkannte – Trugbilder von der angeblich zehntgrößten Wirtschaftsmacht der Welt präsentieren, während Versorgungsmängel wichtige Wirtschaftszweige lahmlegten. Zur eigenen Legitimation gab es für die Parteispitze im Jahr 1989 kaum mehr als den Antagonismus zur Bundesrepublik. Die von der Partei konstruierte ideologische Feindschaft zur

36 Neubert: Unsere Revolution
37 Jens Hacker: Deutschlandpolitik der SPD/FDP-Koalition 1969–1982, in: Deutscher Bundestag (Hg.): Materialien der Enquete-Kommission, Bd. V/2, S. 1490

Bundesrepublik Deutschland wurde von der Staatssicherheit überhöht und geriet zum Selbstzweck. Ohne diese vermeintliche Bedrohung von außen hätte das MfS seine kostspielige Existenz[38] nicht mehr erklären können. Die Ständige Vertretung ließ sich als gefährlicher »Brückenkopf« der Bundesrepublik in der DDR trefflich instrumentalisieren in dieser Agonie, die nichts mehr als ein Wettlauf gegen die Zeit war.

Zum Anfang vom Ende der DDR trug – aus Sicht des Diplomaten Karl Seidel – erheblich die veränderte Gesetzgebung zur Ein- und Ausreise bei. Nicht nur, dass Bürger der DDR nun das Recht erhielten, ins Ausland zu reisen und Pässe zu erwerben, in die dann das begehrte Ausreisevisum gestempelt werden konnte, auch Personen, die nicht aus der DDR-Staatsbürgerschaft entlassen worden waren, durften nun die Grenze wieder in West-Ost-Richtung passieren – Ausgereiste durften ihre alte Heimat besuchen. »Das eigentliche politische Desaster des 9. November war der damit demonstrierte Verfall der Staatsautorität. Es ging jede staatliche Kontrolle verloren. Gegenüber der BRD wurde der stärkste, ja fast einzige Trumpf aus der Hand gegeben.«[39]

Die Ständige Vertretung war nach der Maueröffnung nicht etwa wichtiger Austragungsort deutschlandpolitischer Entscheidungen, sondern sie wurde schlicht nicht mehr gefragt. Helmut Kohl nahm das Heft selbst in die Hand, führte Telefongespräche mit dem Generalsekretär und zeigte deutlich, dass keine Vermittlungsbemühungen mehr erforderlich waren. Hatte sich der Bundeskanzler mit dem Verweis auf das Selbstbestimmungsrecht der Ostdeutschen nach dem Mauerfall zunächst in Zurückhaltung geübt, so unterbreitete er elf Tage nach Hans Modrows Vorstoß zugunsten einer »Vertragsgemeinschaft« seinen eigenen Vorschlag: den »Zehn-Punkte-Plan«.[40] Erich Honecker hatte in seinen Äußerungen zum Verhältnis beider Staaten stets das Wort Frieden im Munde geführt. Nun plädierte Helmut Kohl vor dem Deutschen Bundestag für einen neuen »Zustand des Friedens in Europa«, der Deutschland nationale Einheit bringen sollte.

Die Verschiebung der deutsch-deutschen Aktivitäten nach Bonn war in dieser Phase nur konsequent. Die Regierung der DDR brauchte die Emissäre in dem Moment nicht mehr, in dem die eingespielten »besonderen Beziehungen« einen neuen Charakter annahmen. Dass diese neuen Beziehungen dem Ziel der Herstellung der Einheit dienen würden, war spätestens nach den Volks-

38 vgl. Handbuch der kommunistischen Geheimdienste in Osteuropa 1944–1991, hg. von Lukasz Kaminski, Krzysztof Persak und Jens Gieseke, Analysen und Dokumente Bd. 33 (Wissenschaftliche Reihe der Bundesbeauftragten für die Unterlagen des Staatssicherheitsdienstes der ehemaligen Deutschen Demokratischen Republik), Göttingen 2009, S. 212 f.
39 Seidel: Berlin-Bonner Balance, S. 408
40 Helmut Kohl am 28. November 1989 vor dem Deutschen Bundestag, Protokoll 11. Wahlperiode, 177. Sitzung, S. 13 510 ff.

kammerwahlen klar: Die Regierungen in Bonn und Ost-Berlin bereiteten die deutsche Einheit vor. Die Bundesregierung wurde direkter Gesprächspartner der Regierung von Lothar de Maizière, beide deutsche Staaten, so ungleich die Gewichte verteilt waren, übernahmen gegenüber den Alliierten eine Rolle, die sie seit dem Zweiten Weltkrieg nicht mehr innehatten: Sie spielten auf einer gänzlich neu dekorierten Weltbühne. Die Hannoversche Straße blieb auch in dieser Zeit Symbol für die mühsame Annäherung, und sie erfüllte weiter ihre Aufgaben auf dem humanitären, zwischenstaatlichen Sektor. Doch die nun agierenden Politiker in Bonn nahmen die StäV – und damit auch die Kenntnisse ihrer Mitarbeiter über die DDR – in dieser Phase kaum mehr zur Kenntnis. In der DDR freilich kam das ganz anders an: Der Diplomat Karl Seidel bemerkte im Jahr 1990 gegenüber seinem langjährigen westdeutschen Ansprechpartner Hans Otto Bräutigam: »Sie sind der Sieger der Verhandlungen!«[41]

In den Jahren zuvor hatte sich die Ständige Vertretung als Sachwalter grenz-überschreitender Kontakte, nicht aber als Verfechter der staatlichen Einheit präsentiert. Die Wiedervereinigung durfte nie auf ihrer Agenda stehen, damit hätte sie sich für die DDR als Ansprechpartner unmöglich gemacht. Nun aber rückte die Einheit der Nation wider Erwarten auf die Tagesordnung, zwangs-läufig traten andere Akteure auf den Plan, um die Modalitäten der Vereinigung auszuhandeln. Franz Bertele stellt im Rückblick fest, dass der Einigungsvertrag schließlich zu rasch konzipiert wurde. So erinnert er sich, den Bundesminister für Arbeit und Sozialordnung, Norbert Blüm, nach den Modalitäten für die Arbeitslosenversicherung befragt zu haben. Der Ständige Vertreter erhielt die Antwort, dass man zwei Fachleute aus der DDR-Verwaltung konsultieren wür-de, also kein Grund zur Sorge bestehe.[42]

41 Hans Otto Bräutigam am 2. Dezember 2007 im Deutschen Theater in Berlin (Gregor Gysi trifft Zeitgenossen)
42 Gespräch mit Franz Bertele am 24. Juni 2005 in Berlin

Resümee

Im Herbst 1974, nicht einmal zwei Jahre nach Abschluss des Grundlagen-vertrags, hatten mehr als einhundert Staaten in Ost und West diplomatische Beziehungen zur DDR aufgenommen. Eine besondere Bedeutung kam den Eröffnungen der Ständigen Vertretungen an der Spree und am Rhein zu. Die diplomatische Anerkennung und die Institutionalisierung »besonderer Beziehungen« zur Bundesrepublik trugen zur inneren Stabilisierung der DDR bei.

Verfechter des Regimes sahen sich angesichts der internationalen Anerkennung bestätigt. Wer der Diktatur kritisch gegenüberstand, musste einerseits hinnehmen, dass die DDR sich nahtlos in den Kreis »vollwertiger« Staaten einreihte. Er konnte damit zugleich die Hoffnung verbinden, dass die Unterzeichnung der KSZE-Schlussakte zu einer spürbaren Verbesserung der Menschenrechtslage führen würde. Diese Erwartung freilich war trügerisch, denn obgleich die DDR den KSZE-Prozess begleitet hatte, ließ sich das Recht auf Freizügigkeit nicht einklagen. Nachdem Erich Honecker 1975 in Helsinki bei der Unterzeichnung der Schlussakte der Konferenz für Sicherheit und Zusammenarbeit in Europa zwischen dem US-Präsidenten Gerald Ford und Bundeskanzler Helmut Schmidt seinen Platz gefunden hatte und die 16 NATO-Staaten einerseits, die Staaten des Warschauer Pakts andererseits mit Österreich, Finnland, Schweden und der Schweiz sowie den paktfreien Staaten Jugoslawien, Liechtenstein, Malta, Zypern unter Zusammenarbeit mit San Marino, Andorra, Monaco und dem Vatikan ein Bündnis zur Wahrung des Friedens geschlossen hatten, wandelte sich die DDR-Realität dennoch nicht grundlegend. Die DDR-Führung erkannte sich in den Passagen der Vereinbarung wieder, die den Unterzeichnerstaaten Souveränität zubilligte und in denen diese sich zur Nichteinmischung in die Angelegenheiten der anderen verpflichteten. Die DDR achtete die Menschenrechte weiterhin nicht. Und die Bundesrepublik duldete dies. »Keine Bundesregierung – wie immer sie zusammengesetzt war – hat die Deutschen der damaligen DDR zum Widerstand gegen das System aufgefordert – und das zu Recht«,[1] exkulpiert der einstige

---

1 Hans Dietrich Genscher: Zum 80. Geburtstag von Wolfgang Vogel, in: Wedel (Hg.): Wolfgang Vogel – eine Festgabe, S. 40

Außenminister Hans-Dietrich Genscher die Duldung von Unrecht durch die Bundesrepublik.

Die Einmischung in innere Angelegenheiten der DDR war ihr untersagt – und was innere Angelegenheiten waren, bestimmte die DDR. Sie diktierte der bundesrepublikanischen Mannschaft der Ständigen Vertretung bereits vor Amtsantritt die Spielregeln auf dem neuen deutsch-deutschen Handlungsfeld. »Die Hiesigen ziehen die Grenze«, gestand Günter Gaus.[2] Bereits zu Beginn der siebziger Jahre war erkennbar, auf welche Weise dies geschah: War die Parteispitze einerseits auf das Wohlwollen des Westens, auf Anerkennung und auf den volkswirtschaftlich nicht unerheblichen Devisenfluss von West nach Ost und auf die Erlöse aus dem Freikauf wie auf den zinslosen Swingkredit angewiesen, so waren die handelnden Personen zugleich von Misstrauen und Furcht gegenüber ihren westdeutschen Partnern geprägt. Vor der möglichen Frage nach ihrer Legitimierung schützte sie ihre tief verwurzelte politische Überzeugung. Vor Grenzüberschreitungen schützte die klar zugewiesene Kompetenz.

Es ist kein Zufall, dass entscheidende Gespräche zwischen Ost und West von eigenwilligen, auch undogmatischen Personen geführt wurden, die gängige Klischees sprengten, an den Apparaten vorbei Geheimnisse wahrten – freilich ohne prinzipiell die Loyalität gegenüber ihren jeweiligen Auftraggebern aufzugeben oder zu verraten. Das gilt sicherlich sowohl für Persönlichkeiten der SPD wie Egon Bahr oder Günter Gaus, vor allem aber für Herbert Wehner, bei der Union für Franz Josef Strauß und Walther Leisler Kiep wie für Rechtsanwalt Wolfgang Vogel, Herbert Häber oder Alexander Schalck-Golodkowski auf der Seite der DDR. Von höchst unterschiedlichem Charakter und von unterschiedlichen persönlichen Motivationen getrieben, dienten sie loyal ihren Staaten, verfolgten individuelle Ziele und bewahrten persönliche Integrität.

So wie Konrad Adenauer die Bundesrepublik stabilisierte und die Westintegration zum konstitutiven Moment seiner Außenpolitik machte, setzte die SPD mit Willy Brandts neuer Ostpolitik einen weiteren entscheidenden Impuls für die Orientierung der Bundesrepublik auf internationalem Feld. Befürchtungen von links, dass die Westintegration die Fragmentierung des Landes zementieren würde, erwiesen sich als ebenso irrig wie die Kritik von rechts an den Ostverträgen, die der »Einheit in Freiheit« im Jahr 1989 genauso wenig im Weg waren. Die Regierung von Helmut Kohl konnte auf beidem – der Westbindung wie den Kontakten zu den Staaten des Warschauer Paktes – aufbauen. Außen- wie deutschlandpolitisch wahrte sie Kontinuität, bis sich schließlich dank der innenpolitischen Veränderungen in der DDR die Chance für eine

---

2 Roland Berbig (Hg.): Stille Post. Inoffizielle Schriftstellerkontakte zwischen West und Ost, Berlin 2005, S. 280

radikale Veränderung bot. Auf dem Weg zur staatlichen Einheit profitierte die Bundesregierung von den über die Ständige Vertretung erarbeiteten Kontakten zwischen Ost und West – die Entscheidungsgewalt aber lag allein in den Händen des Bundeskanzlers, bei ihm liefen die deutschlandpolitischen und die außenpolitischen Drähte zusammen. Die Ständige Vertretung hatte stets eine Politik der kleinen Schritte betrieben. In dem Moment, als »der große Schritt« erforderlich wurde, blieb sie zurück.

Die beiden Staaten standen sich – trotz intensiver Bemühungen der Ständigen Vertretung – immer wieder paralysiert gegenüber, die Ständige Vertretung war von Stimmungsschwankungen abhängig. Doch gelang es über die Jahre, ein funktionierendes System grenzüberschreitender Kontakte zur pragmatischen Lösung der teilungsbedingt anfallenden Probleme zu etablieren – zum Wohle der Bürger. Ein gesamtdeutsches Bewusstsein konnte die Vertretung nicht aufrechterhalten – sie war eine Einrichtung der Zweistaatlichkeit. Einzelne Mitarbeiter haben den Zusammenhalt der Nation zu befördern versucht. Doch wie auch die westdeutschen Korrespondenten in der DDR stießen sie in der Bundesrepublik auf verbreitetes Desinteresse – in den achtziger Jahren orientierten sich die Bundesbürger Richtung Westeuropa. Die DDR nahm aus westlicher Sicht einen exotischen Charakter an, die Bundesrepublik dagegen gewann – von östlicher Warte aus betrachtet – zunehmend an Attraktivität. Die Ständige Vertretung bewegte sich auf der Grenzlinie, doch lag es nicht in ihrer Macht, das Auseinanderdriften der Haltungen beiderseits der Grenze zu bremsen. »So oder so: Wir waren kein politisches Kampfmittel«, beteuert Georg Girardet, Kulturreferent in der Ständigen Vertretung und zuletzt Kulturdezernent der Stadt Leipzig.[3]

Die DDR ließ in den Beziehungen Bewegung zu, wenn sie sich nicht in ihrem Bestand gefährdet sah oder wenn Geld aus dem Westen winkte. »Im Reiseverkehr – das war ein Punkt, der sich wie ein roter Faden ab 1970 durch die Verhandlungen zog – sind wir nicht sehr weit gekommen«, sagt Hans Otto Bräutigam.[4] Das Bestreben des Politbüros war es, die DDR-Bürger auf Distanz zur Bundesrepublik zu halten: Selbst bei Vereinbarungen, die – wie das Kulturabkommen – explizit den Austausch zwischen den Deutschen beiderseits der Grenze befördern sollten, durften allenfalls handverlesene, politisch zuverlässige DDR-Bürger von Austauschprogrammen profitieren. Der Einfluss der Menschen aus dem kapitalistischen Westen sollte so gering wie möglich bleiben. Der Ständigen Vertretung wurden in ihren Aktivitäten enge Grenzen gesetzt.

3 Gespräch mit Georg Girardet am 14. Februar 2005 in Leipzig
4 Gespräch mit Hans Otto Bräutigam am 22. August 2005 in Berlin

Die Errichtung Ständiger Vertretungen hat die Normalität in der Zweistaatlichkeit gefestigt. Die StäV hatte sich eingerichtet in ihrer tatsächlich verdienstvollen Rolle als fleißige deutsch-deutsche Sachbearbeiterin. Sie antizipierte die Haltung der DDR und wagte keine großen Sprünge. Dass sie eng an das Kanzleramt angebunden war, verengte ihren Handlungskorridor. Die Phantasie, am Status quo etwas zu ändern, gestattete man sich in Bonn erst, als die Bevölkerung der DDR ihren Staat ins Wanken gebracht hatte.

Die hypothetische Frage, was geschehen wäre, wenn die Ständige Vertretung gegen die Souveränität der DDR verstoßen und sich offensiv zum Anwalt unterdrückter DDR-Bürger erklärt hätte, muss unbeantwortet bleiben. Ob die SED-Spitze sich erlaubt hätte, einen Leiter der Ständigen Vertreter auszuweisen, wenn dieser sich öffentlich im Namen der Bundesregierung und unter Androhung von Sanktionen gegen Zensur oder für Meinungsfreiheit ausgesprochen hätte, bleibt offen. Die Bundesregierung gewährte Milliardenkredite, und sie betrieb für 3,5 Milliarden DM den Freikauf. Damit stabilisierte sie das SED-Regime. Keinesfalls unterstützte die Bundesregierung die Opposition in der DDR – nicht einmal über ihre Vertretung vor Ort.

Die wirkliche Leistung der Entspannungspolitik bestand darin, dass es im Kalten Krieg überhaupt gelungen war, Vertreter beider deutscher Staaten auszutauschen. Und das Verdienst der Vertretung der Bundesrepublik bestand in ihrer Arbeit für die Bürger. Große politische Wirksamkeit jedoch, ein echtes Entdecken gemeinsamer politischer Perspektiven konnte es angesichts der ideologischen Differenzen nicht geben. Die – von DDR-Apologeten immer betonte – feste Einbindung in die Machtblöcke während des Kalten Krieges bedingte Unbeweglichkeit. Voraussetzung für die Wiedervereinigung war die Erosion dieses einst als monolithisch empfundenen Gefüges. Nicht zu Unrecht beschreibt Timothy Garton Ash das Ende der DDR als Verbindung »aus gesundem Menschenverstand und Schlamperei der neuen Parteiführung«.[5]

Auf die Frage, was die StäV bisher erreicht habe, empfahl die hauseigene Pressestelle den Mitarbeitern bereits im Jahr 1978, neben dem Hinweis, dass es für eine Bilanz zu früh sei, folgende Antwort:

»Die StäV nimmt ihren weitgesteckten Aufgabenbereich voll wahr. Sie hat Kontakte geknüpft und ausgebaut [...]. Sie hat Erfahrungen gesammelt und Kenntnisse erworben, auf denen sich aufbauen läßt, und sie ist zugleich einer Fülle von Problemen, die der Alltag an sie herangetragen hat, gerecht geworden. Vor allem aber: Die Existenz der StäV hat in das Verhältnis der beiden deutschen Staaten ein neues kooperatives Element hineingetragen. Dies hat sich in den politischen Verhand-

---

5 Timothy Garton Ash: Im Namen Europas. Deutschland und der geteilte Kontinent, München, Wien 1993, S. 505

lungen [...] ebenso deutlich erwiesen wie in der Vielzahl menschlicher Anliegen, in denen die StäV tätig werden konnte.«[6]

Am letzten Tag der Existenz der Ständigen Vertretung konnte Franz Bertele abschließend melden: »Heute haben wir sehr gute Beziehungen zur DDR. Morgen brauchen wir keine mehr. Der Kreis hat sich geschlossen.«[7]

Viele Spuren der deutsch-deutschen Geschäfte wurden absichtsvoll getilgt oder gingen in den Wirren der Vereinigungszeit schlicht verloren: Auch die Aktenbestände der Vertretung sind unvollständig. »Wir hatten 1990 andere Sorgen, und da wurde viel weggeworfen«, bestätigen Mitarbeiter von einst. Einer der letzten Vorgänge, mit denen sich die Ständige Vertretung der Bundesrepublik bei der DDR zu befassen hatte, betraf ihre Auflösung. So ging in der Hannoverschen Straße auch ein Brief des BND ein. Der Nachrichtendienst verlangte seine abhörsichere »Laube« und die Funkanlage zurück. Das »Ungezieferbekämpfungsgerät (Kakerlaken)« wiederum übernahm die Oberfinanzdirektion, wie ordentlich vermerkt wurde.[8]

Eine andere Zeit hat begonnen. Und für die Geschichte gewordene Arbeit der Ständigen Vertretung der Bundesrepublik bei der DDR gilt Max Webers Diktum: »Herrschaft ist im Alltag primär: Verwaltung.«[9]

6 Ständige Vertretung, Pressereferat: Stichworte für Referate vor Besuchergruppen, Berlin, 25. Juli 1978, Anhang, S. 9 (aus dem privaten Handapparat der Autorin)
7 BArch B 136/21256, Bd. 3, o. P., Franz Bertele: Einige Gedanken kurz vor der Schließung der Vertretung am 2. Oktober 1990
8 BArch B 136/38299, o. P., Vermerk
9 Max Weber: Wirtschaft und Gesellschaft. Grundriß der verstehenden Soziologie, Tübingen 1922, S. 126

Anhang

Zeittafel

1945

8. Mai	Bedingungslose Kapitulation Deutschlands.
17. Juli – 2. August	Konferenz der Siegermächte (außer Frankreich) in Potsdam, Abschluss des Potsdamer Abkommens: Aufteilung Deutschlands in vier Besatzungszonen.

1946

21./22. April	Gründung der Sozialistischen Einheitspartei Deutschlands (SED); auf dem Vereinigungsparteitag werden Wilhelm Pieck (KPD) und Otto Grotewohl (SPD) als Vorsitzende gewählt.

1947

6. – 9. Juni	Münchener Ministerpräsidentenkonferenz: Die ostdeutschen Ministerpräsidenten reisen vor der offiziellen Eröffnung ab. Der Versuch, eine zentrale deutsche Verwaltung zu bilden, scheitert.

1948

ab 1. April	Die ersten Verbindungen zwischen den westlichen Besatzungszonen und West-Berlin werden durch die sowjetische Besatzungsmacht unterbrochen.
21. Juni	Währungsreform in den westlichen Besatzungszonen.
23. Juni	Währungsreform in der Sowjetischen Besatzungszone. Die sowjetische Besatzungsmacht versucht, diese auf ganz Berlin zu erstrecken, scheitert jedoch am Widerstand der Westmächte.
24. Juni	In West-Berlin wird die DM eingeführt. Daraufhin werden die Zufahrtswege nach West-Berlin gesperrt: Berlin-Blockade.
26. Juni	Beginn der Versorgung West-Berlins über eine Luftbrücke. Diese wird noch bis September 1949 aufrechterhalten.

1949

25. – 28. Januar	1. Parteikonferenz der SED: Einführung des demokratischen Zentralismus als Organisationsprinzip.
12. Mai	Die Militärgouverneure der drei Westmächte genehmigen das Grundgesetz der Bundesrepublik. Ende der Berlin-Blockade.
23. Mai	Das Grundgesetz tritt in Kraft. Gründung der Bundesrepublik Deutschland.
14. August	Erste Bundestagswahl.
15. September	Konrad Adenauer (CDU) wird erster Bundeskanzler der Bundesrepublik Deutschland. CDU/CSU, FDP und Deutsche Partei bilden die Regierung.

7. Oktober	Gründung der Deutschen Demokratischen Republik aus der Sowjetischen Besatzungszone. Wilhelm Pieck wird erster Präsident der DDR, Otto Grotewohl Ministerpräsident. Stellvertretender Ministerpräsident wird Walter Ulbricht.

1950

8. Januar	Die provisorische Volkskammer beschließt das Gesetz zur Bildung des Ministeriums für Staatssicherheit (MfS), im Februar wird Wilhelm Zaisser Minister für Staatssicherheit.
25. Juli	Das Zentralkomitee der SED wählt das Politbüro, das Sekretariat des ZK und die Zentrale Parteikontrollkommission. Vorsitzende werden Wilhelm Pieck und Otto Grotewohl, Generalsekretär des ZK wird Walter Ulbricht.
15. Oktober	Wahlen zur DDR-Volkskammer (Parlament)

1951

16. März	In der Bundesrepublik wird der Bundesgrenzschutz gegründet.
20. September	Die Bundesrepublik und die DDR schließen das Berliner Abkommen, das den Interzonenhandel regelt.

1952

10. März	Stalin-Note der UdSSR an die drei Westmächte: Forderung nach einem neutralen, einheitlichen Deutschland. Die Westmächte lehnen am 25. März die Stalin-Note ab.
26. Mai	Unterzeichnung des Deutschlandvertrages. Er tritt am 5. Mai 1955 in Kraft und regelt die Beziehungen zwischen der Bundesrepublik Deutschland und den USA, Großbritannien und Frankreich. Der Vertrag löst das Besatzungsstatut ab. Die Bundesrepublik erhält eine – eingeschränkte – Souveränität.
26./27. Mai	Der Ministerrat der DDR erlässt die »Verordnung über Maßnahmen an der Demarkationslinie zwischen der Deutschen Demokratischen Republik und den westlichen Besatzungszonen Deutschlands«. Entlang der Westgrenze und der Ostseeküste wird eine Sperrzone geschaffen. 8000 Menschen werden umgesiedelt und 3000 fliehen in den Westen.

1953

17. Juni	Arbeiterunruhen in der ganzen DDR, ausgelöst durch eine Erhöhung der Arbeitsnormen. Sowjetische Truppen schlagen den Aufstand blutig nieder. Das ZK der SED erklärt den Volksaufstand zu einem vom Westen gelenkten faschistischen Putsch.
6. September	Die schwarz-gelbe Koalition aus CDU/CSU und FDP wird bei den Bundestagswahlen bestätigt. Als Bundeskanzler wird Konrad Adenauer wiedergewählt.

1954

25. Jan. – 18. Feb.	Berliner Außenministerkonferenz: Die vier Siegermächte scheitern bei dem Versuch, ein einheitliches Deutschland zu schaffen.
25. März	Die Sowjetunion gewährt der DDR »erweiterte Souveränitätsrechte«.

9. Juni	Der ehemalige Außenminister der DDR Georg Dertinger wird wegen Spionage zu 15 Jahren Zuchthaus verurteilt.

1955

25. Januar	Die Sowjetunion erklärt den Kriegszustand mit Deutschland für beendet.
9. Mai	Die Bundesrepublik Deutschland wird Mitglied der NATO.
14. Mai	Die Deutsche Demokratische Republik gehört zu den Gründungs- mitgliedern des Militärbündnisses Warschauer Vertrag.
20. September	Die DDR erhält staatliche Souveränität.
10. Dezember	Die DDR erklärt die Zonengrenze zur Staatsgrenze und übernimmt deren Bewachung von der Sowjetarmee.

1956

1. März	Bildung der Nationalen Volksarmee (NVA) aus den Einheiten der Kasernierten Volkspolizei (KVP); Gründung des Ministeriums für Nationale Verteidigung.
1. April	Gründung des Bundesnachrichtendienstes (BND). Auf Beschluss des Bundeskabinetts erfolgt die Gründung eines eigenen Auslands- nachrichtendienstes für den westdeutschen Staat.
14. – 25. Februar	XX. Parteitag der KPdSU in Moskau; mit der Geheimrede Chrusch- tschows beginnt eine vorsichtige Entstalinisierung in den sozialistischen Staaten.
21. Juli	Der Bundestag verabschiedet das Gesetz über die allgemeine Wehrpflicht.
17. August	Die Kommunistische Partei Deutschlands wird in der Bundesrepublik verboten.
Oktober	Der Volksaufstand in Ungarn wird durch sowjetische Truppen nieder- geschlagen.
8. / 9. Dezember	Außenminister Heinrich von Brentano betont auf der Botschafterkon- ferenz in Bonn den Alleinvertretungsanspruch der Bundesrepublik, die nach Staatssekretär Walter Hallstein benannte Hallstein-Doktrin.

1957

Erich Mielke wird Minister für Staatssicherheit.

30. Jan. – 1. Feb.	Vor dem ZK der SED konkretisiert Walter Ulbricht seinen im *Neuen Deutschland* vom 31. Dezember 1956 veröffentlichten Vorschlag einer deutschen Konföderation.
27. Juli	Der DDR-Ministerrat schlägt eine Konföderation zwischen beiden deut- schen Staaten vor.
15. September	Die CDU erhält bei der Bundestagswahl die absolute Mehrheit. Konrad Adenauer bildet eine Regierung aus CDU und Deutscher Partei.
11. Dezember	Die Volkskammer beschließt ein neues Passgesetz, um u. a. die Zahl der Westreisen zu reduzieren. Republikflucht wird kriminalisiert.

1958

29. Mai	Abschaffung der Lebensmittelkarten in der DDR.
27. November	Chruschtschow-Ultimatum: Nikita Chruschtschow fordert, West-Berlin zur freien Stadt zu erklären, und den Abzug der Westmächte.

1959

10. Januar	Die Sowjetunion schlägt einen Friedensvertrag mit Deutschland vor.
Sommer	Die Außenminister der vier Mächte tagen in Genf mit Beobachtern aus der Bundesrepublik und der DDR am »Katzentisch«. Es gibt keine Annäherung zu einer deutschen Vereinigung.

1960

6. September	Die Einreise von Bundesbürgern nach Ost-Berlin wird genehmigungspflichtig.
12. September	Nach dem Tod des Staatspräsidenten Wilhelm Pieck übernimmt Walter Ulbricht den Vorsitz des neugeschaffenen Staatsrates der DDR.
14. April	Abschluss der Kollektivierung der Landwirtschaft in der DDR.

1961

6. Juli	Die Volkskammer der DDR schlägt eine paritätisch besetzte Kommission beider deutscher Staaten vor, die einen Friedensvertrag vorbereiten und die Beziehungen verbessern helfen soll (Deutscher Friedensplan).
13. August	Abriegelung des sowjetischen Sektors von den anderen drei Sektoren; die Berliner Mauer wird errichtet.
September	Die DDR verlegt Bodenminen an der innerdeutschen Grenze.
17. September	Die Union aus CDU und CSU verliert bei der vierten Bundestagswahl ihre absolute Mehrheit und bildet mit der FDP eine neue Regierung unter Konrad Adenauer als Bundeskanzler.

1962

24. Januar	Die Volkskammer beschließt das Gesetz über die allgemeine Wehrpflicht in der DDR einschließlich Ost-Berlins.
24. Dezember	Rainer Barzel, Minister für Gesamtdeutsche Fragen, stimmt dem Freikauf von Gefangenen aus der DDR zu. 20 Häftlinge und 20 Kinder aus der DDR werden zu Weihnachten in die Bundesrepublik entlassen.

1963

Ostern	Bundesrepublik und DDR einigen sich über den weiteren Häftlingsfreikauf.
15. Oktober	Konrad Adenauer tritt zurück; Ludwig Erhard wird mit großer Mehrheit zum Kanzlerkandidaten bestimmt und am 16. Oktober vom Bundestag gewählt.
17. Dezember	Erstes Passierscheinabkommen regelt den Besuch von West-Berlinern in Ost-Berlin.

1964

24. September	Neues Passierscheinabkommen.
1. Dezember	Die DDR-Regierung führt den Mindestumtausch für West-Besucher ein.

1965

18. Dezember	Bildung eines Staatssekretariats für gesamtdeutsche Fragen in der DDR-Regierung, 1967 umbenannt in Staatssekretariat für westdeutsche Fragen.

1966

6. Oktober
Der West-Berliner Senat und die DDR können sich nicht über weitere Passierscheinabkommen einigen. Die Passierscheinstelle genehmigt Besuche aus West-Berlin nur noch in dringenden Familienangelegenheiten.

30. November
Rücktritt Ludwig Ehrhards als Bundeskanzler.

1. Dezember
Kurt Georg Kiesinger wird zum ersten Kanzler der Großen Koalition gewählt; Willy Brandt wird Vizekanzler und Außenminister.

1967

20. Februar
Die Volkskammer verabschiedet das »Gesetz über die Staatsbürgerschaft der DDR«.

10. Mai – 28. Sep.
Deutsch-deutscher Notenwechsel: Der Vorsitzende des Ministerrates Willi Stoph fordert von der Bundesregierung die völkerrechtliche Anerkennung der DDR. Kiesinger schlägt vor, »praktische Fragen des Zusammenlebens der Deutschen« zu regeln. Stoph will »normale« völkerrechtliche Beziehungen, was Kiesinger zurückweist.

18. August
Verurteilung von 37 Fluchthelfern; Beginn einer Prozesswelle in der DDR.

1968

6. April
Volksentscheid über eine neue DDR-Verfassung, in der die führende Rolle der SED verankert ist.

11. Juni
Die DDR führt den Pass- und Visumzwang für Besucher aus dem Westen ein. Außerdem wird der Güterverkehr nach Berlin (West) durch die DDR besteuert, und die Autobahngebühren werden erhöht.

August
Niederschlagung des Prager Frühlings durch Truppen des Warschauer Vertrags.

1969

21. Oktober
Willy Brandt wird zum Bundeskanzler der ersten sozial-liberalen Koalitionsregierung gewählt, Walter Scheel (FDP) wird Außenminister.

29. Oktober
Die Regierungen der Bundesrepublik und der DDR erklären ihre Absicht, die deutsch-deutschen Verhandlungen wieder aufzunehmen.

1970

19. Januar
Die SED macht die völkerrechtliche Anerkennung zur Bedingung für weitere Abkommen.

19. März
In Erfurt treffen sich Bundeskanzler Willy Brandt und DDR-Ministerpräsident Willi Stoph.

26. März
Beginn der Viermächteverhandlungen über den Status von Berlin.

21. Mai
Zweites deutsches Gipfeltreffen: Willy Brandt und Willi Stoph treffen sich in Kassel.

12. August
Unterzeichnung des Moskauer Vertrages zwischen der Sowjetunion und der Bundesrepublik.

27. November
Egon Bahr, Staatssekretär im Bundeskanzleramt, und Michael Kohl, Staatssekretär beim Ministerrat der DDR, treffen in Ost-Berlin erstmals zu einem »Meinungsaustausch« zusammen.

7. Dezember
Unterzeichnung des Warschauer Vertrages zwischen der Bundesrepublik und der Volksrepublik Polen.

1971

3. Mai	16. Plenum des ZK der SED: Walter Ulbricht tritt als Erster Sekretär des ZK zurück, bleibt aber Staatsratsvorsitzender. Sein Nachfolger wird Erich Honecker.
7. Juli	Der Ministerrat der DDR löst das Staatssekretariat für westdeutsche Fragen auf.
3. September	Das Viermächteabkommen zu Berlin wird unterzeichnet.
17. Dezember	Egon Bahr und Michael Kohl unterzeichnen das Transitabkommen zwischen beiden deutschen Staaten.

1972

6. Januar	Gegenüber NVA-Soldaten bezeichnet SED-Chef Erich Honecker die Bundesrepublik als »imperialistisches Ausland«.
31. Januar	Der Telefonverkehr zwischen beiden Teilen Berlins wird nach 19-jähriger Unterbrechung wieder aufgenommen.
3. Juni	Die Ostverträge und das Viermächteabkommen sowie das Transitabkommen zwischen der Bundesrepublik und der DDR treten in Kraft.
1. September	An der Staatsgrenze West der DDR werden Schutzstreifen und Sperrzonen festgelegt. Die Anwendung der Schusswaffe durch die DDR-Grenztruppen ist gemäß den Bestimmungen des Ministeriums für Nationale Verteidigung zulässig.
16. Oktober	Die Volkskammer verabschiedet das Gesetz zur Regelung von Fragen der Staatsbürgerschaft. Personen, die vor dem 1.1.1972 die DDR verlassen haben, werden aus der Staatsbürgerschaft entlassen.
8. November	In einem Briefwechsel über die Arbeitsmöglichkeiten für Journalisten vereinbaren die beiden deutschen Staaten den Austausch von Korrespondenten.
14. Dezember	Willy Brandt wird als Bundeskanzler wiedergewählt.
21. Dezember	Unterzeichnung des Grundlagenvertrages durch den Bundesminister für besondere Aufgaben Egon Bahr und DDR-Staatssekretär Michael Kohl. Darin werden die Anerkennung der Viermächteverantwortung, die Unverletzlichkeit der Grenzen, die Beschränkung der Hoheitsgewalt auf das jeweilige Staatsgebiet, der Austausch ständiger Vertreter, die Beibehaltung des innerdeutschen Handels und der Antrag beider Staaten auf Aufnahme in die UNO festgeschrieben.

1973

2. Februar	Die DDR schließt sich der Wiener Konvention über diplomatische Beziehungen an. Die Vereinbarung regelt die durch das Völkerrecht gewährte Befugnis, Gesandte zu entsenden und zu empfangen.
21. Februar	Eine Verordnung über die Tätigkeit von Publikationsorganen anderer Staaten und deren Korrespondenten in der DDR wird erlassen. In der Folge werden die Korrespondenten von ARD und ZDF sowie von Zeitungen und Zeitschriften aus der Bundesrepublik in der DDR akkreditiert.
28. Juli – 5. August	X. Weltfestspiele der Jugend und Studenten in Ost-Berlin. Walter Ulbricht stirbt am 1. August; Erich Honecker wird Staatsratsvorsitzender.

31. Juli	Das Bundesverfassungsgericht entscheidet: Der Grundlagenvertrag ist mit dem Grundgesetz vereinbar. Das Gericht verpflichtet die Bundesregierung zugleich, am Wiedervereinigungsgebot festzuhalten.
18. September	Die DDR und die Bundesrepublik werden Mitglieder der Vereinten Nationen (UNO).
19. Dezember	DDR-Bürger dürfen ab sofort mit Devisen in Intershops einkaufen.

1974

1. Januar	Einführung des Autokennzeichens DDR statt D.
14. März	Der stellvertretende Außenminister der DDR, Kurt Nier, und der westdeutsche Verhandlungsführer, Günter Gaus, unterzeichnen in Bonn das Protokoll über die Errichtung Ständiger Vertretungen (StäV).
24. April	Günter Guillaume, persönlicher Referent von Bundeskanzler Willy Brandt, wird als DDR-Spion enttarnt und verhaftet.
2. Mai	In Ost-Berlin und in Bonn öffnen die Ständigen Vertretungen der beiden deutschen Staaten. Günter Gaus wird erster Leiter der Vertretung in Ost-Berlin, Michael Kohl übernimmt die Leitung der Ständigen Vertretung der DDR in Bonn.
3. Mai	Der Nationale Verteidigungsrat der DDR bestätigt den Schusswaffeneinsatz gegen Grenzverletzer.
6. Mai	Bundeskanzler Willy Brandt tritt im Verlauf der Agentenaffäre um den DDR-Spion Günter Guillaume zurück; Nachfolger als Bundeskanzler wird Helmut Schmidt.
22. Juni	Die DDR besiegt bei der Fußballweltmeisterschaft in einem Vorrundenspiel die Bundesrepublik durch ein Tor von Jürgen Sparwasser mit 1:0.
21. August	Die Genfer Abrüstungskonferenz beschließt die Erweiterung ihres Teilnehmerkreises auf 31 Länder. Neue Mitglieder werden zum 1. Januar 1975 u. a. die beiden deutschen Staaten.
27. September	Die Volkskammer beschließt eine Änderung der DDR-Verfassung; der Begriff »deutsche Nation« wird getilgt.
7. Oktober	Eine Verfassungsänderung erklärt die DDR zum sozialistischen Staat.

1975

30. Juli – 2. August	Abschlusskonferenz der KSZE in Helsinki; Unterzeichnung der Schlussakte. Am Rande der KSZE finden Gespräche zwischen Bundeskanzler Helmut Schmidt und DDR-Staats- und Parteichef Erich Honecker statt.
August	Befehl zur Bildung der Zentralen Koordinierungsgruppe (ZKG) im MfS zur Bekämpfung von Westfluchten und Ausreiseanträgen.
15. Dezember	Günter Guillaume wird wegen Spionage für die DDR zu 13 Jahren Haft und seine Ehefrau zu acht Jahren Haft verurteilt.
16. Dezember	Der Korrespondent des Nachrichtenmagazins *Der Spiegel* in Ost-Berlin, Jörg Mettke, wird wegen grober Verleumdung aus der DDR ausgewiesen.

1976

30. März	Zwischen der Bundesrepublik und der DDR wird in Bonn ein Abkommen über die Verbesserung der Post- und Fernmeldeverbindungen zwischen beiden deutschen Staaten unterzeichnet.
23. April	Auf dem Platz des ehemaligen Berliner Stadtschlosses in Ost-Berlin wird

310

der Palast der Republik eingeweiht. Das Gebäude ist auch Sitz der Volkskammer.

Juli / August   Schwere Grenzzwischenfälle, DDR-Grenzsoldaten machen von der
                     Schusswaffe Gebrauch.

18. August   Der Pfarrer Oskar Brüsewitz setzt sich auf dem Marktplatz der Stadt Zeitz
                     aus Protest gegen die SED-Regierung selbst in Brand. Vier Tage später
                     erliegt er seinen Verletzungen.

3. Oktober   Wahlen zum Deutschen Bundestag. Helmut Schmidt bleibt Bundeskanzler
                     der sozial-liberalen Koalition.

16. November   Dem Liedermacher Wolf Biermann wird nach einem Gastspiel in Köln
                     die Wiedereinreise in die DDR verweigert und das Recht auf weiteren
                     Aufenthalt in der DDR entzogen. In der DDR kommt es zu zahlreichen
                     Protesten. Auch viele Künstler solidarisieren sich mit Biermann. In der
                     Folge verlassen u. a. Manfred Krug, Angelika Domröse, Hilmar Thate,
                     Armin Müller-Stahl, Günter Kunert, Jurek Becker, Nina Hagen die DDR.

1977

1. Januar   Die Bundesrepublik Deutschland wird nicht-ständiges Mitglied im Sicher-
                     heitsrat der Vereinten Nationen.
                     Gründung der Menschenrechtsgruppe Charta 77 in der ČSSR.

11. Januar   Die DDR-Volkspolizei hindert DDR-Bürger am Besuch der StäV.

17. Februar   Erich Honecker bestätigt in einem Interview mit der *Saarbrücker Zeitung,*
                     dass rund 10 000 DDR-Bürger Ausreiseanträge gestellt haben. Eine groß-
                     zügigere Reiseregelung in das westliche Ausland könne es nur bei Aner-
                     kennung der DDR-Staatsbürgerschaft durch die Bundesregierung geben.

23. August   Rudolf Bahros regimekritisches Buch »Die Alternative« wird in der Bun-
                     desrepublik veröffentlicht. Bahro wird verhaftet.

26. August   Der Schriftsteller Jürgen Fuchs sowie die Musiker Christian Kunert und
                     Gerulf Pannach, die Ende 1976 von der Staatssicherheit wegen Protesten
                     gegen die Ausbürgerung Biermanns verhaftet worden sind, werden ent-
                     lassen und nach West-Berlin abgeschoben.

29. September   Das Bundesverfassungsgericht erklärt Verträge mit Fluchthilfeorganisa-
                     tionen für rechtswirksam, wenn sie nicht gegen das Rechts- und An-
                     standsgefühl verstießen, das vereinbarte Entgelt nicht zu hoch sei und
                     dritte Personen durch die Flucht nicht gefährdet würden.

7. Oktober   In Ost-Berlin kommt es am Rande eines Konzerts auf dem Alexanderplatz
                     im Rahmen der Festveranstaltungen zum Gründungstag der DDR zu
                     schweren Zusammenstößen zwischen Jugendlichen und der Volkspolizei.
                     Es werden Sprechchöre gerufen wie: »Die Mauer muss weg«, »Biermann
                     zurück in die DDR« und »Russen raus«.

12. Dezember   In Bonn wird Renate Lutze, Sekretärin im Verteidigungsministerium,
                     unter dem Verdacht der Spionage festgenommen.

                     1978

                     Ewald Moldt löst Michael Kohl als Leiter der Ständigen Vertretung der
                     DDR in Bonn ab.

10. Januar   Die DDR-Behörden schließen das Büro des Nachrichtenmagazins
                     Der Spiegel in Ost-Berlin. Damit reagiert die SED-Führung auf die
                     Veröffentlichung eines regimekritischen »Manifests«.

16. November	Im DDR-Außenministerium unterzeichnen Vertreter beider Seiten ein Verkehrsabkommen. Darin werden der Bau einer neuen Transitautobahn zwischen Berlin und Hamburg, die Wiedereröffnung des Teltowkanals für die Binnenschifffahrt und die Neuregelung der Transitpauschale an die DDR vereinbart.
29. November	Vertreter der Bundesrepublik und der DDR unterzeichnen in Bonn ein Regierungsprotokoll, in dem der Verlauf der innerdeutschen Grenze festgelegt ist. Ausgeklammert bleibt der strittige Verlauf der Elbgrenze.

1979

12./13. Januar	Der Staatsminister im Bundeskanzleramt Hans-Jürgen Wischnewski und Günter Gaus treffen mit DDR-Außenminister Oskar Fischer und dessen Stellvertreter Michael Kohl zusammen.
11. April	Die DDR-Regierung verschärft die Arbeitsbedingungen für westliche Korrespondenten in der DDR. So sind Interviews nun genehmigungspflichtig (sog. Maulkorb-Erlass).
16. April	DDR-Bürger dürfen in den Intershops nicht mehr mit D-Mark bezahlen; Einführung sogenannter Forumschecks.
14. Mai	Ausweisung des ZDF-Korrespondenten Peter van Loyen wegen grober Verstöße gegen die neue Journalistenverordnung; van Loyen hatte ohne staatliche Genehmigung den Schriftsteller Stefan Heym interviewt.

1980

1. Januar	Die DDR wird Mitglied des Sicherheitsrates der Vereinten Nationen.
30. Januar	Bundeskanzler Helmut Schmidt sagt wegen der sowjetischen Invasion in Afghanistan ein geplantes Treffen mit DDR-Staats- und Parteichef Erich Honecker ab.
5. Oktober	Die sozial-liberale Koalition unter Bundeskanzler Helmut Schmidt wird im Amt bestätigt.
13. Oktober	Vor Parteifunktionären in Gera hält Erich Honecker eine Abgrenzungsrede gegenüber der Bundesrepublik. Er bezeichnet u. a. die Anerkennung einer eigenen DDR-Staatsbürgerschaft ausdrücklich als Voraussetzung für die Normalisierung der deutsch-deutschen Beziehungen und fordert die Umwandlung der Ständigen Vertretungen in Botschaften.
16. Oktober	Erste Filmwoche der Bundesrepublik in der DDR; sieben ausgewählte Filme werden in Dresden, Frankfurt (Oder) und Potsdam gezeigt.
30. Oktober	Der visumfreie Reiseverkehr zwischen der DDR und Polen wird aufgehoben.

1981

9. Februar	Staatssekretär Klaus Bölling löst Günter Gaus als Ständiger Vertreter der Bundesrepublik Deutschland in der DDR ab und überreicht in Ost-Berlin sein Beglaubigungsschreiben.
14./15. Februar	Erich Honecker spricht erstmals von einer möglichen Vereinigung im Falle einer sozialistischen Umgestaltung der Bundesrepublik.
4. September	In Ost-Berlin führen das SPD-Präsidiumsmitglied Egon Bahr und Klaus Bölling mit Erich Honecker und Politbüromitglied Hermann Axen ein Gespräch über Fragen der Abrüstung.

1. Oktober	Der frühere Referent des ehemaligen Bundeskanzlers Willy Brandt, Günter Guillaume, wird im Zuge eines Agentenaustausches in die DDR entlassen.
10. Oktober	Rund 300 000 Menschen protestieren im Bonner Hofgarten gegen den NATO-Doppelbeschluss und fordern atomare Abrüstung. Der Rüstungswettlauf der Supermächte führt Anfang der achtziger Jahre zum Anwachsen der Friedensbewegung.
11. – 13. Dezember	Bundeskanzler Helmut Schmidt reist zum dritten innerdeutschen Gipfeltreffen mit Staats- und Parteichef Erich Honecker an den Werbellinsee, den Döllnsee und besucht das vom MfS belagerte Güstrow.
13. Dezember	Der polnische Partei- und Regierungschef Wojciech Jaruzelski verhängt in Polen das Kriegsrecht und verbietet jede Aktivität der im September 1980 gegründeten Gewerkschaft Solidarność.

1982

25. Januar	Der Ost-Berliner Appell »Frieden schaffen ohne Waffen« wird auf Initiative von Pfarrer Rainer Eppelmann und dem Dissidenten Robert Havemann veröffentlicht. Eppelmann wird kurzzeitig verhaftet.
14. Februar	Friedensforum mit etwa 5000 meist jugendlichen Teilnehmern aus unabhängigen Friedensgruppen in der Kreuzkirche in Dresden.
25. März	Die DDR-Volkskammer verabschiedet ein Wehrpflichtgesetz, das die vormilitärische Ausbildung von Jugendlichen und für den Verteidigungsfall die Einbeziehung von Frauen in die allgemeine Wehrpflicht festschreibt.
24. Mai	Hans Otto Bräutigam wird neuer Ständiger Vertreter der Bundesrepublik Deutschland in der DDR.
18. Juni	Die DDR garantiert Straffreiheit für Flüchtlinge in den Westen vor 1980.
1. Oktober	Auf dem Wege eines konstruktiven Misstrauensvotums gegen Helmut Schmidt wird Helmut Kohl mit den Stimmen von Union und FDP zum sechsten Bundeskanzler der Bundesrepublik gewählt.

1983

6. März	Vorgezogene Neuwahlen zum zehnten Bundestag. CDU/CSU und FDP bilden unter Helmut Kohl die Regierung. Die Grünen ziehen erstmals in den Deutschen Bundestag ein.
10. April	Ein Transitreisender aus der Bundesrepublik stirbt während der Vernehmung durch DDR-Sicherheitsorgane an Herzversagen. Am 26. April stirbt ein weiterer westdeutscher Transitreisender bei der Zollabfertigung an einem Herzschlag.
22. / 23. April	Schriftsteller aus Ost und West treffen sich in Ost-Berlin zur zweiten Berliner Begegnung zum Thema Frieden und Abrüstung.
28. April	Wegen der gestörten Beziehungen zwischen den beiden deutschen Staaten nach dem Tod der zwei Transitreisenden sagt DDR-Staats- und Parteichef Erich Honecker den geplanten Besuch in der Bundesrepublik ab.
12. Mai	Bundestagsabgeordnete der Grünen demonstrieren auf dem Ost-Berliner Alexanderplatz für Abrüstung in Ost und West. Sie werden kurzzeitig festgenommen.
29. Juni	Bürgschaft der Bundesregierung für einen vom bayerischen Ministerpräsidenten Franz Josef Strauß vermittelten Milliardenkredit an die DDR.

5. Oktober	In einem Gespräch mit österreichischen Journalisten räumt Erich Honecker erstmals die Existenz von Selbstschussanlagen an der innerdeutschen Grenze ein. Gleichzeitig kündigt er den Abbau dieser Anlagen an.

1984

15. März	Helmut Kohl spricht im Bericht zur Lage der Nation von der »offenen deutschen Frage«.
25. Juni	Die Ständige Vertretung der Bundesrepublik in Ost-Berlin stellt den öffentlichen Besucherverkehr ein. 55 Menschen wollen ihre Ausreise durch eine Besetzung erzwingen. Nach Zusicherung von Straffreiheit und baldiger Ausreise verlassen sie die Ständige Vertretung am 5. Juli. Am 31. Juli wird die Vertretung wieder geöffnet.
25. Juli	Die Bundesregierung verbürgt sich für einen 950-Millionen-DM-Kredit an die DDR. Gleichzeitig werden Erleichterungen im innerdeutschen Verkehr bekanntgegeben.
4. September	Erich Honecker sagt eine für Ende September geplante Reise in die Bundesrepublik ab.
30. November	Die DDR baut die letzten Selbstschussanlagen an der innerdeutschen Grenze ab.
31. Dezember	Die DDR-Regierung lässt im Verlauf des Jahres 1984 insgesamt 40 900 Antragsteller in den Westen ausreisen.

1985

11. März	Michail Gorbatschow wird in der Sowjetunion zum Staats- und Parteichef gewählt. Es beginnt die Periode von Glasnost und Perestroika.
8. Mai	Hans Otto Bräutigam nimmt nicht an den offiziellen Feiern zum 40. Jahrestag des Kriegsendes teil.
1. Juni	Auf der Glienicker Brücke zwischen Berlin und Potsdam findet der größte Agentenaustausch seit 1945 statt. 25 Westagenten werden gegen vier Ostagenten ausgetauscht.
22. August	Das Bundesamt für Verfassungsschutz gibt das Verschwinden von Hansjoachim Tiedge bekannt, der für die Abwehr der DDR-Spionage zuständig war. Am 23. August teilt der DDR-Nachrichtendienst ADN den Übertritt Tiedges in die DDR mit.
Oktober	In Ost-Berlin gründet sich die erste von der evangelischen Kirche unabhängige Oppositionsgruppe »Initiative Frieden und Menschenrechte« u. a. mit Bärbel Bohley, Katja Havemann, Ulrike und Gerd Poppe, Wolfgang Templin, Werner Fischer, Ralf Hirsch.

1986

9. Februar	Die DDR lockert die Bestimmungen für Westreisen in dringenden Familienangelegenheiten.
19. Februar	Der Präsident der DDR-Volkskammer, Horst Sindermann, trifft zu einem viertägigen Besuch in Bonn ein. Er ist der ranghöchste DDR-Politiker, der bisher die Bundesrepublik besucht hat.
17. – 21. April	XI. Parteitag der SED in Ost-Berlin. Gorbatschow fordert die SED zur Selbstkritik auf.
26. April	Im Atomkraftwerk Tschernobyl bei Kiew explodiert ein Reaktorblock.

2. September	Eröffnung der Umweltbibliothek in Ost-Berlin.
16. September	Carl Friedrich von Weizsäcker hält einen Vortrag in der Ständigen Vertretung in Ost-Berlin. Unter den Gästen sind mit Hermann Axen und Kurt Hager erstmals SED-Politbüromitglieder.
15. November	Der stellvertretende Minister und Leiter der HV A im MfS, Generaloberst Markus Wolf, scheidet aus dem aktiven Dienst aus. Nachfolger wird Generalleutnant Werner Großmann.

1987

4. Januar	Auf dem Deutschlandtreffen der CDU in Dortmund bezeichnet Bundeskanzler Helmut Kohl die DDR als Regime, das politische Gefangene in Gefängnissen und Konzentrationslagern hält. Zwei Tage später legt der Ständige Vertreter der DDR in Bonn gegen die Nennung des Begriffs Konzentrationslager offiziellen Protest ein.
25. Januar	Die schwarz-gelbe Koalition unter Bundeskanzler Helmut Kohl wird bei der Bundestagswahl im Amt bestätigt.
10. April	SED-Chefideologe Kurt Hager vergleicht in einem *Stern*-Interview die Perestroika mit einem Tapetenwechsel, den die DDR nicht nachahmen müsse.
8. Juni	Sicherheitskräfte versuchen, etwa 3000 jungen DDR-Bürgern, die vor dem Brandenburger Tor ein Rockkonzert am Reichstagsgebäude in West-Berlin mithören wollen, den Zutritt zu verwehren. Die Jugendlichen fordern den Abriss der Mauer, Gorbatschow-Rufe werden laut.
17. Juli	Die DDR-Regierung beschließt die Abschaffung der Todesstrafe.
27. August	SED und SPD veröffentlichen ein gemeinsames Papier mit dem Titel »Der Streit der Ideologien und die gemeinsame Sicherheit«. In dem Papier wird versucht, die ideologischen Gegensätze zwischen Sozialdemokraten und Kommunisten herauszuarbeiten und gleichzeitig ein Konzept für eine langfristige Zusammenarbeit zu entwerfen.
1. – 18. September	Olof-Palme-Friedensmärsche in Ost-Berlin und mehreren Orten der DDR.
7. – 11. September	Erich Honecker reist zu einem offiziellen Arbeitsbesuch in die Bundesrepublik. Es werden Abkommen zum Umwelt- und Strahlenschutz sowie über die Zusammenarbeit in Wissenschaft und Technik vereinbart.

1988

17. Januar	Anlässlich der Gedenkdemonstration für Rosa Luxemburg und Karl Liebknecht werden in Ost-Berlin über 100 Personen festgenommen, die für die »Freiheit der Andersdenkenden« demonstrieren. Beginn einer Verhaftungs- und Ausbürgerungswelle. 54 Personen werden zur Ausreise genötigt.
25. Januar	Exponierte Mitglieder der »Initiative Frieden und Menschenrechte« werden unter dem Vorwurf landesverräterischer Agententätigkeit verhaftet.
12. Februar	West-Berlins Regierender Bürgermeister Eberhard Diepgen und Erich Honecker vereinbaren Reiseerleichterungen.
24. Mai	Horst Neugebauer löst Ewald Moldt an der Spitze der Ständigen Vertretung der DDR in Bonn ab.
9. November	Kanzleramtsminister Wolfgang Schäuble trifft sich zu Gesprächen über die

	deutsch-deutschen Beziehungen mit Erich Honecker und dem Außen-minister der DDR, Oskar Fischer, in Ost-Berlin.
18. November	Die deutschsprachige Ausgabe der sowjetischen Monatszeitschrift *Sputnik* wird von der DDR-Postzeitungsliste gestrichen.
14. Dezember	Die neue DDR-Verordnung über Reise- und Ausreiseangelegenheiten tritt in Kraft, enthält aber weiterhin kein generelles Recht auf Reisen.

1989

11. Januar	In Ost-Berlin verlassen 20 ausreisewillige DDR-Bürger die Ständige Vertretung. Ihnen sind zuvor Straffreiheit und die Überprüfung ihrer Ausreiseanträge zugesichert worden.
19. Januar	Erich Honecker versichert, die Mauer werde in 50 und auch in 100 Jahren noch bestehen, wenn die Gründe für ihren Bau nicht beseitigt seien.
2. Februar	Franz Bertele wird der vierte und letzte Leiter der Ständigen Vertretung der Bundesrepublik Deutschland bei der DDR.
3. April	Der Schießbefehl an der innerdeutschen Grenze wird ausgesetzt.
2. Mai	Ungarn öffnet als erstes Land des Warschauer Paktes seine Grenze zum Westen.
7. Mai	Bürgerrechtler weisen bei den Kommunalwahlen in der DDR gravierende Fälschungen nach.
8. Juni	Die Volkskammer wertet das Massaker auf dem Pekinger Platz des Himm-lischen Friedens am 4. Juni als Niederschlagung einer Konterrevolution.
27. Juni	In einem symbolischen Akt zerschneiden der ungarische Außenminister Gyula Horn und sein österreichischer Kollege Alois Mock bei Sopron den Stacheldrahtzaun an der gemeinsamen Grenze. Die Grenzkontrollen bleiben. In der DDR löst dies einen Flüchtlingsstrom nach Ungarn aus.
Ab Juli	DDR-Bürger flüchten über Ungarn nach Österreich oder suchen Zuflucht in der Ständigen Vertretung der Bundesrepublik in Ost-Berlin und in den bundesdeutschen Botschaften in Budapest und Prag.
8. August	In Ost-Berlin muss die Ständige Vertretung der Bundesrepublik wegen Überfüllung vorübergehend geschlossen werden. Mehr als 130 DDR-Bürger halten sich in der Vertretung auf, um ihre Ausreise zu erzwingen.
19. August	Im ungarischen Sopron kommt es zur größten Massenflucht von DDR-Bürgern seit dem Mauerbau 1961. Etwa 900 Menschen nutzen das »paneuropäische Picknick« zur Flucht über die ungarisch-österreichische Grenze.
30. August	In Bayern beginnen Vorbereitungen zur Errichtung von Notaufnahme-lagern für DDR-Flüchtlinge.
4. September	Erste große Montagsdemonstration in Leipzig.
7. September	Demonstration auf dem Ost-Berliner Alexanderplatz gegen die Wahl-fälschung bei den Kommunalwahlen am 7. Mai. DDR-Sicherheitskräfte nehmen etwa 80 Personen vorübergehend fest.
30. September	Außenminister Hans-Dietrich Genscher verkündet am Abend auf dem Balkon der bundesdeutschen Botschaft in Prag, dass alle DDR-Flüchtlinge, die sich in den deutschen Botschaften in Prag und Warschau befinden, ausreisen dürfen. 5500 DDR-Bürger werden ab dem 4. Oktober mit DDR-Sonderzügen über das Gebiet der DDR in die Bundesrepublik gebracht.
3. Oktober	Die DDR-Regierung setzt den visumfreien Reiseverkehr in die ČSSR aus.

4.–8. Oktober	In Dresden werden bei Auseinandersetzungen zwischen Ausreisewilligen, Demonstranten und Sicherheitskräften über 1300 Personen festgenommen.
7.–9. Oktober	Die DDR-Führung feiert mit großem Aufwand den 40. Jahrestag der DDR. Bei Demonstrationen gegen die Feiern in Ost-Berlin kommt es zu Übergriffen von Polizei und Staatssicherheit auf Demonstranten. Hunderte Menschen werden verhaftet.
9. Oktober	Leipziger Montagsdemonstration mit über 70 000 Teilnehmern; Aufruf der »Sechs von Leipzig«, darunter Kurt Masur, zu friedlichen Veränderungen. Die Verantwortlichen ziehen auf dem Höhepunkt der Proteste ihre starken Einsatzkräfte zurück. Einer der Rufe lautet: »Wir sind das Volk!«
18. Oktober	Auf der 9. Tagung des ZK der SED wird Erich Honecker auf eigenen Wunsch von allen Ämtern entbunden. Egon Krenz wird neuer Generalsekretär der SED. Er räumt ein, dass die SED die reale Lage verkannt habe. Nun sei aber »die Wende« eingeleitet, der Sozialismus auf deutschem Boden stehe nicht zur Disposition.
26. Oktober	In einem ersten Telefongespräch mit Helmut Kohl erklärt Egon Krenz, dass die DDR sozialistisch bleiben werde und eine Vereinigung nicht auf der Tagesordnung stehe.
4. November	Auf dem Alexanderplatz in Ost-Berlin demonstrieren mehr als eine halbe Million Menschen.
7. November	Rücktritt des Ministerrates unter Ministerpräsident Willi Stoph.
8. November	Das Politbüro des ZK der SED tritt zurück.
9. November	Günter Schabowski, Mitglied des ZK der SED, verkündet auf einer Pressekonferenz in Berlin eine neue Reiseverordnung, die angeblich ab sofort das freie Reisen erlaube. In der Nacht zum 10. November erzwingen die ersten Ost-Berliner die Öffnung der Grenze nach West-Berlin. Auch an den Grenzübergängen entlang der innerdeutschen Grenze gehen wenig später die Schlagbäume hoch.
13. November	Hans Modrow wird Vorsitzender des Ministerrats der DDR.
17. November	Das MfS wird in Amt für Nationale Sicherheit (AfNS) umbenannt, neuer Leiter wird Generalleutnant Wolfgang Schwanitz. Erste Regierungserklärung des neuen Ministerpräsidenten Hans Modrow. Er schlägt eine Vertragsgemeinschaft mit der Bundesrepublik vor.
28. November	Helmut Kohl stellt vor dem Deutschen Bundestag seinen Zehn-Punkte-Plan zur Deutschen Einheit vor.
3. Dezember	Politbüro und Zentralkomitee der SED treten zurück. Erich Mielke, Minister für Staatssicherheit der DDR, wird aus der SED ausgeschlossen.
4. Dezember	Auf der Montagsdemonstration in Leipzig häufen sich Forderungen nach der Einheit Deutschlands.
6. Dezember	Egon Krenz tritt vom Vorsitz des Staatsrates und des Nationalen Verteidigungsrates zurück. Amtierendes Staatsoberhaupt wird Manfred Gerlach.
7. Dezember	Erste Sitzung des zentralen Runden Tisches, der bis zum 12. März 1990 tagt. Auch in anderen Städten bilden sich runde Tische zur Kontrolle der staatlichen Macht durch die Opposition.
19./20. Dezember	Bei ihrem ersten Treffen in Dresden vereinbaren Hans Modrow und Helmut Kohl Verhandlungen über eine deutsch-deutsche Vertragsgemeinschaft.

24. Dezember	Visumzwang und Mindestumtausch für Bundesbürger bei DDR-Besuchen entfallen.

1990

11. Januar	Die Volkskammer verabschiedet ein neues Reisegesetz.
15. Januar	Während einer Demonstration vor der Stasi-Zentrale an der Normannenstraße in Berlin-Lichtenberg erstürmen Tausende Menschen den Gebäudekomplex. Ein Bürgerkomitee übernimmt die Kontrolle.
25. Januar	Kanzleramtsminister Seiters trifft Vertreter des Rundes Tisches in Ost-Berlin, wobei sich die Oppositionellen gegen eine Übernahme der DDR durch die Bundesrepublik aussprechen.
6. Februar	Bildung der Arbeitsgruppe Deutschlandpolitik im Bonner Kanzleramt zur Vorbereitung der deutschen Einheit.
18. März	Erste freie Wahlen in der DDR.
12. April	Die Volkskammer wählt Lothar de Maizière zum Ministerpräsidenten einer Koalition aus CDU, DSU, Demokratischem Aufbruch, SPD und Liberalen. Sie sprechen sich in ihrer Koalitionsvereinbarung für den Weg zur deutschen Einheit über Artikel 23 des Grundgesetzes aus.
1. Juli	Die Wirtschafts-, Währungs- und Sozialunion zwischen der Bundesrepublik und der DDR tritt in Kraft.
19. August	Nach dem Austritt der SPD zerbricht die Regierungskoalition der DDR.
23. August	Die Volkskammer beschließt den Beitritt der DDR zum Geltungsbereich des Grundgesetzes.
31. August	Wolfgang Schäuble und Günther Krause unterzeichnen den deutsch-deutschen Einigungsvertrag.
2. Oktober	Franz Bertele als letzter Ständiger Vertreter der Bundesrepublik bei der DDR demontiert das Amtsschild an der Hannoverschen Straße.
3. Oktober	Die DDR tritt nach Artikel 23 des Grundgesetzes dem Gebiet der Bundesrepublik Deutschland bei und hört auf, als Staat zu existieren.

Literatur und Quellen

Monographien und Sammelbände

Baring, Arnulf: Machtwechsel. Die Ära Brandt-Scheel, Stuttgart 1982

Bauerkämper, Arnd; Martin Sabrow; Bernd Stöwer (Hg.): Doppelte Zeitgeschichte. Deutsch-deutsche Beziehungen 1945–1990, Christoph Kleßmann zum 60. Geburtstag, Bonn 1998

Bender, Peter: Deutschlands Wiederkehr. Eine ungeteilte Nachkriegsgeschichte 1945–1990, Stuttgart 2007

Bender, Peter: Episode oder Epoche? Zur Geschichte des geteilten Deutschland, München 1996

Bender, Peter: Erträgliche Beziehungen. Über die beiden deutschen Staaten und ihr Verhältnis zueinander, in: Neue Gesellschaft: Frankfurter Hefte 10, 1987, S. 868–872

Bender, Peter: Neue Ostpolitik, München 1986

Benz, Wolfgang; Günter Olum; Werner Röder: Einheit der Nation. Diskussionen und Konzeptionen zur Deutschlandpolitik der großen Parteien seit 1945, Stuttgart 1978

Berbig, Roland (Hg.): Stille Post. Inoffizielle Schriftstellerkontakte zwischen West und Ost, Berlin 2005

Berbig, Roland u. a. (Hg.): In Sachen Biermann. Protokolle, Berichte und Briefe zu den Folgen einer Ausbürgerung, Berlin 1994

Beutelschmidt, Thomas; Julia Novak (Hg.): Ein Palast und seine Republik. Ort – Architektur – Programm, Berlin 2001

Blumenwitz, Dieter: Die Errichtung Ständiger Vertretungen im Licht des Staats- und Völkerrechts, Baden-Baden 1975

Böhm, Alexander; Hannsjörg F. Buck; Jens Hacker: Innerdeutsche Rechtsbeziehungen, Heidelberg 1988

Böhme, Erich (Hg.): Deutsch-deutsche Pressefreiheit. Vom Grundlagenvertrag bis zur Schließung des Spiegel-Büros, Hamburg 1978

Bracher, Karl Dietrich; Wolfgang Jäger; Werner Link: Republik im Wandel 1969–1974. Die Ära Brandt, Bd. 5/1 der Geschichte der Bundesrepublik Deutschland, hg. von Karl Dietrich Bracher, Theodor Eschenburg, Joachim Fest, Eberhard Jäckel, Stuttgart 1986

Bulla, Michael: Zur Außenpolitik der DDR. Bestimmungsfaktoren, Schlüsselbegriffe, Institutionen und Entwicklungstendenzen, Mell 1988

Bundesministerium für innerdeutsche Beziehungen (Hg.): »Zahlenspiegel Bundesrepublik Deutschland/Deutsche Demokratische Republik«, Mai 1998

Bundeszentrale für politische Bildung (Hg.): Deutschland-Handbuch. Eine doppelte Bilanz 1949–1989, Bonn 1989

Detjen, Marion: Ein Loch in der Mauer. Die Geschichte der Fluchthilfe im geteilten Deutschland 1961–1989, München 2005

Deutscher Bundestag (Hg.): Materialien der Enquete-Kommission »Aufarbeitung von Geschichte und Folgen der SED-Diktatur in Deutschland« (12. Wahlperiode), Baden-Baden, Frankfurt am Main 1995 (Bände V/1–3 »Deutschlandpolitik, innerdeutsche Beziehungen und internationale Rahmenbedingungen«)

Eisenfeld, Bernd: Kampf gegen Flucht und Ausreise – die Rolle der Zentralen Koordinierungsgruppe, in: Hubertus Knabe: West-Arbeit des MfS. Das Zusammenspiel von »Aufklärung« und »Abwehr«, Berlin 1999, S. 273–283

Eisenfeld, Bernd: Die zentrale Koordinierungsgruppe zur Bekämpfung von Flucht und Ausreise, Berlin 1995

Engelmann, Roger; Paul Erker: Annäherung und Abgrenzung. Aspekte deutsch-deutscher Beziehungen 1959–1969, München 1993

Eppelmann, Rainer; Bernd Faulenbach; Ulrich Mählert: Bilanz und Perspektiven der DDR-Forschung, Paderborn 2003

Fricke, Karl Wilhelm: Stasi intern, Köln 1991

Fulbrook, Mary: The Two Germanies, 1945–1990. Problems of Interpretation, Basingstoke 1992

Garton Ash, Timothy: Im Namen Europas. Deutschland und der geteilte Kontinent, München und Wien 1993

Gehler, Michael: Die Umsturzbewegungen 1989 in Mittel- und Osteuropa, in: APuZ B 41–42/2004, S. 36–46

Geppert, Dominik: Störmanöver. Das »Manifest der Opposition« und die Schließung des Ost-Berliner »Spiegel«-Büros im Januar 1978 (Forschungen zur DDR-Gesellschaft), Berlin 1996

Gesamtdeutsches Institut Bundesanstalt für gesamtdeutsche Aufgaben (Hg.): Dokumentation zur Entwicklung der neuen Parteien und Bürgerrechtsgruppen in der DDR (November 1989– Februar 1990), Bonn 1990

Gesamtdeutsches Institut Bundesanstalt für gesamtdeutsche Aufgaben (Hg.): Politische Zielvorstellungen wichtiger Oppositionsgruppen in der DDR (Analysen und Berichte; 13), Bonn 1989

Gorbatschow, Michail: Das gemeinsame Haus Europa und die Zukunft der Perestroika, Düsseldorf, Wien, New York 1989

Görtemaker, Manfred: Kleine Geschichte der Bundesrepublik Deutschland, Bonn 2002

Grashoff, Eberhard; Rolf Muth (Hg.): Drinnen vor der Tür. Über die Arbeit von Korrespondenten aus der Bundesrepublik in der DDR zwischen 1972 und 1990, Berlin 2000

Grau, Andreas: Gegen den Strom. Die Reaktion der CDU-/CSU-Opposition auf die Ost- und Deutschlandpolitik der sozial-liberalen Koalition 1969–1973, Düsseldorf 2005

Gruner, Wolf D.: Die deutsche Frage. Ein Problem der europäischen Geschichte seit 1800, München 1985

Gruner, Wolf D.: Die deutsche Frage in Europa 1800 bis 1990, München 1993

Hacke, Christian: Die Außenpolitik der BRD. Weltmacht wider Willen? Berlin 1997

Hacker, Jens: Die Deutschlandpolitik der SPD/FDP-Koalition 1969–1982, in: Deutscher Bundestag (Hg.): Materialien der Enquete-Kommission »Aufarbeitung von Geschichte und Folgen der SED-Diktatur in Deutschland« (12. Wahlperiode), Band V/2. Baden-Baden, Frankfurt am Main 1995, S. 1489–1542

Hacker, Jens: Deutsche Irrtümer – Schönfärber und Helfershelfer der SED-Diktatur im Westen, Frankfurt am Main 1992

Hacker, Jens: Der Rechtsstatus Deutschlands aus der Sicht der DDR, Köln 1974

Harpprecht, Klaus: Im Kanzleramt. Tagebuch der Jahre mit Willy Brandt, Januar 1973 – Mai 1974, Reinbek 2000

Hartewig, Karin: Das Auge der Partei. Fotografie und Staatssicherheit, Berlin 2004

Herbstritt, Georg: Bundesbürger im Dienst der DDR-Spionage. Eine analytische Studie, Göttingen 2007

Hillgruber, Andreas: Deutsche Geschichte 1945–1986, Stuttgart [7]1989

Holzweißig, Gunter: Klassenfeinde und »Entspannungsfreunde«. Westmedien im Fadenkreuz von SED und MfS (Schriftenreihe des Berliner Landesbeauftragten für die Unterlagen der Staatssicherheit, Bd. 2), Berlin 1995

Höppner, Reinhard: Fragen zur deutschen Einheit. Reinhard Höppner im Gespräch mit Daniela Dahn, Egon Bahr, Hans Otto Bräutigam, Erhard Eppler, Günter Gaus, Regine Hildebrandt, Günter Grass, Halle 1998

Hrbek, Rudolf: Die SPD – Deutschland und Europa. Die Haltung der Sozialdemokratie zum Verhältnis von Deutschlandpolitik und Westintegration 1945–1957, Bonn 1972

Jacobsen, Hans-Adolf u. a. (Hg): Drei Jahrzehnte Außenpolitik der DDR. Bestimmungsfaktoren, Instrumente, Aktionsfelder, München/Wien, ²1980

Jesse, Eckhard; Armin Mitter (Hg.): Die Gestaltung der deutschen Einheit, Bonn 1992

Kielmansegg, Peter Graf: Nach der Katastrophe. Eine Geschichte des geteilten Deutschlands, Berlin 2000

Kleßmann, Christoph: Zwei Staaten, eine Nation. Deutsche Geschichte 1955–1970, Bonn ²1997

Klier, Freya: Oskar Brüsewitz. Leben und Tod eines mutigen DDR-Pfarrers, Berlin 2004

Knabe, Hubertus: Der diskrete Charme der DDR, München 2002

Knabe, Hubertus: Die unterwanderte Republik. Stasi im Westen, Berlin 1999

Korte, Karl-Rudolf: Deutschlandpolitik in Helmut Kohls Kanzlerschaft. Regierungsstil und Entscheidungen 1982–1989 (Geschichte der Deutschen Einheit, Bd. 1), Stuttgart 1998

Küchenmeister, Daniel (Red.): Die Ost- und Deutschlandpolitik. Vom Wandel durch Annäherung zu einer europäischen Friedensordnung, Dokumentation; eine Tagung der Friedrich-Ebert-Stiftung Berlin, 1998, Berlin 1999

Kühn, Detlef: Das Gesamtdeutsche Institut im Visier der Staatssicherheit (Schriftenreihe des Landesbeauftragten für die Unterlagen der Staatssicherheit; 13), Berlin 2001

Lemke, Michael: Der lange Weg zum »geregelten Nebeneinander«. Die Deutschlandpolitik der DDR Mitte der fünfziger bis Mitte der siebziger Jahre, in: Christoph Kleßmann (Hg.): Deutsche Vergangenheiten – eine gemeinsame Herausforderung. Der schwierige Umgang mit der doppelten Nachkriegsgeschichte, Berlin 1999

Lemke, Michael: Die Deutschlandpolitik der DDR zwischen Moskauer Oktroi und Bonner Sogwirkung, in: Jürgen Kocka; Martin Sabrow: Die DDR als Geschichte. Fragen, Hypothesen, Perspektiven, Berlin 1994

Leonhard, Wolfgang: Meine Geschichte der DDR, Berlin 2007

Loewe, Lothar: Abends kommt der Klassenfeind. Eindrücke zwischen Elbe und Oder. Frankfurt am Main, Berlin, Wien 1977

Loth, Wilfried: Internationale Rahmenbedingungen der Deutschlandpolitik 1961–1989, in: Deutscher Bundestag (Hg.): Materialien der Enquete-Kommission »Aufarbeitung von Geschichte und Folgen der SED-Diktatur in Deutschland«, Bd. V/3, Frankfurt am Main 1995, S. 89–131

Loth, Wilfried: Stalins ungeliebtes Kind. Warum Moskau die DDR nicht wollte, Berlin 1994

Löwenthal, Richard: Vom kalten Krieg zur Ostpolitik, Stuttgart 1974

Ludz, Peter Christian: Die DDR zwischen Ost und West, München 1980

Mayer, Wolfgang: Flucht und Ausreise. Botschaftsbesetzungen als Form des Widerstands gegen die politische Verfolgung in der DDR, Berlin 2002

Meuschel, Sigrid: Legitimation und Parteiherrschaft. Zum Paradox von Stabilität und Revolution in der DDR 1945–1989, Frankfurt am Main 1992

Müller-Enbergs, Helmut (Hg.): Inoffizielle Mitarbeiter des Ministeriums für Staatssicherheit. Anleitungen für Agenten, Kundschafter und Spione in der Bundesrepublik Deutschland, Berlin 1997

Münch, Ingo von (Hg.): Die Verträge zur Einheit Deutschlands, München 1990

Nakath, Detlef: Deutsch-deutsche Grundlagen. Zur Geschichte der politischen und wirtschaftlichen Beziehungen zwischen der DDR und der Bundesrepublik in den Jahren von 1969 bis 1982, Schkeuditz 2002

Nakath, Detlef (Hg.): Deutschlandpolitiker erinnern sich, Berlin 1995

Nakath, Detlef: Erfurt und Kassel. Zu den Gesprächen zwischen dem BRD-Bundeskanzler Willy Brandt und dem DDR-Ministerratsvorsitzenden Willi Stoph im Frühjahr 1970 (Hefte zur DDR-Geschichte; 24), Berlin 1995

Nakath, Detlef; Gerd-Rüdiger Stephan (Hg.): Von Hubertusstock nach Bonn. Eine dokumentierte Geschichte der deutsch-deutschen Beziehungen auf höchster Ebene 1980–1987, Berlin 1995

Nawrocki, Joachim: Die Beziehungen zwischen den beiden Staaten in Deutschland. Entwicklungen, Möglichkeiten und Grenzen, Berlin 1988

Neubert, Ehrhart: Unsere Revolution. Die Geschichte der Jahre 1989/1990, München 2008

Neubert, Ehrhart; Bernd Eisenfeld (Hg.): Macht – Ohnmacht – Gegenmacht. Grundfragen zur politischen Gegnerschaft in der DDR, Bremen 2001

Neubert, Ehrhart: Geschichte der Opposition in der DDR 1949 bis 1989, Bonn 1997

Nitz, Jürgen: Unterhändler zwischen Berlin und Bonn. Zur Geschichte der deutsch-deutschen Geheimdiplomatie, Berlin 2001

Petersen, Olaf: »Uns verbindet keine Gemeinsamkeit«. Die Grundlagen der journalistischen Ost-West-Beziehungen, in: Erich Böhme (Hg.): Deutsch-deutsche Pressefreiheit. Vom Grundlagenvertrag bis zur Schließung des Spiegel-Büros, Hamburg 1978

Pfütze, Peter: Besuchszeit. Westdiplomaten in besonderer Mission, Berlin 2006

Pleitgen, Fritz: ARD-Korrespondent in der DDR, in: Heide Riedel (Hg.): Mit uns zieht die neue Zeit. 40 Jahre DDR-Medien, Berlin 1994

Potthoff, Heinrich: Im Schatten der Mauer. Deutschlandpolitik 1961 bis 1990, Berlin 1999

Potthoff, Heinrich: Bonn und Ostberlin 1969–1982. Dialog auf höchster Ebene und Vertrauliche Kanäle. Darstellung und Dokumente, Bonn 1997

Radde, Jürgen: Der diplomatische Dienst der DDR: Namen und Daten, Köln 1977

Rehlinger, Ludwig A.: Freikauf. Die Geschäfte der DDR mit politisch Verfolgten 1963–1989, Berlin 1991

Reich, Jens: Rückkehr nach Europa. Zur neuen Lage der deutschen Nation, München, Wien 1991

Rein, Gerhard: Diamonds are girls best friends oder Korrespondenten lieben Dissidenten, in: Ehrhart Neubert; Bernd Eisenfeld (Hg.): Macht – Ohnmacht – Gegenmacht. Grundfragen zur politischen Gegnerschaft in der DDR, Bremen 2001, S. 213–218

Rein, Gerhard: Die protestantische Revolution 1987–1990. Ein deutsches Lesebuch, Berlin 1990

Ress, Georg: Grundlagen und Entwicklung der innerdeutschen Beziehungen, in: Josef Isensee; Paul Kirchhof: Handbuch des Staatsrechts der Bundesrepublik Deutschland, Heidelberg 1987, Bd. I, S. 449–546

Rödder, Andreas: Deutschland einig Vaterland. Die Geschichte der Wiedervereinigung, München 2009

Rüss, Gisela: Anatomie einer politischen Verwaltung. Das Bundesministerium für gesamtdeutsche Fragen – innerdeutsche Beziehungen 1949–1970, München 1973

Schlomann, Friedrich-Wilhelm: Operationsgebiet Bundesrepublik. Politik, Wissenschaft, Wirtschaft. Die Spionage der DDR, München 1986

Siebenmorgen, Peter: »Staatssicherheit« der DDR. Der Westen im Fadenkreuz der Stasi, Berlin 1993

Sommer, Theo (Hg.): Reise ins andere Deutschland, Reinbek 1986

Spittmann, Ilse (Hg.): Die beiden deutschen Staaten im Ost-West-Verhältnis. 15. Tagung zum Stand der DDR-Forschung in der Bundesrepublik Deutschland, 1.–4. Juni 1982, Köln 1982

Staritz, Dietrich: Geschichte der DDR, Frankfurt am Main 1990

Stern, Klaus; Bruno Schmidt-Bleibtreu (Hg.): Verträge und Rechtsakte zur Deutschen Einheit, München 1990/91

Sulzberger, C. L.: A Long Row of Candles. Memoirs & Diaries 1934–1954, New York 1969

Timmermann, Heiner: Die DDR in Deutschland. Ein Rückblick auf 50 Jahre, Berlin 2001

Volze, Armin: Innerdeutsche Transfers, in: Deutscher Bundestag (Hg.). Materialien der Enquete-Kommission »Aufarbeitung von Geschichte und Folgen der SED-Diktatur in Deutschland«, Bd. V/3, Frankfurt am Main 1995, S. 2761–2797

Walther, Joachim: Sicherungsbereich Literatur. Schriftsteller und Staatssicherheit in der DDR,
Berlin 1996

Weber, Hermann: Geschichte der DDR, Erftstadt 2004

Weber, Hermann: DDR. Grundriß der Geschichte 1945–1990, Hannover 1992

Weber, Max: Wirtschaft und Gesellschaft. Grundriß der verstehenden Soziologie, Tübingen
1922

Weidenfeld, Werner: Außenpolitik für die deutsche Einheit. Die Entscheidungsjahre 1989/1990,
Stuttgart 1998

Weidenfeld, Werner: Deutschland. Eine Nation – doppelte Geschichte, Köln 1993

Weidenfeld, Werner; Karl-Rudolf Korte: Die Deutschen. Profil einer Nation, Stuttgart 1991

Weisshuhn, Reinhard: Der Einfluß der bundesdeutschen Parteien auf die Entwicklung wider-
ständigen Verhaltens in der DDR der achtziger Jahre. Parteien in der Bundesrepublik aus der
Sicht der Opposition in der DDR, in: Deutscher Bundestag (Hg.): Materialien der Enquete-
Kommission »Aufarbeitung von Geschichte und Folgen der SED-Diktatur in Deutschland«,
Bd. VII/2, Frankfurt am Main 1995, S. 1853–1949

Werner, Carsten Uwe: Rolle und Funktion der Ständigen Vertretungen in den deutsch-deutschen Beziehungen. Die Tätigkeit der Ständigen Vertretungen zwischen diplomatischer Normalität und innerdeutschen Besonderheiten 1974–1983, Berlin 1983 (Diplomarbeit an der
FU Berlin)

Wolle, Stefan: »Es geht seinen sozialistischen Gang«. Alltagsverhalten und Systemkonformität
in der DDR der achtziger Jahre, in: Ehrhart Neubert; Bernd Eisenfeld (Hg.): Macht – Ohnmacht – Gegenmacht. Grundfragen zur politischen Gegnerschaft in der DDR, Bremen 2001,
S. 307–315

Wolle, Stefan: Die heile Welt der Diktatur. Alltag und Herrschaft in der DDR, Berlin 1998

Zündorf, Benno (i. e. Tono Eitel): Die Ostverträge. Die Verträge von Moskau, Warschau, Prag,
das Berlin-Abkommen und die Verträge mit der DDR, München 1979

Handbücher und Chroniken

Bahrmann, Hannes; Christoph Links: Chronik der Wende. Die DDR zwischen 7. Oktober und
18. Dezember 1989, Berlin 1994

Barth, Bernd-Rainer; Dieter Hoffmann; Helmut Müller-Enbergs; Jan Wielgohs (Hg.): Wer war
wer in der DDR? Ein biographisches Lexikon, Berlin 2001

Bögeholz, Hartwig: Die Deutschen nach dem Krieg. Eine Chronik, Reinbek 1995

Bundesministerium für innerdeutsche Beziehungen: DDR-Handbuch, Köln 1985

Diemer, Gebhard (Hg.): Kurze Chronik der Deutschen Frage, München 1990

Eppelmann, Rainer; Horst Möller; Günter Nooke; Dorothee Wilms: Lexikon des DDR-Sozia-
lismus, Paderborn 1996

Fuhr, Eckhard (Hg.): Geschichte der Deutschen 1949–1990, Frankfurt am Main 1990

Handbuch der kommunistischen Geheimdienste in Osteuropa 1944–1991, hg. von Lukasz Kaminski, Krzysztof Persak und Jens Gieseke, Analysen und Dokumente, Bd. 33 (Wissenschaftliche Reihe der Bundesbeauftragten für die Unterlagen des Staatssicherheitsdienstes der ehemaligen Deutschen Demokratischen Republik), Göttingen 2009

Herbst, Andreas (Hg.): Die SED. Geschichte – Organisation – Politik. Ein Handbuch, Berlin
1997

Herbst, Andreas; Wilfried Ranke; Jürgen Winkler: So funktionierte die DDR. Bände 1 und 2: Lexikon der Organisationen und Institutionen; Bd. 3: Lexikon der Funktionäre, Reinbek 1994

Weidenfeld, Werner; Karl-Rudolf Korte (Hg.); Handwörterbuch zur Deutschen Einheit, Frankfurt am Main 1992

Weidenfeld, Werner; Hartmut Zimmermann (Hg.): Deutschland-Handbuch. Eine doppelte Bilanz 1949–1989, München 1989

Erinnerungen und Biographien

Bahr, Egon: Der deutsche Weg. Selbstverständlich und normal, München 2003

Bahr, Egon: Willy Brandts europäische Außenpolitik, Kanzler-Willy-Brandt-Stiftung, Berlin 1999

Bahr, Egon: Zu meiner Zeit, München 1996

Bath, Matthias: Gefangen und freigetauscht. 1197 Tage als Fluchthelfer in DDR-Haft (Dokumente unserer Zeit, Bd. 5), München 1981

Bertele, Franz: Die Mauer fiel in Prag, in: Bernd Heidenreich; Mathias Friedel (Hg.): 1989/1990: 20 Jahre Mauerfall – 20 Jahre Deutsche Einheit, Polis 50, Wiesbaden 2008, S. 14–44

Bertele, Franz: Hintergründe zum Fall der Mauer – die Rolle der Ständigen Vertretung in Ost-Berlin, insbesondere 1989–1990, Vortrag im Uni-Club Bonn am 12. April 2007

Bertele, Franz: Grundlagenvertrag und Ständige Vertretung in Berlin. Notizen zum Management der deutschen Teilung, in: Jochen A. Frowein; Klaus Scharioth; Ingo Winkelmann; Rüdiger Wolfrum (Hg.): Verhandeln für den Frieden – Negotiating for Peace (Max-Planck-Institut für ausländisches öffentliches Recht und Völkerrecht, Reihe Ausländisches öffentliches Recht und Völkerrecht, Bd. 162), Berlin, Heidelberg, New York 2003

Bertele, Franz: 1989–1990. Vom Management der Teilung zur Wiedervereinigung Deutschlands. Vortrag in Seoul am 23. Mai 2002, Friedrich-Ebert-Stiftung, Berlin 2002

Biermann, Wolf u. a.: Die Ausbürgerung. Anfang vom Ende der DDR, Berlin 2001

Bölling, Klaus: Bonn von außen betrachtet. Briefe an einen alten Freund, Stuttgart ²1984

Bölling, Klaus: Die fernen Nachbarn, Erfahrungen in der DDR, Hamburg 1983 [mit Rolf Gillhausen]

Bölling, Klaus: Die letzten 30 Tage des Kanzlers Helmut Schmidt. Ein Tagebuch, Reinbek 1983

Bräutigam, Hans Otto: Ständige Vertretung. Meine Jahre in Ost-Berlin, Hamburg 2009

Bräutigam, Hans Otto: Die Neutralisation. Unter besonderer Berücksichtigung der Mitgliedschaft eines neutralisierten Staates in einem System kollektiver Sicherheit, Bonn 1958 [Dissertation]

Brandt, Willy: Erinnerungen, Neuauflage (ergänzt um die »Notizen zum Fall G«), München 2003

Brandt, Willy: Die Entspannung unzerstörbar machen. Internationale Beziehungen und deutsche Frage 1974–1982, Bonn 2003 (bearb. von Frank Fischer)

Brandt, Willy: »... was zusammengehört«. Über Deutschland, Bonn ²1993

Brandt, Willy: Erinnerungen, Berlin 1989

Brandt, Willy: Begegnungen und Einsichten, die Jahre 1960–1975, Hamburg 1976

Brandt, Willy: Zur Aufnahme in die Vereinten Nationen, Bonn 1973

Bundesministerium für innerdeutsche Beziehungen: Der Besuch von Generalsekretär Honecker in der Bundesrepublik Deutschland. Dokumentation zum Arbeitsbesuch des Generalsekretärs der SED und Staatsratsvorsitzenden der DDR Erich Honecker im September 1987, Bonn 1988

Bundesministerium für innerdeutsche Beziehungen (Hg.): Das deutsch-deutsche Treffen am Werbellinsee. Dokumentation zum Treffen des Bundeskanzlers der Bundesrepublik Deutschland, Helmut Schmidt, mit dem Generalsekretär des ZK der SED und Vorsitzenden des Staatsrates der DDR, Erich Honecker, vom 11. bis 13. Dezember 1981, Bonn 1982

Cramer, Detmar (Hg.): Gefragt Egon Bahr, Bornheim 1975

Dreher, Klaus: Helmut Kohl. Leben mit Macht, Stuttgart 1998

Duisberg, Claus Jürgen: Das deutsche Jahr. Einblicke in die Wiedervereinigung 1989/1990, Berlin 2005

Ein Erfolg der Politik der Vernunft und des Realismus: offizieller Besuch des Generalsekretärs des Zentralkomitees der Sozialistischen Einheitspartei Deutschlands und Vorsitzenden des Staatsrates der Deutschen Demokratischen Republik, Erich Honecker, in der Bundesrepublik Deutschland vom 7. bis 11. September 1987, Berlin 1987

Gaus, Günter: Widersprüche. Erinnerungen eines linken Konservativen, München 2004

Gaus, Günter: Kann sich Europa emanzipieren? Gespräch mit Egon Bahr, Berlin 2002

Gaus, Günter: »Es war die wichtigste Zeit meines Lebens«, Berliner Gespräche, in: Berlinische Monatsschrift 6/2001, Sonderheft zum Zeitraum 1961–1989, S. 86–94 [www.berlinische-monatsschrift.de/bms/index.html]

Gaus, Günter: Kein einig Vaterland. Texte von 1991 bis 1998, Berlin 1998

Gaus, Günter: Die deutsche Vereinigung im öffentlichen Bewußtsein, in: Michael Haller: Presse Ost – Presse West, Berlin 1995, S. 37–49

Gaus, Günter: Über Deutschland und die Deutschen, Berlin 1990

Gaus, Günter: Wendewut. Eine Erzählung, Berlin 1990

Gaus, Günter: Zur Person. Von Adenauer bis Wehner, München 1990

Gaus, Günter: Deutschland im Juni, Köln 1988

Gaus, Günter: Die Welt der Westdeutschen. Kritische Betrachtungen, Köln 1986

Gaus, Günter: Wo Deutschland liegt. Eine Ortsbestimmung, Hamburg 1983

Gaus, Günter: Texte zur deutschen Frage. Mit den wichtigsten Dokumenten zum Verhältnis der beiden deutschen Staaten, Darmstadt, Neuwied 1981

Gaus im Interview mit Ernst Dieter Lueg, Bericht aus Bonn vom 5. April 1974, in: Bulletin vom 9. April 1974

Höppner, Reinhard: Segeln gegen den Wind. Texte und Reden und ein Gespräch mit Günter Gaus, Stuttgart 1996

Geissel, Ludwig: Unterhändler der Menschlichkeit. Erinnerungen, Stuttgart 1991

Grabert, Horst: Wehe, wenn du anders bist! Ein politischer Lebensweg für Deutschland, Dössel 2003

Großmann, Werner: Bonn im Blick. Die DDR-Aufklärung aus der Sicht ihres letzten Chefs, Berlin 2007 (2001)

Häber, Herbert: Die strategische Zielstellung des westdeutschen Imperialismus und die Rolle der sozialdemokratischen Minister. Probleme der Aktionseinheit gegen Imperialismus und Renazifizierung (Vortrag), Berlin (Ost) 1968

Honecker, Erich: Für eine weltweite Koalition der Vernunft und des Realismus, Berlin 1989

Honecker, Erich: Aus meinem Leben, Frankfurt am Main, Berlin 1980

Karasek, Hellmuth: Auf der Flucht. Erinnerungen, Berlin 2006

Kaysers, Hans Henning: Sieben Tage im November. Die Woche, in der die Berliner Mauer fiel, Berlin 2004

Klein, Fritz: Drinnen und Draußen. Ein Historiker in der DDR, Frankfurt am Main 2000

Klier, Freya: Aktion »Störenfried«. Die Januar-Ereignisse von 1988 im Spiegel der Staatssicherheit, in: Hans Joachim Schädlich: Aktenkundig, Berlin 1992, S. 91–153

325

Kohl, Helmut: Der Kurs der CDU, Reden und Beiträge des Bundesvorsitzenden 1973–1993, Stuttgart 1993

Kohl, Helmut: Deutschlands Einheit vollenden, die Einheit Europas gestalten, dem Frieden der Welt dienen, Regierungspolitik 1991–1994. Regierungserklärung von Bundeskanzler Dr. Helmut Kohl vor dem Deutschen Bundestag am 30. Januar 1991, Bonn 1991

Kohl, Helmut: Reden und Erklärungen zur Deutschlandpolitik, Bonn 1990

Kohl, Helmut: Zur Lage der Nation im geteilten Deutschland: Bericht der Bundesregierung, abgegeben von Bundeskanzler Helmut Kohl vor dem Deutschen Bundestag am 8. November 1989, Bonn 1989 [am 1.12.1988; am 15.10.1987; am 14.3.1986; am 15.3.1984; am 23.6.1983]

Maser, Werner: Helmut Kohl, der deutsche Kanzler, Frankfurt am Main 1993

Merseburger, Peter: Willy Brandt, 1913–1992. Visionär und Realist, München 2002

Müller-Stahl, Armin: Unterwegs nach Hause. Erinnerungen, Berlin 2005

Nakath, Detlef; Gerd-Rüdiger Stephan; Herbert Häber: Die Häber-Protokolle. Schlaglichter der SED-»Westpolitik« 1973–1985, Berlin 1999

Otto, Wilfriede: Erich Mielke. Biographie. Aufstieg und Fall eines Tschekisten, Berlin 2000

Pötzl, Norbert F.: Erich Honecker. Eine deutsche Biographie, Stuttgart, München 2002

Pötzl, Norbert F.: »Basar der Spione«. Die geheimen Missionen des DDR-Unterhändlers Wolfgang Vogel, Hamburg 1997

Reinhold, Otto; Herbert Häber: Wohin? Fragen, Widersprüche, Wege. Gedanken über eine demokratische Zukunft der Bundesrepublik [Staatssekretariat für gesamtdeutsche Fragen], Berlin (Ost) 1966

Schädlich, Susanne: Immer wieder Dezember. Der Westen, die Stasi, der Onkel und ich, München 2009

Schäuble, Wolfgang: Der Vertrag. Wie ich über die deutsche Einheit verhandelte, Stuttgart 1991

Schönherr, Albrecht: ... aber die Zeit war nicht verloren. Erinnerungen eines Altbischofs, Berlin 1993

Schöllgen, Gregor: Willy Brandt. Die Biographie, Berlin 2001

Seebacher, Brigitte: Willy Brandt, München 2004

Seidel, Karl: Nachtrag. Erinnerungen eines Beteiligten an 20 Jahre Beziehungen zwischen der DDR und der BRD, Berlin 2009

Seidel, Karl: Berlin-Bonner Balance. 20 Jahre deutsch-deutsche Beziehungen. Erinnerungen eines Beteiligten, Berlin 2002

Teltschik, Horst: 329 Tage. Innenansichten der Einigung, Berlin 1991

Whitney, Craig R.: Advocatus Diaboli: Wolfgang Vogel – Anwalt zwischen Ost und West, Berlin 1993

Wedel, Reymar von (Hg.): Wolfgang Vogel – eine Festgabe. Realisiert vom Institut für vergleichende Staat-Kirche-Forschung, Berlin o. J. [2005 zum 80. Geburtstag von Wolfgang Vogel]

Windmöller, Eva; Thomas Höpker: Leben in der DDR, Hamburg ²1981

Quelleneditionen und gedruckte Quellen

Abusch, Alexander: Der Irrweg einer Nation. Ein Beitrag zum Verständnis der deutschen Geschichte, Berlin 1946

Alles zum Wohle des Volkes der DDR. 5. ZK-Plenum Dezember 1987, Berlin (Ost) 1987

Bauerkämper, Arnd: Gemeinsam getrennt: Deutschland 1945–1990 in Quellen, Schwalbach 2004

Bock, Siegfried: Die DDR – der einzig rechtmäßige deutsche Staat, in: Einheit 10, 1960, S. 1450 ff.

Bundesministerium für innerdeutsche Beziehungen (Hg.): Zehn Jahre Deutschlandpolitik. Die Entwicklung der Beziehungen zwischen der Bundesrepublik Deutschland und der DDR 1969–1979. Bericht und Dokumentation, Bonn 1990

Bundesministerium für innerdeutsche Beziehungen (Hg.): Innerdeutsche Beziehungen. Die Entwicklung der Beziehungen zwischen der Bundesrepublik Deutschland und der DDR 1980–1986. Eine Dokumentation, Bonn 1986

Dokumente zur Deutschlandpolitik, hg. vom Bundesministerium des Innern und Bundesarchiv, wiss. Ltg. Helmut Altrichter, Bernd Faulenbach, Hanns Jürgen Küsters (Hg.), Reihe VI, Bd. 4, 1. Januar 1975 bis 31. Dezember 1976; bearb. von Hans-Heinrich Jansen, Monika Kaiser, Daniel Hofmann, München 2007

Dokumente zur Deutschlandpolitik, hg. vom Bundesministerium des Innern und Bundesarchiv, wiss. Ltg. Helmut Altrichter, Bernd Faulenbach, Hanns Jürgen Küsters (Hg.), Reihe VI, Bd. 3, 1. Januar 1973 bis 31. Dezember 1974; bearb. von Monika Kaiser, Daniel Hofmann, Hans-Heinrich Jansen, Bd. 1, München 2005

Dokumente zur Deutschlandpolitik, hg. vom Bundesministerium des Innern und Bundesarchiv, wiss. Ltg. Helmut Altrichter, Bernd Faulenbach, Hanns Jürgen Küsters (Hg.), Reihe VI, Bd. 2, 1. Januar 1971 bis 31. Dezember 1973; Die Bahr-Kohl-Gespräche 1970–1973; bearb. von Hanns Jürgen Küsters, Monika Kaiser, Hans-Heinrich Jansen, Daniel Hofmann, 2 Bde., München 2004

Dokumente zur Deutschlandpolitik, hg. vom Bundesministerium des Innern und Bundesarchiv, Sonderband: Deutsche Einheit. Sonderedition aus den Akten des Bundeskanzleramtes 1989/90; bearb. von Hanns Jürgen Küsters und Daniel Hofmann, München 1998

Eisenfeld, Bernd: Gründe und Motive von Flüchtlingen und Ausreiseantragstellern, in: DA 1/2004, S. 89–105

Judt, Matthias (Hg.): DDR-Geschichte in Dokumenten, Bonn 1998

Klessmann, Christoph; Georg Wagner: Das gespaltene Land. Leben in Deutschland 1945–1990. Texte und Dokumente zur Sozialgeschichte, München 1993

Lehmann, Franz: Ständige Vertretung der Bundesrepublik Deutschland in Berlin/Ost, in: Bundesbaudirektion (Hg.): BBD-Information, 2. Jg, Heft 3, April 1974, S. 13–19

März, Peter (Hg.): Dokumente zu Deutschland 1944–1994, München 1996

Meyer, Thomas: Dokument der Hoffnung, nicht Garantie des Gelingens. Erläuterungen und Argumente zum gemeinsamen Papier von SPD und SED, in: DA 1/1988, S. 32 ff.

Nakath, Detlef; Gerd-Rüdiger Stephan: Countdown zur deutschen Einheit. Eine dokumentierte Geschichte der deutsch-deutschen Beziehungen 1987–1990, Berlin 1996

Niclauß, Karlheinz: Kontroverse Deutschlandpolitik. Die politische Auseinandersetzung in der Bundesrepublik Deutschland über den Grundlagenvertrag mit der DDR, in: Bundesministerium für innerdeutsche Beziehungen (Hg.): Dokumente zur Deutschlandpolitik, Frankfurt am Main 1977

Pragal, Peter: Der geduldete Klassenfeind. Als West-Korrespondent in der DDR, Berlin 2008

Presse- und Informationsamt der Bundesregierung (Hg.): Dokumentation zu den innerdeutschen Beziehungen. Abmachungen und Erklärungen, 12. Auflage, Bonn 1987

Reinhold, Otto: Der Streit der Ideologien und die gemeinsame Sicherheit, in: Horizont 5/1988, S. 3 ff.

Reinhold, Otto: Das Leninsche Prinzip der friedlichen Koexistenz und die Beziehungen zwischen den beiden deutschen Staaten, in: Einheit 5/1956, S. 438 ff.

Sarotte, Mary Elise: Nicht nur Fremde ausspioniert, in: DA 30/1997, Bd. 4, S. 407–411

Staadt, Jochen: Schneisen im Stasi-Dschungel, in: FAZ vom 5. Juli 2000

Steininger, Rolf: Deutsche Geschichte – Darstellung und Dokumente in vier Bänden, Bd. IV: 1974 bis zur Gegenwart, Frankfurt am Main 2002

Süß, Walter: Erich Mielke (MfS) und Leonid Schebarschin (KGB) über den drohenden Untergang des sozialistischen Lagers. Protokoll eines Streitgesprächs am 7. April 1989, in: DA 9/1993, S. 1015–1034

Texte zur Deutschlandpolitik, hg. vom Bundesministerium für gesamtdeutsche Fragen (innerdeutsche Beziehungen), Bd. 1, vom 13. Dezember 1966 bis zum 5. Oktober 1967

Weber, Hermann: DDR. Dokumente zur Geschichte der DDR, München 1986

Weidenfeld, Werner (Hg.): Nachdenken über Deutschland. Materialien zur politischen Kultur der deutschen Frage, Köln 1985

Wentker, Hermann: Die DDR in den Augen des BND, in: Vierteljahreshefte für Zeitgeschichte 2/2008, S. 323–358

Zudem wurden zahlreiche Artikel aus Tages- und Wochenzeitungen sowie Zeitschriften verwendet; die Belegstellen finden sich in den jeweiligen Fußnoten. Dasselbe gilt für die herangezogenen Bulletins der Bundesregierung.

Nicht edierte Quellen

Verwendet wurden Dokumente des MfAA der DDR aus dem Politischen Archiv des Auswärtigen Amtes (überwiegend aus den Beständen mit den Signaturen GA 125–457 sowie C 828 ff., C 7710 ff.). Im Bundesarchiv konnte ich nicht paginiertes Material aus den Beständen B 136, B 137 und B 288 vorfristig einsehen. Bei der Behörde der Bundesbeauftragten für die Unterlagen des Staatssicherheitsdienstes der DDR bekam ich Einsicht in Akten der ZAIG, der Abteilung Z, der Rechtsstelle, der HA II, der HA VIII, der HA IX. Mir wurden Akten aus ZOS, AIM, AOP sowie Auszüge aus den SIRA-Dateien zugänglich gemacht. Und schließlich sah ich in der Gedenkstätte Bautzen Dokumente ein. Für die einzelnen Signaturen sei auf die jeweiligen Fußnoten verwiesen.

Weiterhin liegt mir ein anonymisiertes Urteil des OLG Düsseldorf vor. Außerdem habe ich Einsicht in den privaten Handapparat eines ehemaligen Mitarbeiters der Ständigen Vertretung nehmen dürfen. Mir liegt Material vor, das mir Rechtsanwalt Vogel zur Verfügung gestellt hat, und es fanden sich Kuriositäten wie das Pamphlet von Horst Janssen gegen die Ausstellung seiner Druckgrafiken in der StäV oder die private Biographie des Husarenaffen Tschilito.

Zeitzeugen
Folgende Zeitzeugen haben sich dankenswerterweise meinen Fragen gestellt:

Prof. Dr. h.c. Egon Bahr
Karl-Heinz Baum
Dr. Franz Bertele
Klaus Bölling
Hans-Jürgen Börner
Dr. Hans Otto Bräutigam
Marc Brayne
Jupp Darchinger
Dr. Max Dehmel
Christoph Dieckmann
Karin Dierksen
Heinz Eilers
Rainer Eppelmann
Esther Fröbel
Bettina Gaus
Erika Gaus
Dr. Georg Girardet
Dr. Eberhard Grashoff
Dr. Gregor Gysi
Dr. August Hanning
Jan Hoesch
Roland Jahn

Uwe Kaspereit
Dr. Rüdiger Kass
Freya Klier
Harald Kleinschmid
Winfried Kräckel
Dr. Jörg Kürschner
Vera Lengsfeld
Dr. Hans Lochen
Dr. Lothar de Maizière
Ruth Mossner
Dr. Ehrhart Neubert
Ludwig Rehlinger
Irmgard von Rottenburg
Bischof Albrecht Schönherr
Axel Schmidt-Gödelitz
Ulrich Schwarz
Christiane Spindler
Franz Jürgen Staab
Prof. Wolfgang Vogel
Jutta Wagner
Dr. Hans-Georg Wieck

Abbildungsnachweis

Abkürzungsverzeichnis

AA	Auswärtiges Amt	IMV	IM-Vorlauf
ADN	Allgemeiner Deutscher Nachrichtendienst	IPZ	Internationales Pressezentrum
ap	Associated Press	KPdSU	Kommunistische Partei der Sowjetunion
APuZ	Aus Politik und Zeitgeschichte	KSZE	Konferenz über Sicherheit und Zusammenarbeit in Europa
ARD	Arbeitsgemeinschaft der öffentlich-rechtlichen Rundfunkanstalten der Bundesrepublik Deutschland	KVAE	Konferenz über vertrauens- und sicherheitsbildende Maßnahmen und Abrüstung in Europa
Art.	Artikel		
Aufl.	Auflage	MfAA	Ministerium für Auswärtige Angelegenheiten
BArch	Bundesarchiv		
BBC	British Broadcasting Corporation	MfS	Ministerium für Staatssicherheit
BGS	Bundesgrenzschutz	NATO	North Atlantic Treaty Organization
BMB	Bundesministerium für innerdeutsche Beziehungen	ND	Neues Deutschland
		NDR	Norddeutscher Rundfunk
BMBF	Bundesministerium für Bildung und Forschung	NPD	Nationaldemokratische Partei Deutschlands
BND	Bundesnachrichtendienst	NVA	Nationale Volksarmee
BRD	Bundesrepublik Deutschland	o. P.	ohne Paginierung
BStU	Die Bundesbeauftragte für die Unterlagen des ehemaligen Staatssicherheitsdienstes der Deutschen Demokratischen Republik	OLG	Oberlandesgericht
		PA AA	Politisches Archiv des Auswärtigen Amtes
		PLO	Palestine Liberation Organisation
CDU	Christlich Demokratische Union	SDR	Süddeutscher Rundfunk
CIA	Central Intelligence Agency	SED	Sozialistische Einheitspartei Deutschlands
CSU	Christlich Soziale Union		
DA	Deutschland Archiv	SFB	Sender Freies Berlin
DAV	Dienstleistungsamt für Ausländische Vertretungen	SIRA	System zur Informationsrecherche der HV A
DDR	Deutsche Demokratische Republik	SPD	Sozialdemokratische Partei Deutschlands
DKP	Deutsche Kommunistische Partei		
DLF	Deutschlandfunk	StäV	Ständige Vertretung
DM	Deutsche Mark	StGB	Strafgesetzbuch
dpa	Deutsche Presse-Agentur	SWR	Südwestrundfunk
FDJ	Freie Deutsche Jugend	u. a.	und anderes; unter anderem
FDP	Freie Demokratische Partei	VAP	Verein der Ausländischen Presse
HA	Hauptabteilung	Vfg.	Verfügung
HOD	Hausordnungsdienst	VS	Verschlusssache
HV A	Hauptverwaltung Aufklärung	WKM	Wachkommando Missionsschutz
i. e.	id est	z. B.	zum Beispiel
IM	Inoffizieller Mitarbeiter (des MfS)	ZAIG	Zentrale Auswertungs- und Informationsgruppe
IMB	Inoffizieller Mitarbeiter zur Bearbeitung im Verdacht der Feindtätigkeit stehender Personen	ZDF	Zweites Deutsches Fernsehen
		ZK	Zentralkomitee der SED

Personenregister

Kursive Seitenangaben verweisen auf eine Bildunterschrift.

Dank

»Nein, ich schreibe nicht über die Kneipe!«

»Ja, es wird noch ein Buch daraus ...«

Wie oft diese beiden Sätze seit Beginn meines Projekts im Jahr 2004 gefallen sind, vermag ich nicht zu sagen. Etwa so oft, wie meine Freundin Christiane Lohrmann wiederholt hat, ich möge einen Text schreiben, der als Dissertation eingereicht werden kann. Die ersten Kapitel durfte ich im Havelland bei meiner Freundin Marie-Therese Leopold schreiben. Ihr verdanke ich schließlich auch noch wertvolle Korrekturen.

Mit diesem Buch habe ich sehr vielen Menschen Geduld abverlangt. Ich möchte mich bei meinen Eltern herzlich dafür bedanken, dass sie mir Mut gemacht und Zeit zum Schreiben geschenkt haben. Sollten meine Freunde oder meine Kollegen den Glauben daran, dass ich der angehäuften Materialfülle Herr werde, je verloren haben, so waren ihre Zweifel gut vor mir versteckt.

Die Liste derer, die meine Begeisterung für den Untersuchungsgegenstand geweckt und mein Vorhaben in unterschiedlicher Weise gutgeheißen und unterstützt haben, ist lang. Ganz besonders möchte ich den Zeitzeugen danken, dass sie mich in ihre Erinnerungen eingeweiht haben. Die Gespräche haben mir sehr geholfen. Die Damen und Herren, die ich interviewen durfte, haben mir den Blick auf eine untergegangene Welt eröffnet – jeder auf seine Weise und alle zusammen mit hoher Intensität.

Inspirierend und als wohlwollende Lehrmeister waren Karl-Heinz Baum sowie Hannelore und Harald Kleinschmid ursächlich und lebenspraktisch an dieser Arbeit beteiligt – vielen Dank dafür.

Auf dem Weg zur Schule kam Jenny Gohr jeden Morgen an der Ständigen Vertretung vorbei. Ob sie deshalb Jahre später als Bearbeiterin meines Antrags auf Akteneinsicht bei der Behörde der Bundesbeauftragten für die Unterlagen des Staatssicherheitsdienstes so begeistert und begeisternd wirkte? Ohne die großzügige Offenlegung von Akten aus dem Bestand der Behörde der Bundesbeauftragten wäre das Projekt gescheitert. Karin Kopka und Jenny Gohr haben unermüdlich Material erschlossen, wofür ich sehr dankbar bin. Auch im Bundesarchiv, wo Jörg Filthaut für mein Anliegen zuständig war, konnte ich bequem Akteneinsicht nehmen. Auch dem Politischen Archiv des Auswärtigen Amtes und der Historischen Sammlung der Gedenkstätte Bautzen mit Dr. Jörg Morré möchte ich danken.

Anderer Natur ist die Unterstützung, die ich Helga Schwabe aus dem Bürgerbüro e. V. sowie Dr. Sabine Ross und Dr. Robert Grünbaum von der Bundesstiftung zur Aufarbeitung der SED-Diktatur in Berlin verdanke. Sie haben mich bestärkt in meinem Forschungsvorhaben und dieses finanziell gefördert – wofür ich mich herzlich bedanken möchte.

Kein Buch ohne Verleger, doch viele Promotionen ohne Lektorat. Anders in diesem Fall: Mit Dr. Christoph Links und der Lektorin Jana Fröbel zusammenarbeiten zu dürfen, ist eine besondere Freude.

Herrn Prof. Dr. Johannes Weberling danke ich für die Beratung – auch juristischer Beistand ist bei Arbeiten dieser Art nicht zu unterschätzen.

Freuen darf ich mich schließlich darüber, dass Prof. Dr. Wolf D. Gruner, Prof. Dr. Nikolaus Werz und Prof. Dr. Michael Gehler meine Arbeit als Dissertation angenommen haben.

Doch ohne Knut wäre alles nichts. Und so wird es niemanden wundern, dass ich ihm, Dr. Knut Bergmann, dieses Buch von ganzem Herzen widme.

Angaben zur Autorin

Jacqueline Boysen

Geboren 1965 in Hamburg; Geschichtsstudium in Hamburg, Wien und Bordeaux; nach einem Volontariat beim Deutschlandfunk fünf Jahre Deutschlandradio-Landeskorrespondentin in Mecklenburg-Vorpommern, seit 2005 als Kulturkorrespondentin im Hauptstadtstudio vom Deutschlandradio. Im Jahr 2001 veröffentlichte Jacqueline Boysen eine Biographie über Angela Merkel (2., erweiterte Auflage, Berlin 2005).